高等职业教育旅游类"十三五"规划教材

旅游心理学

LÜYOU XINLIXUE

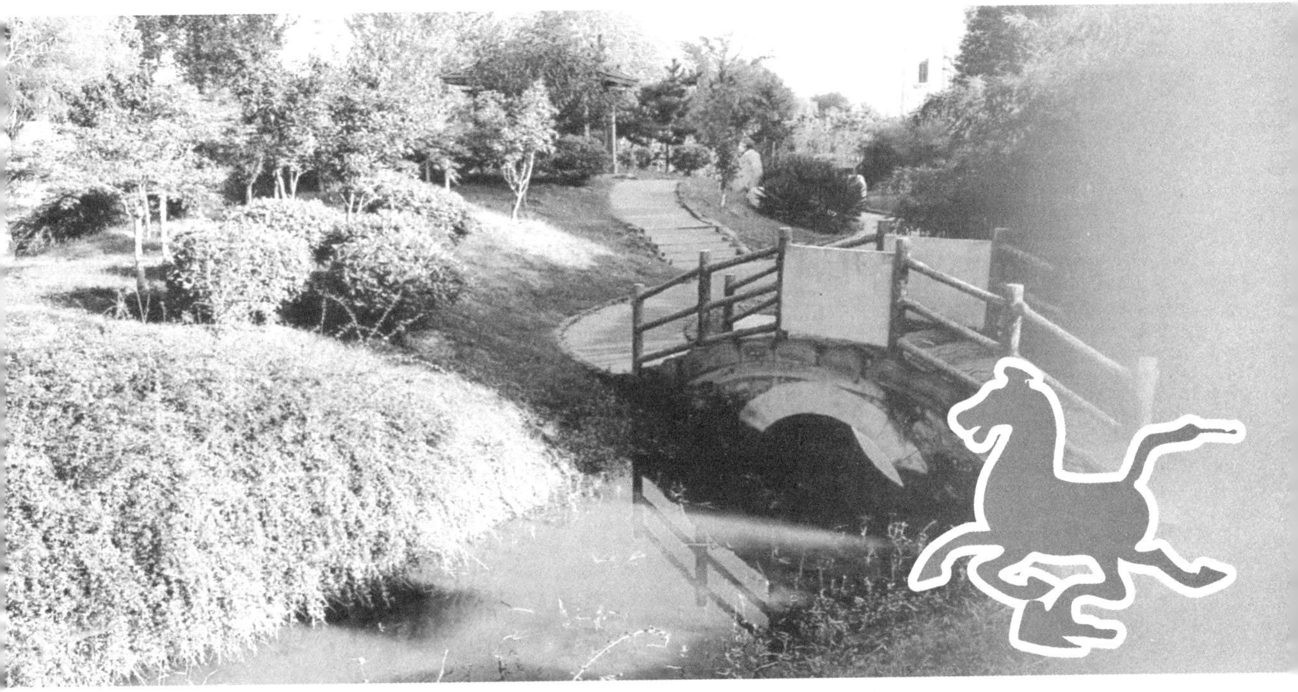

解培红　万　平●主编

郑州大学出版社

郑州

图书在版编目(CIP)数据

旅游心理学/解培红,万平主编. —郑州:郑州大学出版社,2018.1
ISBN 978-7-5645-5110-0

Ⅰ.①旅… Ⅱ.①解…②万… Ⅲ.①旅游心理学-高等学校-教材 Ⅳ.①F590-05

中国版本图书馆 CIP 数据核字(2018)第 006566 号

郑州大学出版社出版发行
郑州市大学路 40 号　　　　　　　　邮政编码:450052
出版人:张功员　　　　　　　　　　发行部电话:0371-66966070
全国新华书店经销
郑州市诚丰印刷有限公司印制
开本:787 mm×1 092 mm　1/16
印张:18.25
字数:424 千字
版次:2018 年 1 月第 1 版　　　　　印次:2018 年 1 月第 1 次印刷

书号:ISBN 978-7-5645-5110-0　　　定价:39.00 元
本书如有印装质量问题,由本社负责调换

作者名单

主 编 解培红 万 平

副主编 王中雨 邱 珉 刘 璐

前言

目前,我国已经进入大众旅游时代,旅游已经从少数人的奢侈品发展成人民群众大众化的日常消费,成了人们丰富多彩生活中的一种常态,成了人民群众美好生活的重要内容。中国的旅游业正在实现由亚洲旅游大国向世界旅游大国的历史性跨越。旅游业的快速发展使得越来越多的人加入旅游活动,越来越多的企业进入旅游产业。伴随着旅游市场日渐繁荣,旅游企业之间的竞争也日趋激烈。质量是旅游企业的生命,是旅游企业在竞争中取胜的法宝。对旅游企业而言,什么样的服务才是高质量的服务?谁对旅游企业服务质量最有发言权?毫无疑问,游客最有发言权,只有让游客满意的旅游服务才是高质量的服务。

了解和预测旅游者和旅游工作者的心理和行为模式对于做好旅游工作至关重要。常言道:"知己知彼,百战不殆。"旅游企业只有树立"以游客为中心"的服务理念,充分把握游客的心理特点,想游客之所想,供游客之所需,才能最终赢得游客,从而在竞争中立于不败之地。

《旅游心理学》是从心理学角度以心理学、旅游学理论为基础,来研究旅游活动中人们的心理及行为规律,研究旅游企业如何针对旅游者的心理及行为开展有效的服务与管理的一门应用性学科,是旅游类专业必修的一门基础课程,也是教育部与国家旅游局联合审定的旅游管理专业的核心课程之一,在旅游类人才培养中发挥着重要作用。本教材旨在帮助学生建构科学的旅游心理观,学会用心理学的话语体系来认识和理解旅游业、旅游者、旅游管理、旅游服务;帮助学生树立"以人为本""从心开始,用情服务"的工作理念;帮助学生认识和掌握游客的心理与行为规律,提高对游客旅游行为的预测和引导能力,为学生从事旅游及相关行业服务与管理工作打下坚实的理论基础;帮助学生了解旅游业从业人员的基本心理要求,掌握提高自身心理素质、维护心理健康的基本途径和方法,为学生能够以"良好的心态"从事旅游业的工作奠定基础。

本教材修订的总体指导思想是:"以应用为目的,以够用为原则,提高学生素质,服务专业学习"。立足于旅游类专业学生未来职业岗位的需求,以有利于职业岗位能力的形成和职业素养的提高为目标设计课程体系,以旅游行业岗位工作的要求为依据优选课程内容,融合旅游行业最新实践经验,以旅游过程中人的心理活动为主线组织教学内容,以必需、够用、实用、适用为原则,不过分追求理论体系的完整性。

本教材在修订过程中，试图改变将心理学原理简单应用在旅游领域的传统模式，积极探索具有高职高专特色的旅游心理学教材的编写新思路。注重突出以下特点：

第一，先进性。强调学科的新理论、新知识，实践中的新经验、新案例，使教材内容尽可能先进、科学。同时，本书采用了二维码方式，链接了大量的资源和案例，对纸质教材内容的精简和教材的立体化进行了尝试。读者可通过微信扫描相关的二维码获取所在知识点相关案例的文本或视频资源。

第二，通俗性。心理学理论较为抽象。因此，本教材在修订过程中选用了大量鲜活、生动的案例来说明抽象的心理学理论，通过这些生动鲜活的案例，以求旅游心理学理论深入浅出、通俗易懂。

第三，实践性。实践性强是高等职业教育的显著特点。本教材在修订的过程中，充分考虑高职学生的生源特点和培养目标，对理论内容本着"必需、够用"为度进行"瘦身"；加强实践教学，以应用性为主线，精心设计出实用的、可操作的、有效的案例分析和实训练习，以培养和提高学生的分析和解决问题的能力。

本教材适用于高职院校旅游类专业教学使用，也可作为成人高校、函授、自考以及在职人员培训教材使用，还可作为旅游业中高级管理人员和中等职业学校旅游管理专业教师的参考用书。

本书由解培红、万平担任主编，王中雨、邱珉、刘璐任副主编，编写人员的分工如下：，解培红(河南职业技术学院)编写绪论、第2、8章；万平(三门峡职业技术学院)编写第4、6、7、9章，王中雨(河南牧业经济学院)编写第1、10章，邱珉(郑州科技学院)编写第3、5、11章；刘璐(郑州工程技术学院)编写第12章，最后由解培红老师进行统稿。

本教材在编写的过程中，参考国内外普通心理学、社会心理学、管理心理学、行为科学和社会学等学科的研究成果以及旅游心理学现有的文献资料，部分案例改编自近年来与旅游相关的书籍和旅游企业的实际案例，他们的研究和实践为我们教材的编写提供了极为宝贵的素材，在此，我们谨向各位作者表示深深的感谢。

本书的编者在繁忙的教学工作期间，投入较大的精力完成了书稿的修订。由于我们的视野及水平有限，教材中的疏漏和错误难以避免，还望专家、学者、同仁不吝赐教。

编者
2018年1月

目 录

绪论 1
   第一节 旅游心理学的理论基础 2
   第二节 旅游心理学的研究对象和意义 5
   第三节 旅游心理学的研究方法 8

第一编 旅游决策心理

第一章 旅游决策心理 15
   第一节 旅游消费行为的心理动因 16
   第二节 旅游消费需要 20
   第三节 旅游消费动机 25

第二章 旅游者在旅游消费中的知觉 37
   第一节 旅游者在旅游决策和消费中的知觉规律 39
   第二节 知觉概述 46
   第三节 旅游者对旅游条件的知觉 58
   第四节 旅游者对旅游风险的知觉 65
   第五节 旅游者在旅游活动中的社会知觉 69

第三章 旅游者的情绪和情感 79
   第一节 情绪和情感概述 80
   第二节 旅游者的情绪和情感 86

第四章 旅游者的态度 95
   第一节 态度概述 96
   第二节 旅游者的态度 100

第五章 旅游者的人格 108
   第一节 人格概述 109
   第二节 旅游者的人格结构与旅游行为 111

第三节　旅游者的气质与旅游行为 ·· 115
　　第四节　旅游者的性格与旅游行为 ·· 118

第六章　旅游者的社会心理与旅游行为 ·· 126
　　第一节　社会制度与旅游行为 ·· 128
　　第二节　社会群体与旅游行为 ·· 133
　　第三节　社会阶层与旅游行为 ·· 142
　　第四节　社会文化与旅游行为 ·· 144

第二编　旅游服务心理

第七章　旅行社服务心理 ·· 153
　　第一节　旅行社服务概述 ··· 154
　　第二节　旅行社的售前服务 ·· 156
　　第三节　旅行社售中服务 ··· 159
　　第四节　旅行社的售后服务 ·· 163
　　第五节　导游服务心理 ·· 164

第八章　饭店服务心理 ··· 173
　　第一节　饭店服务概述 ·· 174
　　第二节　前厅服务心理 ·· 183
　　第三节　客房服务心理 ·· 188
　　第四节　餐饮服务心理 ·· 193
　　第五节　康乐服务心理 ·· 201

第九章　景区服务心理 ··· 208
　　第一节　景区票务服务心理 ·· 209
　　第二节　交通服务心理 ·· 213
　　第三节　购物服务心理 ·· 215

第十章　旅游投诉服务心理 ··· 223
　　第一节　旅游者投诉的概念和原因分析 ··· 223

第二节 旅游者投诉的心理分析 ·· 225
第三节 旅游者投诉服务的心理策略 ·· 225

第三编 旅游从业人员心理

第十一章 旅游从业人员心理健康及调适 ·· 237
第一节 心理健康概述 ··· 237
第二节 旅游从业人员常见心理问题分析 ·· 244
第三节 旅游从业人员心理健康的调适 ··· 248

第十二章 旅游从业人员心理素质培养和良好人际关系的建立 ··············· 261
第一节 旅游从业人员心理素质要求 ··· 262
第二节 旅游从业人员心理素质的培养与提高 ·································· 267
第三节 旅游从业人员良好人际关系的建立 ····································· 274

绪 论

教学目标

知识目标
1. 了解心理学的概念和发展,熟悉心理的实质。
2. 掌握旅游心理学的研究对象。
3. 掌握旅游心理学常用的研究方法。

能力目标
1. 基本掌握获取旅游消费者信息的技能。
2. 具备运用旅游心理学常用的研究方法来分析和预测旅游消费者行为的能力。

转怒为喜的客人

正值秋日旅游旺季,有两位外籍专家出现在上海某大宾馆的总台。当总台服务员小刘(一位新手)查阅了订房登记簿之后,简单化地对客人说:"客房已定了708号房间,你们只住一天就走吧。"客人们听了以后就很不高兴地说:"接待我们的工厂有关人员答应为我们联系预订客房时,曾问过我们住几天,我们说打算住三天,怎么会变成一天了呢?"小刘机械呆板地用没有丝毫变通的语气说:"我们没有错,你们有意见可以向厂方人员提。"客人此时更加火了:"我们要解决住宿问题,我们根本没有兴趣也没有必要去追究预订客房的差错问题。"

正当形成僵局之际,前厅值班经理闻声而来,首先向客人表明他是代表宾馆总经理来听取客人意见的,他先让客人慢慢地把意见说完,然后以抱歉的口吻说:"您们所提的意见是对的,眼下追究接待单位的责任看来不是主要的。这几天正值旅游旺季,双人间客房连日客满,我想为您们安排一处套房,请您们明后天继续在我们宾馆做客,房金虽然要高一些,但设备条件还是不错的,我们可以给您们九折优惠。"客人们觉得值班经理的表现还是诚恳、符合实际的,于是应允照办了。

过了没几天,住在该宾馆的另一位外籍散客要去南京办事几天,然后仍旧要回上海出境，在离店时要求保留房间。总台服务员的另外一位服务员小吴在回答客人时也不够策略，小吴的话是："过去没有客人要求保留房间的先例可循，这几天住房紧张，您就是自付几天房金而不来住，我们也无法满足你的要求！"客人碰壁以后很不高兴地准备离店，此时值班经理闻声前来对客人说："我理解您的心情，我们无时无刻不在希望您重返我宾馆做客。我看您先把房间退掉，过几天您回上海后先打个电话给我，我一定优先照顾您入住我们宾馆，否则我也一定答应为您设法改住他处。"

数日后客人回上海，得知值班经理替他安排了一间楼层和方向比原先还要好的客房。当他进入客房时，还看见特意为他摆放的鲜花，不由得竖起了大拇指。

在旅游接待中，往往可能发生各种各样的事件，出现各种各样的问题，如何及时、圆满地处理，就需要像案例中那样运用旅游心理学的知识把握客人心理，并进行有效的引导。

旅游心理学是顺应社会发展和旅游学科发展的需要而产生的，是把心理学的研究成果和一般原理运用到旅游领域而形成的一门新学科，是心理学的一个分支。

案例分享

第一节　旅游心理学的理论基础

旅游心理学作为心理学应用领域的分支学科，其研究要借助普通心理学和社会心理学、消费行为学和管理心理学等其他应用心理学。

一、普通心理学

1. 心理学及其发展历程

随着社会的进步和科学技术的发展，心理学巨大的实践价值越来越受到人们的欢迎和国际社会的重视，越来越多的人意识到心理对人的行为影响的重要性。曾有科学家预言：在 21 世纪，心理学将成为带头学科。那么何谓心理学呢？心理学是研究人的心理活动及其规律的科学。

早在两千多年以前，人类就开始探索自己的心理现象。公元前 4 世纪，古希腊哲学家亚里士多德（前 384—前 322）就曾在他的名著《论灵魂》中，对人的心理现象进行过系统的论述。心理学的英文 psychology，是由希腊文 psyche 和 logos 两个词演变而成的。前者指"灵魂"，后者意为"讲述"，合起来就是：心理学是阐述心灵的学问。这一界定不具科学性，只有哲学意义。我国春秋战国时期，就有许多学者争论过有关人的某些心理问题。我国古代兵法强调"攻心为上"，韩信以此设计了"四面楚歌"的战术，起到瓦解楚军军心的作用。还有诸葛亮的"空城计"，都是应用心理活动规律的例子。但两千多年以来，心理学一直是哲学的一个部分，没有成为一门独立的学科。

1879 年，德国心理学家威廉·冯特（1832—1920）在莱比锡大学创立了世界上第一个心理学的实验室,并主持开展了对感觉、知觉、情感和联想等系统的研究,标志着科学心理学的诞生。至此,心理学脱离哲学而成为一门独立的实验科学。之后的一百多年,心理学门派高度发展,学科体系也进一步完善。至今,心理学已形成了由主干学科和众多的分支学科所构成的一个庞大体系。

2. 心理的实质

心理活动尽管是人人具有并熟悉的,但是对它的实质却有各种说法。例如,有人把心理看成是虚无缥缈、至高无上的灵魂活动的结果;有人认为人脑产生心理如同肝脏分泌胆汁一样;其中最早提出也最有说服力的观点是"心在心脏",这种观点曾一度盛行了很久。直到近代,"心在心脏"说才逐渐销声匿迹,确立了"心在脑中"之说。

(1)心理是人脑的机能

从动物进化过程看,动物在进化中产生了神经结构这一物质基础之后,有了心理机能;而且随着进化,动物等级越高,脑的结构越是复杂化,心理活动亦相应越复杂。从医学的临床观察和大量的专门研究所获得的事实表明,人的心理活动是和人脑的活动密不可分的。如果人脑受损伤,那么人的正常心理活动要受到严重的影响。尤其是近几十年临床上对大脑左右两半球各有不同功能的研究充分说明,心理是大脑的产物,离开大脑这一物质基础,任何心理现象都不会发生。

日常生活的大量事实也表明,醉酒的人容易胡言乱语、失去自控甚至昏迷不醒,这是因为酒精影响了大脑,使大脑失去正常工作的能力,以致不能控制机体的活动。专业的研究结果还表明,人处于不同心理状态下,相应的脑电图也是不同的。

以上的事实都可以说明心理是人脑的机能,人的大脑才是产生人的心理现象的器官,而不是心脏。

(2)心理是对客观现实的反映

俄罗斯的"鸟孩",印度的"狼孩"等事例可以说明没有经历过社会生活是不能产生人的心理的。尽管是人的孩子,具有正常人的大脑,也不可能产生人的心理,因为他们从小在动物群落中长大所以只产生动物的心理。事实说明,人在幼年时期一旦脱离人类的社会实践,对客观世界接触联系就中断了,此时人脑尽管是人的心理物质器官,但失去了与外界环境联系的实践活动和锻炼机会,大脑发育不完善,一直只能处于低级阶段,成为一个迟钝的生理器官而已。由此可见,人的心理必须在改造自然的社会实践中不断产生和发展。所以人所生活的客观现实是人心理的源泉和内容,心理是对客观现实的反映。

(3)心理具有主观能动性

心理是客观现实在人脑中的反映,但这种反映不是消极、被动的像镜子般的反映,而是在实践活动中积极的、主动的反映。

人对客观现实的反映受个人的过去经验和他所形成的个性特征如气质、性格的制约。尽管是同一事物,但各人的反映是有差别的。就是同一个人,在不同时间、环境和不同的主观状态下,反映也会大不相同。这说明人的心理具有主观能动性。

案例分享

3. 普通心理学研究内容

人的心理是复杂的,心理现象是心理活动的表现形式。普通心理学研究一般人的行为和心理现象,并将个人身上发生的心理现象概括为心理过程和个性心理两大类。

心理过程是指人的心理活动过程,包括人的认识过程、情绪和情感过程、意志过程。认识过程是一个人在认识、反映客观事物时的心理活动过程,包括感觉、知觉、记忆、想象和思维的过程。感、知觉是简单的初级认识过程;想象、思维则是人复杂的高级认识过程。情绪和情感过程是一个人在对客观事物的认识过程中表现出来的态度体验。例如,满意、愉快、气愤、悲伤等,它总是和一定的行为表现联系着。人在认识客观事物时,不仅仅是认识它、感受它,同时还要改造它,这是人与动物的本质区别。为了改造客观事物,一个人有意识地提出目标、制订计划、选择方式方法、克服困难,以达到预期目的的内在心理活动过程即为意志过程。人的认识过程、情绪和情感过程、意志过程是既有区别又有联系的,是心理活动过程的三个组成部分。人的认识过程和意志过程往往伴随着一定的情绪、情感活动;意志过程又总是以一定的认识活动为前提;而人的情绪、情感和意志活动又促进了人的认识的发展,两者相互影响。

个性心理包括个性倾向性和个性心理特征。个性倾向性包括需要、动机、态度、兴趣、世界观等。动机的内在心理基础是需要,需要是个体缺乏某种东西的一种主观状态,它是客观需求的反映,这种客观需求既包括人体内的生理需求,也包括外部社会的需求。兴趣是一种对事物进行深入认知的需要,是需要的体现。世界观则对人的需要进行调节和控制,并由此确定个体对客观世界的总体看法与基本态度。

个性心理特征是人在认知、情绪和意志活动中形成的稳固并经常出现的意识特性,包括能力、气质和性格。能力是人顺利完成某种活动所必须具备的心理特征,体现着个体活动效率的潜在可能性与现实性。气质是指表现在人的心理活动和行为的动力的特征,如速度与强度、稳定性、指向性等特点。性格是人对现实稳固的态度和习惯的行为方式。正是这些心理特征,使人与人彼此区别开来,这就是所谓的千人千面。

二、社会心理学

旅游心理学的研究对象是旅游者和旅游工作者,二者都是社会中的人,其行为的发生和变化都离不开社会因素的影响。所以研究旅游心理学就需要了解它的母学科之一——社会心理学。

社会心理学家周晓虹认为:社会心理学研究生活在特定的社会生活条件下,具有独特的文化和完整的人格结构的人对各种简单与复杂的社会刺激所做出的反应(包括内隐与外显两个方面)的变化过程及规律。

具体说,社会心理学所研究的社会行为有三类:一是个体受他人或社会影响而产生的行为,如社会认知、归因和动机等;二是既由个体所体现,同时又是群体中的其他成员所共有的行为,如模仿、从众以及社会态度等;三是由各种群体所表现的行为,如合作、竞争、社会运动等。

三、消费者行为学

消费者行为学是研究个体、群体和组织为满足其需要而如何选择、获取、使用、处置产品、服务的体验和想法,以及由此对消费者和社会产生的影响。

简单来说,消费者行为学的内容包括消费者为什么购买(购买需求和动机)、怎样购买(购买决策过程)以及影响购买行为的各种因素(包括个人的、环境的和营销方面的)。

影响消费者决策的个人因素包括消费者的心理过程、学习、价值观、态度和个性等消费者的心理因素,还包括消费者的职业、性别、生活方式、经济状况和消费者的产品知识等因素。

影响消费者决策的环境因素包括社会环境因素和其他环境因素。社会环境因素包括文化因素、社会阶层、家庭、参照群体及社会流行等;其他环境因素包括购物环境因素、情境因素、消费体制因素等。

影响消费者决策的营销因素包括与产品相关的因素以及与产品营销组合相关的因素。与产品相关的因素包括产品的定位、商品的命名、商标、商品包装装潢等;与产品营销组合相关的因素包括促销、广告、定价、企业公共关系等。

四、管理心理学

管理心理学产生于20世纪20年代,诞生的标志是1924—1932年在美国芝加哥西方电器公司的霍桑工厂进行的霍桑试验。

管理心理学以企业中人的心理规律为研究对象,目的在于调动人的积极性,以达到最大的工作绩效。管理心理学研究的内容是企业中具体的社会、心理现象,包括个体心理、群体心理、组织心理和领导心理四个方面。

第二节 旅游心理学的研究对象和意义

旅游心理学是从心理学角度研究旅游和旅游业的一门新兴学科,是研究旅游活动中人的行为规律的科学。

国外学者对这一领域的研究始于20世纪70年代末期,我国学者也随后在80年代中期开始了旅游心理学的教学与科研。国外学者对旅游心理学的研究有两条思路:一种是以旅游消费者为对象,研究旅游者消费行为的一般规律;另一种是研究旅游工作者和旅游者的互动关系。前者以美国学者小爱德华·J.梅奥和兰斯·P.贾维斯的著作《闲暇旅行心理学》为代表,该书以旅游企业如何有效地进行市场营销为出发点,详细地分析了知觉、学习、人格、动机、态度等心理因素以及角色与家庭、参照群体、社会阶层、文化和亚文化等社会因素对旅游消费行为的影响。后者以相互作用分析为理论基础,对旅游接待业中的人际关系进行了深刻的分析。本教材借鉴了这两种思想的研究方法,并在我国大量研究成果的基础上建立了一个比较完整的旅游心理体系。

一、旅游心理学的研究对象

旅游心理学以影响旅游者旅游活动产生并影响旅游目的地的选择和旅游心理效果

的主客观因素为研究对象。

对于一个旅游企业来说,如何利用游客心理进行建设、开发、宣传,吸引游客前来购买旅游产品;来了以后如何满足游客心理进行接待,从而吸引回头客和潜在客源;为了做好这些,旅游企业要怎样管理好员工。所以旅游心理学的研究对象主要包括旅游者决策行为心理、旅游服务心理和旅游企业员工心理。这三方面内容构成了旅游心理学研究的主体。

1. 旅游者决策行为心理

旅游者决策行为心理包含旅游者的需要、旅游动机、旅游态度、旅游情绪等心理活动变化规律,探索这些心理因素对旅游行为的产生、选择和心理效果的影响。

人们的旅游消费行为是在其决策行为心理支配下发生的,因此了解旅游者决策行为心理的发生、发展变化规律是非常有必要的。美国著名心理学家勒温提出的行为公式有助于我们对这个问题的分析。

勒温的行为公式是:

$$行为 = f(人格 \times 环境)$$

他认为人的行为受两大因素影响,一个是人格,一个是所处的环境,人的行为就是人格和环境的函数,所谓人格简单地说就是个人的心理特点。所以我们一方面要探讨旅游者的人格因素,即旅游者的主观因素对旅游行为的影响;另一方面要探讨旅游者所处的外部环境,也即客观因素对旅游行为的影响。

探讨旅游者的旅游决策行为心理就是要探讨旅游行为产生的规律,探讨旅游者的旅游知觉、旅游动机、旅游态度、旅游者的人格、旅游者的情感等方面心理因素对旅游行为的产生,对旅游选择和旅游心理效果的影响。

对于旅游从业者而言,了解旅游者的心理规律对他们正确理解并预测客人的行为有很大帮助,从而为影响和引导旅游者的行为打下基础。

2. 旅游服务心理

旅游活动过程是通过旅游者和旅游从业人员共同的积极活动实现的,所以它们之间相互作用关系中的心理活动变化规律和特点,也是旅游心理学的研究对象。

从心理学角度可以把旅游产品解释为:旅游者花费一定的时间、金钱和精力所获得的个人经历。从这个角度看旅游服务,那么旅游服务实质上是旅游服务人员通过与旅游者打交道,以帮助旅游者构造其美好经历的过程。要想使客人有好的经历、好的体验、好的感受并不是一件简单的事,它需要迎合旅游者心理,满足旅游者的需要。

3. 旅游企业员工心理

了解旅游从业人员的心理、优秀服务员的心理品质的培养和训练。

旅游产品包括两大类:有形产品和无形产品。其无形产品要靠员工通过与客人交往来完成其生产过程,质量有很大的不确定性且监控困难,只能依赖高素质的员工提高服务质量。作为管理者为达到这一目的,要充分调动员工的积极性,科学地安排员工,使员工愉快地、主动地、创造性地做好服务工作。而这一切都必须以了解员工的心理为前提。

总而言之,旅游心理学的研究对象是旅游活动中人的心理活动和行为规律,这其中包括旅游者决策行为心理、旅游服务心理以及旅游企业员工心理,并研究如何遵循这些规律以便搞好旅游服务和旅游管理工作。

二、旅游心理学的研究意义

学习和研究旅游心理学,对于从事旅游服务工作的人员,无论是旅游企业的管理人员,还是一线服务人员,都具有重要意义。

1. 有利于科学合理地开发旅游资源和安排旅游设施

旅游设施的安排和旅游资源的开发一定要考虑旅游者的心理活动规律,否则就会事倍功半,浪费人力物力,甚至破坏旅游资源,使设施、资源发挥不出应有的效益。所以,在开发旅游资源、设计建设旅游设施方面一定要考虑人的心理因素,旅游心理学为此提供了理论基础。

成功的旅游产品在其"硬件"建设上都十分注重旅游者的心理因素,使旅游者在旅游活动中心理得到极大满足。现代旅馆为给旅游者创造方便、恬静、舒适的生活环境,在设施安排上充分考虑到旅游者的生理、心理特点以吸引旅游者;现代化的旅游交通设施完全是在认识到旅游者需要安全、快速和舒适的心理特点时得到改进和发展的;旅游景区景点的开发首先要考虑它能否对旅游者有吸引力,根据现代人生活和工作的特点,景点要开发设计那些具有强烈参与性的娱乐项目,从而达到吸引旅游者的目的。

2. 有助于旅游事业的发展和旅游服务质量的提高

旅游者出门旅游,除了满足于低层次的需要,一般还有获得尊重、友谊等高层次需要,这些就不只是优美景点、豪华设备、美味佳肴所能满足的。旅游者更看重的是服务质量,是富有人情味的接待,是友谊、尊重、理解和美感交织在一起的一种人生享受。

旅游企业只有了解旅游者的心理,预测旅游者的行为发展,有目的地引导其行为,提高服务质量,才能最终获得好的经济效益。首先就要了解服务对象的心理,掌握旅游者的心理活动及其规律。旅游者中既有外国人、华侨、港澳台同胞、外籍华人,也有国内人民群众。他们国籍不同、民族不同、职业不同、年龄、性别、性格也不尽相同,他们的生活习惯、风俗都有差异。在旅游接待服务中,我们只有在研究并了解旅游者心理特点的基础上,才能有针对性地采取不同的服务方法,使旅游者对我们的服务工作感到满意,产生"宾至如归"的感受。

通过对旅游者心理活动的分析研究,总结出一些带有普遍性的东西,为旅游工作透过现象深入地了解旅游者、更好地满足其需要提供了理论依据,以减少工作的盲目性,增强针对性。所以我们在学习旅游心理学的时候,不但要进行相关知识理论的学习,还要着眼于知识的具体运用,以达到知己知彼、有的放矢。

案例分享

3. 有助于提高旅游企业的经营和管理水平

近年来我国旅游事业飞速发展，尤其在硬件方面进步明显，已经接近甚至赶上了世界发达国家水平，但在软件方面我们依旧与旅游先进国家存在一定差距，究其原因就是我们的旅游服务落后，经营管理水平低，这已成为制约我国旅游事业发展的瓶颈。

旅游业的竞争其实就是吸引客源的竞争，旅游心理学的理论可以对旅游企业经营方针和策略提供心理学的理论依据。旅游心理学的研究可以帮助我们运用心理学等行为科学原理去分析旅游者的心理趋势，了解其需要和变化，有针对性地开展旅游宣传，吸引游客，不断调整经营方针和策略，在了解旅游者心理趋势的基础上进行科学的预测和决策。旅游心理学还通过对旅游企业的管理心理进行详尽的分析，给人力资源的开发、团队精神的培养、凝聚力工程和领导科学提供了有益的启示。

4. 有助于旅游业高质量员工队伍的建设

现代旅游业要求从业人员具有较高的素质。素质包括专业素质和心理素质，对于主要与人交往、为人服务的旅游从业人员来说，提高员工的素质最根本的就是要提高心理素质，包括对他人和对自己的心理活动的认识、理解和把握。旅游心理学对解决旅游服务人员的服务意识等方面的问题具有重要作用：能有效地帮助旅游服务人员正确认识服务的对象，正确处理客我关系，提高业务水平；能使旅游从业人员增强对生活和事业的信心，促进沟通，提高工作的效率；能全面提高职工的素质，使他们积极主动地、富有创造性地去完成旅游服务工作，以一个强健的、完善的心理素质去迎接四海宾朋。

第三节 旅游心理学的研究方法

心理学研究方法是研究心理学问题所采用的各种具体途径和手段，包括仪器和工具的利用。心理学是一门边缘学科，其研究方法往往兼有自然科学和社会科学两方面的特点，作为心理学分支学科的旅游心理学的研究方法也具有此类特点。旅游心理学的基本研究方法主要有实验法、观察法、测验法、调查法、个案法等。

一、实验法

实验法指在控制条件下操纵某种变量来考查它对其他变量影响的研究方法，是有目的地控制一定的条件或创设一定的情境，以引起被试的某些心理活动进行研究的一种方法。

实验法有两种形式：实验室实验法和自然实验法。

1. 实验室实验法

实验室实验法是指在实验室内利用一定的设施，控制一定的条件，并借助专门的实验仪器进行研究的一种方法。在设备完善的实验室里研究心理现象，便于严格控制各种因素，并通过专门仪器进行测试和记录实验数据。从呈现刺激到记录被试者反应、数据的计算和统计处理，都采用电子计算机、录音、录像等现代化手段，实行自动控制，因而对心理现象的产生原因、大脑生理变化以及被试者行为表现的记录和分析都比较精确，具有较高的信度，通常多用于研究心理过程和某些心理活动的生理机制等方面的问题。实验室实验法在旅游研究中使用起来难度较大，一般很少使用。

2. 自然实验法

自然实验法是在旅游接待的自然过程中，有目的、有计划地创设和控制一定的条件，结合经常的服务工作来进行研究的一种方法。自然实验法结果比较接近于实际，兼有观察法和实验室实验法的优点，比较具有主动性和严密性，所得到的结果也比较准确。既可以用于研究旅游者一些简单的心理活动，又可用于研究较复杂的心理活动而被广泛使用。

实验法优点在于研究者处于主动地位，可有计划引起某种行为现象发生；研究者可以控制一切无关变量，系统操纵作为自变量的变化条件；研究者可以使某种行为在相同条件下重复发生，反复观察验证。

实验法在研究人的心理过程和心理的生理机制方面能显示出它的优越性，但实验室的人为性及对心理现象的过分简化，在研究复杂的心理活动如人格、意志等方面较为困难，且所得结果与实际情况存在一定差距。

二、观察法

观察法是研究者有目的、有计划地在自然条件下，通过感官或借助于一定的科学仪器，在自然情景中对人的行为进行系统观察和记录，然后对所做记录进行分析，发现心理活动和发展规律的方法。

观察法是心理学研究中使用较广泛的一种方法。在旅游活动中，通过旅游者或从业人员的言语、表情和行为、动作等外部表现，了解他们的心理活动，就是运用观察法。

根据观察的时间长短，分为长期观察和定期观察。长期观察即在较长的时间内（几个星期、几个月）对被观察对象进行连续不断、系统的观察。观察时做详细记录，然后整理所得资料，并加以分析研究。定期观察，即按一定时间进行观察，每隔一定时间观察一次，经过多次观察后，将搜集的材料进行分析研究。

根据观察的内容可分为全面观察与重点观察。全面观察，如导游陪同观察旅游者从入境到出境期间的全部行为表现。重点观察，如客房服务员选择旅游者在宾馆客房范围内需求的不同特点、不同年龄客人的喜好等心理现象进行重点观察。

为了使观察富有成效，观察者必须事先制订观察计划、明确观察的目的，对所要观察的问题有基本的了解。观察过程中要敏锐捕捉各种现象，准确、详细地记录下来，还可以利用照相、录音、录像等手段以增加记录的准确性，及时整理和分析，以利于科学结果的产生。此外观察法对研究者要求较高，表面看起来观察法很简单，但实际运用起来难度非常大，因此，只有经过严格训练的人才能有效使用。

观察法保持了被观察者心理表现的自然性和客观性,所得材料客观、真实、可靠。其缺点是只能消极等待有关现象的发生,难以对所观察的材料做出比较精确的分析和判断,且被动、费时,同时难以确定某种行为现象的真正原因。

三、测验法

测验法即心理测验法,就是采用标准化的心理测验量表或精密的测验仪器,来测量被试者有关的心理品质的研究方法。例如常用的心理测验有:能力测验、品格测验、智力测验、个体测验、团体测验等。

在管理心理学中的研究中,心理测验常常被作为人员考核、员工选拔、人事安置的一种工具。这种方法往往用于对旅游业工作人员的心理测试上,用以研究员工的心理与服务行为的关系,在研究旅游企业员工心理方面价值比较大。

测验法可在短时间内了解许多人的一个或多个特点,且能从数量上比较个人之间的差异。但目前所使用的测验量表还不够完善,信度和效度还不够高。

四、调查法

调查法是对不能直接观察到的心理现象,通过书面或口头回答问题的方式,以了解被试者的心理活动的方法。调查法包括访谈法、电话调查法、问卷法、作品分析法等。

调查法的优点在于它比较容易和迅速地获得大量资料,便于进行定量分析。其缺点是被调查者对问卷的态度及问卷的回收率可能会影响调查结果的真实性和准确性。

访谈法是研究者通过同被调查者谈话,了解和确定被调查者的某些心理特点。运用谈话法,要根据研究目的和谈话对象的特点,确定谈话目的,拟定谈话的内容纲要。一般谈话的话题和内容应该是被试者能够并乐于回答的,而且能从中分析被试者的心理活动。对谈话过程应作详细记录或录音,便于资料的分析、整理。访谈调查时,研究者与被调查对象面对面交流,针对性强,灵活真实可靠,简单易行,便于迅速、深入了解人或事件,但访谈法比较花费人力和时间,被试者心理状态的结论必须从被试者自己的回答中寻找,所以具有较大局限性。

电话调查法是指研究人员通过电话向被调查者进行问询,了解所需情况的一种调查方法。借助于电话这一中介工具进行,彼此不直接接触,是一种间接的调查方法。电话调查法花钱、耗时不多,能调查较多的人,但不像访谈法那样为使被调查者对问题不发生误解,可以采用多种方式详细询问和解释问题,且对于已普及电话的地区较为适用,而对电话还不够普及的地方就不很适用。

问卷法即是书面提问的方式,是通过被试者填写回答事先拟定好的表格、问题等形式,然后作定量和定性的研究分析,来研究其心理的一种方法。如在宾馆餐厅中放置预先拟定的服务质量评价的问卷,让客人填写,然后归纳、分析研究客人的心理,可以确定某一年龄阶段或某一阶层的人们的旅游心理倾向。常用的问卷调查法有四种形式:一是选择法;二是是否法;三是计分法;四是等级排列法。问卷法的优点是可以同时进行大规模的调查,且能对结果进行数量处理,但问卷回收率低,对所回收的问卷答案的真伪判断较难,难以把所得结论直接与被试者的实际行为进行比较。

五、个案法

个案法就是对某一个体或群体组织在较长时间内连续进行调查、了解、收集全面的资料,从而研究其心理发展变化的全过程的方法。

个案法能提供变化的动态方面的见解,对于组织内部问题的诊断和纠正极有帮助。但用该方法归纳出来的结论往往缺乏普遍性,另外,需要投入大量的人力、物力和时间,这对研究者来讲,是一个限制因素。

心理学的研究方法还有很多,比如经验总结法、模拟法等,这些方法各有优缺点。由于旅游心理现象的特殊性和复杂性,进行研究时应根据研究对象的特点和具体任务的差别选择某一种或某几种方法。

心理学是研究心理现象的科学。科学心理学诞生于哲学怀抱之中,其标志是1879年德国心理学家威廉·冯特在莱比锡大学建立世界上第一个心理学实验室。本章讲述了心理学发展历程、心理的实质,简单介绍了心理学借鉴的心理学分支学科,即普通心理学、社会心理学、消费者行为学和管理心理学的知识体系和内容,阐述了旅游心理学的研究对象、研究意义和旅游心理学研究的主要方法。

案例一:给客人提建议的学问

烈日炎炎,常有客人买西瓜回房间享用,瓜皮、瓜汁极易沾染、弄脏地毯和棉织品,形成难以清除的污渍。于是服务员A对客人说道:"先生,对不起!您不能在房内吃西瓜,会弄脏地毯的,请您去餐厅吃吧!"客人很不高兴地答道:"你怎么知道我会弄脏地毯?我就喜欢在房间吃。"服务员A再次向客人解释:"实在对不起,您不能在房间里吃瓜。"客人生气地说:"房间是我的,不用你教训!酒店多的是,我马上就退房。"说罢愤然而去。

同样场景下,服务员B是这样处理的:"先生,您好!在房间里吃瓜容易弄脏您的居住环境,我们让餐厅为您切好,请您在餐桌旁吃,好吗?"客人答道:"去餐厅太麻烦了,我不会弄脏房间的。"服务员B又建议道:"要么我们把西瓜切好,送到您的房间,省得您自己动手,好吗?"客人点点头,说道:"那就谢谢小姐了。"

试分析:

1. 案例中 A、B 两位服务员接待服务质量的优劣。
2. 分析出现这种差异的心理原因。

案例二:给客人折扣优惠中的学问

西安市某进口设备公司的周经理到广州办事,在该市东风大酒店办理住店手续时,要求房金给予优惠。经请示经理同意打八折,并在住房单上写明。

第二天早晨客房服务员小张进客房后发现客人周经理没有起床,经询问才知客人的老毛病肩周炎突然发作了,肩部疼痛,两手不能动弹。小张于是和另外的服务员小于商量以后,劝那位周经理不要着急,并答应另外利用业余时间帮助他解决日常生活中的不便之处。周经理在广州举目无亲,既然有人肯热心相助,他才安心在店内休息下来。

在周经理住店一周期间,小张和小于几次送他去医院就诊,还帮他洗衣服多次,发信打电话这一类的事也由他们承担。周经理心里很感动,屡次坚持要付给她俩小费以表谢意,但都被婉言谢绝。

当离店结账时,周经理坚持取消八折优惠,要求改按全价支付住宿费,因为他觉得住在这样的酒店,得到如此的超值服务,支付全费完全值得而且是理应如此的。

试分析: 为什么当离店结账时,周经理主动坚持取消八折优惠?给客人折扣优惠后的服务中应注意什么?

自我检测题

一、填空题

1. 心理的实质是_____、_____、_____。
2. 旅游心理学的研究方法主要有:_____、_____、_____、_____等。

二、简答题

1. 旅游心理学的研究对象是什么?
2. 旅游心理学的研究意义何在?

实训题

运用问卷调查法调查某个景点景区的参观者对目前该景区所提供服务的满意度,并提出相应的改进对策。

第一编

旅游决策心理

第一章

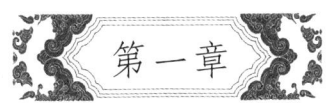

旅游决策心理

教学目标

知识目标

了解旅游消费行为的概念、特点、分类、旅游消费需要发展的趋势和旅游动机的含义、分类和功能。

能力目标

熟悉旅游消费行为的影响因素、旅游需求的基本理论和旅游动机的产生条件,掌握旅游需求对旅游消费的影响和旅游动机的激发。

导入案例

环境污染、高压力、亚健康……现代都市生活的一系列问题让人们越来越注重追求健康的生活方式。旅游如今已经成为人们休闲、放松的重要方式,越来越多人希望更多地接近大自然,寄情山水,陶冶心性。被称为"长寿村"的广西巴马县,近年来游客络绎不绝。在各地,越来越多的健康旅游产品被推出:北京的多条中医养生文化旅游路线——颐和园品尝药膳,钟鼓楼胡同访名医馆,长城脚下品养生茶道,参观老字号中药店,均受到不少游客欢迎;黑龙江大庆探索"体育+旅游+健康"的产业融合发展模式,以助力经济结构转型升级;江苏茅山发挥其生态资源优势,打造了国家中医药健康旅游示范区和健康养生特色小镇。此外,各地养生酒店和度假村的打造,有机农场的开辟,以及旅游目的地的水疗、饮食产品等,拉动了当地的旅游投资与消费。相关数据显示,人们对于健身保养的兴趣与日俱增,自费开展的保健项目也不断增加。这也影响到度假地的选择,在度假休闲的同时强身健体、积极投入健身训练已经成为新的旅游动机。

第一节 旅游消费行为的心理动因

一、旅游者旅游消费行为概述

旅游消费者行为是个体在搜集有关旅游产品的信息进行决策和在购买、消费、评估、处理旅游产品时的行为表现。

1. 旅游者消费行为的概念和特点

(1) 旅游者消费行为的概念

1) 狭义的旅游者消费行为　狭义的旅游者消费行为强调一种外在表现形式，仅指旅游者进行旅游的行为和对旅游产品的实际消费。

2) 广义的旅游者消费行为　广义的旅游者消费行为则包括了旅游者旅游的全过程，一般指旅游者利用搜集的各种信息，根据自己的经验、主观判断、偏好、性格等做出决策并进行旅游消费的过程。包括旅游需求的产生过程、旅游的预算过程、旅游所需费用的取得过程、旅游计划的制订过程、旅游者心理和行为活动过程，最后到对旅游产品的实际消费过程。它是一种特殊形式的行为，是旅游者在搜集旅游信息、进行旅游活动、旅游消费和评估旅游产品过程中的行为表现。

(2) 旅游者消费行为的特点

旅游者消费行为的特点是：①注重价值导向；②信息索取趋于多、便、捷；③追求个性化、独特化；④主张创新而不是单纯选择；⑤关注和注重社会利益。

2. 旅游消费行为的分类

旅游消费行为根据不同的标准可分为不同的种类，常见的分类有以下几种。

(1) 按照旅游消费的决策单位分类

旅游者购买行为可分为旅游者个体的购买行为和组织机构的购买行为。前一种购买行为主要是旅游者单独出游的消费行为；后一种购买行为依据购买决策单位的不同层次又划分为两种，即一般组织机构的旅游购买行为和旅游批发商的旅游购买行为。

(2) 按照旅游者购买的参与程度分类

按旅游者购买的参与程度高低，旅游者的购买行为可分为当日往返旅游购买行为，短期旅游者购买行为和远程旅游者购买行为。进行当日往返旅游购买和短期旅游购买行为时，旅游者的决策过程简单，信息水平要求较低；远程旅游由于耗时长、价值高，旅游者进行远程旅游购买时，会投入较大的精力搜集信息，慎重决策，决策过程也复杂得多。

(3) 按照购买的时间分类

按照购买的时间分类，旅游者的购买行为可分为现实的购买行为和潜在的购买行为。现实的购买者已有明确的购买需要，是旅游市场的营销人员必须满足的消费者。此外，市场营销人员应该注重潜在的购买者，通过引发需求，培育市场，使潜在的购买者转变为现实的购买者。

(4) 按照旅游消费行为的目的分类

按旅游消费行为的目的来分，可将旅游消费行为分为观光型、休闲度假型、商务型、修学型、探亲访友型等。观光型游客是指以观光游览为目的而外出旅行的旅游者，这种类型的游客一般具有花费较少，基本用于交通、食宿、门票，购物较少，大多数参加团队包价游等特征；休闲度假型游客指以通过娱乐消遣获得精神松弛为目的而旅游的游客，具有一般不参加团队包价游，对价格和服务质量相当敏感等特征；商务型游客的主要目的是进行商务活动，旅游活动是辅助性的，旅游目的地大都限于城市，期限短，受季节变化影响小；修学型游客的旅游形式主要是独立散客形式或几个人结伴同行，他们一般不追求奢华，能吃苦，总的花费不大；探亲访友型游客一般在亲友陪伴下旅游，由于亲友对旅游目的地相当了解，所以他们一般不会把钱花在不该花的地方。

(5) 其他分类方式

旅游消费行为还可按照购买动机、购买心理、购买季节、年龄、性别、国别等因素划分。对于市场营销人员来讲，对购买行为进行分类不是机械地划分，而是细分市场，确定不同的消费对象，拟定相应的营销策略。

3. 旅游者消费行为的影响因素

影响旅游者消费行为的因素一般包括空间因素、文化因素、社会因素、个人因素和心理因素。

(1) 空间因素

空间因素主要是距离知觉影响旅游者的动机、态度、决策以及随之而来的旅游行为。主要表现在两个方面：阻止性和激励性。

(2) 文化因素

文化因素对旅游者消费行为具有最广泛、最深远的影响，包含文化、亚文化和社会阶层三部分内容。

例如，法国人的性格特点：自由热情、乐于助人，追求生活乐趣，喜欢物美，避免价廉，说话滔滔不绝，用手势加重语气，忌讳菊花、杜鹃花、纸花和黄色花朵。旅游行为：度假行为低于德国和英国，国际、国内旅游业兴旺发达，喜欢多点停留的周游方式，青年人乐于冒险，喜欢异国风情和历史文化，单独旅游挑剔卫生和接待条件，热衷学习，喜爱参观游览名胜古迹。

美国人的性格特点：独立性强，自信好胜，喜欢探新求异，举止随心所欲，业务交往喜欢准时，不太注重穿着，喜欢群居，结伴行事，热衷社团活动，开朗直爽，热情好客，慷慨大方，喜新厌旧。旅游行为：旅游花费高，旅游者收入高，社会地位高，年龄较高，文化程度也较高，度假猎奇，喜欢中国的历史古迹和人类创造，喜欢住豪华饭店，注重卫生安全，希望热情服务，人均花费高。

日本人的性格特点：注重礼节，纪律严明，办事严谨，团结一致，保密性强，注重人情关系，衣着大方整洁。旅游行为：其主要旅游目的地是美国、韩国、新加坡、中国香港和台湾，以观光度假为主，在外停留时间较长，修学和文化交流较多。

(3) 社会因素

社会因素主要包括以下几个方面。

1) 相关群体　相关群体包括家庭、朋友、邻居、同事、宗教、职业、协会等。

2) 家庭　家庭生命周期阶段不同,旅游消费行为各有特点。

3) 社会角色与地位　根据旅游者类型的不同,可以将其分为五种明显的角色行为。

第一,观光旅游者拍照,购买纪念品,参观名胜,在一个地方短暂停留,不去了解当地居民。

第二,旅行家在一个地方短暂停留,品尝地方菜肴,参观名胜,拍照,私下考察一些地方。

第三,度假旅游者拍照,参观名胜,避免社交,购买纪念品,为当地经济做贡献。

第四,豪华旅游者生活奢侈,关心社会地位,寻欢作乐,喜欢与地位相同的人交往,参观名胜。

第五,商务旅游者关心社会地位,对当地以经济做贡献,不拍照,乐于与同行交谈,过奢侈生活。

(4) 个人因素

主要包括年龄和生命周期阶段、职业、一个人的经济环境、生活方式、个性和自我概念等。

延伸阅读

途牛旅游网发布《2015年度爸妈游旅游消费行为分析报告》

国家统计局最新数据显示,截至2015年年底,我国60岁以上人口升至2.2亿,占比16.1%,即中国每6个人中,就有1个是老年人。随着人们生活水平的提高以及老年人消费观念的转变,近几年,国内老年游客的出游人次占比明显上升。

2016年3月22日,途牛旅游网对外发布"乐开花爸妈游"品牌。伴随着《旅行社老年旅游服务规范》行业标准将于2016年9月1日起实施,途牛恰逢其时重点打造"乐开花爸妈游"品牌,将有效助推爸妈游市场良性发展,让老年群体更安心、放心地快乐出游。

与此同时,途牛以60岁及以上的老年用户为主要研究对象,发布《2015年度爸妈游旅游消费行为分析报告》,综合2015年爸妈游用户消费意愿、预订情况等,对在线爸妈游市场进行数据特征分析。

爸妈游是旅游市场最具潜力的蓝海市场

当前,我国已进入大众化旅游时代,消费旅游经常化,日益成为老百姓的一种常态化生活方式,旅游市场规模越来越大。国家旅游局数据显示,2015年我国国内旅游突破40亿人次,旅游收入过4万亿元,出境旅游1.2亿人次。

在庞大的出游群体中，老年游客成为重要力量。全国老龄委一项调查显示，目前我国每年老年人旅游人数已占到全国旅游总人数20%以上。可支配收入逐年提高、闲暇时间较多、身体健康状况良好，这些因素都刺激了老年人旅游需求的增长，使老年旅游成为目前旅游客群细分市场中最具有潜力的蓝海市场。

2015年8月初，国务院办公厅印发了《关于进一步促进旅游http://touzi.haiwainet.cn/投资和消费的若干意见》，第十四条意见着重指出，要"积极发展老年旅游"。银发族旅游市场的巨大体量和发展前景已从政策层面得到肯定。

途牛旅游网调研数据显示，在出游的老年游客中，选择通过旅游体验异地风情和文化的用户占比达到30%，认为适宜的气候对身体健康有好处的用户占比45%，希望结交一些志同道合的老年朋友的用户占比15%，选择与儿女沟通亲情的用户占比10%。

在预订主体方面，2015年，通过途牛出游的老年用户中，21%自己预订，79%由子女代为预订，通过资助旅费的方式表达孝心。

由于较多子女选择在异地为父母预订旅游产品，途牛广泛的区域服务网络覆盖为其掘金爸妈游市场增添了独特的竞争力。截至目前，途牛在全国已拥有170家区域服务中心以及提供超过240个出发城市的预订服务，这让途牛可以为更多用户提供高品质的服务。同时，途牛仍在不断深化区域拓展战略，至2016年底，区域服务中心数量将达到300家。线上线下的协同，让子女异地报名、父母异地成团不再是难事。同时一旦发生问题，子女在预订地、父母在出发地都可以与途牛进行沟通，实现信息共享和对称。

出游人次同比增252%，女性用户爱出游

途牛旅游网监测数据显示，2015年60岁及以上出游人次增速迅猛，同比2014年增长252%。

国内周边游为主，出境游逐渐升温

途牛旅游网监测数据显示，在出游方向上，50%的老年游客选择国内游，12%选择出境游，38%选择周边游。

出行方式多样，邮轮出境受欢迎

随着现代交通工具的不断发展，出行变得越来越快捷。由于有充足的空闲时间，老年游客出行方式更多样，在国内旅游时一般会选择汽车、双高、高飞等多种形式。

近两年，国内邮轮市场发展势头良好，邮轮慢生活、享受型旅行的理念与很多老年游客的旅游习惯相符合，使得老年游客成为这一市场最重要的服务对象。途牛旅游网监测数据显示，2015年，歌诗达、皇家加勒比、蓝宝石等是较受老年游客青睐的邮轮。

由于较多老年人是在无子女陪伴的情况下出游，85%的老年客户选择跟团游。未来，针对全部都是老年游客的人数较多的独立团队，"乐开花爸妈游"将提供专业陪护，让由于工作原因无法陪同父母出游的子女更放心。

（资料来源：http://travel.ce.cn/）

（5）心理因素

旅游者的消费行为主要受动机、知觉、态度、人格等心理因素的影响。

4.旅游消费者的购买决策过程

（1）参与购买的旅游者的角色

我们可以从一个购买决策中区分出五个角色，分别为发起者、影响者、决策者、购买者和使用者。

（2）旅游消费者的购买行为类型

1）复杂的购买行为　这是一种差异性景区产品较多时的购买行为。当差异性景区较多时，游客需求选择更有特色、更适合购买的景区产品，这时，营销人员必须突出景区产品的各种特征，利用主要印刷媒体和详细的广告描述其优点，以便影响旅游者对景区产品的最终选择。

2）减少失调的购买行为　这是一种同质性景区产品较多时的购买行为。在这种情况下，旅游者主要关心的可能是合适的价格和旅游的便利程度，因而营销沟通的目标应该是增强旅游者购买景区产品的信心，并为其寻找一种心理平衡。

3）习惯性购买行为　一般适合于低价、熟悉的旅游产品。

4）寻找品牌的购买行为　营销目标注重打造品牌价值。

（3）旅游者的购买决策过程

旅游者的购买决策过程包括认识需要、信息收集、方案评估、购买决策、购买后行为。

1）认识需要　旅游者在购买前，首先要有对旅游产品的主客观上的一种认识和需求，有了需求之后，就会进行后续的一系列决策行为。

2）信息收集　旅游信息来源的渠道很多，其中较为典型的信息渠道有四种，即个人来源、商业来源、公共来源和经验来源。

3）方案评估　潜在购买者通过各种渠道得到旅游信息后，会对这些信息进行评估判断，在各种备选方案中进行比较，经综合评价后做出抉择。

4）购买决策　在经过评估判断后，潜在旅游购买者对于可供选择的若干品牌旅游产品，按其符合自己心意的程度排出先后次序，通常会选择最符合心意的旅游产品优先购买。然而从购买意图的初步形成到实际购买，还会受到别人态度和意外情况这两个因素的影响。

5）购买后行为　潜在购买者实际购买后，可能还会进行一些旅游方面的反馈。

第二节　旅游消费需要

在旅游消费行为动因中，旅游消费需要是旅游消费行为的重要心理因素之一，旅游心理学研究旅游者的心理需要和动机的首要目的就是要深入了解人们旅游的原因，以预测旅游业的发展方向和引导旅游者的行为。

一、旅游需要的含义

需要是指个体由于缺乏某种生理或心理因素时产生的一种主观紧张状态,即在人的内心深处对一定的客观事物存在着的不满足感或追求满足之感,人们为了维持和延续生命,有对食物、水、氧气、排泄、休息、配偶和避开危害等生理方面的需要,也有对爱情、友谊、交往、快乐、尊重、学习、事业成功等心理方面的追求和需要。

旅游需要是人的一般需要在旅游过程中的特殊表现,是旅游者或潜在旅游者由于对旅游活动及其要素的缺乏而产生的一种好奇心理状态,即对旅游的意向和愿望。

旅游需要的主体是旅游者,包括现实旅游者和潜在旅游者;对象是旅游,包括旅游活动本身及其旅游涉及的诸种要素。凡是以旅游为对象的需要都是旅游需要,而不是仅仅限定在人们对旅游产品和旅游服务的愿望与要求。旅游心理学要探讨的是旅游行为究竟源于人们的哪些需要,以及旅游行为可以满足人们的哪些需要。

二、旅游者需要的层次

美国人本主义心理学的代表人亚伯拉罕·马斯洛于1943年提出了著名的"需要层次理论"。该理论为揭示旅游者的需要提供了很好的理论基础。

该理论指出人类的需要是分层次的,由低到高。它们是生理需要、安全需要、社交需要、尊重需要、自我实现需要。

1. 生理需要

生理需要是个人生存的基本需要,如吃饭、穿衣、住宅、医疗等。若不满足,则有生命危险。这就是说,它是最强烈的不可避免的最底层需要,也是推动人们行动的强大动力。当一个人面临缺乏食物、安全和爱情等多种需要时,缺乏食物的饥饿需要总是占有最大的优势,这说明当一个人为生理需要所控制时,其他一切需要都退后。人们出于这方面的需要,夏天要到海边、山里去避暑;城里人要到乡下去享受清闲;紧张生产线上的工人、繁忙工作岗位上的企业家和高度兴奋的公关人员要到异国他乡去度假……

2. 安全需要

安全需要比生理需要高一层次,当生理需要得到满足以后就要保障这种需要。包括心理上和物质上的安全保障,如不受盗窃和威胁,预防危险事故,职业有保障,有社会保障和退休金等。安全的需要要求劳动安全、职业安全、生活稳定、希望免于灾难、希望未来有保障等。在美国"9·11事件"之后,美国人乘飞机出行次数减少,旅游者则选择近距离旅游,乘火车外出,这是出于安全的需要。

3. 社交需要

社交需要也叫爱与归属需要,是指个人渴望得到家庭、团体、朋友、同事的关怀、爱护与理解,是对友情、信任、温暖、爱情的需要。人是社会的一员,需要友谊和群体的归属感,人际交往需要彼此同情、互助和赞许。社交需要比生理和安全需要更细微,更难以捉摸,它包括对交往、爱与情感、为一定群体所接纳等方面的需要。人们通过旅游这一象征性的社会行为,可以摆脱刻板的日常生活,在新异有趣的旅游环境中,结识新朋友,谋求某些群体的接纳,获得友谊,甚至爱情。有时人在旅途,与家人小别,对激活或修复已经麻木的亲情,也会有极大的帮助。

4. 尊重需要

尊重的需要包括受到别人的尊重和具有内在的自尊心。尊重的需要可包括自尊心、自信心,对独立、知识、成就、能力的需要等。尊重的需要很少能够得到完全的满足,但基本上的满足就可产生推动力。这种需要一旦成为推动力,就会对人的行为产生持久的推动力。在尊重需要的驱动下,旅游者会购买那些昂贵的或非常独特的旅游产品,以彰显个人的成功。越是一般人难以承受的旅游行为,就越受具有强烈尊重需要的旅游者的欢迎。如漫游欧陆、探索两极、异国度假、环游世界、征服高山等,这些旅游行为本身就是成就的象征,并且可以使旅游者获得独立感、优越感、自信心,有助于满足个人的尊重需要。

延伸阅读

马斯洛需求层次只是一个表象

马斯洛需要层次理论说:人的需要有生理需要、安全需要、社交需要、尊重需要、自我实现需要。它们就像一个金字塔,而且只有下层的需要被满足了,才会有更上层的需要。

然而,这只是一个表象,换句话说就是:在这个社会里,只有金字塔似的下端有能力得到满足了,才会有能力去满足上端的需要。所以就产生了需要层次金字塔的这种特殊表面现象,如果不深入思考的话我们就容易得出有些人并没有那些需要。

但是您想想,当您现在是个乞丐,而您会没有得到尊重的需要吗?您应该是很想得到但却得不到而已!

关于需要,只要人们知道有更好的东西,他们都会产生对那样东西的需要,而他们是否有能力得到,那又是另外一回事了。而并不是,低端需要得到了满足,才会产生高端需要。

所以这个需要金字塔其实只是能力金字塔的一个表象而已。

(资料来源:https://www.douban.com/group/topic/4991317/)

5. 自我实现需要

自我实现需要是最高等级的需要,就是人尽其所能去做某事或才能的充分发挥。满足这种需要就要求完成与自己能力相称的工作,最充分地发挥自己的潜在能力,成为所期望的人物。旅游作为一种极具象征意义的行为,在特定条件下,有助于自我实现需要的满足。一方面,旅游者可以在旅游过程中开阔视野、获得知识,更加深刻地理解自己生活的世界,提高自己的认识能力、审美能力、沟通能力,丰富自己的情绪情感,完善自我;另一方面,旅游者可以通过旅游行为充分展现个人的风采、魅力、能力、智慧、身份、地位等,追求个人价值和潜力的实现,满足自我实现需要。人们外出旅游实际上只是生活场所和生活方式的更换,因此人们在生活方面的一切需要在旅游活动中都有体现。运用马斯洛的需要层次论可以解释旅游者的很多行为表现,有利于我们了解旅游者的基本需求规律。

三、旅游需要对旅游者行为的影响

旅游者的旅游行为主要受旅游需要的影响,主要表现在以下几方面。

1. 旅游需要决定旅游行为

旅游者的旅游行为是旅游者为满足自身需要而享用旅游产品和服务的行为,虽然旅游者旅游消费行为的形成过程十分复杂,但是旅游消费的产生和实现是建立在需要的基础上的。旅游需要作为旅游者对获得旅游产品和服务的愿望和要求,与旅游者所受到的内部刺激与外部刺激分不开,由此会形成一种紧张状态,成为其内在驱动力,形成旅游动机,旅游动机又导致人们的旅游行为。当旅游行为顺利完成,需要得到满足时,新的需要又会随之产生,再形成新的旅游动机,导致新的旅游行为。可见,旅游者的旅游行为是在旅游需要的驱使下进行的,因此旅游需要决定旅游行为。

2. 旅游需要的强度决定旅游行为实现的程度

旅游者的需要强度不同,对旅游行为的影响程度也不同。一般情况下,需要越迫切、越强烈,实现旅游行为的可能性就越大。对于一个非常渴望旅游的旅游者来说,由此引起的紧张与不适更强烈,为了消除这种状态,会迫切地实施旅游行为,而不注重旅游服务质量和价格。

3. 旅游需要层次不同对旅游者旅游消费水平的影响不同

随着人们生活水平的不断提高,旅游会成为人们越来越重视的消费需求。由于旅游者需要层次不同,在旅游活动中所表现的消费水平也就不同,需要层次高的旅游者,在旅游消费活动过程中更注重旅游产品和服务的质量,消费水平比较高;而需要层次低的旅游者则讲究实惠,消费水平也比较低。

四、旅游需要的发展趋势

随着生产力的发展、物质文化水平的提高和价值观念的转变,旅游需要也呈现出由低级向高级的不断发展变化,现代人旅游需要已呈现出以下发展趋势。

1. 旅游需要的层次不断提高,更加注重旅游中的精神需要

随着人们物质生活水平的提高,对求知、求异、求美、愉悦等精神方面的需求日益增强。他们希望借助旅游缓解紧张生活造成的精神压力,希望在旅游过程中获得知识,满足社会交往等需要。他们更加关注旅游产品中蕴涵的历史、地理、文学、艺术等文化内涵。对旅游中的物质性享受也更多地追求精神需要的层面,对旅游过程的舒适性方面的追求越来越高。在旅游方式和旅游目的上,观光型旅游正在向休闲度假型旅游方向发展。在旅游地的选择上,人们出国旅游的需求明显增强。

2. 旅游需要普遍化程度提高,旅游成为人们的基本生活需要之一

在我国,旅游需要不再是少数人的奢侈需要,逐渐形成大众化的需要趋势。当某个人周围的朋友都参加了旅游,而他却没有能力远足时,将会产生羡慕、自卑、嫉妒等失衡心理,使其产生旅游的需要,甚至可以产生超前旅游消费行为。旅游是人们在变化与稳定、复杂与单一、新奇与熟悉、紧张与轻松等矛盾心理中寻求平衡的重要生活方式。

旅游者的旅游需要随着时代、社会、个人和经济条件等方面的进步,将永无止境地发展。例如,旅游者对于住宿的需要,最初是结构简单、功能单一,如今却是设施齐全、豪华舒适。再譬如,旅游者对于旅游纪念品的需要,最初是经济、实惠、耐用,而如今是美观、小巧、精致。由此可见,旅游者的旅游需要是不断发展、永不满足的。

3. 旅游需要向多样化方向发展

旅游者的旅游需要千差万别、多种多样。旅游者在宗教信仰、生活方式、兴趣爱好等方面各有不同,因此,他们的旅游需要是多方面的、复杂的。不同类型的旅游者有不同的旅游需要,同一类型的旅游者也会有不同的旅游需要,就是同一个旅游者也有不同的旅游需要。

从旅游模式上看,有观光型、度假型、特种旅游型,特种旅游与度假旅游需要呈上升趋势,但观光旅游的需要主体地位不会动摇。

从出游方式上看,有组团旅游、散客旅游、家庭旅游等的多元化,旅游方式小型化是旅游需要的发展趋势,散客旅游在上升,团体旅游在下降。

从旅游主题上看,有观光旅游、度假旅游、文化旅游、探险旅游、生态旅游等各种动机与目的的多元化,多元化旅游需要产生和促进多元化旅游方式的发展。

4. 旅游需要向综合性方向发展,功利色彩逐渐减弱

现代人讲究工作效率,游客在旅游过程中期望单位时间和金钱支出获得的收益最大化,人们参加某一次旅游活动,往往不只是满足一种旅游需要,而经常是为了满足几种旅游需要。人们期待综合型旅游地和旅游活动项目,以获得知识性、娱乐性、体验性、享乐性为一体的多重满足。

即使有充足的假日,人们也希望能工作与旅游兼顾,人们借助旅游从事业务,或借助外出办理业务进行旅游,这种现象已经非常普遍。随着"会议旅游""科考旅游""公务旅游"的出现,已经不能用简单的时空概念来判断是在工作,还是在旅游或休闲。同时,由于收入水平的提高和消费意识的改变,旅游中的功利色彩逐渐减弱,许多人已经不再刻意为自己寻找借口外出旅游,他们虽然还可能结合旅游做其他事情,但单纯地外出旅游,放松自己紧张神经的旅游者已经越来越多。

现在旅游需要的变化趋势应该引起旅游经营者重视,在旅游产品的开发与生产上应考虑这些变化,以满足现代旅游者的需要。

5. 旅游需要向"个性化旅游"方向发展

随着旅游经验的丰富、阅历的增长,现代旅游者对外出旅游已经不再是茫然胆怯,而是表现出成熟与自信,旅游者对冒险和不测的心理承受能力增强,已经不再满足于一百多年前由托马斯·库克首创的组团旅游的模式化、大众化旅游产品。有人评价这种旅游模式是被导游"牵着走",像"赶场子"一样,"上车睡觉,停车拍照,回去一问,什么也不知道"。人们旅游的个性化需要日益增强,从走马观花式巡游发展到下马观花式的滞留型旅游,变成按自己的意愿完成旅游活动。他们有的是为了追求刺激,有的是为了自我价值的实现,喜欢购买具有鲜明个性的旅游产品。越来越多的旅游者喜欢根据自己的爱好和意志进行各种登山旅游、漂流旅游、探险旅游等野外旅游和开展自助游或进行探险式的旅游。在旅游活动过程中,他们不再满足于在旅游中做一个旁观者,积极参与和体验的需要越来越强烈。

6. 旅游需要向"自然"与"本色"的需求发展

好奇与探索是人的本性,追新猎奇和逃避现实是人们进行旅游的主要驱动力。构成旅游主体的城市人为了放松自己紧张的身心,希望回归自然,返璞归真,呼吸新鲜空气,欣赏奇异景观,就成了现代旅游者的基本特征之一。现代人的旅游文化心理需要是偏爱自然本色、原始风貌和原汁原味,鄙弃过分的人工雕琢或粗制滥造。许多人旅游探险的需要增强,他们更愿意到新发现、新开辟的旅游地,选择冷僻的旅游路线,尝试新的刺激与快乐。

第三节 旅游消费动机

一、旅游动机的含义

心理学认为,动机是个体发动和维持其行动并指向某一目标的直接内在驱动力。旅游是人的一种有意识的实践活动,是一种有目标吸引的外在行为反应。推动旅游行为产生、演进的内部力量是旅游动机。我们对旅游动机作这样的定义:旅游动机是指直接引发、维持个体的旅游行为并将行为导向旅游目标的心理驱动力。旅游动机是个体整个旅游活动的起点,又贯穿在整个旅游活动的全过程,导向旅游活动的方向,并且对个体未来的旅游活动产生极大的影响。

旅游动机是内在的心理过程,我们不可能对它进行直接的观察,但我们却可以通过人们的旅游行为反过来探讨和研究人的旅游动机。旅游动机之所以称为旅游动机,一则因为它所启动的行为是旅游行为,二则因为它所要满足的需要是旅游需要。凡是启动旅游行为的动机都称为旅游动机;凡是要满足旅游需要的动机也都称为旅游动机。

旅游动机与旅游行为呈现复杂的关系状态。一般情况下,旅游动机与旅游行为是对应的统一关系。有什么样的旅游动机,就会有什么样的旅游行为。有人打算去观光,并因此启动了旅游行为。在这里,"观光"既为满足旅游需要,又启动了旅游行为,"观光"更是旅游动机。

旅游动机与旅游行为在许多情况下并非完全一致。一是动机与效果的不完全一致性。比如,有人本来打算去外地开会,却启动了旅游行为。在这里,"开会"不是为了满足旅游需要,但它启动了旅游行为,因而也成为旅游动机。再如,有人本来打算去游览,却启动了商务之旅。正所谓"正打正着"属于常态,"歪打正着"或"打而不着"也是有的。二是旅游动机与旅游行为两者在数量上的不对应性:一种旅游动机可能导致多种旅游行为,多种旅游动机可能导致一种旅游行为。例如,同样是健康动机,它可能导致度假旅游,也可能导致疗养旅游;探险动机和考察动机并不相同,但都可能导致登山旅游活动。

二、旅游动机的产生条件

旅游动机就是促使人们离开居住地外出旅游的内在驱动力。收入水平、闲暇时间、生活环境和旅游欲望是产生旅游动机的基本条件,不同的人具有不同的旅游动机。

1. 旅游动机产生的主观条件

按照旅游需要的概念,人类的基本需要失衡并被感知、好奇心驱动力是产生旅游需要的两个主观原因。

(1)基本需要失衡并被感知产生了变换生活环境以调节身心规律的旅游需要

人的身心的疲劳紧张和精神的相对空虚引起生理或心理的平衡失调,由此产生去外地摆脱紧张、补偿缺乏、恢复平衡的驱动力。每个人都是在特定的环境和条件下,从事着特定内容的工作和劳动。现代社会生活节奏日益加快,紧张的劳动和工作会消耗大量体力和精力,引起身心疲劳,破坏生理和心理平衡,人们的心理日益处于紧张的状态。于是,人的神经系统要求补充消耗,缓解疲劳,恢复生理和心理平衡。当这种生理和心理不平衡现象反映到大脑时,尽管他们可能意识到自己劳动和工作的社会意义,并且具有相当的兴趣,他们仍会感到单调、枯燥和疲惫,仍会感到有一种力量要求他们暂时摆脱这种环境和活动,寻求一个新的环境和活动,调节活动节奏,以摆脱和释放紧张状态,补偿缺少的东西,恢复精力和体力。这种释放和补偿的极佳方式就是旅游,人们就产生了变换生活环境以调节身心规律的旅游需要。人们通过旅游,短期改变一下生活环境,或欣赏山水风光,或体验风土人情,不仅可以愉悦身心,陶冶情操,而且可以开阔视野,增长知识,获得物质上或精神上的享受。旅游需要已经成为现代人们的基本需要之一。

旅游需要在主观上通常是以意向和愿望的形式被体现着。模糊地意识到的旅游需要就是旅游意向。有某种意向时,人虽然意识到一定的活动方向,但却不明确活动所依据的具体需要和以什么样的途径和方式来满足需要。明确地意识到并想实现的旅游需要就是旅游愿望。如果愿望仅停留在头脑里,不把它付诸实际行动,那么这种需要还不能成为旅游活动的动力。旅游需要是作为一种倾向出现的,多是以静态的形式存在着。只有当愿望被激起并维持人的旅游活动时,这种需要才成为活动的动机。我们在下一节将研究旅游动机。

(2)好奇心驱动了认识与探索的旅游需要

人为什么要去旅游?一个基本的原因就是为了满足好奇心。美国心理学家小爱德华·J.梅奥在他所著的《旅游心理学》一书中用"探索的需要"和"尤利西斯动因"来解释旅游需要的动因。东北财经大学的孙喜林教授在他的《旅游心理学》中给好奇心下的定义是:人类和其他一些高级动物在面对新奇、陌生、怪诞或复杂刺激时所产生的一种趋近、探索和操弄,以求明白、理解和掌握的心理倾向。好奇心是由个体生活环境的刺激而引发的先天内趋力,是人类心灵正常发展的原动力之一,是维护心理健康的一个条件,也是旅游需要产生的根本性原因。

动物也有对新环境喜欢探究的特点。巴甫洛夫在研究条件反射时指出,动物的无条件反射就包括进入新环境后的自动"探究反射"。人类保存了动物的这种生存性防御本能,具体表现就是"好奇、探究、操弄",也就是好奇心。人类需要好奇心的滋养。心理学的研究表明,幼儿的好奇心表现为对周围事物的探索和操弄。幼儿面对新奇的事物表现出兴奋,每逢新玩具到手,总是以注视、抚弄、吸吮、摇动、敲打、撕裂等方式研究一番,当幼儿到了新的环境,也会不由自主地四处探索。对幼儿好奇心的主动满足是幼儿心理正常发展必不可少的条件。对成年人的研究发现,如果对其施以长时间的单调刺激,他就会出现心智能力下降,甚至出现心理失衡。怎样才能满足成年人的好奇心呢?好奇心不像生理性动机那样有规律地自发表现出来,而是需要外在的刺激来引发。能引起好奇心的刺激要具备"新奇性"和"复杂性"这两个条件或两者之一,它们是决定吸引力的基本因素。成年人对周边的事物已经不像幼儿那样事事感到新鲜了,因此,要满足成年人的好奇心就比较难一些。

认识世界和改造世界,这是在社会发展过程中形成的人类的特性之一。每个人都不同程度地对了解自身以外的事物、丰富自己的精神世界感兴趣,对新奇的事物具有强烈的好奇心,希望了解、认识和理解它们。达到目的,心理上便获得了平衡,平和知足;达不到目的,心理上便不平衡,寝食不安,焦虑烦躁,产生催人探索以恢复心理平衡的动力。

异地未曾亲见的自然现象和自然景观,不同民族的文化与历史所具有的神秘感——既具有新奇性,又具有复杂性,对成年人构成了永恒的吸引力,千百年来一直强烈地诱惑着人们外出旅游。为什么居住在旅游胜地周围的人们对当地的美景并不很感兴趣,或者说不像外地游客那么感到有吸引力?其中主要原因就是由于天天相见、日日接触,因熟视而变得无睹,并不是因为他们看不出来或根本不知道其美丽,而是这些景观对他们已经失去了新奇性与复杂性。人类感知觉器官有一个特点,是对有差别的、变化的刺激感知敏锐,而对单调的、持续不变的刺激感知觉却越来越迟钝,这就是"适应"的心理现象。"入芝兰之室,久而不闻其香;居鲍鱼之肆,久而不知其臭","不识庐山真面目,只缘身在此山中",因而就发生了在"桂林山水甲天下"的美景中长大的人,也要劳师远征去异地游山玩水的怪而又不怪的"围城心态",正所谓"凡人慕仙境,仙人慕凡尘"就是这个道理。

越是奇特的事物和现象,人们就越是要去揭示它的秘密,人们对它的探奇求知欲望也就越强烈。这种探奇求知心如果没有反映到头脑中来,人们就当它不存在,自然不会形成探奇求知的旅游需要;一旦反映到头脑中来,便是形成探奇求知的旅游需要。

2. 旅游动机产生的客观条件

仅仅研究旅游需要产生的主观条件,还不能很好地解释和说明为什么同样是身心的疲劳紧张,有的人采取旅游的方式去释放,而有的人却利用别的方式进行释放。为什么同是探奇求知,有的人在国内,而有的人去了国外。需要的发展性、差异性及社会历史制约性的特征告诉我们,人们产生旅游需要还要有一系列客观条件,在很大程度上受经济因素、时间因素、社会因素和旅游对象因素这四个方面条件的制约。

(1)经济因素

经济因素是产生旅游需要和实现旅游需要满足的基本前提。经济收入与旅游需要、旅游动机正相关。旅游是一种较高层次的消费行为,需要有一定的经济条件和支付能力做基础。旅游支付能力是指在人们的全部收入中扣除必须缴纳的税金和必需的生活及社会消费支出后的可自由支配的余额中,可以用于旅游消费的货币量。可自由支配的余额越大,旅游支付能力就越强。当一个人的收入水平仅仅能够维持基本生活需要时,他就很难产生外出旅游的高级层次的需要。分析国际旅游发展的现状,我们发现,经济水平和旅游者的需要有着密切的联系。旅游业的发达程度已经成为一个国家人民的生活水平富裕程度的重要标志之一。应当说明,经济因素只是告诉我们哪些人有旅游的经济基础,但并不能说明一个人有了钱就必然会去旅游。

影响产生旅游需要的经济因素还包括旅游商品的价格。一般而言,旅游需要与旅游商品价格之间具有负相关的关系。在其他条件一定的情况下,人们对旅游商品的需求随着该商品价格的变动呈反方向变化,即需求随商品价格的上升而减少,随商品价格的下降而增加。但是,旅游商品目前还不是人们的生活必需品,价格对旅游需求的影响就不会以这样单一而明显的规律表现出来。旅游商品具有一定的昭示身份、地位的炫耀功能,并且某些旅游商品由于具有垄断性与文化特质,使其价格呈现出刚性的特征,会出现与一般规律相悖的情况。当旅游商品价格过低时,有人会怀疑其价值;而当价格过高时,人们又会敬而远之。只有适中的动态定价才会带来最大量的需求。

(2)时间因素

时间因素是指人们拥有的余暇时间,即在日常工作、学习、生活及其他必需的时间之外的可以自由支配,可从事消遣娱乐或自己乐于从事任何其他事情的时间。包括业余时间、周末时间和一段集中的短暂假期。人们可以利用余暇时间进行包括旅游在内的休闲。旅游是指离开居住地一段时间,以观光、度假、健身、娱乐、探亲访友为主要目的的休闲活动。旅游是需要时间的,余暇时间的增加,可以刺激人们的旅游愿望。我国实行每周五日工作制,实行法定假日和国庆、春节这两个"黄金周",以及部分公民享受的带薪休假,极大地刺激了人们的旅游需要。当然,影响旅游需要的因素是多元的,人们有了余暇时间,也未必就去旅游。余暇时间只是旅游需要得以实现的必要条件。

(3)社会因素

旅游作为现代人的一种生活方式,不可能离开社会背景而单独存在,旅游需要的产生与国家或地区的经济状况、文化因素、社会风气有密切关系。一个国家的旅游发展程度同其经济发展水平成正比。由于经济的发达,才有足够的实力开发旅游资源,建设旅游设施,促进旅游交通的发展,从而提高旅游综合吸引力和接待能力,激发人们的旅游兴趣和愿望。周围环境和团体压力也会影响人们的旅游需要。单位经常组织旅游,或奖励旅游行为,对个体参加旅游活动有强势的吸引力,促进人们旅游需要的产生,增强旅游意识,强化旅游动机,形成旅游行为。社会风气与旅游时尚也能影响人们旅游需要的产生。邻居、同事、朋友的旅游行为和旅游经历往往能够互相感染、互相启发,在从众心理或攀比心理的作用下,也产生了旅游冲动,形成一种效仿旅游行为。个体的人格特质、知识与受教育程度、价值观念、生活经历与旅游阅历等个体受社会文化因素影响的状况,会影响人们的旅游方式。旅游需求也对政治环境和经济环境的变化特别敏感。当旅游目的地发生社会动荡或与客源国关系紧张时,旅游者会出于安全的考虑,放弃旅游计划或转向其他旅游目的地。

(4)旅游对象因素

客观存在的旅游对象也是旅游需要产生不可缺少的必备条件之一。旅游需要具有对象性,旅游对象是能使个体旅游需要得到满足的旅游客体。作为主观形态的旅游对象,实际上是客观存在的旅游对象刺激和诱引的结果,是客观存在的旅游对象在人脑中的反映。没有客观存在的旅游对象的刺激,旅游需要里也就没有主观形态的旅游对象,没有旅游对象作为刺激诱引条件,旅游需要也就不能产生。旅游对象对旅游者有无吸引力,取决于旅游对象被旅游者的知觉,旅游对象对旅游者有多大的吸引力,取决于它与众不同的特色。

三、旅游动机的功能

1. 激活功能

人们在潜意识中有时会出现外出旅游的需要、欲望,但在多数情况下不会轻易产生具体的旅游行为。在一定条件下,当这些需要、欲望达到一定的强度时,就会产生旅游动机。旅游动机才是引起旅游行为的根本原因和动力。

2. 指向功能

强烈的旅游动机总是与明确的旅游目标相并存。旅游动机表明了人们想去旅游的欲望、倾向。强烈的旅游动机会进一步转化为旅游偏好,即对具体的旅游目标产生肯定的、积极的态度,为旅游决策做好心理上的准备。

3. 强化功能

旅游动机对旅游行为的过程起维持和调整作用。旅游动机自其产生之时起,就贯穿于旅游活动的全过程,只要动机不消失,活动就不会停止。它是一种无形的力量,维持着旅游活动的进行,调整着活动的方向。

四、旅游动机的分类

人们外出旅游动机常常是多种多样的。这一方面是因为人们的需要是复杂多样的,另一方面也因为旅游本身就是一种复杂的、综合性的社会活动。所以对旅游动机的分类也就多种多样。

综合诸家旅游动机的分类观点,根据我国旅游业发展的情况,结合当今旅游者的活动表现,可以将人们的旅游动机分为以下几种。

1. 健康、娱乐的动机

健康动机由来已久,人们很早就有健康、长寿的愿望。健康不仅包括身体的健康,也包括精神上的放松。现在社会繁忙的生活、紧张的节奏,使得人们对于身心健康更加重视。为了缓解身体和精神上的紧张、疲劳,他们乐于外出旅游,在优美的自然风光中,享受阳光浴、温泉浴、海水浴,在各种各样的娱乐活动中放松身心,以恢复和保持自己生理和心理的健康。

2. 好奇探索的动机

这是驱使人们认识和了解自己生活环境和知识范围以外的事物的旅游动机。包括以探险猎奇为目的的探险动机和以增长见闻为目的的求知动机。探险动机和求知动机往往互相渗透,密不可分,故归为一类。探险求知的动机与娱乐审美动机在旅游动机中一样具有普遍性。文化旅游、考古地质考察旅游、工业旅游、民俗旅游、乡村旅游、森林旅游、草原旅游、沙漠旅游、修学考察旅游、军事旅游、体育旅游、参观博物馆与展览馆都有探险求知动机的成分,而探险旅游、科考旅游、生态旅游、登山旅游、海洋观光、横渡海峡旅游更是探险求知动机的直接产物。

探奇求知的特点,旅游者主要是以满足好奇心和求知欲为目的,从事具有新异性、知识性乃至冒险性的旅游活动。

探奇求知的旅游动机同身心健康的旅游动机一样古老,中国古代周穆王的昆仑山之游、古希腊亚里士多德的地中海之游,足以证明探奇求知的旅游动机早在奴隶社会就已形成。此后,探奇求知的旅游动机不断扩大,成就了一大批徐霞客式的探险科考旅行家。发展到今天,探奇求知的旅游动机已成为推动现代旅游的主要动机之一。由于此类动机能推动人们获得奇特的感受和全新的知识,即使在将来,它也不会呈萎缩之势。

3. 受教育的动机

从历史上看,接受更好的教育、学习新知识是人们外出旅游的重要动机之一。在一些欧美国家,游学旅游的风气由来已久且非常浓厚。近年来我国以学习交流为目的的修学考察旅游等的兴起,在一定程度上也是受教育的动机的驱使。

4. 娱乐审美动机

旅游活动是娱乐审美活动，所以，休闲、游览、娱乐、审美是人们旅游的主要动机。娱乐动机包括游山玩水的观光游览型，景区小憩的度假休闲型，是以获得休闲、快乐、乐趣为目的；审美动机以获得愉悦、美感为目的。娱乐动机和审美动机往往如影随形，也是密不可分，归为一类。娱乐审美动机与身心健康动机有共同之处，但前者生理成分较少，属于精神性动机，层次较高；后者生理成分较多，属于天然性动机，层次较低。

娱乐审美动机的特点，旅游者主要是以满足求悦求美需要为目的，从事快乐有趣、具有审美价值的旅游活动。在旅游动力中，娱乐审美动机具有普遍性，几乎各类旅游活动的背后，都有娱乐审美动机的推动。去异地参加游乐活动、游览名山大川，其主要动机便是娱乐审美。

旅游的娱乐审美动机属于非功利性动机，大概形成于封建社会，似乎不太古老。获取快乐、美感是人人所向往的，所以，该旅游动机一经形成，便发展迅速。近代以来，娱乐审美动机已成为最普遍的旅游动机之一。在今后相当长时间内，娱乐审美动机仍将在各种旅游动机中居中心地位。

5. 社会交往的动机

社会交往是人之本性，它既是人们需要的层面，也是人们外出旅游的重要动机。旅游的社会交往动机包括以结识新朋友、探访亲友为目的的亲和动机，和以故地重游、溯源怀古、归宗认祖为目的的寻根怀旧动机。近些年开展起来的拜访革命圣地、重走长征路、博物馆纪念馆旅游等红色旅游，知识青年返乡游、新婚或结婚纪念游、大型艺术节庆旅游，海外华侨、外籍华人、在华居住过或出生的外国朋友的探亲游、故国游、寻根游等，大多是出于这种动机。

社会交往动机的特点是：旅游者以扩大交往、沟通情感为目的，从事增进友谊、联络感情的旅游活动，以满足人们爱和归属的旅游需要。任何一种旅游活动，都需要接触新的人际环境、进行新的人际交往，所以每一种旅游的背后都不同程度地存在社会交往的旅游动机。

社会交往的旅游动机古已有之，这从中国古代"交游"的存在即可看出。如封建时代游客写下了大量的怀古诗篇。发展到今天，社会交往的旅游动机已普遍开来。随着人们非工作交流的日益减少和孤独感的日益加重，社会交往的旅游动机也会越来越强烈。

6. 宗教信仰的动机

指直接推动某一宗教信徒暂时离开常住地参加宗教活动的内在驱动力。宗教信仰动机的特点是：以增强认同、规范行为、调节心理、整合社会为目的，推动某一宗教信徒暂时离开常住地去朝拜、求法、传教或参加宗教节日，满足人们宗教情感或宗教式情感的需要。宗教信仰动机也是重要的旅游动机之一，所谓宗教旅行就是该动机推动的结果。即便宗教旅行不算旅游，该旅游动机也不容忽视。每年有数以万计的游客涌向宗教场所，旅游类型各种各样，其中便有宗教信仰动机的推动。

宗教信仰动机的旅游动机是最古老的旅游动机之一。人类文明之初宗教旅游的存在就是证明。进入封建社会,风靡世界的宗教旅行昭示了它的旺盛。近代以来,宗教信仰有所淡薄,宗教信仰的旅游动机却势头不减,宗教旅游资源的大规模开发,已说明了这一点。随着科技的发展,宗教信仰将更加淡薄,但宗教信仰的旅游动机却不会在短时期内有所减少。

7. 地位和自我实现的动机

自我实现动机主要包括展现自我动机和发挥自我动机。前者以炫耀自己特殊经历、提高自己社会地位为主要目的,后者以挖掘自己最大潜能、充分发挥自己个性为主要目的。豪华旅游、探险旅游、象征身份的出国旅游在很大程度上是这种旅游动机推动的结果。

自我实现动机的特点是:以展现自我、发挥自我为目的,推动人们从事能够体现自我的旅游活动,满足人们自我实现的旅游需要。人人都有被尊重、被承认、被注意、施展才能、取得成就的需要。这种需要往往产生巨大的动力,驱使人们去展现、去发挥。旅游是极富象征意义的产品,它能赋予旅游者以地位、声望和与众不同的感受,引起他人的仰望和羡慕。旅游又是一个自由的环境,人们完全可以按照自己的意愿去体验人生价值,发挥自己的个性。于是,旅游便成为满足人们这一需要的理想形式之一,越来越多的人把旅游看作是他们实现自我的一种有效手段。

实现自我的旅游动机源于自我的觉醒、自我的提高。在世界范围内,旅游正经历着一个由自发到自觉的演变过程。旅游自发阶段和自觉阶段的最大区别在于:自发阶段的旅游动机,大都出于被迫和无奈,而自觉阶段的旅游动机,则主要出于自我理解、自我提高的需要。所以,自我实现的旅游动机目前虽然未成主流,但随着自我的觉醒和自我的提高,该旅游动机必将为旅游动力中的主力军。

8. 经济型动机

经济型动机主要包括购物动机和商务动机。前者以购物为主要目的,后者以商务为主要目的。包括某地购物游、学术会议旅游、奖励旅游、大型商业活动游、大型体育活动游、庆祝或纪念活动游、差旅型旅游、商务旅游等。

旅游的经济动机的特点是:以购买商品或从事商务活动或其他活动为主要目的,引发人们从事"捎带旅游"的行为,满足人们功利性需要。现代社会讲究效率,即使异地购物或经商,人们也希望能经济活动与旅游活动兼顾,常常借购物或经商之机进行一些旅游活动。有些人为了购物专程或绕道而到某地旅游,有些人为了商业或其他企业生产和营销的目的,去某地旅行以至停留相当长的时间,还有人作为企业的代表到某国、某地旅行并长住。这些都是受经济动机的支配。

经济的旅游动机也是最古老的旅游动机之一。人类文明之初商贸旅游的存在即是证明。进入封建社会,商务旅游的盛行更显示旅游的经济动机的强劲。近代以来,旅游的经济动机势头不减,购物旅游和商务旅游已成为两大主要旅游类型。随着旅游功利色彩的日益浓厚,旅游的经济动机仍将继续普遍存在。

就广泛性和重要性而言,旅游动机主要有以上八种基本类型,但不排除还有其他类型。需要说明的是,由于旅游是一种综合的象征性行为形式,可满足人们的多重需要,因而每一个旅游者在决定外出旅游时,往往并不只是具有一种旅游动机,而是多种旅游动机交叉并存,只不过是以某一种旅游动机为主,其他旅游动机为辅罢了。

五、旅游动机的激发

心理学界对动机激发理论的相关研究成果很多。美国人本主义心理学派亚伯拉罕·马斯洛在1943提出的需要层次理论,美国心理学家维克托·弗鲁姆在1964年提出的期望理论。以及美国心理学家克莱顿·奥德弗提出的ERG理论;美国心理学家弗雷德里克·赫茨伯格在1959年提出的保健-激励双因素理论;美国心理学家大卫·麦克利兰20世纪60年代提出的成就需要理论;1965年美国心理学家亚当斯提出的公平理论;美国心理学家道格拉斯·麦格雷戈总结的X理论和Y理论;美国心理学家斯金纳提出的强化理论;管理学家德鲁克提出的目标管理理论和心理学家爱德温·洛克提出的目标设置理论(目标激励理论),已经被广泛应用到管理学科之中。

周三多先生指出,上述关于激励的各种理论,都是突出不同激励环节的结果,不能孤立地看待和应用。实践中激励和绩效之间不是简单的因果关系。要使激励产生预期的效果,就要根据不同人的特点采取不同的方法。

旅游动机是一系列复杂因素相互作用的结果,它既有内在主观上的因素,也有外在客观上的因素。激发旅游动机,就是要通过调动相关影响因素,提供能够满足旅游者需要的各种条件,提高人们旅游的积极性,以促使潜在旅游者积极地参与到旅游活动中去。

由于旅游动机具有内隐性,而且旅游动机的产生是有一定的主客观条件的,这就需要旅游经营者激发旅游者的旅游动机,也就是要挖掘旅游者的潜在的旅游需要,提高旅游者的旅游积极性,刺激旅游者的旅游兴趣,促使潜在的旅游者积极参与到实际的旅游活动中来。为此旅游经营者可以从以下几个方面入手。

1. 加强旅游宣传,提升旅游者的期望

旅游对象对旅游动机的影响,要受到人们对旅游对象知觉的制约。只有在人们感觉到旅游对象的存在,认识和了解到它的内容、方式、特点和功能,判断它符合并能满足自己的旅游需要时,人们才把旅游行为指向这一对象,旅游对象对旅游动机的影响才能发挥作用。潜在旅游者在形成旅游动机、做出旅游决策之前,都要积极地去搜集资料,尽可能地了解旅游的间接信息。旅游宣传是旅游需要与旅游对象的中介与桥梁,直接影响主体获得的知觉印象的性质和旅游动机的产生。旅游宣传促销可以传递旅游信息,树立良好的旅游地形象,提高旅游产品的知名度,引起潜在旅游者的旅游积极性,降低旅游风险知觉,增强安全意识,稳定旅游决策,旅游宣传就成为激发旅游动机的重要因素之一。它既可以通过刺激旅游需要间接影响旅游动机,也可以在没有旅游需要的情况下直接刺激旅游动机的产生。旅游者旅游动机的激发和良好旅游态度的形成,在很大程度上有赖于旅游宣传的力度,也就是所谓"酒香也怕巷子深"。那种认为只要开发好旅游资源和建设好旅游设施,游客就会自动上门的"皇帝女儿不愁嫁"的观念是要不得的。激发旅游者的旅游动机,必须加大旅游宣传的力度。

旅游宣传促销要有针对性。一是针对一般游客宣传旅游产品的自然和人文特色;二是针对不同的旅游目标市场宣传旅游活动的奇异性、愉悦性和价格的合理性;三是针对潜在旅游者宣传旅游环境的安全性、民族的好客性、设施的完备性、服务的周到热情性,以消除疑虑。

2. 更新旅游观念,刺激旅游消费动机

旅游观念是对旅游的总体看法,包括对旅游事实的看法、对旅游价值的看法、对旅游审美的看法等。它是旅游动机的定向工具,对旅游动机有重要影响。旧有的旅游观念如"在家千般好,出门万事难""旅游就是花钱买罪受"等至今仍大行其道,严重压抑了旅游动机。因此,要激发旅游者的旅游动机,必须更新旅游观念,提高公民的旅游意识。

更新旅游观念,一方面要破除压抑旅游动机的旧旅游观念,另一方面要建立激励旅游动机的新旅游观念。首先,充分肯定旅游的价值,赋予旅游以新的内涵,让"旅游是现代大众生活方式"的观念深入人心,诱发人们的旅游动机。其次,引导旅游者参加新式旅游,让"生态旅游""绿色旅游"等新式旅游在大众之中普及,让旅游者在新式旅游中接受新的旅游观念,激发人们的旅游动机。再次,继承优秀旅游文化传统,让"适度旅游""问难天地,求知山水"等优秀旅游文化传统融入新旅游观念,强化人们的旅游动机。

3. 强化旅游吸引物的特色,增强对旅游者的吸引力

中外学者们关于旅游资源的定义和争论就像旅游资源本身那样多种多样、层出不穷。就一般意义来说,旅游资源是指客观存在于一定地域空间的能够引起人们旅游动机的自然资源、历史文化遗产或社会现象。其核心属性是对旅游者具有吸引力,经过开发就成为旅游产品。我们把它直接叫作旅游吸引物(tourism attraction)。旅游动机的激发,与旅游吸引物是否具有强大的吸引力有着直接的关系。人们外出旅游的目的就是通过观赏名胜古迹、自然风光、风土人情来满足身心的需要。而是否采取旅游的形式或到什么地方旅游,在很大程度上取决于旅游产品的吸引力,取决于旅游资源对人的需要的满足程度。心理学的研究告诉我们,一个事物与其他事物形成鲜明差别时,才有利于成为注意的中心。旅游吸引物越具有特色,其吸引力就越大,满足旅游需要的程度就越高,也就越能引发人们的旅游动机。

4. 不断完善旅游设施,全面提高旅游服务质量

旅游设施的完善程度,旅游服务质量的高低,是一个国家或地区旅游业发展成熟度的重要标志,也是能否吸引旅游者的重要因素。

旅游设施包括旅游交通设施,食宿设施,游览设施,娱乐设施,通信设施,购物的方便等。旅游设施完善,才会给游客带来方便,满足游客的需要。旅游设施的完善的含义包括:一是旅游设施数量充足,有相当的承载能力,不管是交通还是食宿与游览,都能保证游客进得来,住得下,吃得好,玩得开,走得动,出得去。二是设施配套,适应不同阶层、不同收入水平、不同类型的游客的各种需要。

旅游服务质量是影响旅游动机的关键因素之一,高质量的旅游服务会诱发并强化旅游动机,低质量的旅游服务只会削弱旅游动机。因此,全面提高旅游服务质量,为客人提供尽善尽美的服务,这是激发旅游动机的重要途径。

全面提高旅游服务质量,一是要提高旅游业的接待能力,确保旅游业有一支数量合理、素质较高、业务熟练、技能娴熟的接待队伍和一个完善的旅游接待系统,做到不论游客从何地来、到何地去,任何时间都有单位和人员安排游客的食、住、行、游、购、娱。二是要为旅游者提供优质高效的旅游服务。如旅游线路的设计要科学合理,餐饮服务要热情周到,客房服务要规范娴熟,导游员要服务细致主动、讲解要面广生动,驾驶人员要技术过硬、安全正点。所有的服务都要从旅游者的需求出发,使游客感到温暖、愉快、舒适、安全,使每个人都"乘兴而来,满意而归"。

本章小结

本章阐述了旅游者旅游消费行为的概念、特点、分类和旅游消费需要发展的趋势,分析了旅游需要的含义、旅游者需要的层次、旅游需要对旅游者行为的影响,指出了旅游需要的发展趋势,同时阐述了旅游动机的含义、旅游动机的产生条件、旅游动机的功能和旅游动机的激发。

团队要去北京

一天早晨8点,南京某饭店10楼一个客房里,从澳大利亚墨尔本来的一个团队的几名主要负责人正在商量着一件大事。

原来这个团是应我国有关单位邀请前来北京、南京等地旅游的,全团共有40多人,大多是退休教师。他们于三天前飞抵南京,在南京先后参观了中山陵、明孝陵等名胜古迹和四五所有名的中小学,预定当日上午10点离开南京飞北京。

但不巧的是,团中有一位名叫罗杰斯的客人前天患了重感冒发烧了。酒店医生陪他去过医院,虽打针服药,但不见明显好转,体温仍然高达38.5℃。显然,摆在他们面前的仅有三种选择:要么整个团队留下,待罗杰斯先生病愈后一起北上;要么团队按计划去北京,让罗杰斯先生带病随团前往;再不就把罗杰斯先生留在南京,其他成员都去北京继续旅行考察。第一个方案立刻遭到大家反对,因为这不仅将大大增加团队在中国的费用,而且北京方面都已按计划作了接待安排,更何况罗杰斯先生何时病愈谁都心中没底。第二个方案符合原有计划,一切可以如期进行,但罗杰斯先生毕竟60多岁了,途中的劳累无疑会加剧他的病情。这样,就只剩下第三个方案了。但他们认为,他们无权向酒店开口提出这样的苛求,因为这可能会给酒店带来许多预料不到的麻烦,而且罗杰斯先生年事已高,万一?正当大伙儿在犹豫时,门铃响了,原来是酒店客房部经理前来拜访。

"诸位一定在为罗杰斯先生的病情犯愁。"客房部经理简短寒暄后开门见山地说道:"酒店也在研究贵团的去留问题。同时,总经理要我转告各位,你们的困难便是我们的困难,你们有什么要求尽管可以提出,我们一定尽力办到。"

澳大利亚团队的领队在客房部经理的鼓励下,准备和盘托出他们的打算,但他刚刚开口提到欲让罗杰斯先生留在酒店,客房部经理接口便道:"这也正是酒店的意思。"接着便用了一句"英雄所见略同"的成语,把房内沉闷的气氛一下子冲得无影无踪。房内所有澳大利亚的客人都一一与客房部经理握手致谢。

上午10点,团队准时离店,酒店马总经理亲自为他们送行,并一再安慰他们放心前去。随后他又亲临罗杰斯先生房间慰问,还送上了鲜花、水果。在接下来的4天里,客房部特地安排了3名服务员,一天3班轮流护理罗杰斯先生,从早上梳洗穿衣、熬粥、烹制清淡菜肴,到陪同看病打针服药等,这3名服务员统统给包下了。在酒店医生的精心治疗和3名员工的悉心护理下,罗杰斯先生很快便康复了。第5天,当酒店派车把他送上飞往北京的飞机时,罗杰斯先生感动地流下了眼泪。

(资料来源:http://column.meadin.com/ycg/108985_1.shtml)

试分析:酒店的哪些做法值得我们学习?

自我检测题

一、多项选择题

1. 旅游的需要层次有(　　)。
    A. 生理需要　　　　　B. 安全需要　　　　　C. 社交需要
    D. 尊重需要　　　　　E. 自我实现需要
2. 旅游需要产生的客观条件有(　　)。
    A. 经济因素　　　　　B. 时间因素　　　　　C. 社会因素
    D. 旅游对象因素　　　E. 环境因素

二、思考题

1. 旅游消费行为的特点有哪些?
2. 旅游消费行为的影响因素有哪些?
3. 什么是旅游动机,旅游动机产生的条件有哪些?
4. 旅游消费者的购买决策过程有哪些?
5. 旅游需求对旅游消费的影响有哪些?
6. 如何激发旅游者的动机?

分组设计并发放大学生旅游消费行为调查问卷,了解现阶段大学生的旅游需求和出游动机。

第二章

旅游者在旅游消费中的知觉

教学目标

知识目标

1. 熟悉旅游消费者感知觉规律的重要性,掌握游客知觉特性和影响游客感知觉的各种因素。
2. 熟悉游客对时空、交通、旅游目的地和娱乐的知觉。
3. 了解游客可能遇到的风险的种类和产生的原因,掌握风险知觉消除的方法。
4. 了解旅游活动中的社会知觉,掌握常见的社会知觉误区并加以利用。

能力目标

1. 提高旅游从业人员的观察和认识事物的能力,具有较好的从事旅游服务工作的素质。
2. 了解旅游者的知觉过程,学会用感知觉相关理论解决旅游产品开发和营销中的具体问题的能力。

导入案例

2016年5月1日,全国首个"互联网+"乡村游将在河南省三门峡市陕州地坑院落成,这也是历史文化遗产陕州地坑院首次作为景区亮相。

陕州地坑院的诞生距今已有4000多年历史,被誉为世界唯一地下古民居建筑,有地平线下古村落、人类穴居的活化石以及地下的北京四合院之称,是我国特有的四大古民居建筑之一。

陕州地坑院处在仰韶文化的遗址上,是人类穴居文化的典范,因其独特的地理地貌而产生的独有的建筑风格成为小长假游客的必然之选。

景区内设置了营造技艺院、民居习俗院、婚俗表演院以及农耕院等22个不同风格及主题的地坑院。为了游客能够更好地体验地坑生活,景区还设置了当地特色小吃街,让游客从衣食住行等方面全方位亲身体验地坑生活,走进地平线下古村落。

除此之外,景区内还长有一颗400多年的老槐树,游客可在槐树下进行祈福纪念。

腾讯为陕州地坑院搭建的陕州地坑院微信公众平台，于2016年5月1日正式上线。平台具备"互联网+"讲解、"互联网+"小吃、"互联网+"管理、"互联网+"游园以及"互联网+"购票五大功能，为游客带来更轻松、便捷的旅行。目前，在景区游玩，游客可以通过陕州地坑院的官方微信进行微信购票，摆脱排队，轻松入园，还可通过陕州地坑院语音画册或者扫线下景区二维码读取每个不同风格地坑院的故事和讲解，为游客打造自助行和真正意义上的自由行。

众所周知，陕州作为文化景区还拥有深厚的周易文化历史，因此景区还为游客准备了周易八卦等线上游戏，形成了完美的线上线下同步互动，增加游客到此游玩的趣味性，让游客在品味古民居的厚重的同时，又能体验互联网时代互动游戏的轻逸。

三门峡陕州地坑院民俗文化园，目前已开放了22个地坑院，每个地坑院蕴含的历史文化知识、鲜明的民俗特点以及本地特色表演都不尽相同。

比如，捶草印花，这是全国独一无二的印染技艺：只需一颗野生植物、一块手工织的白棉布，再用木棒槌捶打，就可以亲手印染出专属自己的纯天然花布。这样绿色环保的纪念品，只有在陕州地坑院纺织刺绣院才可以亲自体验。

另外，陕州地坑院里还有包场看电影、地坑酒吧等特色地坑院，这可是在全国其他景区都看不到的，仅此一处。

此外，游客在陕州地坑院还可体验织布，纺织刺绣等，感受那些即将消失的古老技艺。

在这些地坑院中，游客用手机轻扫二维码，即可了解背后的民俗故事，甚至可以进行体验互动。

今天，不仅是三门峡陕州地坑院的正式亮相，也是景区内马嵬驿小吃一条街的正式营业，这里聚集了百余种风味小吃，一家一品、各具特色，摆在一起，可谓是"满汉全席"。

未来，腾讯和陕州地坑院还将在"互联网+"小吃、"互联网+"管理、"互联网+"购物等方面开展合作，陕州地坑院智慧景区内涵将更加丰富，为游客提供更丰富的旅游体验。

思考：陕州地坑院是怎么对各种感觉进行开发，为游客提供更丰富的旅游体验的？

目前，走马观花、简单低档的旅游方式和旅游产品已让众多游客觉得索然无味，深度旅游正逐渐成为一种趋势。西方旅游界把一次外出只选择一个地方，而不是在一个相对有限的时段内跑数个景点的旅游称为深度旅游。深度旅游强调游客深入其中，从容地进行生活体验式漫游，意在调动游客参与和体验的积极性，更符合现代人求新鲜、求刺激的心理诉求。

案例分享

深度旅游追求体验感，人类通过感官多方位感受旅游；打造深度旅游的核心是抓住和激活游客的感官。活动和项目越能调动游客多种感官，体验内容越丰富，参与面越广泛，对游客就越有诱惑力。所以我们必须掌握旅游者在旅游消费中的知觉规律，并有针对性地设计旅游产品和服务。

第一节　旅游者在旅游决策和消费中的知觉规律

认识过程是最基本的心理过程,也是旅游决策和消费行为形成的前提。认识过程从低到高包括:感觉、知觉、记忆、想象和思维。这个过程也可以分为两个阶段,即旅游者的认识形成阶段和认识发展阶段。

旅游者的认识形成阶段也即旅游者的感性认识阶段,主要包括感觉和知觉两种心理现象。感知觉是感觉、知觉的总称。

一、感觉概述

丰富多彩且不断变幻的世界中,人们需要不断去认识、领略周围的各种事物,把握和改造这个世界,对世界的认识首先是从感觉开始的。人们通过自身的各种感官,如眼、耳、鼻、舌、皮肤等,去看、去听、去嗅、去接触,由此形成对客观事物的最初的直接印象。因此就人的认识过程来讲,感觉是认识的开端。不仅如此,感觉还给人们带来愉快或痛苦、恐惧等感受。比如,美丽的风景、优美的音乐、芳香的气味、美食佳肴会给人带来愉快的感受;而凄惨的景象、恐怖刺激会给人造成痛苦、恐惧和不愉快的感受,这些不同感受会引发人接近或回避的行为。一切较高级和较复杂的心理活动都是在感觉基础上进行的。所以可以说感觉是人的认识、情感、行为等方面的重要先导。

1. 感觉的概念和分类

感觉,就是人脑对直接作用于感觉器官的刺激物的个别属性的反映。

也就是说,感觉是通过某一感觉器官获取某一事物单个属性,如事物的形状、大小、颜色、光滑与粗糙、气味、声音等信息的过程。

延伸阅读

感觉剥夺实验

第一个以人为被试的感觉剥夺实验是由贝克斯顿(Bexton)、赫伦(Heron)、斯科特(Scott)于1954年在加拿大的一所大学的实验室进行的(图2-1)。被试者是自愿报名的大学生,每天的报酬是20美元(当时大学生打工一般每小时可以挣50美分),所以大学生都极其愿意参加实验。所有的被试者每天要做的事是每天24小时躺在有光的小屋的床上,时间尽可能长(只要他愿意)。被试者有吃饭的时间、上厕所的时间。严格控制被试者的感觉输入,实验的内容是这样的:为了营造出极端的感觉剥夺状态,实验者将被测学生关在有隔音装置的小房间里,让他们带上半透明的保护镜以尽量减少刺

实验视频

视觉激。接着,又让他们戴上木棉手套,并在其袖口处套了一个长长的圆筒。为了限制各种触觉刺激,又在其头部垫了一个气泡胶枕,同时用空气调节器的单调嗡嗡声限制他们的听觉。除了进餐和排泄以外的其他时间,实验者都要求被测学生躺在床上。可以说,这就等于是一个所有感觉都被剥夺的状态。

实验前,大多数被试者以为能利用这个机会好好睡一觉,或者考虑论文、课程计划。但后来他们报告说,对任何事情都不能进行清晰的思考,哪怕是在很短的时间内。他们不能集中注意力,思维活动似乎是跳来跳去的。感觉剥夺实验停止后,这种影响仍在持续。结果,尽管报酬很高,却几乎没有人能在这项感觉剥夺实验中忍受3天以上。

最初的8个小时好歹还能撑住,之后,被测学生有的吹起了口哨,有的自言自语,显得有点烦躁不安。对于那些8小时后结束实验的被测学生,即使实验结束后让他们做一些简单的事情也会频频出错,精神也集中不起来了。实验持续数日后,人会产生一些幻觉。例如看到大队老鼠行进的情景,或者听到有音乐传来等。当实验进行到第4天时,被测学生出现了双手发抖、不能笔直走路、应答速度迟缓以及对疼痛敏感等症状。被测学生参与完实验后,实验者再继续进行追踪调查,发现被测学生在实验结束后,需要3天以上的时间才能恢复到原来的正常状态。

(资料来源:http://blog.sina.com.cn/s/blog_48e19bd401008xgf.html)

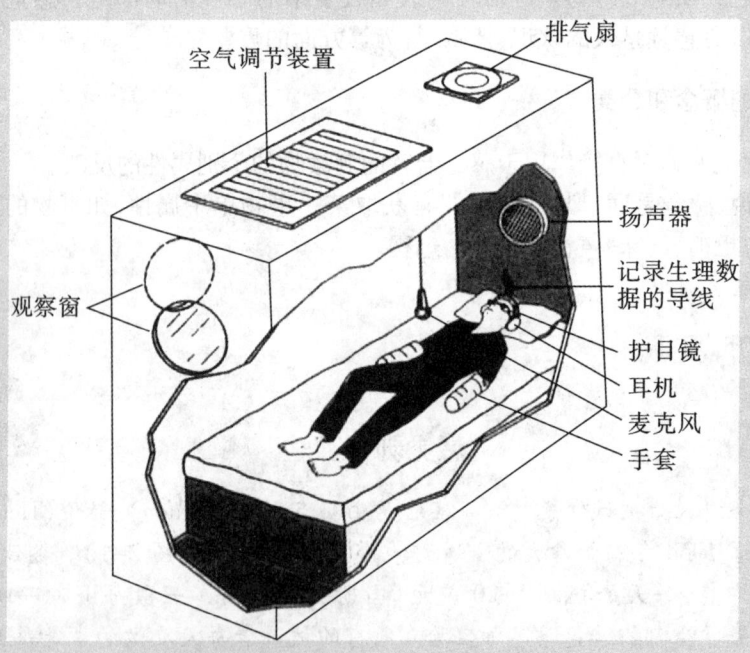

图2-1 感觉剥夺实验

(资料来源:https://zhidao.baidu.com/question/691408119146256244.html)

这个实验说明,丰富多变的环境刺激以及由此而形成的各种感觉是人类生存的必要条件。人的身心要想保持在正常的状态,就需要不断地从外界获得刺激。在被剥夺感觉后,人会产生难以忍受的痛苦,各种心理功能将受到不同程度的损伤。

感觉可分为以下三大类。

(1)外部感觉

外部感觉是指接受外部刺激,反映外界事物特性的感觉,如视觉、听觉、嗅觉、味觉和皮肤感觉。

(2)内部感觉

内部感觉是指接受机体内部刺激,反映内脏器官状态的感觉,如渴、饥等内脏感觉。

(3)本体感觉

本体感觉是指反映身体各部分的运动和位置情况的感觉,如运动觉、平衡觉等。

正常人体的五大感觉视觉、听觉、嗅觉、味觉和触觉中,视觉提供的信息量最大,达到83.0%;听觉11.0%;嗅觉3.5%;触觉1.5%;味觉1.0%。

2. 感觉的心理效应

在体验经济来临的时代,旅游者已经不再满足于被动地"听、看"型旅游项目,而是要求更高的参与性、体验性。这就要求旅游企业从"视、听、触、嗅、味"等各个方面打动消费者,充分调动旅游者的各类感觉器官,激发旅游者的购买欲和增添美好体验。这就需要我们掌握不同感觉的心理效应,并有效地加以利用。

延伸阅读

> 美国人亨利的餐馆设在闹市,服务热情周到而且价格便宜,可是前来用餐的顾客却很少,生意一直冷清。一天,亨利去请教心理学家,心理学家来参观视察一番后,建议亨利将室内墙壁的红色改为绿色,把白色餐桌改为红色。果然,生意兴隆起来。
>
> 惊喜的亨利向心理学家请教改变色彩的秘密,心理学家解释道:"红色使人激动、烦躁,顾客进店后的心理不宁,哪有心思吃饭;而绿色使人感到安宁、心静。"
>
> 亨利忙问:"那么餐桌也改为绿色不更好吗?"心理学家答道:"那样,顾客进来后就不愿意离开了,占着桌子会影响别人吃饭,而红色的桌子,会使顾客快吃快走。"色彩变化的结果,使饭店里的顾客周转快,从而使食物卖钱多,利润猛增。
>
> (资料来源:http://www.docin.com/p-251196208.html)

(1)视觉与心理

以眼睛为感觉器官,辨别外界物体明暗、颜色等特性的感觉叫作视觉。

据专家的研究表明,餐馆、酒店的颜色对顾客有不同的生理、心理刺激:快餐店墙壁是红色的,可以刺激顾客吃完快走;餐馆墙壁是橙色的,可以增加顾客的食欲,而用餐后想立即离座;餐馆、酒店墙壁是淡蓝或豆绿色的可以吸收高频噪音,是褐色的可以吸收吃喝声、聊天声等噪声等等。

心理学家对此曾做过许多实验。他们发现,在红色环境中,人的脉搏会加快,血压有所升高,情绪兴奋冲动。而处在蓝色环境中,脉搏会减缓,情绪也较沉静。有的科学家发现,颜色能影响脑电波,脑电波对红色反应是警觉,对蓝色的反应是放松。自19世纪中叶以后,心理学已从哲学转入科学的范畴,心理学家注重实验所验证的色彩心理的效果。

旅游者对旅游商品或品牌的理解,在一定程度上是建立在视觉信息上的,所以旅游广告设计、饭店的装饰及旅游商品的包装等都非常依赖视觉因素,需要通过旅游产品的视觉影响,将其价值传递给旅游者。

(2)听觉与心理

声波振动鼓膜产生的感觉就是听觉。引起听觉的适宜刺激是频率(发声物体每秒钟振动的次数)为16~20 000赫兹的声波。低于16赫兹的振动是次声波,高于20 000赫兹的振动是超声波,都是人耳不能接受的。

听觉器官对声波的反映表现为音高、响度和音色:

音高是指听起来声音的高低,主要决定于声音的频率。声波振动频率越大,听起来音调越高;反之,音调越低。言语声的音高一般在85~1 100赫兹。通常成年男性说话的音调要低于成年女性的音调。

响度是指声音的强弱程度,主要由声波的振幅决定。振幅越大,声音的响度也就越大;振幅越小,响度越小。测量响度的单位是分贝。生活中,耳语声的响度是20分贝,普通谈话的响度是60分贝,繁忙的街道的响度是80分贝,响雷的响度是120分贝。长时间处于85分贝以上环境中的人会产生听力损失。

音色是指声音的特色,由声波的波形决定。例如,即使胡琴和小提琴发出的音高、响度相同的声音,听起来还是两种不同的声音,这种差别就是音色的差别。由于声音具有各种不同的特色,我们才可能辨别不同的发声体。

从我国道家的符咒,到佛家的心经、大悲咒、观音咒等,都能在一定程度上帮助人除去心邪而达到心理平衡,说明音律对人体有强大的动力,对人类有不可估量的价值。好的音乐可以陶冶人的情操,纯洁人的灵魂,抚慰人的痛苦;疯狂、怪诞之声可以使人神经受损;靡靡之音使人颓废消沉。

另有人研究音乐与情绪的关系证明,徐缓的大调忧郁、悲切、苦闷、伤感、凄凉,使人感到忧伤;快速的小调内含激情、焦虑不安、惊慌、不宁、凶狠、危急,易使人愤怒;快速的大调则欢腾、愉快、喜悦、富有朝气,能使人感到愉快。

由于音乐能直接影响人的情绪和行为,所以音乐可以用来调节情绪和治疗疾病。节奏鲜明的音乐具有兴奋作用,使人精神振奋;节奏缓慢、优雅的音乐具有镇痛、降压、镇静及调节情绪的作用。不同旋律、节奏、音调的乐曲对于许多慢性疾病,特别是心身疾病都有一定的疗效。所以近年来,音乐疗法已被广泛应用,许多医院和康复机构都设有音乐治疗室。比如一首节奏轻快、旋律优美的小提琴协奏曲可以使高血压患者的血压下降10~20毫米汞柱,而让临产的产妇听轻松的音乐可以安定情绪,解除紧张,降低对疼痛的感受性。

国外有位心理学家曾对3个不同的交响乐队的208名队员进行了分析。结果发现,演奏古典乐曲为主的乐队成员,心情大都平稳愉快;以演奏现代乐曲或以演奏现代乐曲为主的成员,70%以上的人患有神经过敏症,60%以上的人急躁,22%以上的人情绪消沉,还有些人经常失眠、头痛、耳痛和腹泻。

还有人对一些音乐爱好者作过调查,发现在经常欣赏古典音乐的家庭里,人与人的关系相处得和睦;经常欣赏浪漫派音乐的人,性格开朗,思想活跃;而热衷于嘈杂的现代派音乐的家庭里,成员之间经常争吵不休。据说是长期听这种音乐,会使神经系统受到强烈的刺激,甚至破坏心脏和血管系统的正常功能。

(资料来源:http://wenwen.soso.com/z/q131870542.htm)

音乐还可以通过陶冶性情,改变不良行为和习惯,使人乐观开朗,恢复自信。比如当你犹豫彷徨时,可以倾听贝多芬的《命运交响曲》;当人心烦意乱时,不妨听听施特劳斯的《蓝色多瑙河》;而海顿的《小夜曲》和莫扎特的《摇篮曲》以及中国古典名曲《春江花月夜》和《渔舟唱晚》等都可以帮人排除忧虑,稳定情绪。

在很多商场里我们都能听到音乐声,但大多数商场却不知道音乐到底该怎样播放才好。音乐对人的情绪的影响是很大的,乐曲的节奏、音量的大小,都会影响到顾客和营业员的心情。心情好,主顾之间就会避免很多不必要的矛盾和冲突,就会出现很多的商机,就会取得更高的社会效益和经济效益。如果在顾客数量较少时播放一些音量适中、节奏较舒缓的音乐,不仅能使主、顾心情更加舒畅,而且还能放慢顾客行动的节奏,延长在商场的停留时间,增加较多的随机购买率,也使销售人员的服务更加到位。如果在顾客人数较多时播放一些音量较大、节奏较快的音乐,就会使主、顾的行动节奏随着音乐的节奏而加快,就会提高购买和服务的效率,避免由于人多效率低而引起的心情不好,矛盾冲突增多情况的出现。

(3)皮肤感觉、嗅觉、味觉与心理

1)皮肤感觉与心理　人的身体皮肤是一个最大的感觉器官,皮肤内分布着多种感受器或感觉神经末梢。一般认为皮肤感觉主要有四种,即触觉、冷觉、温觉和痛觉。触觉对人具有特殊的重要作用,而且还是人们社会交际过程中的重要行为方式。有研究报道,在人出生之前触觉可能是最早起作用的感觉之一。冷觉和温觉合称温度觉。痛觉是由有可能损伤或已经造成皮肤损伤的各种性质的刺激所引起的,它们除引起不愉快的痛苦感觉外,还伴有强烈的情绪反应。

皮肤中的神经十分敏感,它们除了能对最轻的拉动做出反应,而且还能"记住"很重的打击。它们能警告人们那些太烫、太尖、有粗糙边缘的东西。由神经得到的信息在极短的时间内送到大脑,大脑一旦接收到危险信号,就立刻发出指令使身体做出防护性反应,避免更多伤害和危险。此外,皮肤也能传给大脑一些令人愉快的感觉。如果你的手触摸一个暖和柔软的物体,敏感的皮肤就会把愉快的触觉信息传到大脑,人体随即做出相应的反应,于是手继续愉快地触摸这个物体。

旅游者往往通过酒店寝具或室内装潢品的材料来判断酒店的质量和档次,所以酒店在这方面要有所注意。

2)嗅觉与心理　某些物质的气体分子作用于鼻腔黏膜时产生的感觉叫作嗅觉。引起嗅觉的适宜刺激是有气味的挥发性物质,接受嗅觉刺激的感受器是鼻腔黏膜的嗅细胞。有气味的气体物质作用于嗅觉细胞,细胞产生兴奋,经嗅束传至嗅觉的皮层部位(位于颞叶区),因而产生嗅觉。

许多动物要借助嗅觉来寻找食物、躲避危险、寻求异性。人的嗅觉已退居较次要的地位。例如,德国牧羊犬的嗅觉比人类的嗅觉敏锐一百万倍。但即使这样,人的嗅觉仍为我们的生存提供重要的信息。例如,有毒的、腐烂的物质常伴有难闻的气味,这对于想食用它们的人来说是一种警告。人的嗅觉受多种因素的影响,如刺激物的作用时间、机体生理状态、空气的温度和湿度等。温度太高、太低,空气湿度太小,机体感冒等,都会降低嗅觉的敏感性。

研究表明,嗅觉刺激可以唤起人们的记忆和情绪。做词汇练习时闻着巧克力香味的学生,第二天回忆词汇时,再次提供巧克力香味比不提供的学生回忆的词汇要多。芳香的气味可以使人心情好,增强自信,提高工作效率。

嗅嗅香油是欧洲和日本风行的一种芳香疗法。特别是一些女孩子,都为这些由芳草或其他植物提炼出的香油所醉倒。原来香油能通过嗅觉神经,刺激或平伏人类大脑边缘系统的神经细胞,对舒缓神经紧张心理压力很有效果。

3)味觉与心理　可溶性物质作用于味蕾产生的感觉叫作味觉。人们对五官的认识,味觉最迟。引起味觉的适宜刺激是可溶于水或液体的物质,如果用干净的手帕将舌头擦干,然后将冰糖或盐块在舌头上摩擦,这时你感觉不到任何味道,甚至可以把奎宁撒在干舌头上,只要唾液不溶解它,就不会感觉到苦味。

基本的味觉有酸、甜、苦、咸四种,其他味觉都是由这四种味觉混合而来。人对味的偏爱往往受水土、气候及生活条件的影响,俗有"南甜、北咸、东辣、西酸"之说。随着年龄的增长,味蕾的数量会逐渐减少,因此人的味觉敏感性会逐渐降低,所以老年人一般口味比较重。吸烟、喝酒会加速味蕾的减少,因而会加速味觉敏感性的降低。

影响味觉的因素有:温度、舌位、浓度、时间因素、肌体状况等。

一般来说,味觉感受器对滋味的分辨力和敏锐程度,以10~40℃为佳,尤以30℃最佳。经科学家的大量研究证实,温度不同时,人们所吃食品的感觉是不一样的。例如,甜味食品在37℃左右人们感觉最甜,高于或低于这个温度,甜味就会变淡;酸的东西在10~40℃其味道基本不变;咸味和苦味食品,则是温度越高,味道越淡。

舌的不同部位对味觉的感受能力并不一样,舌尖对甜味、舌根对苦味、舌两侧前部对咸味、舌两侧后部对酸味较敏感。

从味觉对不同呈味物质的感受能力来看,也不是相同的。人对苦味物质最敏感,溶液中有0.00005%的苦味物质就产生味感。这也许与原始人为了识别有毒物质而长期积累的经验有关,是出于本能的选择。甜味物质以蔗糖为例,要在溶液中达到5%才会被感知,醋酸需要达到 0.001 2% 能感到酸味,咸味需要 2% 的食盐含量能感觉到。从刺激味觉器官到产生味觉,不同味觉刺激产生味觉的快慢不同,一般而言,约需要 1.5~4 秒,其中咸味感觉最快,苦味最慢,因此吃食物时往往是最后才感觉到苦味。

人的身体状况影响味觉的感受性。特别是身体处于病态时,味觉的感受性下降。例如伤风感冒时,容易觉得菜肴味道不够。人体在饥饿状态下,对甜和咸的感受性比较敏感,对酸和苦的感受性则下降。

口感是旅游者评价菜肴的重要指标,很多酒店、餐厅都在忙着开发新味道来取悦旅游者不断变化的口味。

3. 感觉的一般规律

感觉主要存在以下规律。

(1)感觉的适应

由于刺激对感受器的持续作用从而使感受性发生变化的现象,叫感觉适应(sensory adaptation)。所有感觉都存在适应现象,但适应的表现方式和速度不尽相同。

"入芝兰之室,久而不觉其香;入鲍鱼之肆,久而不闻其臭。"刚走进花园,你会闻到一股花香味,但过了几分钟,就闻不到了。这种现象就是嗅觉适应。嗅觉的适应速度因刺激的性质而有所不同。一般的气味 1~2 分钟后即可适应,而强烈的气味则一般要经过十多分钟。

视觉的适应可分为暗适应和明适应。在夜晚从明亮的室内走到室外时,开始时我们的眼前一片漆黑,什么也看不清楚,一段时间后,眼睛就能分辨出黑暗中物体的轮廓了。这种现象叫暗适应(dark adaptation)。相反,由漆黑的室外走进明亮的室内时,开始感到耀眼炫目,什么都看不清楚,只要稍过几秒钟,就能清楚地看到室内物体了。这种现象叫明适应(light adaptation)。

与视觉适应相比,听觉适应就不那么明显。

味觉适应较慢。长时间接受辣味刺激,导致对辣味的感受性降低,以致后来吃辣的食物时感到不是很辣;厨师由于连续地品尝咸味,到后来做出来的菜愈来愈咸。这些都是味觉的适应现象。

触压觉的适应比较明显。实验表明,只要经过 3 秒钟,触压觉的感受性就下降到原始值的 25% 左右。比如,我们平时几乎觉察不到身上衣服对我们皮肤的接触和压力,经常看到有些人帽子戴在自己的头上却到处寻找他的帽子。

温度觉的适应甚为明显。例如,用冷水洗澡时,开始觉得水是冷的,经过几分钟后,就不再觉得水冷了。相反,用手触摸热水,开始觉得水很热,慢慢地就不觉得热了。但要注意的是,对于特别冷或特别热的刺激,则很难适应甚至完全不能适应。

痛觉的适应是很难发生的。正是痛觉适应的这一特点,它才成为伤害性刺激的信号而具有保护作用。

(2)感觉的相互作用

感觉的相互作用包括同一感觉的相互作用和不同感觉的相互作用。

1)同一感觉的相互作用　同一感觉的相互作用是指同一感受性中的其他刺激影响着对某种刺激的感受性的现象。同一感觉相互作用的突出事例是感觉对比。

感觉对比指感受器因接受不同刺激而产生的感受性发生变化的现象。感觉对比包括同时对比和继时对比。不同刺激同时作用于同一感受器时,便产生同时对比。不同刺激先后作用于感受器时,便产生继时对比。

在旅游活动中,根据感觉对比的特点,把对比鲜明的旅游景点穿插在同一个旅游线路中,可以满足旅游者旅游过程中追求新奇和刺激的审美需求。

2) 不同感觉的相互作用　不同感觉的相互作用指不同感受器因接受不同刺激而产生的感觉之间的相互影响,也就是说,对某种刺激的感受性会因其他感受器受到刺激而发生变化。例如,咬紧嘴唇或握紧拳头,会感到身体某一部分的疼痛似乎减轻了些,有实验发现,在绿光照明下会提高人的听力,红光使人听力降低。

不同感觉的相互作用还有一种特殊表现——联觉,指一种感觉兼有另一种感觉的心理现象。例如,切割玻璃的声音会使人产生寒冷的感觉;看见黄色产生甜的感觉,看见绿色产生酸的感觉。在旅游活动中,善于利用联觉,将会达到意想不到的效果。

还有就是不同感觉之间的补偿。当某种感觉丧失以后,其他感觉可以在一定程度上进行弥补。正是因为这样,盲人的眼虽然看不见物体,但他的听觉却比一般人灵敏,他的触摸觉也会相当发达,可以通过触摸来阅读盲文。

在旅游设施的设计与建造和旅游产品的设计过程中,要切实注意和利用旅游者的视觉、嗅觉、触觉、味觉等以上方面的心理感受规律,针对性地创造出适合旅游者的氛围,使旅游者获得美好的体验经历。比如处理好门、窗、天窗、灯光的设置,控制房间的日照和光线,营造适宜的氛围;以空调等设备来创造舒适的温度条件;对客用的毛巾、浴巾、床垫、枕头、毛毯等,要求柔软、舒适和卫生;整个旅游设施不能有异味,特别是卫生间,要注意通风设施的性能,并保持一定的香薰措施,营造舒适嗅觉等。

第二节　知觉概述

一、知觉的概念

知觉是人为了赋予环境以意义而解释感觉印象的过程。

知觉是个体以其已有经验为基础,对感觉所获得资料而做出的主观解释。通过感觉并不能完全了解事物的意义,甚至不知道反映的事物是什么。而知觉则不同,往往是多种感官参与活动,还结合以往经验,将事物多种属性综合为有意义的整体。比如通过感觉,我们知道某个物体的颜色、气味、温度等属性,而知觉让我们对某个事物有一个完整的映像,并做出判断,如杯子、苹果、桌子等。

感觉反映事物的属性,知觉反映事物的整体;感觉是知觉的基础,知觉是感觉的深入。因此,感觉是最基本、最简单的心理现象,没有感觉不仅不可能产生知觉,而且也不可能产生其他一切心理现象。当感觉到的个别属性越丰富,对事物的知觉就越完整。然而,知觉并不是许多感觉的简单堆积,而是各种感觉的有机整合。

知觉在很大程度上依赖于人的主观态度和过去的知识经验,并受个体的兴趣、需要、动机、情绪等心理特点的影响。知识经验的积累使知觉更丰富、更精确和更富有理解性。

二、知觉的种类

知觉的种类主要有空间知觉、时间知觉、运动知觉和错觉。

（1）空间知觉

空间知觉是人脑对物体的形状、大小、远近、方位等空间特性的知觉。

对个体生活而言，空间知觉显然是一种必不可少的能力，因为个体生活在三维空间内，在一切活动中，必须随时随地对远近、高低、方向做适当的判断，否则就难免发生困难甚至遭遇危险。动物的猛虎跳涧、猴子攀登、飞鸟归巢，人的上下台阶、穿越马路、工具操作等，无一不是靠空间知觉的判断。

空间知觉是多种感觉器协同活动得到的产物，包括视觉、听觉、触觉、运动觉等的活动及相互联系，其中视觉系统起主导作用。空间知觉是在人的后天实践中形成、发展和完善起来的。

空间知觉主要包括形状知觉、大小知觉、距离知觉、方位知觉和立体知觉。

1）形状知觉　是靠视觉、触摸觉和动觉获得的。对物体形状的知觉时，物体在视网膜上成像起着巨大的作用。同时，在观察物体时眼球随着物体轮廓运动所产生的动觉刺激，为物体形状提供了信号，用手触摸物体时，肌肉活动产生连续的动觉刺激也传到大脑，大脑皮层对这些信号进行分析综合的结果，人们才能形成物体的形状知觉。

阅读材料

2）大小知觉　是靠视觉、触摸觉和动觉获得的。观察者对物体大小的知觉由两个因素决定：一是物体本身的大小，另一个因素是物体距观察者的距离。只有两者相互配合，才能保证物体大小知觉的正确性。

3）距离知觉　是对物体离我们远近的知觉，人是依据很多条件来估计物体的远近的。这些条件既有外部的，也有内部的。对判断物体远近距离起作用的条件主要有：对象的重叠、空气透视、明暗和阴影、线条透视和运动视差。

如果观察的对象之间有重叠，那么就容易辨别出远近，未被掩盖的物体近些，部分被掩盖的物体远些。由于空气中尘埃、烟气等的影响，远处的物体看起来不容易分辨细节，模糊不清；而近处物体则很清晰，细节分明，因此，空气透视可作为判断距离的标志。值得提出的是空气透视的视觉效果容易产生误差，它与天气的变化关系密切。由于光线的照射会产生明暗的差别或造成阴影。光亮的物体看起来近，阴暗的物体显得远些。在绘画上，经常运用色调的阴暗和明快表现距离的远近以及突起和凹陷。近处的物体形成的视角大，在视网膜上的投影也大，因而被知觉为较大的物体。远处的物体所占的视角小，因而被知觉为较小的物体。马路的路面，随着距离向远处伸展变得越来越窄，两旁的树高依次降低。这正是线条透视的效果，它也可以用来帮助我们判断距离的远近。运动着的物体，由于距离我们的远近不同，引起的视角变化也不同，从而表现为运动速度的差异。距离近的物体视角变化大，觉得速度快；距离远的物体视角变化小，显得运动速度慢。因此，可以根据对象相对运动速度来知觉他们的距离。

4）方位知觉　是对物体在空间所处的方向、位置的知觉。如对东西南北、前后左右、上下等的知觉。方位总是相比较而言的,必须有其他条件作为参考标志。方位知觉是靠视觉、动觉、平衡觉、触摸觉等来实现的。用眼睛观察客观的事物,用耳朵辨别声音的方向,用触觉、动觉、前庭觉去感知自己身体与客体之间的空间关系,甚至嗅觉在方位的确定上也起着辅助的作用。许多分析器的协同配合,相互补充,提高了空间定向的能力。

5）立体知觉　也叫深度知觉,是人对物体远近距离或深度的知觉。深度知觉对形成准确的大小知觉和方向知觉至关重要。深度知觉是视觉、听觉等感觉共同作用后的产物,视觉在其中发挥着重要作用。立体知觉主要是双眼的机能,双眼视差作用的结果。

双眼视差在形成立体知觉中的作用,可以用实体镜来证实。夹在实体镜前方的两张图片是略有不同的,左边的图片向左偏斜,右边的图片向右偏斜。当两只眼睛分别从两个棱镜片观看时,视像落在两个视网膜上不相对应的部位上,产生了双眼视差。在适当的焦距上,会把两张图片知觉为一个立体的对象。

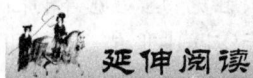
延伸阅读

> 　　立体电影便是利用实体镜的原理拍摄的。拍下两幅稍有差别的影像,一幅稍向左偏,一幅稍向右偏,放映时,两幅影片分别通过两个镜头同时投射在同一个银幕上,放映镜头和观众都要戴上振滤偏光镜,这样观众的左眼只能看到左侧镜头投射的影像,右眼也只能看到右侧投射的影像,由于双眼视差的作用,观众就产生了立体感,如同身临其境一般。
> 　　(资料来源:http://www.exam8.com/zige/jiaoshi/fudao/200712/432779_2.html)

(2)时间知觉

时间知觉是对客观现象的延续性和顺序性的反映,即对事物运动过程的长短和先后的知觉。

时间知觉不是由某种特定的刺激所引起的,也没有特定的感觉器官。时间知觉具有四种形式:人们按照时间的顺序,把各种活动区分开来;对时间的确认;对持续时间的估计;对时间的预测。

人总是通过某种衡量时间的媒介来反映时间的。这些媒介可能是自然界的周期性现象和其他客观标志,也可能是机体内部的一些生理状态。自然界的其他客观现象也可以作为知觉时间的线索,如树木的年轮、动物的牙齿等,后来人们发明了计时工具,定了日历,使人们对时间的知觉更为准确。另外,生理过程的节律性活动也是估计时间的重要依据。人的许多生理活动是节律性的运动,如呼吸、心跳、消化等。通过这些现象来知觉时间,称为物化时间感。人们常用数数儿、打拍子、节假日、上下班等来确定时间。对某些要求精确知觉时间的活动,人们借助口头数数儿提高估计时间的准确性。比如跳伞运动员要在跳出飞机以后20秒准时开伞,时间误差超过一秒就会失去获胜的机会。香港回归时,中国仪仗兵要在45秒准时将国旗升到8米高的旗杆上,时间及高度均不允许有误差。跳伞运动员及仪仗兵经过练习之后,可以借助口头计数或其他方法的帮助准确

阅读材料

地估计时间。

影响人对时间估计的因素主要有以下几个。

1) 活动的内容　在一段时间里,做紧要、有趣、内容充实的事情时,觉得时间过得快,人们倾向于把这段时间估计的短些;如果对事情不感兴趣,事情又无关紧要,活动内容贫乏,就觉得时间过得慢,对这段时间估计的就要长些。在人们事后回忆时,情形则恰好相反,对前者感到时间长,对后者感到时间短。

延伸阅读

> 甲、乙二人约定时间于某展览馆入门处相见,一同参观展览。甲按时到达;乙在路上遇上一位故友,寒暄了一阵,赶到约定地点时,迟到了半小时。乙说:"迟到了一会儿。"甲说:"我等了老半天,腿都站酸了。'一会儿',一会儿有多久?"乙说:"最多不到10分钟。"甲说:"起码1小时。"
>
> 客观时间是半小时,乙估计"最多不到10分钟",甲估计"起码1小时"。在这个事例中,是甲有意夸大、乙有意缩小吗?不!他们说的都是自己内心体验的实话。那么为什么会有这种现象呢?这就是时间知觉的特点:相对主观性。甲干等着,腿都站酸了,乙与故友久别重逢,寒暄说话。一个活动内容枯燥,一个活动内容热烈有趣,难免造成时间知觉上的差异。
>
> (资料来源:http://www.doc88.com/p-09799453455.html)

2) 情绪和态度　在欢乐的时候,觉得时间过得快,时间被估计的短些;在烦恼和厌倦的时候,觉得时间过得慢,时间被估计的长些。引人入胜的表演使你忘却时间流逝,味同嚼蜡的报告听起来简直是没完没了。回忆时对时间的估计与知觉时正好相反。对充实而有趣的内容的回忆觉得时间长,而回忆与单调乏味的事情相联系的时间,仿佛一闪而过。

3) 时间标尺的利用　会不会利用时间标尺直接影响着时间估计的准确度。不会利用时间标尺,时间估计的误差就大。例如,用数数儿、数脉搏作为时间标尺,时间估计的准确性就提高。特别是在对较长时间估计时,准确性提高更为明显。

时间知觉是在实践中发展起来的。儿童的时间知觉经过漫长的道路,对时间估计的不准确性是儿童的特点,随着年龄的增长,实践活动的增多,逐渐接近准确。成年人精确估计时间的能力与训练和培养是分不开的,比如许多教师不用手表可以精确地掌握上课的45分钟时间,厨师能够很好地掌握蒸、煮等操作的时间。

总之,从心理学的研究中,发现有许多因素影响人们对时间的知觉。客观时间并不会因为人们的主观感觉而变快或变慢,然而人们却可以运用心理学知识,利用时间知觉,使某些实践活动产生特殊的心理效应。

(3) 运动知觉

运动知觉是对物体的空间位移和移动速度的知觉。通过运动知觉，我们可以分辨物体的静止和运动及其运动速度的快慢。正确估计物体运动的速度，是生产操作、交通运行、体育运动及军事射击等的重要条件。

运动知觉依赖于许多主客观条件。

1) 物体运动的速度　物体运动太快或太慢都不能使人形成运动知觉，只有在一定的界限内才能为人所察觉。例如，钟表上时针的移动速度太慢，我们很难看出它在移动；而光的速度太快，我们也觉察不到。

2) 运动物体与观察者的距离　以同样速度移动着的物体，如果离我们近，看起来速度快；如果离我们远，看起来移动缓慢，有时甚至看不出运动。

3) 运动知觉的参考标志　实际上，世界万物都在运动，只是速度快慢而已。因此，我们要观察某物体的运动速度，就要选择参考系统。选择的参考系统不同，运动知觉也不同。比如，骑自行车者以步行者为参考系统，感知则为快，与汽车行驶相比，感知则为慢。参照系可以是某些相对静止的物体，也可以是观察者自身。没有参照系，人便不能产生运动知觉或者产生错误的运动知觉。例如在暗室里注视一个光点，过了一段时间后，会把静止的光点看成是运动的。

4) 观察者自身的静止或运动状态　观察者自身也往往是运动知觉的参考系。因此，其运动或静止状态以及对这种状态的自我意识，是运动知觉的重要条件。例如当你坐着的小船离开岸边时，有时你会觉得小船好像不动，倒像是岸在向后退似的。

(4) 错觉

错觉是人们观察物体时，由于物体受到形、光、色的干扰，加上人们的生理、心理原因而产生的对外界事物的不正确的知觉。

引起错觉的原因很多。感知条件不佳、客观刺激不清晰、视听觉功能减退、强烈情绪影响、想象、暗示以及意识障碍等都能引起错觉。重听的人常会听错别人说的话；胆小者夜晚独自经过旷野，由于心中恐惧，会把树木当成人形，把自己的脚步声误认为是有人在追赶；对亲人长久思念的人，会把风声误认为有人敲门等。

在一定的条件下，人在感知事物的时候，往往会产生错觉现象，这些错觉包括以下几种。

1) 几何图形错觉　属于视错觉的一种。这种错觉的种类很多，下面仅举几例。

◆垂直水平错觉(图2-2)：垂直线与水平线长度相等，但多数人把垂直线看得比等长的水平线要长。

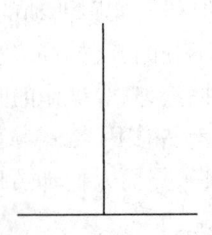

图2-2　垂直水平错觉

(资料来源：孙喜林，荣晓华：《旅游心理学》，东北财经大学出版社，2010年版)

◆缪勒—莱依尔错觉(图2-3):两条线是等长的,由于附加在两端的箭头向外或向内的不同,箭头向外的线段似乎比箭头向内的线段短些。

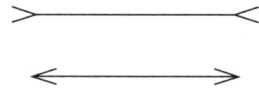

图2-3 缪勒—莱依尔错觉

(资料来源:孙喜林,荣晓华:《旅游心理学》,东北财经大学出版社,2010年版)

◆线条的影响(图2-4):平行线受到交叉线条的影响,仿佛改变了方向,显得不平行了。

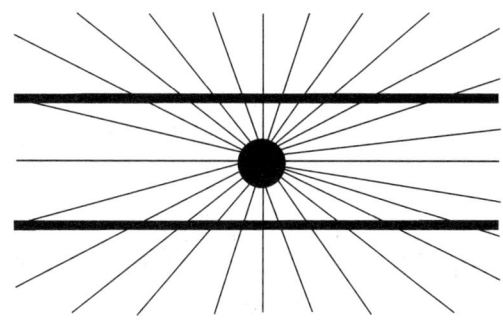

图2-4 线条的影响

(资料来源:http://tupian.hudong.com/a0_88_96_01300000271863122940960918244_jpg.html)

◆奥尔比逊错觉(图2-5):美国心理学家奥尔比逊提出。将一正方形放在有多个同心圆的背景上,其对角线交叉点与圆心重合,看起来这个正方形的四条边向内弯曲(见图2-5)。他曾分别将不同的几何形状(如圆形、方形、三角形等)放在线条背景上,结果发现这些形状看上去均会变形而出现形状错觉。

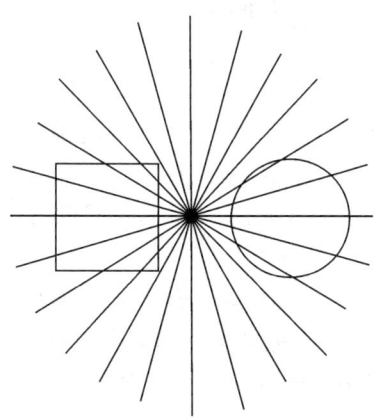

图2-5 奥尔比逊错觉(Orbison illusion)

(资料来源:http://niaolei.org.cn/tag/%E9%94%99%E8%A7%89)

◆松奈错觉(图2-6):当数条平行线各自被不同方向斜线所截时,看起来即产生两种错觉:其一是平行线失去了原来的平行;其二是不同方向截线的黑色深度似不相同。

图2-6 松奈错觉

(资料来源:http://niaolei.org.cn/tag/%E9%94%99%E8%A7%89)

2)形重错觉 一斤铁和一斤棉花的物理重量是相等的,但是,人们用手加以比较时,就会觉得铁比棉花重。另外,把两个有盖的桶装上沙子,一个小桶装满了沙,另一个大桶装的沙和小桶的一样多。当人们不知道里面的沙子有多少时,大多数人拎起两个桶时都会说小桶重得多。这种错觉为形重错觉。

3)大小错觉 除了大量的几何图形错觉外,现实中的物体也能在一定条件下产生大小错觉。同样一艘远洋轮,停靠在码头上人们总觉得是庞然大物,如果在辽阔的海洋上见到它,就显得小得多。

4)方位错觉 2007年,英国的研究人员在火车上进行了一个试验。研究者让乘客闭上眼睛,想象火车正朝着与实际运动方向相反的方向行驶。有趣的现象发生了,只要火车不做加速或减速,乘客就会感觉火车似乎确实正在朝着相反的方向行进。另外,两列火车,你乘坐的那一列速度比另外一列同向行驶的火车速度慢,那么你就会认为你乘坐的火车在朝相反的方向运动。

5)运动错觉 我们生活中有许多运动错觉,当你坐在正在开着的火车上,看车窗外的树木时,会以为树木在移动;我们第一次乘火车长途旅行,下车后一段时间内,如果躺在床上,还觉得房间似火车车厢一样地在运动;我们在桥上俯视桥下的流水,久而久之就好像身体和桥在摇动;理发厅的招牌,螺丝纹看起来好像会不断地上升或下降,其实它里面仅一条螺旋纹在转动。

在造型设计中,要获得完美的造型,就需要从错觉现象中研究错觉规律,从而达到合理地利用错觉和矫正错觉,保证预期效果的实现。如白色有扩散作用,黑色有收缩作用。穿白衣服会令瘦小的人略为丰满,横线条的衣服会使人觉得更胖等等。在军事上,经常利用错觉进行伪装。

延伸阅读

一位行人路过一家房顶悬挂各种灯具的商店,各式各样的灯具连成一片,璀璨夺目,吸引他信步走了进去,才发现这个商店并不大,只是由于周围全镶上了镜子,从房顶延伸下来,使整个店堂好像增加了一倍的面积,由于镜面的折射和增加景深的作用,使得屋顶上悬挂的灯具也陡然增加了一半,显得丰盛繁多,给人以目不暇接之感。这就是空间错觉在商业中的妙用。

(资料来源:http://blog.163.com/gd_zz/blog/static/1749681612011622111010612/)

在寸土寸金的商场中,如何陈列商品,直接关系到商品的销售效果。如果借鉴以上案例中的做法,在商品的陈列中充分利用镜子、灯光之类的手段,不仅能使商品显得丰富多彩,而且能减少陈列商品的数量,降低商品损耗和经营成本。在一些空间较小的区域,利用镜子、灯光等手段使空间显得更大,不仅能调节消费者的心情,而且也能使销售人员以好的心情为消费者服务,避免由于心情不好而造成主、顾间的矛盾冲突。

在旅游资源开发和建设中我们常常利用错觉,以增加旅游审美效果。特别是中国的园林艺术,常常利用人的错觉,起着渲染风光、突出景致的作用。比如园林中的高山、流水,都是通过缩短视觉距离的办法,将旅游者的视线限制在很近的距离之内,这样山就显得高了,水就显得长了。现在的许多现代化游乐设施也常常利用人的错觉组织丰富有趣的娱乐项目,给游客带来惊心动魄的乐趣。

实验视频

三、旅游知觉概述

旅游知觉是个体为了对自己所在的环境赋予意义而解释感觉印象的过程。

旅游知觉过程是选择、组织和解释来自于旅游环境中的感觉刺激,使之成为一个有意义连贯的现实映像过程。旅游知觉是指旅游者在旅游这个特殊的活动中所形成的知觉,它是旅游者旅游行为形成的前提,也是旅游者其他消费心理活动的基础。实践表明,旅游者的旅游决策、对旅游景点的印象、具体的旅游活动以及旅游需要满足与否的评价等,都与旅游者的知觉心理特点有密切的关系。

实验视频

1. 旅游知觉的特性

旅游知觉主要有选择性、理解性、整体性和恒常性四个特点。

(1) 旅游知觉的选择性

旅游知觉的选择性是在知觉过程中,为了清晰地反映对象,人们总是从许多事物中自觉地或不自觉地选择知觉对象的心理过程。

作用于旅游者的客观事物是丰富多彩、千变万化的,但旅游者不可能对客观事物全部清楚地感知到,也不可能对所有的事物都做出反应,而总是有选择地对少数事物知觉特别清晰,而对周围的事物则知觉比较模糊,这就是知觉的选择性。知觉特别清楚的部分称为知觉的对象,知觉比较模糊的部分称为知觉的背景。

选择的过程就是区分对象和背景的过程。旅游者对对象和背景的知觉是不一样的,对象似乎在背景的前面,轮廓分明、结构完整;背景可能没有确定的结构,在对象的后面衬托着、弥散地扩展开来。一般情况下,面积小的比面积大的、被包围的比包围的、垂直或水平的比倾斜的、暖色的比冷色的,以及同周围明晰度差别大的东西都较容易被选为知觉对象。

对象和背景的关系不是一成不变的,而是依据一定的主客观条件,经常可以相互转换。例如,当游客在听导游员讲解时,导游员的讲话成为游客知觉的对象,而周围的其他声音,则成为这种对象的背景。如果这时候某一游客听到周围其他人正在讨论他很感兴趣的一个话题,他就会把注意力转到别人谈话的内容上。那么,别人的谈话就成了这一游客知觉的对象,而导游员的讲解便成了背景的一部分。

把知觉的对象从背景中分化出来的影响因素有以下几个。

1)对象和背景的差别　差别越大,对象越容易从背景中突出出来。在颜色、形状、亮度等强烈对比的情况下,对象更为醒目;反之,差别小,则难以区分。如白纸黑字、大与小、高与低、强与弱、绿叶红花,由于对比强烈而使对象容易分化出来。

2)对象的运动　在固定不变的背景上,运动的物体比静止的物体更容易成为知觉的对象。游览途中山涧的流水飞瀑,山林中漂泊不定、变幻莫测的云海都容易被游客所知觉。

3)对象的组合　对象各部分的组合也影响着对象各部分的辨认。首先,空间上、时间上彼此接近的事物,很容易被组合为一个整体而成为游客的知觉对象。其次,性质相同或相似的事物,容易被人组合在一起,成为游客的知觉对象。

4)知觉者的主观因素　知觉的选择性也明显受到知觉者的需要、兴趣、爱好、知识经验的影响,例如沙漠中长途跋涉的人对绿洲、甘泉的知觉甚为敏感;待业者对招工信息尤为关心;"樵夫进山只见柴草,猎人进山只见禽兽",都说明了主体的需求状态对知觉选择性的影响。

有一次,一位医生、一位商人和一位艺术家三位朋友一同沿着一条繁华的街道走着,他们要去神甫家吃晚饭。到了神甫家以后,神甫的小女儿请艺术家讲个故事。

"今天,我沿街而行。"艺术家说,"看见在天空的映衬下,整个城市就像一个巨大的穹隆,它那暗暗的金红色在落日的余晖中泛着激光,愈加猩红了。看着看着,穹隆底部显出一缕光线。接着,一缕又一缕,仿佛晚风正在星星点点地吹旺着蓟花之焰。终于,满街通明,猩红的穹隆消失了。那时我多么想画下这一切,真想让那些认为我们的城市并不美丽的人们看看。"

小姑娘想了一会儿,然后就像其他孩子一样,转向商人,让他也讲个故事。

于是,商人讲道:"我也可以讲一个大街的故事。我一路走来,恰好听到两个小男孩在谈论他们长大后要从事的事业。一个男孩子说他想摆一个冰淇淋小摊,并且要在两条街道的交汇处,紧挨地铁的入口处摆。'这样,两条街上的人都可以来买我的冰淇淋,那些乘坐地铁的人们也会买。'这个男孩子具有成为一名好商人的素质,因为他认识到了经营位置的价值,而且在无人告之的情况下选择了街道上做生意的最佳地点。我毫不怀疑他长大以后会成为一名非常成功的商人。"这就是商人的故事。

医生的故事是关于药店橱窗的。

"这个橱窗从上到下都摆满了各种药品的瓶子,这些药品用于治疗各种消化不良,同时橱窗里还排列着一长串清单,上面写满了如果不及时治疗可能发生的听来可怕的后果。我看见许多男男女女停留在橱窗前,我知道他们正在考虑这种药对他们是否有效。我明白他们真正所要的并不是Gloria Gland Extract(一种药品),而是两种根本不可能用五彩缤纷的纸张包裹的药,它们是新鲜空气与睡眠。但是我却没有办法一一告诉他们。"

"这个药房是在查尔斯大街上吗?"小姑娘问道。医生点了点头。

"你说的街道在哪里呢?"她问商人。"查尔斯大街。"商人回答说。

"我说的也是那儿。"艺术家说。

这是一个经典的心理学故事。这三个人同一时间内走过同一条街道,看到的应该也是同样的事物,但是,他们眼中的街道却是各不相同的。艺术家眼中的街道是个美丽的地方,线条、形状和色彩在此共同构成了一幅图画。商人眼中的街道是一个与地点、位置、生意场所有关的地方,在此,机会只为那些眼光锐利、能够捕捉到它的人们而存在。医生眼中的街道是那些不懂得调理自己健康而造成自身不适的人群所在。猩红色的天空同样停留在另外两个人的视野中,但他们却没有注意。每一个人都没有注意到那些对于他人来说很平常的事物,在同样的环境中,他们的注意力却停留在不同的事物上。

事实上,在每一瞬间都有无数来自外界的刺激作用于我们每个人,其中绝大部分的讯息或刺激被删除忽略掉了,只有非常小的一部分才被我们选择并加以注意。

旅游知觉的选择性特征在旅游景点、设施建设、导游、广告及促销等的设计方面具有重要的指导意义。

(2)旅游知觉的理解性

旅游知觉的理解性是指人在感知事物时,往往会借助于已有的知识经验对所感知到的信息进行解释和说明。

知识经验不同的人,对同一事物的知觉理解存在很大差异,如年龄很小的儿童,一般只能关注事物的主要结构,而成人既能把握整体结构的意义,同时对事物的细节也很了解。

当感觉信息本身与知识经验相矛盾,无法进行整合时,我们会知觉到该信息不符合客观规律,从而认为它不合理或不存在。

理解在旅游知觉中起着重要作用。

第一,理解使旅游者的知觉更为深刻。在知觉一个事物的时候,与这个事物有关的知识经验越丰富,对它的认识也就越深刻。比如对于某名胜古迹的一砖一瓦,一个有经验的考古专家要比一般人有更深刻的认识。

第二,理解使知觉更为精确。例如,不懂外语的人听别人说外语,只能听到一些音节,根本听不懂内容;而外语熟练的人不仅能听懂内容,甚至发音的细微差异、修辞的适当与否都能辨别出来。

第三,理解提高知觉的速度。看报纸或杂志时,如果内容简单而又熟悉,我们常可"一目十行",可见理解能提高知觉的速度。

影响旅游知觉的理解性的因素主要有以下几个。

1)言语的指导作用　在知觉对象不太明显时,言语指导有助于对知觉对象的理解。在旅游中,言语指导是导游的一项重要工作内容。如游览河南的鸡冠洞时,面对那些千姿百态的钟乳石,旅游者可能会眼花缭乱,但通过导游的介绍,各种充满神话色彩的形象就会显得栩栩如生。

2)实践活动的任务　活动任务不同,人们对同一对象的理解可能不同,产生的知觉效果也就不同。例如研究建筑的人和研究美术的人到故宫会有不同知觉。

3)观察者的情绪状态　同样一种事物,情绪状态不同,人们对它的理解也就不同。例如,当我们心情愉快地开始一天的生活时,在这一天中好像总能看到事物好的一面;而心情抑郁时,总会使人看什么都不顺眼。

4)知觉对象本身的特点　知觉对象本身的特性也影响着我们对其的理解。比如独自或少数人走在深山里,特别是天幕已降的傍晚时分,如果有一条绳子放在不远处,你很有可能会把它当成一条蛇。

(3)旅游知觉的整体性

旅游知觉的整体性是指人在知觉活动过程中,在知识经验的基础上,把知觉对象的各种个别属性或不同部分知觉为一个统一整体的过程。

知觉的整体性与知觉对象本身的特性及其各个部分间的构成关系有关,格式塔学派认为,人们具有完形的倾向,在进行知觉整合的过程中一般遵循以下规律:

空间位置或时间上相互接近的物体容易被知觉为一个整体;物理特征相似的物体,如形状、颜色、质地、大小相似的物体,容易被知觉为一个整体;具有连续性或共同运动趋势的物体,容易被知觉为一个整体;当几个互不连通的物体组合在一起能够产生有意义的形象时,人们倾向于将它们看成一个完整的、闭合起来的整体(图2-7)。

图2-7　知觉的整体性

(资料来源:https://baike.so.com/doc/890537-941361.html)

旅游知觉之所以具有整体性,一方面是因为旅游刺激物的各个部分和它的各种属性总是作为一个整体对旅游者发生作用;另一方面,在把刺激物的几个部分综合为一个整体知觉的过程中,过去的知识经验常常能提供补充信息。例如,客人来到饭店,不只是看到饭店的装饰布置、服务人员的举止着装等某个方面,而是饭店的整体形象。

(4)旅游知觉的恒常性

当旅游知觉的条件在一定范围内改变的时候,旅游知觉的映像仍然保持相对不变,这就是旅游知觉的恒常性。正由于知觉具有恒常性,才使我们能客观地、稳定地认识事物,从而更好地适应环境。

根据知觉所加工的不同属性,知觉恒常性可分为大小知觉恒常性、明度和颜色恒常性、形状恒常性和位置、方向恒常性。

大小知觉恒常性是指同一物体距知觉者距离不同时,尽管在视网膜上的视像大小发生了变化,但主观上知觉到的物体大小保持相对恒定。明度和颜色恒常性是指当环境的光照条件发生变化时,人对客观物体固有的明度和颜色的知觉倾向于保持不变的知觉特性。在日常生活中,我们都有这样的经历:一个朋友从远处朝我们走来,虽然随着朋友距离我们越近,朋友在我们视网膜上的成像在不断变化,但是我们仍然把朋友知觉为相同大小,这种现象就是大小知觉恒常性。形状恒常性是指人们从不同的方位、不同的角度知觉客观物体时,尽管感觉反映不同,但知觉到的形状仍保持不变的知觉特性。位置、方向恒常性是指当知觉者自身或周围环境的方位发生变化时,对事物的位置、方位保持相对稳定的知觉特征。

知觉的恒常性还普遍存在于其他各类知觉中,例如同一支乐曲,尽管演奏的人不同,使用的乐器也不一样,我们总是把它知觉成同一支乐曲。

知觉的恒常性受到很多因素的影响,其中,过去经验起主要作用。知觉的恒常性不是生下来就有的,而是后天的。在陌生的环境中,对于不熟悉的事物,因为我们没有相应的知识经验加以参考,我们的知觉就很难保持恒常性。比如,在非洲的刚果某地,有一族土著人住在原始丛林中,他们从来看不到超出1/4英里外的东西,当他们被带出森林后,竟把远处的牛说成是虫子,更不相信远处那么"小"的船能装上那么多的真正的人。

知觉的恒常性对我们的实践活动具有十分重要意义。我们生活的世界变化多端,知觉的恒常性使得我们可以形成对对象稳定的知觉映像,从而以相同的或类似的方式做出反应。如果不存在知觉恒常性的话,随着环境的变化,旧有事物对我们而言,每一次遇到都是新生事物,我们需要不断地学习和适应,这无疑会给我们的认识活动带来很大的麻烦。

2.影响旅游者旅游知觉的因素

旅游知觉是旅游者对旅游刺激物的感知过程,必然会受到刺激对象本身特点和知觉者本人特点的影响。因此,影响旅游知觉的因素主要包括客观因素和主观因素两个方面。

(1)客观因素

在旅游活动中,具有以下特性的对象,容易引起旅游者的知觉。

1)具有较强特性的对象 城市中奇特的建筑,山谷中飘忽的云海,群山中挺拔入云的峰峦,一望无际的蓝天碧水等。由于其特性对人有较强的作用,因而容易引起人们的知觉。

2)反复出现的对象 重复次数越多就越容易被知觉。人们多次看到旅游广告、旅游宣传材料,或者经常听到某旅游地的情况,由于信息反复出现,多次作用,会使人们产生较为深刻的知觉印象。

3)运动变化的对象 在相对静止的背景上,运动变化着的事物容易成为旅游知觉的对象。倾泻的瀑布、潺潺的溪流、奔驰的列车、闪烁的霓虹灯等,都容易成为知觉的对象。

(2)主观因素

知觉不仅受客观因素的影响,也受知觉者自身的主观因素即知觉者的心理因素的影响。旅游者是具有不同心理特征的知觉者,感知相同的景观时,他们各自的知觉过程和知觉印象是不同的。

影响知觉的主观因素主要有以下几个方面。

案例分享

1)兴趣 旅游者的兴趣不同常常决定着旅游知觉选择上的差异。一般的情况是旅游者最感兴趣的事物往往首先被感知到,而人们毫无兴趣的事物则往往被排除在知觉之外。对文史知识感兴趣的旅游者,就会把帝王古都、历史文物选择为知觉对象;喜欢大自然的旅游者,往往对高山、大海、流泉、飞瀑等特别感兴趣;喜欢猎奇的旅游者则乐于探险活动和奇风异俗。

2)需要与动机 人们的需要和动机不同也在很大程度上决定着人们的知觉选择。凡是能够满足旅游者的某些需要和符合其动机的事物,就能成为旅游者的知觉对象和注意中心;反之,凡是不能满足其需要和不符合其动机的事物,则不能被人所知觉。

3)个性 个性是影响知觉选择的因素之一。有调查表明,胆大自信的人对乘飞机旅游十分积极主动,而胆小谨慎的人对安全问题十分重视,旅游中乐于乘坐火车。

4)情绪 情绪是人对那些与自己需要有关的事物和情境的一种特殊的反映,对人的知觉有强烈影响。当旅游者处于愉悦的情绪状态时,会主动去知觉周围的景物,并兴高采烈地参与各项活动;当旅游者心情不佳时,就会对周围的事物不感兴趣。因此,旅游服务人员应努力使旅游者的情绪经常处于积极状态,使他们乘兴而来,满意而归。

5)经验 经验是从实践活动中得来的知识和技能,是对客观现实的反映,是人们行为的调节器。在旅游活动中,如果没有对旅游景点的知识和经验,观察就可能是表面的、笼统的、简单的。当导游员作了适当的讲解后,旅游者就可能观察得更全面、更深刻。

第三节 旅游者对旅游条件的知觉

旅游者对旅游条件知觉是指旅游者对各种旅游条件(如衣食住行)的知觉。主要包括对时空、交通、旅游目的地、娱乐等方面的知觉。

一、旅游者对时空的知觉

旅游者对时空的知觉主要包括对时间的知觉和对距离的知觉。

1. 旅游者对时间的知觉

旅游活动是在特定情境下的一种活动,旅游者在从事这一活动时,对时间的知觉是很敏感的。不同旅游者的出游动机不同,也会影响其在旅游活动中的时间知觉。但旅游从业人员总体上应把握"一快、二慢、三准时"的原则,即旅途要快,游览过程要慢,旅游活动安排要准时。

(1)旅途要快

旅游者一般都希望尽量缩短时空距离,以最快的速度到达目的地。旅途这段时间常常被旅游者认为是没有意义的,感觉枯燥乏味而且容易引起疲劳。为了降低旅游者的这种不良感觉,除了改善道路设施外,旅游组织者最好能在旅途中安排一些有趣的活动,导游员做一些游客感兴趣的讲解,或在安排交通工具时晚上乘车睡觉早上到达以缩短旅游者的心理时间。

(2)游览要慢

即游览时间要充足。游客外出旅游的真正目的在于游览风景名胜、历史古迹,领略旅游地的风土人情,这就是所谓的"饱眼福"。游览的内容越丰富,越具有魅力,就越能使人们暂时忘却时间的流逝,达到"乐而忘返"的境界,所以到达旅游目的地后的整个浏览活动要求放慢速度,游览时间要充足。

(3)安排活动要准时

活动不准时就可能超时,超时会造成不良后果。旅游活动的安排是按计划进行的,倘若有一次活动不能准时,就会导致后续计划不能顺利实现,旅游活动内容将要重新调整,甚至有时还要压缩或减少其他旅游项目,这都是游客们所不愿意看到的。不能保证旅游者准时按照计划去安排时间和活动,旅游者就会感到一切都被打乱了,就会产生烦躁,甚至发展到强烈的不安和不满。比如有些国家和地区由于飞机不能准时起飞或临时取消航班,或者车船误点,都容易造成乘客的不满,引起纠纷、投诉,直接影响这些部门的信誉。

2. 旅游者对距离的知觉

在人们选择旅游的同时,还要考虑从居住地到旅游点的距离。人们对距离的知觉对旅游者的决策和行为既能产生消极的阻止作用,又能产生积极的激励作用。

(1)阻止作用

旅游是要付出代价的,代价包括时间、金钱、体力和情感等。旅游距离越远,旅客付出的代价越大。这些代价往往使一部分游客产生退避的心理。

(2)激励作用

从心理学的角度看,远距离会使人产生一种朦胧感,给人以更广阔的想象空间。所以,远距离的目的地则无形中有一种特殊的吸引力,能使游客产生一种神秘感和"距离美"。

根据旅游者对旅游距离的知觉原理,旅游从业人员应充分利用各种方法,积极开展旅游宣传,引导人们的旅游决策。

二、旅游者对交通条件的知觉

人们外出旅游,不可避免地要借助于各种交通工具。随着社会的发展,可供人们选择的交通工具越来越多,主要有飞机、火车、游览车、游船、空中缆车、出租车等。旅游者对旅游交通条件的要求也越来越高,不仅要求快速、安全、舒适、方便,还希望在旅途中得到热情、友好、周到、礼貌的服务。

1. 旅游者对交通工具的心理需求

(1) 安全

旅游者出门都希望"高高兴兴出门去,平平安安回家来",希望整个旅途不发生意外,希望道路状况和交通工具性能良好,驾驶员经验丰富等。比如旅游者在乘飞机时多关注航空公司的事故记录、飞机的新旧程度以及飞行员的技术水平等。

(2) 快速

旅游者都希望旅途时间短一些,游览时间长一些,因此他们会选择速度快的交通工具以节省旅游时间,减轻旅途疲劳。由于生活节奏的加快以及人们经济水平的提高,特别是远距离旅游的情况下,乘飞机旅游已成为很多人的选择。

(3) 舒适

长途旅行容易让人疲劳,所以旅游者很重视交通工具的舒适程度。旅游者一般会选择这样的交通工具:宽敞明亮;有空调,冬暖夏凉;座椅舒适,可坐可躺;有减震功能,减少颠簸;有影音设备,消除烦闷。

(4) 方便

旅游者希望交通便利,能方便地乘坐各种交通工具,不希望有买不着票,或买票了却上不了车,或找不到交通工具等情况发生,并希望享受到优质服务。火车因车次多,乘车方便,开车时间固定,且车行平稳,可观看沿途风景。尤其是专门的旅游列车,往往是朝发午至,午发暮归,火车内有软卧、硬卧车厢,即使硬座车厢内也可以来回走动,特别有利于老年人和小孩子观光游览。

2. 旅游者在旅游中对各种交通工具知觉的影响因素

旅游者对飞机的知觉印象主要与四个因素有关:时间、中途停降次数、安全性和舒适性。

旅途中,旅游者对火车的知觉印象主要受以下因素影响:运行速度,安全快速的直达列车最受欢迎;发车及抵达时间,符合旅游计划,不打乱既定旅游安排,能最大限度地利用时间观光、娱乐与购物;舒适程度。

旅游者对旅游汽车的知觉印象受以下因素影响：车窗的宽敞程度；有无空调；有无视听设备，效果如何；座椅是否舒适；车身减震功能是否良好；车上是否有导游员，导游员是否提供优质服务等等。

旅游者对游船的知觉印象主要受以下因素影响：游船能够到达的港口城市或旅游景点的多少；航程的远近、停靠地观光娱乐项目的多少；客舱、餐厅、游艺厅的设施是否豪华舒适；娱乐活动是否丰富有趣；游伴是否令人愉快；购物是否方便等。

游客对景区内部交通还要求便于参观游览、符合景区主题特色或具有地方特色等要求。比如内蒙古草原的骑马、沙漠的骆驼和沙漠冲浪车、郑州世纪欢乐园里的火车都很有特色。

航班"急救门"拷问救援体系

旅行途中最害怕的是生病，此前在人们的常识中，乘坐汽车、火车、飞机、轮船等交通工具时突发疾病，交通部门应该以最快速度开启"绿色通道"，为生命保驾护航。然而，一则《南航 CZ6101 生死间，一个记者有话想对你们说》的帖子打破了这一认知。

事主张先生称 2015 年 11 月 9 日乘坐中国南方航空 CZ6101 航班由沈阳飞往北京时，突发腹内疝并急性肠梗阻。起初空乘人员表示可能是气压问题引起，并没有进行处理。之后其腹痛的情况越来越严重，空乘人员赶紧帮预约了救护车，飞机落地结束滑行后约 50 分钟才打开舱门，且在救护过程中空乘和急救人员为谁抬患者下飞机而发生争执，张先生无奈只能忍剧痛走下旋梯爬进救护车。

事情至此还远远未结束。11 月 25 日，张先生在《999 急救——一个不吸毒的记者想对你说的话！》第二篇长文中，讲述了这辆急救车舍近求远，以协和等三甲医院挂不上号为由，将其送至北京市红十字会紧急救援中心，延误治疗的过程。在就诊时他还两次被医生询问吸毒史，几乎被误诊。紧急情况下，张先生最后通过医生朋友转院并迅速手术，才避免了疾病的恶化。随后的微博中，张先生表示向北京市卫计委投诉和向 999 急救索赔。

此后，中国南方航空和北京首都国际机场急救中心先后在微博上就此事道歉，两家机构相关负责人先后登门道歉。12 月初，999 急救中心相关负责人亦登门致歉，并愿意以慰问金等形式对其进行补偿。随后，999 急救中心发布声明，确认已向当事人致歉，称与医疗单位交接不清，转诊未给患者更多医院选择。

点评：每一个人都有可能变成旅途中的"张先生"，他此次生死遭遇令人心惊胆战。首先是机组人员和本应救死扶伤的医护人员对患病事主痛苦遭遇的冷漠，而事后被救护车舍近求远，差点延误治疗的遭遇更令人后怕，没有人想在最脆弱的时候接受最艰难的"考验"。

此次事件拷问着我国的急救机制,在公共交通工具上怎样处置才得当,而生死攸关的紧急医疗救助体系是否能最大限度保障生命的安全?此次事件带来最有价值的反思莫过于这两点。

面对突发事件,企业应该有强烈的社会责任意识和以人为本的服务理念,对此南航方面也已做出检讨。而建设专业完善的紧急医疗救助体系,更需要事件和大量精力去推动。希望此次事件成为契机,愿人人不会"人在囧途"。

(资料来源:2015-12-23 南方日报)

三、旅游者对旅游目的地的知觉

旅游者对旅游目的地的知觉通常可分为两个阶段:旅游决策阶段和旅游消费行为实施阶段。其中旅游决策阶段影响旅游者对旅游目的地的选择;旅游消费行为实施阶段影响旅游者对旅游行为的满足感和享受感。

1. 旅游决策阶段

在前往旅游目的地之前,旅游者通过以下途径获得旅游目的地的各种信息,形成对旅游目的地的知觉印象,这些印象决定了旅游者是否选择该旅游地。

(1)现代信息媒介

人们一旦决定出去旅游,就会首先收集各种信息资料进行分析、评价和判断,选定具体的旅游目的地。随着科技的发展,人们获得信息的途径越来越多,旅游者可以通过电视、电影、网络、报纸、杂志、书籍等媒体获得有关旅游目的地的大量信息。当这些媒体对景区的宣传符合旅游者的旅游心理需求时,该景区就可能成为旅游者的旅游目的地。

当然,由于需要、兴趣的不同,人们会关注不同的旅游目的地,从而选定不同的旅游目标。比如,如果人们为了通过旅游满足休息、娱乐和健康的需要,就会注意收集风光秀丽、气候适宜旅游点的信息;为了增长知识、开阔眼界,就会对名胜古迹或具有现代社会发展水平的旅游地格外看重。

另外,日常生活中,人们往往更相信持中立的所谓"民间舆论""客观报道"以及草根博客类信息。这些以第三者的身份在电视、报刊或网络等媒体上发表的信息,往往使人们容易产生信任感,其宣传效果比旅游资源国或旅游企业自己出钱做广告宣传的效果更好,对旅游者更具有影响作用。

(2)群体内"从众"心理的影响

日本最大的旅行社"交通公社"曾对日本的旅游者进行调查,研究各种宣传物对旅游者选择到某地旅游的影响效果,结果表明:有69%的旅游者是经过朋友或熟人介绍而到某地旅游的。

人们对自己的亲戚、朋友、同学、同事等比较熟悉和信任。平时互相信赖的群体心理气氛,促使个人较容易接受和理解群体成员发出的信息。如果群体中有成员外出旅游归来,向群体成员绘声绘色地讲述旅游的愉快经历和舒适感觉,并展示他在旅游期间所拍摄的旅游地风景优美的彩色照片或者放映令人神往的录像带,那么这就等于做了一次很有效的旅游宣传。有许多旅游者就是听了亲人、朋友、熟人或同事的"义务宣传"后,才决定到某地旅游的。所以旅游企业要十分重视这种旅游者"口碑"的重要作用,注意提供优质的景区服务。

(3)权威的暗示作用

社会心理学家认为,权威的言行对他人的心理有暗示作用。人们通常都直接或间接地、自觉或不自觉地认为权威的言行是可信的,并模仿、追随权威的行为,这也是所谓的"名人效应"。

如果一个地方接待政府高级官员、某个知名人士到过某地旅游,在某地召开过重要国际会议等,那么这个地方就会成为新闻报道的中心。不仅名人到过该地这一行动本身给人们一种暗示此地值得一游,更重要的是名人回去以后以各种方式评论自己的旅行,会产生更广泛的宣传作用,使更多的人萌发到该地旅游的愿望。例如,1972年日本首相田中角荣、1984年美国总统里根曾分别访问中国,在国际上一次又一次地引起巨大的"中国热",吸引了许多外国人来"神秘的东方古国——中国"旅游。

2. 旅游消费行为实施阶段

到达旅游目的地以后,旅游者的知觉信息主要来自于自己的亲身经历和感受。旅游者通过参观旅游景点,参与旅游活动,享受旅游设施和服务等,最终做出对旅游目的地是否满意的整体评价。

通常,旅游者对旅游目的地的知觉主要受以下三个因素的影响:旅游景观、旅游设施和旅游服务。

(1)旅游景观

现在各地纷纷开发旅游,把旅游作为当地的经济增长点之一,旅游景观想在众多旅游吸引物中脱颖而出,被旅游者感知,并吸引旅游者前来旅游,就必须具备独特性和观赏性。目前旅游者的旅游心理呈体验型增长的新趋势,这就要求景区在设计和安排旅游活动中要注意提高旅游者的参与性。

(2)旅游设施

旅游设施是为旅游者的需要而存在的,是保证旅游活动顺利进行的必要的物质条件。游客关于旅游设施的知觉对他们的旅游行为会产生很大影响,所以旅游设施必须安全、方便、舒适。

旅游设施大致包括以下5种。

第一,生态设施,如自然保护区、动物园、水族馆等。

第二,文化设施,如博物馆、展览馆、民俗村等。

第三,体育设施,如滑雪场、游泳馆等。

第四,消遣设备,如歌舞厅、酒吧、游戏厅等。

第五,其他便利设施,如会议厅、工艺品及特产销售部等。

旅游景区可以根据本地区的特点,因地制宜地建立相应的设施,还要注意符合旅游者的需求,使旅游者在使用这些精心设计的旅游设施时感到舒适愉快。

1)视觉方面　旅游设施的形状、结构、材料、光亮度等方面要科学组合,要给游客舒适的感受。

2)听觉方面　不同旋律的音乐能产生不同的环境氛围,要选择适宜的背景音乐,从而给游客以希望的心理感受。

3)嗅觉方面　游客外出旅游时普遍都有安全、卫生的需要,旅游设施应在气味上避免给游客以不适感,特别是景区卫生间、饭店的客房和餐厅。

4)温度觉方面　虽然人们对温度的知觉会随着气候条件的变化而有所不同,但一般而言,游客感觉最舒适的温度在20℃左右。

5)空间知觉方面　旅游设施要注意空间的合理使用,避免压抑、拥挤等感受。

（3）旅游服务

旅游服务是指旅游业服务人员通过各种设施、设备、方法、手段、途径和"热情好客"的种种表现形式,在为旅客提供能够满足其生理、心理的物质和精神需要的过程中,创造一种和谐的气氛,产生一种精神的心理效应,从而触动旅客情感,唤起旅客心理上的共鸣,使旅客在接受服务的过程中产生惬意、幸福之感,进而乐于交流,乐于消费的一种活动。一个满意的旅游者,就是一个最好的宣传者。

案例分享

旅游服务包括的范围很广,旅游者对旅游服务好坏的知觉具体包括能否做到：①为游客提供门票和告知游客如何使用；②能让游客在景区内快速而有效地找到自己要去的地方和想看到的景点；③告知游客哪里是安全的,哪里是危险的地方,保证游客的人身安全；④为游客讲解景区的文化,让游客感受到景区的魅力；⑤满足游客在景区的饮食和休息等方面的需求；⑥满足游客对于拍摄和留念的需求；⑦当游客遇到特殊情况时可以及时得到服务人员的帮助。

旅游者在这两个不同阶段对旅游目的地的知觉的特点提示旅游企业和从业人员：一方面要加大旅游宣传,另一方面要提高旅游产品质量。旅游景区景点要加大宣传力度和策略,提高宣传质量和效率,努力推出形象良好、特色鲜明的景区。要努力提高旅游产品的质量,使其通过旅游活动获得美好的享受,以高质量的产品和服务赢得旅游者的满意。

四、旅游者对娱乐服务的知觉

娱乐是旅游六要素之一,也是旅游者的需要之一。旅游者对娱乐服务的知觉反映在两个方面：一是娱乐设备是否齐全；二是服务质量的好坏。

旅游者对娱乐设备的知觉主要表现在：娱乐设备是否安全可靠、种类是否齐全和功能是否完好、品质如何等。

旅游者评价娱乐服务质量好坏的标准主要有以下5个。

1. 有形性标准

有形性标准是指有形设施、服务人员的仪表是否让旅游者满意。

2. 可靠性标准

可靠性标准是指是否可靠准确地提供标准服务。

3. 责任心标准

责任心标准是指服务人员能否让旅游者感到信任。

4. 信任性标准

信任性标准是指服务人员是否有热情帮助娱乐者的意愿。

5. 移情作用标准

移情作用标准是指服务人员能否理解娱乐者的需要,提供个别服务。

旅游从业人员想给旅游者留下良好的印象,必须严格按照这些标准,为旅游者提供高质量的服务。

总之,旅游知觉的产生,不仅取决于旅游景点的功能,还取决于人们希望在旅游的过程中能得到些什么。因此,建设旅游点和创造旅游条件,应该建立在了解人们动机、需要和兴趣等心理因素的基础上,并且根据知觉产生的规律,采取有效的形式传递旅游信息,从而有效地影响人们的知觉选择。

第四节　旅游者对旅游风险的知觉

旅游风险知觉是指旅游者不能预见购买决策的结果时所遇到的不确定因素。在旅游活动中,旅游者经常会遇到各种风险,为此,他们必须采取各种措施来消除或减少所遇到的风险。

一、旅游者风险知觉的种类

1. 功能风险

功能风险指产品的功能不能达到期望效果的风险。功能风险涉及旅游产品的质量和旅游业服务优劣问题。比如汽车抛锚;飞机发生机械性故障,不能在预定地点着陆;饭店里的空调失灵等。

2. 心理风险

心理风险是指旅游产品和服务是否能增强人们的幸福感,是否会挫伤消费者自尊心,能否引起个人的不满意或失望的情绪等。人们出去旅游的主要原因之一是提高自我价值,放松自己。所以对旅游者来说,旅游产品能否最大限度地满足其需求是很重要的。

3. 资金风险

资金风险是指消费时的资金付出与所购商品或服务的价值是否对等。比如游客花费了较多的金钱能否购买到较好的旅游产品和享受到优质的服务,这种风险知觉就是资金风险。

4. 社会风险

社会风险是指游客购买了某种旅游产品或享受某种服务是否会降低游客的自身形象。

5. 时间风险

时间风险是指能否在计划时间内完成预定的旅游活动的风险。能否确保在计划时间内完成预定旅游活动是旅游组织成败的衡量标准之一。

6. 安全风险

安全风险是指所购买的产品或服务是否会危害旅游者的身体健康和财物安全的风险。比如吃饭时会不会食物中毒;是否会感染传染病;漂流时是否有溺水危险;物品是否会被盗窃、抢劫等。

延伸阅读

出国游安全事件频发 如何防止"乐途"变"囧途"

本是轻松舒适的出境之旅,却因为遭遇抢劫而备受煎熬,这是20多位在法旅客前几日的不幸遭遇。近年来,我国旅客在境外遭遇伤害的事件时常见诸报端。专家建议,为保障出境游旅客的人身财产安全,旅行社等相关方面应承担相应的责任,旅客也应该做好旅游功课,提高安全意识。

"乐途"变"囧途",旅客境外受伤害事件增多

法国当地时间3月20日,一个中国赴法旅游团一行23人前往巴黎市区用餐后,遭遇多名歹徒抢劫,游客护照、机票、部分现金及财物被抢。领队本人面部、腰部受轻微皮外伤。遭遇抢劫后,该团领队和导游立即拨打电话报警,并及时向有关部门报告。事件发生后,迅速引起国内各界的关注。

类似的事件近年来时有发生。在新西兰,两名男性劫匪在汉密尔顿花园抢劫了2名中国的游客腰包,其中一名劫匪手持刀具。在巴西,旅行社给旅客的第一条建议就是防抢劫。而在治安环境相对较好的欧洲,不少旅客也曾有财物被偷被抢的经历。

"再也提不起玩的兴致了,只想快点回家。"曾经在美国旅游时被盗的西安女孩胡志敏表示,在异国他乡身无分文并且证件丢失让人非常绝望。"酷讯度假"负责人、游购网创始人贾建强说,中国出境游客面临最大的伤害是抢劫、偷窃等针对财物的犯罪,真正的恶性人身伤害事件还不多。

"富起来的中国人更容易成为受伤害的对象"

为什么中国旅客在境外遭遇财物损失和人身伤害的事件越来越多?

"这跟近年来我国出境游旅客的数量大增有关,富裕起来的中国人更容易成为受伤害的对象。"姚延波认为,中国出境游客人数越来越多,遇到安全问题的几率也就越大。

据统计,1993年我国公民出境旅游人数为374万人次,到2012年,我国公民出境旅游人数已达7700万人次,10年间人数增长了20倍,年平均增长幅度20%左右。目前有146个国家和地区成为中国公民出境旅游目的地,中国已成为亚洲最大的出境旅游客源国。

其次,中国老百姓出境购物增多,很多外国人都有"中国人是有钱人"的印象。2012年,中国公民因私出境游总花费为910亿美元,居境外旅游花费榜单之首,尤其是欧美等发达国家和地区,购物消费所占比例较大,也因此会成为犯罪分子的作案目标。

另外,出游国的治安状况较差、旅行服务机构安全保障体系不健全也是不可忽视的原因。

出境游安全保障需要多方努力

在出境旅游人数增多、消费额增大的情况下,如何保障出境旅客人身财物安全尚需多方努力。

首先,政府应该做好信息发布、提供服务和及时救助的工作。贾建强建议政府和相关机构应该加强出境游国家的安全信息搜集工作和安全提示工作。姚延波则认为政府应对出境旅游安全问题高度重视,联合旅游行政管理、出入境管理等相关部门制定旅游安全预警系统和安全应对预案,有效处理出境旅游团队在境外所遇到的各种突发安全事件。

同时,旅游服务机构应该提升安全意识和应变能力,及时调整线路避免进入危险地带,加强和当地大使馆的沟通,真正把旅客安全放在第一位,为旅客提供安全便捷的服务。

另外,对于游客来说,业内人士建议挑选信誉资质较高的组团社,不要一味贪图便宜,挑选低价团;出发前充分了解目的地国家和地区的治安情况,少带现金和贵重物品,尽量使用信用卡;在公共场所和旅游景点要提高防范意识,妥善保管好随身物品。遇到突发事件第一时间与领队、使馆联系,同时在出发前要对旅游目的国家多加了解,做好功课。

(资料来源:http://www.mafengwo.cn/travel-news/200597.html)

二、旅游风险知觉产生的原因

在旅游活动中,游客对风险知觉却各不相同,这取决于很多因素:首先,游客个体具有不同的文化层次、智力水平和经济能力,在同一情况下他们就会知觉到不同的风险水平。另外,游客购买的旅游产品或服务的种类,是属于成熟产品还是新开发的产品,是否属于探险类产品等也会影响游客的风险知觉。

旅游风险的知觉虽然会影响人们的旅游决策,但需要指出的是,游客知觉到的风险并不等于实际存在的风险。实际风险再大,如果游客觉察不到,也不会影响他们的旅游决策。

旅游者常常在下列情况下会知觉到风险。

1. 旅游目标不明确

例如出游目标和方式的不确定会产生风险。

2. 旅游信息不充分

缺少信息或相互矛盾的信息来源也能使旅游者知觉到风险。

3. 消费经验的缺乏

旅游者自身消费经验缺乏会影响其决策。

4. 相关群体的影响

个体的行为一旦与相关群体不一致时感到的压力也会影响到旅游者的决策。

5. 旅游产品推销员的影响

在购买中销售人员所表现出来的对产品知识的欠缺、服务态度的恶劣以及其本身仪表欠佳都可能会使消费者产生不信任,从而产生风险。

三、旅游风险知觉的消除

为保证旅游活动能更好地进行,游客就应多方面采取措施来消除旅游风险。常见的方法有以下几种。

1. 寻求更多的旅游信息

一般而言,获取的信息越多越可靠,游客在购买时感觉到的风险就越少。对于觉察到的功能风险,通过旅游企业推销部门提供的宣传资料,获取与性能方面有关的信息来消除风险;对于心理风险,则往往通过人际关系或网络草根博客、游记等获得的信息来消除。所以,游客用以减少购买旅游产品或享受服务时觉察到的风险最普遍的方法是获取更多信息。

2. 购买名牌旅游产品

因为旅游产品的无形性,其质量难以展示、描述与量化,对商标或品牌声誉的依赖就成为旅游者减少风险知觉的一种重要策略。购买名牌旅游产品和知名度较高的旅游服务,是减少人们知觉风险较为普遍的回避风险的一种选择,同时也是人们节省时间和精力的办法。

3. 寻求高价格

在旅游活动中,由于游客缺少对相关的旅游产品和服务的信息,不少人就本着相信"一分钱,一分货"这一道理,倾向于用价格的高低来衡量旅游服务产品的优劣。

4. 降低对旅游产品或服务的期望

在购买旅游产品或享受服务时,旅游者总把产品或服务理想化,对产品或服务充满幻想,但现实往往会存在一些变数,所以在宣传旅游产品或提供服务时,应提醒人们对旅游活动中可能遇到的困难有思想准备,这样在遇到问题时旅游者在心理上能更豁达,更容易接受。

案例分享

第五节 旅游者在旅游活动中的社会知觉

社会知觉就是对人的知觉,它是影响人际关系的建立和活动效果的重要因素。旅游活动中的社会知觉主要包括自我知觉、对人的知觉和人际知觉。

一、旅游者对自我的认知

自我知觉是指一个人通过自己行为的观察而对自己心理活动与特征的认知和判断,它决定了自我行为的基本形态及生活态度。自我知觉是自我意识的重要组成部分,随着个人自我意识的发展,自我知觉经历着以下发展进程:生理的自我—社会的自我—心理的自我。

个体生理的自我主要表现为对自己身体、衣着、家庭、私人物品和父母对其的态度的判断,从而表现为自豪或自卑的情感。

个体社会的自我评价主要表现在对自己在社会上的荣誉、地位、别人的认可和评价等方面的判断,从而表现出自尊或自卑的自我体验。

个体处于心理的自我这一阶段时,个体主要表现为对自己的智慧、能力、道德水平等方面的判断和评价,从而表现出自我优越感等自我体验。

由于每个人社会化程度的不同以及各种主客观因素的影响,自我知觉水平也不相同。旅游者如果缺乏正确的知觉,就会选择自己无法适应的旅游活动,或者在旅游中提出不合适的要求,一旦无法满足就会产生消极心理。而旅游从业人员如果缺乏正确的自我知觉,就不能正确地知觉旅游活动中的客我关系,而把自己摆在不适当位置,不能很好地规范自己的行为,为旅游者服务。所以,旅游工作者正确的自我知觉对旅游接待工作是十分必要的。

二、旅游者对他人的知觉

对别人的知觉,主要是指通过对别人外部特征的知觉,进而取得对他们的动机、感情、意图等的认识。俗话说:"听其言、观其行而知其人。"这就是说,我们认识一个人要根据他的言论和行动。其实,这里所说的行动,从心理学上来看,不仅是行为举止,也包括人的面部表情、身体的姿势以及眼神等。

对人的正确知觉,是建立正常的人际关系的依据,是有效地开展活动的首要条件。

1. 对人知觉的主要内容

人际交往中对人的知觉包括很多方面,其中主要的有以下几点。

(1) 对他人表情的知觉

表情是个体情绪状态的外显行为,是个体身心状态的一种客观指标,也是向他人传达信息的一种工具。

美国社会心理学家艾伯特·梅拉比认为:信息的全部表达 = 55% 表情 + 38% 声音 + 7% 言语。不管这种看法是否完全正确,但都说明了表情在社会交往中的作用。尤其在某些特定场合,比如在那种不便说话、不愿说话或言语不通的场合,表情具有直接的表意作用,人的思想、感情等也会从表情中反映出来。

在人们的交往中,要想达到最佳的交际效果,我们要学会巧妙地使用目光,自然得体的眼神是语言表达的得力助手。比如要给对方一种亲切感,你就应让眼睛闪现热情而诚恳的光芒;要给对方一种稳重感,就应送出平静而诚挚的目光。

(2) 对他人性格的知觉

性格是一个人对待现实的稳定的态度和与之相应的习惯化了的行为方式,是人的心理差异的重要方面,是个性的核心。当我们对一个人的性格有了深切的了解之后,就可以预测这个人在某种情境中会有什么样的反应。

(3) 角色知觉

角色指人在社会上所处的地位、从事的职业、承担的责任以及与此有关的一套行为模式。角色知觉主要包括两个方面:一是根据某人的行为判定他的职业;二是对有关角色行为的社会标准的认识。

每个人在社会上都同时扮演多种角色,如领导、属下、朋友、父亲、儿子、兄弟、丈夫等。每种角色都有一定的行为标准,每个人都应当正确地知觉这些标准,并根据自己扮演的不同角色在不同的场合中实现角色行为的转变,以与环境相适应。

2. 社会知觉误区

对人的知觉依赖于多种因素,如认知主体、认知客体以及环境等,从认知主体心理方面看,存在一些社会知觉误区,它们的存在容易给社会认知带来偏差。社会知觉误区主要有以下几个。

(1) 第一印象

第一印象是在首次接触时所留下的印象。

当我们第一次进入一个新环境,第一次和某个人接触,第一次到某商场购物,第一次到某宾馆住宿等时,总有一种新鲜感,与人交往时都很注意对方的外表、语言、动作、表情、谈吐、气质等。当我们第一次见到陌生人时,虽然对他们的个性、能力、品德等一无所知,却会因为这种初次相交留下很深的印象,这一印象主要受到外表的影响。第一印象具有先入为主的作用,而且这种作用具有持续影响人的认识活动的效应。

从第一印象的形成与作用中可以看出,对他人的第一印象是在很少的或有限的信息资料的基础上形成的,并且是很快形成的。并且在人际交往中,第一印象起着十分重要的作用,并常常成为以后是否继续交往的依据。虽然人们都知道仅靠第一印象来判断人常常会出现偏差,可实际上每个人都不可避免地受到第一印象的影响。

与游客的接触时间的短暂性是旅游接待工作的一个显著特点,在与客人的短暂接触中,双方无法达到"路遥知马力,日久见人心"的境地。因此,对于旅游工作者来说,给游客留下良好的第一印象是非常重要的。

拓展训练

(2) 晕轮效应

晕轮效应是指认知主体对客体获得的某一特征的突出印象,进而将这种印象扩大为对象的整体行为特征,从而产生美化或丑化对象的现象。

晕轮效应的主要特点是以点带面、以偏概全。人们常说"一俊遮百丑"就是晕轮效应所致,有的学者又称它为光环效应,这种认知对象被标明"好"就被赋予一切好的品质而忽视所有的不好;被标明"坏"就被赋予一切坏的品质而忽视所有的好,是一种认知偏见。

晕轮效应与第一印象一样普遍,二者的主要区别在于:第一印象是从时间上来说的,由于前面的印象深刻,后面的印象往往成为前面印象的补充;而晕轮效应则是从内容上来说的,由于对对象的部分特征印象深刻,使这部分印象泛化为全部印象。

晕轮效应既有美化对象的作用,也有丑化对象的作用。比如有的商品由于其包装精美、价格偏高,人们往往会认为该产品的质量也会像精美的包装一样好,和偏高的价格相匹配。又如客人第一次到某饭店就餐时,碰到了一个态度傲慢的服务员,他就会认为这个饭店整体的服务都不好。因此,为了使旅游者产生好的印象,在提供旅游产品或旅游服务时,一定要防止由于晕轮效应使旅游者把某些劣质产品和劣质服务扩大到企业的整个产品和服务中去。

阅读材料

(3) 心理定势

心理定势是指人在认识特定对象时心理上的准备状态。

在对某人产生认知之前,知觉者就已经将对方的某些特征先入为主地存在于自己的意识中,在认识他人时不自主地处于一种有准备的心理状态。这种准备状态容易使人根据以往的经验和所形成的习惯方式来感知事物。我国古代"疑人偷斧"的典故,就是典型的心理定势。

（4）刻板印象

刻板印象是指对某个群体形成一种概括而固定的看法后，往往会据此去推断这个群体的每个成员的特征，从而影响正确的判断。

生活在同一地域或同一文化背景的人们，常常表现出许多相似性，如同一民族、同一职业、同一年龄段的人，在思想行为上也比较接近。比如人们认为医生是人道的；会计总是精打细算、斤斤计较的；工人总是身强力壮、性情豪爽的；有的领导者认为爱挑毛病的人一定是"刺儿头"，沉默寡言的人一定城府很深，活泼好动的人一定办事毛糙，性格内向的人一定老实听话，青年人单纯幼稚、容易冲动，老年人经验丰富、保守、稳重等。这些特点被概念化、固定化以后，人们便据此去推断每一位个体，于是产生了刻板印象和偏见。刻板印象是构成人际间偏见的主要原因，种族偏见也包含着刻板化的心理因素。

刻板印象有助于人们对不同类人的特征做概括了解，有时确实是知觉别人的一条有效途径。但是，刻板印象具有明显的局限性，能使对人的知觉产生偏差。因为每类人中的每个人的具体情况不尽相同，而且每类人的情况也会随着社会条件的变化而变化。所以，在旅游工作中，知觉来自不同国家和地区的游客时，除了了解他们的共同特征之外，还应当注意避免刻板印象的影响，并且注意纠正错误的、过时的旧观念。

（5）近因效应

近因效应是指最后给人留下的印象有强烈的影响。曾有这样一项实验：向两组大学生介绍一个陌生人。对第一组先讲述这个人的外倾特征，中间插入一段其他的作业，例如，让学生做一些不太复杂的数学习题，再讲述他的内倾特征。对第二组，先讲述他的内倾特征，中间插入一段其他的作业，再讲述他的外倾特征。然后，让这两学生分别想象出对这个陌生人的印象。在这种情况下，后半部分描述会使学生留下深刻的印象，这就是近因效应在起作用。

心理学的研究证明，近因效应在人的社会知觉中起重要作用，特别是在感知熟悉的人时，如果在熟悉的人的行为上出现某种新异的表现，近因效应起更大的作用。

（6）期望效应

期望效应是指在生活中人们的真心期望会变成现实的现象。期望效应也称为"皮格马利翁"效应和罗森塔尔效应。希腊神话中的塞浦路斯王皮格马利翁擅长雕刻，他强烈地爱上了自己雕刻的一个女神像，他把这个雕像当成有生命的真人，日夜向她诉说自己深爱的恋情，此事感动了爱神阿芙罗狄忒，便用神力使雕像复活，从此遂了皮格马利翁的心愿。

美国心理学家罗森塔尔等人于1968年做过一个著名实验。他们到一所小学，在一至六年级各选三个班的儿童进行煞有介事的"预测未来发展的测验"，然后实验者将认为有"优异发展可能"的学生名单通知教师。其实，这个名单并不是根据测验结果确定的，而是随机抽取的。它是以"权威性的谎言"暗示教师，从而调动了教师对名单上的学生的某种期待心理。8个月后，再次智能测验的结果发现，名单上的学生的成绩普遍提高，教师也给了他们良好的品行评语。这个实验取得了奇迹般的效果，人们把这种通过教师对学生心理进行潜移默化的影响，从而使学生取得教师所期望的进步的现象，称为"罗森塔尔效应"。

期望效应现象对人际交往有借鉴意义。在与人交往过程中只有真心喜欢他人、尊重他人的人才能赢得大家的喜欢；相反，心底里既不尊重也不喜欢某人，尽管他们强制自己不表现出来，但会在有意无意之间流露出来，一旦被对方感觉到，结果是可想而知的。

另外，心理学研究表明，人的认知、情感、行为多数情况下是统一的，如果长期不协调，会导致心理疾病。所以，我们要从心底里尊重、喜欢对方，才能把人际交往纳入良性循环轨道。

(7) 假定相似性偏见

人们有这样一种倾向，总是认为他人和自己是相同的，这种现象称为假定相似性偏见。人们喜欢由己及人，就是这种现象。尤其当了解到他人的年龄、民族、社会地位等因素与自己相近时，更是如此。比如，一个不喜欢繁文缛节的人倾向于认为别人也讨厌礼节过多，而一个喜欢礼节的人，则倾向于认为礼多人不怪；一个听力较差的人，总习惯于对别人大声说话，唯恐别人听不见。

(8) 行动者—观察者偏见

美国心理学家勒温提出一个著名的行为公式，$B=F(P \cdot E)$。B代表人的行为，P代表个人因素，E代表环境因素，他认为人的行为是环境力量和个人力量的函数，这是人的行为的最一般的规律。所谓行动者-观察者偏见，就是行动者和观察者两方面，对于导致某一行为产生的原因的个人力量和环境力量有不同的认识，在推测时会表现出相反的倾向。

由于行动者和观察者所处的角度不同，对行为产生的具体原因认识不同，造成他们的解释不同。

三、旅游者对人际关系的知觉

人际知觉就是对人与人之间相互关系的知觉。

人际知觉的主要特点在于有明显的情感因素参与知觉过程。人们不仅相互感知，而且会彼此形成一定的态度。在这种态度的基础上会产生各种各样的情感，或反感，或同情，或喜爱等。

在人际知觉过程中产生的情感决定于多种因素。例如，人们彼此之间接近的程度、交往的多少、彼此相似的程度等都对人际知觉过程中的情感产生很大影响。一般来说，人们越是彼此接近、交往频繁，有较多的相似之处，就越是会产生友谊、同情和好感。

作为旅游工作者，一方面要尽快了解旅游团体内的人际关系状况，另一方面也要洞悉旅游工作者自己与游客之间的人际关系状况，以便利用这种关系搞好旅游接待工作。

本章小结

本章讲述了游客知觉的特性和影响因素、游客对旅游条件的知觉、旅游者在旅游活动中的社会知觉三个部分。介绍了感觉、知觉的概念，影响游客知觉的主、客观因素；介绍了游客知觉特性；分析了游客对时空、交通、旅游目的地和娱乐的知觉;指出游客可能遇到的风险的种类,分析了旅游风险产生的原因,并提出了消除的基本方法。本章还介绍了旅游者在旅游活动中的社会知觉。旅游活动中的社会知觉主要包括自我知觉、对人的知觉和人际知觉。人们要想获得对人的知觉正确的知觉需要避免陷入以下几种知觉误区,即第一印象、晕轮效应、心理定势、刻板印象、近因效应、期望效应、假定相似性偏见、行动者—观察者偏见等,并且设法利用这些社会误区改善旅游服务效果。

案例一:礼仪是你最好的名片

王先生要雇一个没带任何介绍信的小伙子到他的办公室做事,王先生的朋友挺奇怪。王先生说:"其实,他带来了不止一封介绍信。你看,他在进门前先蹭掉脚上的泥土,进门后又先脱帽,随手关上了门,这说明他很懂礼貌,做事很仔细;当看到那位残疾老人时,他立即起身让座,这表明他心地善良,知道体贴别人;那本书是我故意放在地上的,所有的应试者都不屑一顾,只有他俯身捡起,放在桌上;当我和他交谈时,我发现他衣着整洁,头发梳得整整齐齐,指甲修得干干净净,谈吐温文尔雅,思维十分敏捷。怎么,难道你不认为这些小节是极好的介绍信吗?"

试分析:

1. 王先生为什么雇佣这个没带任何介绍信的小伙子到自己办公室做事?
2. 我们应该怎样给别人留下良好的知觉和第一印象?

案例二:感知的作用

英国一家机场的设计是这样的,客人下飞机后只需走2分钟的路就能到取行李的地方,但在那里等5分钟以上才能拿到行李。旅客纷纷投诉,认为机场工作效率太低,耽误了旅客的时间。机场方面在增加雇员和设施都有困难的情况下,采取了将行李处迁移的措施,使旅客走5分钟才能到达行李领取处,而等候时间缩短到了3分钟。机场方面的工作效率并没有提高,客人仍需要七八分钟时间才能取到行李,但由于感知时间被缩短,客人不满意的现象大大减少。

试分析:

1. 试用旅客的时间知觉规律解释该事件。
2. 这个案例对你有什么启示?
3. 仔细思考我们周围还有哪些类似的做法?

案例三:"好客山东"输给青岛大虾

2015年国庆期间最热的新闻莫过于青岛"天价"虾事件,并由此引发网友对旅游景区宰客的"全民自嘲"。10月5日,"青岛一大排档兜售天价大虾"新闻引发热议,报道称10月4日,有游客在青岛乐凌路"善德活海鲜烧烤"店结账时遇到宰客,点单时确认过是

38元一份的"海捕大虾",结账时变成了38元一只,整盘收费1 500余元。

当时事主肖先生报警,但当地派出所称不归其管,建议找物价部门,物价局则称"已经下班,报警找110解决",第二天又称"必须过完节才能解决"。随着人民日报、澎湃新闻等众多媒体和官方微博的介入,"青岛天价虾"事件迅速成为热点,成为当年关于旅游的最热舆论话题之一。

在新媒体发达的今天,网友们甚至挖出了"善德活海鲜烧烤"及青岛出现宰客情况的各种"黑历史","天价虾"成为宰客代名词,青岛形象也遭到严重损害。网友评论称,山东省在电视上投放的以"好客山东"为主题的宣传片,一下被"天价虾"给毁了。

10月7日,青岛市对"天价虾"事件相关部门人员做出处分决定,青岛市市北区市场监管局主要负责人停职检查,对该区物价、旅游等部门主要负责人进行诫勉谈话。同时对涉嫌欺诈的烧烤店罚款9万元,责令停业整顿并吊销营业执照。同时,青岛市旅游局、工商局、物价局、公安局还联合发布《关于进一步治理规范旅游市场秩序的通告》,要求全市旅游经营者严格贯彻实施行业法律法规。

10月中旬,山东旅游部门通过电话向青岛大虾事件中2名涉事游客表示道歉;10月20日,事主肖先生获得了来自青岛企业家5万元的慰问奖励金,随后肖先生将其捐给重病儿童。

(资料来源:2015-12-23 南方日报)

试分析:这个案例对你有什么启示?

案例四:首家5A级景区被摘牌

2015年10月9日,国家旅游局通报称,"十一"期间通过对部分5A级景区暗访,发现存在价格欺诈等问题,山海关景区5A级资质被取消;丽江古城、西溪湿地、佛山西樵山景区、明十三陵景区等6家5A级景区被严重警告。

根据国家旅游局通报内容,在今年"十一"长假期间,相关部门对旅游投诉较多的5A级景区展开服务质量暗访调查,根据调查结果发布此次处理决定。取消河北秦皇岛山海关景区5A级资质,原因是存在价格欺诈,强迫游客在功德箱捐款,老龙头擅自更改门票价格,还有环境卫生差、设施老旧、服务质量下降严重等问题。从去年第四季度到今年第一季度各地有44家A级景区被摘牌,但5A级景区被摘牌尚属首次。

消息传出后,河北省秦皇岛市山海关区委、区政府连夜召开整改专项会议,10月10日上午做出公开检讨。秦皇岛市山海关区委宣传部表示,山海关区诚恳接受这一处理结果,向广大游客、国家旅游局做出深刻检讨,并引以为戒,积极行动,认真整改。随后老龙头景区和区旅游监察大队负责人被免职处理。

山海关景区被摘牌后,河北省旅游局迅速召开专题会,成立山海关景区整改工作领导小组,指导整改提升工作,并要求山海关景区迅速制定出全面整改方案,拉出整改清单和任务表,挂图作战、倒排工期,确保整改到位,全面提升。为加强咨询指导,河北省旅游局将邀请省内外知名旅游专家团对山海关景区整改工作专业设计进行全程指导,并组织专家进行暗访和督导。

(资料来源:2015-12-23 南方日报)

试分析:这个案例对你有什么启示?

自我检测题

一、填空题

1. 旅游知觉的特性主要有：_____、_____、_____、_____。

2. 把知觉的对象从背景中分化出来的影响因素有：_____、_____、_____和_____。

3. 理解在旅游知觉中起的作用主要有：_____、_____和_____。

4. 知觉主要分为_____、_____、_____、_____四类。

5. 运动知觉依赖的主客观条件主要有：_____、_____和_____。

6. 旅游活动中的社会知觉主要包括_____、_____和_____。

二、简答题

1. 影响旅游知觉的因素有哪些？
2. 旅游者在游览过程中的时间知觉对旅游工作者有什么启示？
3. 人们在社会交往中存在的第一印象和晕轮效应误区对我们从事的旅游服务有什么启示？
4. 在旅游接待中我们怎样利用人们的心理定势、刻板印象等社会知觉误区？试举例说明。

 实 训 题

1. 如果你打算从纽约去巴黎，那你会选择以下两个航班中的哪一个航班呢？试查阅资料，分析选择A、B两种航班的旅游者的知觉。

航班A 英国航空公司，机型707，起飞时间与你计划出发的时间相差不到两小时，到达巴黎时间经常晚点，途中着陆两次，估计上座率为50%，机上乘务人员热情友好。娱乐方面，途中放映两部影片以供旅客选择观看。

航班B 环球航空公司，机型747，起飞时间与你计划出发相差不到四小时，几乎总是正点到达巴黎，中途不着陆，估计上座率为90%，机上乘务员回答问题简明扼要，态度冷淡。娱乐方面，仅有一些杂志供旅客阅览。

2. 龙门石窟开启全国首家"互联网+"智慧旅游之门

"互联网+龙门"智慧景区以龙门石窟官方微信服务号为主要依托，首期实现了四个板块、十项产品的上线启动。

具体而言，"互联网+龙门"智慧景区首期项目，具备互联网+购票、互联网+游园、互联网+管理、互联网+宣传四大功能板块，借助互联网手段，实现微信购票、微信入园、语音导游、在线客服等功能，通过便捷性、趣味性、互动性的改变，为游客带来从入园前到出园后的全流程智慧体验。

互联网+购票方面,游客可以通过手机实现自主购买电子票,方式包括在龙门石窟官方微信服务号内购票、景区入口购票墙扫码购票、在各类宣传广告等媒介上扫码购票等。这样,可以避免游客在高峰期排队购票之苦,快捷、方便,同时减轻了景区的售票压力,可以一举两得。

在互联网+游园方面,游客可以体验三大类十项产品。具体包括:

——通过扫码方式通过闸机,实现3秒自助快速入园,减少排队等候时间;

——通过向龙门石窟官方微信服务号回复景点数字编码,即可体验对应的景区内64个景点的语音讲解、文字及图片说明。这样,游客可以便捷地了解所到的景点信息。

——通过微信摇一摇功能(打开蓝牙),游客可以体验首期8项互动体验项目,增加在游览过程中的乐趣。

一是在大石门南侧的绿化景观内,摇出松林拼图小游戏,增加青少年游客的科普知识,也增加趣味性。

二是在龙门桥下,摇出互动游戏"测一测与哪尊佛像最有缘"。游客将自己的照片上传至后台,通过对比,手机界面即会显示龙门石窟内哪尊佛像与他最有缘,游客在随后游览中带着探秘感寻找到那尊最有佛缘的佛像,还可以分享到朋友圈中与亲友分享。

三是在宾阳北洞,摇出互动游戏"与剪刀手大佛"合影。宾阳北洞主佛"剪刀手"主佛,被冠以"史上最萌佛像"称号。游客上传与它的合影,可以测测"萌系指数",别有一番乐趣。

四是在万佛洞,摇出体验"360°全景洞窟"。出于文物保护考虑,龙门石窟内很多洞窟不可能让所有游客进入参观。通过在万佛洞360°体验全景洞窟,可以非常清晰地看到洞窟内的每个角落,弥补游客不能接触佛像的遗憾。

五是在奉先寺,摇出互动游戏"拜卢舍那、上心香"。奉先寺卢舍那大佛龛是龙门石窟最具代表性的佛龛,出于文物保护和安全考虑,游客不能上香祈福。

为满足游客上香祈福心愿,腾讯方面专门设计了"拜卢舍那、上心香"互动体验。游客进入页面,可以选择祈福的类型,然后选择祈福的内容或自行编辑,即可在手机上显示为亲友祈福点燃的三根香,游客可以将祈福内容发送到自己微信好友,让对方在千里之外感受到祈福祝愿。同时,现场大屏幕会显示游客是某年某月某日第几位上香的游客。

据悉,这是全国首个微信上香体验项目,由腾讯专门为龙门石窟打造设计。

六是在古阳洞,摇出互动体验"龙门送您祈福魏碑"。龙门二十品是魏碑体的代表,其中有十九品在古阳洞内,为历代书法家临摹的精品,以独特魅力吸引海内外游客。游客摇出体验界面后,就会收到关于龙门二十品的文图介绍,之后可以写下对亲友的祝福,后台将自动生成魏碑体,并被发送到亲友。这样,可以让游客对龙门二十品和魏碑体有更直观的认知。

七是在古阳洞南至漫水桥间,摇出互动游戏"龙门石窟百科知识竞赛"。游客游览完主要景点后,对龙门石窟有了初步的整体认识,在此摇出此互动游戏,可以回答问题,测试一下自己对龙门石窟的了解程度,进一步增加对龙门石窟的认识。

八是在礼佛台,摇出互动体验"心语心愿:卢舍那下许心愿"。在面对卢舍那的礼佛台,空间相对空旷,游客通过此页面,可以与卢舍那对望10秒钟,然后大声说出心中的愿望,通过语音方式分享给远方的亲友,相信后者在听到祝愿后一定会感动,同时增加对龙门石窟的游览兴趣。

在互联网+管理方面,可以实现两大功能。

一是设立微信在线客服,实时可以与游客保持互动沟通,快速高效地解决游客咨询、诉求、求助等方面的事宜,不让一位游客在龙门受到委屈;

二是统一管理智慧龙门平台。通过不断积累游客的大数据,利用后台数据分析,根据游客的来源、消费习惯、性别、年龄等有效信息,开展有针对性的旅游推介、旅游服务等,并逐步探索"龙门石窟+"的新服务模式。

在互联网+宣传方面,腾讯方面表示,将充分发挥自身互联网强势宣传渠道和影响力的优势,借助腾讯网、微信、微博、客户端等手段,对8亿QQ用户、6亿微信用户开展高密度的立体宣传,塑造龙门石窟良好的品牌新形象。

(资料来源:2015-7-16 河南日报)

请查资料并分析:"互联网+龙门"在购票、游园、管理和宣传方面如何实现多感官体验?

第三章

旅游者的情绪和情感

教学目标

知识目标
1. 理解情绪、情感的含义,把握情绪、情感之间的区别及联系。
2. 掌握情绪、情感的分类,理解影响旅游者情绪的主要因素。
3. 掌握影响旅游者情绪情感的主要因素。

能力目标
1. 能掌握调动旅游者积极的情绪情感以及调控其消极情绪情感的技能与方法。
2. 具备运用情绪、情感的相关理论及其影响因素来调控旅游者情绪情感的能力。

击倒世界冠军的苍蝇

1965年9月7日,世界台球冠军争夺赛在纽约举行,路易斯·福克斯十分得意,因为他远远领先了对手,只要再得几分便可登上冠军宝座了。然而,正当他准备全力以赴拿下比赛时,发生了一件意外的小事:一只苍蝇落在主球上。路易斯原本没在意,一挥手赶走苍蝇,俯下身准备击球。可当他的目光落到主球上时,这只可恶的苍蝇又落到了主球上。在观众的笑声中,路易斯又去赶苍蝇,情绪也受到了影响。然而,这只苍蝇好像故意要和他作对,他一回到球台上,它也跟着飞了回来,惹的在场的观众开怀大笑。路易斯的情绪恶劣到了极点,终于失去了冷静和理智,愤怒地用球杆去击打苍蝇,不小心球杆碰动了主球,被裁判判为击球,从而失去了一轮机会。本以为败局已定的竞争对手约翰·迪瑞见状勇气大增,信心十足,最终赶上并超过了路易斯,夺得了冠军。路易斯沮丧地离开后,第二天早上,有人在河里发现了他的尸体。他,投河自杀了。

在生活中,当"苍蝇"影响我们的情绪时,我们该如何对待?一个人也许能处理好意料之中的大挫折,大变故,因为他已经有了足够的心理准备。但是,如果对突如其来的"小苍蝇"没有心理准备而导致情绪恶化,那么最终只能使自己的工作或事业功亏一篑。

（资料来源：http://www.xiaogushi.com/Article/zhihui/20090309203243.htm）

事实上，在我们的旅游活动过程中随时都有可能碰到这类偶然事件，旅游者会有哪些情绪情感，这些情绪情感会受到哪些因素的影响和制约？作为旅游从业人员如何在旅游实践中，激发旅游者积极的情绪情感，并及时发现和调控旅游者不良的情绪情感？

第一节　情绪和情感概述

情绪和情感是人类行动中最复杂的一面，也是人类生活中最重要的一面。在一般平常人的生活中，随时随地都有喜怒哀乐等情绪的起伏变化。试想，若是一个人没有情绪生活，这个丰富多彩的世界，对他将毫无意义，无所谓悲伤忧愁，无所谓幸福快乐，不需要友谊的慰藉，也体验不到爱情的温馨，亲情的温暖。

情绪、情感是人们在认识一定的客观对象（人、事、物）时，都会产生的一种心理体验，亦即态度倾向。那么到底什么是情绪、情感，它们是怎样产生的，情绪、情感之间有怎样的关系，情绪、情感的产生又会受到哪些因素的影响和制约等，对于上述问题解答就是本节我们所要阐释的主要内容。

一、情绪、情感的含义、关系及功能

1. 情绪、情感的含义

所谓情绪、情感，是指人们对客观事物是否符合自己的需要而产生的一种态度体验，是人们对客观世界的一种特殊反映形式。

情绪、情感是人对客观现实的反映，但它不是反映事物本身，而是反映了对该事物的态度。情绪和情感总是由客观事物引起的，离开了具体的客观事物，人就不可能产生情绪和情感。人们常说"世界上没有无缘无故的爱，也没有无缘无故的恨"，就是这个道理。客观现实是情绪、情感产生的源泉，人的情绪、情感是客观现实的反映，但是，这种反映与感觉、知觉、思维不同。感觉和知觉是以映像的形式反映客观事物的本身；思维是以概念的方式反映客观事物；而情绪、情感则是以体验的方式来反映客观事物的。例如，看到一位同学谈吐文雅，行为端庄，会产生好感，这种好感的产生尽管来自该同学本身，但好感所反映的却是对该同学表现的态度，是对该表现的一种体验、感受或评价。

2. 情绪与情感的关系

情绪和情感是两个既有区别又有联系的概念。其区别在于以下几点。

从需要的角度看，情绪是和有机体的生物需要相联系的体验形式，如喜、怒、哀、乐等。情感是同人的高级的社会性需要相联系的一种较复杂而又稳定的体验形式，如与人交往相关的友谊感，与遵守行为规范相关的道德感，与精神文化需要相关的美感与理智

感等。

从发生的角度看,情绪发生较早,为人类和动物所共有,而情感发生的较晚,是人类所特有的,是个体发展到一定阶段才产生的。新生儿只有悲伤、不满、高兴等情绪表现。通过一定的社会实践才逐渐产生形成如友爱、归属感、自豪感、责任感、道德感等情感体验。

从表现形式看,情绪一般发生得迅速、强烈而短暂,有强烈的生理的变化,有明显的外部表现,并具有情境性(由具体情境而产生,随情境的变化、消失而变化、消失)、冲动性(爆发力强,力度大)、动摇性(变化快,不稳定)。而情感是经过多次体验概括化的结果,不受情境的影响,并能控制情绪,具有较大的稳定性;情感出于只与对事物的深刻性认识相联系,因而深沉,具有深刻性;情感更多地表达内心体验,很少冲动,具有内隐性。

情绪和情感虽然有各自的特点,但又是相互联系、相互依存的。情感是在情绪的基础上形成的,反过来,情感对情绪又产生巨大的影响,它们是人的感情活动过程的两个不同侧面,二者在人的生活中水乳交融,很难加以严格的区分。从某种意义上说,情绪是情感的外部表现,情感是情绪的本质内容。

3. 情绪、情感的功能

情绪、情感作为一种对客观事物认识过程中的态度体验,它对人的认识过程和行为活动亦产生相应的影响和制约。

(1)驱动功能

这是指情绪、情感对人的行为活动具有增力或减力的作用。它能够驱使个体进行某种活动,也能阻止或干扰活动的进行。例如,一个人在高涨的情绪下会全力以赴,克服种种困难,达到自己追求的目标;如果一个人情绪低落,则会畏缩不前,知难而退。从这种意义上讲,情绪和情感具有某种动机的作用。

(2)调节功能

情绪和情感的调节功能是指情绪和情感对个体的活动具有组织或瓦解的作用。这种作用一方面表现为情绪和情感产生时,会通过皮下中枢的活动,引起身体各方面的变化,使人能够更好地适应所面临的情境。例如,面对突如其来的险情,恐惧之感会使人产生"应激反应",引起体内一系列生理机能的变化,使人更好地适应变化的环境。另一方面表现在情绪和情感对认识活动和智慧行为所引起的调节作用,影响着个人智能活动的效率。苏联心理学家基赫尼洛夫就明确提出了思维活动受情绪调节的观点,认为"协调思维活动的各种本质因素正是同情绪相联系,保证了思维活动的重新调整、修正,避免刻板性和更替现存的定势"。实践也证实心情愉快时思路格外灵敏,而心情沮丧时,思路变得迟钝、混乱。

(3)信号功能

情绪和情感的信号功能,首先表现为人与客观事物之间的关系产生了一种意外变化的信号。客观事物作用于人,特别是原有的主观状态不能适应这种客观事物刺激时,人的神经、化学机制就会被激活,并发生特殊信导,促使人改变活动方式,并采取新的应付措施。这时的人就会产生不同的内心体验,或愉快,或不愉快,或满意,或不满意等等。

其次，人的各种情绪、情感无不具有特定的表情、动作、神态及语调，构成了表达内心世界的信号系统。通过这种信息的传递，个体可让他人识别正在体验着的情绪状态，也可向他人传递自己的某种愿望、观点和思想，从而使自己对事物的认识和态度具有鲜明的外露特色，更容易为他人所感知、所接受。

（4）感染功能

情绪、情感的感染功能是指个体的情感对于他人的情感施于影响的效能。当情绪或情感在个体身上发生时，个体会产生相应的主观体验，还会通过外部的表情动作，为他人所觉察、感受，并引起他人相应的情绪反应。西方心理学把这种现象称为移情或情感移入。心理学研究表明，一个人的情感会影响他人的情感，而他人的情感还能反过来再影响个人原先的情感，人与人之间的情感发生相互作用，正是情绪、情感的感染功能所导致的必然结果。情绪、情感的这一功能为人与人间的情感交流提供了可能性，使个体的情绪、情感社会化，同时也为通过情绪、情感影响和改变他人的情绪、情感开辟了一条途径。

二、情绪的特点和分类

1. 情绪的特点

首先，情绪往往同生理需要相联系，是人与动物都具有的，比较不稳定，如饿了得到食物就会体验到满意、愉快。其次，情绪具有情境性。当某种情境消失时，由特定情境所引发的情绪也会随即减弱或消失。

2. 情绪的分类

（1）传统的情绪分类

我国最早的情绪分类思想源于《礼记》，其中记载人的情绪有"七情"，即喜、怒、哀、乐、爱、恶、欲；《白虎通》中记载，情绪可以分为"六情"即喜、怒、哀、乐、爱、恶。近代的研究中，常把快乐、愤怒、悲哀、恐惧列为情绪的基本形式。

法国哲学家笛卡儿认为人有六种原始情绪，即惊奇、爱悦、憎恶、欲望、欢乐和悲哀，它们都和一定的对象相联系，其他情绪都是它们的组合与分支。科学心理学的缔造者冯特也对情绪情感进行了分类，他曾于1896年提出情感的三度学说。他把情绪情感分为愉快—不愉快、激动—平静、紧张—轻松三个维度，每个维度代表一对感情元素沿着相反两极的不同程度变化，三个维度相交于零点。冯特认为，在这个三维空间中可以找到各种情绪的位置。

（2）现代心理科学对情绪的分类

根据情绪的性质可以分为快乐、愤怒、恐惧、悲哀四种类型，这也是人类最基本、最原始的情绪。

1）快乐 通常是指盼望的目的达到之后，继之而来的是解除紧张时的情绪体验。如小孩得到了盼望已久的玩具娃娃时的体验；旅游者在旅途中一路顺风，且欣赏到优美的自然风光，参加富有情趣的活动，就会产生愉快的情绪体验。

2)愤怒 由于遇到了与愿望相违背的或愿望不能达到并一再受到挫折时产生的体验。如被人误解时的体验;看到日常生活中一些不文明的现象时的体验;旅游者外出旅游时交通工具出故障或飞机不能按时起飞、火车不能正点到站等的情绪体验。愤怒从弱到强的变化是:轻微不满—愠怒—怒—愤怒—暴怒。

3)恐惧 恐惧是企图摆脱或逃避危险情景时的态度体验。引起恐惧往往是由于缺乏处理或摆脱可惧的事物或情景的能力。如女孩子夜间独自一人在荒无人烟的路上行走时的情绪体验;观看恐怖片时的情绪体验;单独一个人到人迹罕至的地方去探险,若中途迷路或遇到可怕的情景时也会体验到恐惧。

4)悲哀 悲哀是失去所喜爱的事物或所盼望的东西落空有关的体验。悲哀会带来紧张情绪,释放时就会产生哭泣。如旅游者由于一时疏忽或其他原因,把一路上的旅游风光照片弄丢,其悲哀可想而知。悲哀的程度取决于所失去的对象和破灭的愿望对个人或社会的价值的大小。悲哀按程度的差异表现为失望—遗憾—难过—悲伤—哀痛。

(3)根据发生的强度、速度、持续时间长短对情绪的分类

根据发生的强度、速度、持续时间长短,可以把情绪状态划分为心境、激情和应激。

1)心境 心境是一种比较持久的、微弱的,影响人的整个精神活动的情绪体验。同所有的情绪一样,心境也有快乐的和悲伤的,朝气蓬勃的和萎靡不振的,温和的和易怒的,积极的和消极的。如一个人在愉快、喜悦的心境中,仿佛一切都染上了"快乐的色彩",看什么都顺眼,对一切都感到满意。心境不愉快时,仿佛一切都染上了"悲伤的色彩",做什么事都无精打采。这也说明心境并不是对某一事物的特定的体验,而是具有弥散性的特点。由于心境持久且弥散,因此它往往影响着一个人的整个个性和全部活动。

心境对人的生活有极大的影响,富有朝气的心境有助于人的积极性。主观能动性的发挥,有助于提高工作、学习的效率,使人的生活生气勃勃。教师乐观的心境能感染学生,而学生快乐的心境也能提高学习兴趣以及理解和记忆能力;旅游服务人员愉快的心境可以感染游客,因此,在服务行业流传着这样一句经典"没有快乐的员工,就不会有满意的客人"。

2)激情 激情是强烈、短暂、迅速爆发式的情绪状态。如狂喜、恐惧、绝望等。激情发生时常伴有内部器官的强烈变化和明显的表情动作。如大发脾气时,血液内的肾上腺素会增加,而唾液腺、胃腺的活动因此会受到抑制。与此同时,个体感到心跳加快,血压升高,鼻孔扩大,呼吸急促。皮肤微血管壁收缩,面色苍白,言语多而快,语音尖而发颤,甚至吐字不清。这是因为在大脑皮层相应部位引起强烈的兴奋,降低了皮层对某些部位的控制作用,处理事情神志不清、认识不明。

激情有积极和消极之分。积极的激情与理智、坚强的意志相联系,它能激励人们克服艰险,成为正确行动的巨大动力。如运动员参加国际性比赛时,为国争光,夺取胜利,这就是积极的激情在发挥作用。而消极的激情对人体活动只有抑制作用,并使人的自制力显著降低。如在绝望时目瞪口呆,或者引起冲动的行为,如打人、摔东西等。

3)应激 应激是指在出乎意料的紧急情况下所引起的情绪状态。人们在学习、工作和生活中,往往会遇到突发事件或偶然发生的危险,这就要求迅速地集中自己的智慧和经验,发动全身的力量,及时做出决策,采取相应的行动。这时整个机体便处于应激的情

绪状态。例如,汽车司机在行驶中突然遇到危险时,迅速判断情况,刹那间做出决定。

应激状态能导致生理、行为和心理上的急剧变化。在生理上,心动过速和呼吸急促,血压升高;在行为上,由于发生普遍性的兴奋反应,在一定程度上造成行为上的紊乱、动作不协调、语无伦次等;在心理上,由于意识自觉性降低,造成思维混乱、判断能力减弱、知觉与记忆错误,注意力的转移发生困难。有些人在应激状态下全身发生抑制,使身体一切活动受阻,呆若木鸡,甚至休克。

案例分享

三、情感的特点和分类

1. 情感的特点

情感与情绪相比较为稳定,是比较本质的东西,是人对现实稳定的态度,是人所特有的心理活动,是在大量的情绪体验的基础上形成的。它具有深刻性、内隐性和阶段性的特点。

2. 情感的分类

人的情感是多种多样的,它是在人类历史发展过程中形成的高级社会情感,是在社会的精神和物质需要是否得到满足的基础上产生的情感。它是人类所独有的一种情感,反映着人们的社会关系和社会生活状况。高级社会情感一般分为道德感、理智感和美感。

(1)道德感

道德感是按照一定社会的道德准则去感知、衡量、评价自己或他人的社会行为时所产生的体验,如义务感、友谊感、同情感等。当自己的思想和行为符合道德行为准则时就会产生肯定的情感,感到心安理得;反之,则感到痛苦不安。当别人的思想、行为符合道德准则时,便对他产生崇敬之情;反之,就会产生蔑视或愤怒之情。一个人的道德感在儿童时期已有明显的发展,如小学生的集体主义情感、爱国主义情感等。青年时期是个人道德感迅速发展和成熟的重要时期。

道德感在高级情感中占有特殊的地位。它对人的言行起着重要作用,可以迫使人按照道德准则去衡量和影响别人的言行,同时也以此规范自己的言行,促使自己成为一个道德高尚的人。

(2)理智感

理智感是由客观事物间的联系(包括由别人或自己揭露出的)是否符合于自己所相信的客观规律所引起的情感。求知感、惊讶感、怀疑感、坚信感、成就感等都是理智感的不同表现形式。

1)求知感:求知感指人对未被认识的东西的执着追求。它可以促进人对事物的学习和研究活动。如大学一年级的学生认为好老师应该是讲课生动、清楚,并时时像中学老师那样鼓励他们;而三、四年级的大学生却要求老师既要在理论上达到一定的深度,思想内容具有启发性,而且能深入浅出、理论联系实际地讲解,启发学生创造性的联想。

2）惊讶感：惊讶感指人在认识过程和活动中遇到某种新异的、陌生的东西时发生的情感。它是使人积极地从事认识活动的推动力。

3）怀疑感：怀疑感指对某些事物的看法与他人或传统观念不相符合的情况下产生的情感。它是有效认识活动的必要条件，能促使人们细心地检查所得到的材料。

4）坚信感：坚信感指由于认识到所掌握的事实和理论，经过检验证实相信具有真理性和说服力而产生的体验。

5）成就感：成就感指由于学习和工作的成功而产生的体验。如圆满地完成了作业，机智地回答了问题，都能引起学生的成就感。

（3）美感

美感是对客观现实及其在艺术中的反映进行鉴赏或评价时所产生的情感体验。即它是根据美的需要，按照个人所掌握的美的标准，对客观事物进行评价所产生的情感体验。如对自然景色的欣赏，对祖国山河的赞美，对新人、新事的喜爱，对艺术作品的鉴赏，以及对一切丑恶现象的厌恶、鄙视等，都是美的体验和表现。

美感具有社会性和民族性。一个人对美的需要总是反映出一定社会关于美的标准。不同民族由于文化、风俗习惯、传统观念、所处的地理环境、气候条件等方面都各不相同，形成了具有民族特点的不同的审美意识，形成了美感的民族差异性。如中国人视红色为喜庆色；日本人视绿色为不祥之色；比利时人最忌讳蓝色标志等。再如人体美，白人唯恐美人不白，黑人唯恐美人不黑等。

旅游是一项综合性的审美活动，它集自然美、生活美、艺术美为一体，融文物、古迹、建筑、雕刻、绘画、书法、行乐、戏剧、舞蹈、风情、美食等于一炉，能够最大限度地满足人们的审美需求、尊重需求、认知需求、生理需求等。如在杭州"楼外楼"吃"叫花鸡"时，你就不免会想起乾隆下江南的有关轶事；在云南吃"过桥米线"时，可能会想起那对夫妻真诚相爱的动人故事；游泰山观日出时你会体验到那种天人合一的境界等。此外，美感还受个体的不同的审美需要、审美修养所制约。对同一客观现象，不同的人会产生不同的美感。"焦大不喜欢林妹妹"，"农村老大娘不稀罕有林妹妹式的儿媳妇"就是这个道理。可见，美感是客观事物与主体审美需要的不同关系的反映。若是事物与个人审美需要不相符合时，就会产生假、恶、丑等情感体验。

情绪特性测验

说明：请你根据自己的实际情况，在每个问题后面答案中选择"是"或"否"。每回答"是"记一分，回答"否"不计分。然后算出全部题目的得分。

你常常无缘无故地感到无精打采和倦怠吗？（是，否）

你是一个多忧多虑的人吗？（是，否）

你觉得自己是一个神经过敏的人吗？（是，否）

你是否常常觉得人生非常无味？（是，否）

你是否总在担心会发生可怕的事情？（是,否）
你的心境是否常有起伏？（是,否）
你曾经无缘无故觉得"真是难受"吗？（是,否）
你常感到孤独吗？（是,否）
你认为自己很紧张,如同拉紧的弦一样吗？（是,否）
当别人寻你的差错、找你工作中的缺点时,你是否容易在精神上受挫伤？（是,否）

低分（1—3分）者的特征是：情绪反应缓慢、微弱；即使情绪被激起了也很容易恢复平静,如果生气,也是有节制的；通常表现的平静、稳重、温和、不紧张,善于自我控制。

高分（8—10分）者的特征是：常常焦虑、忧郁、紧张、易怒；对于刺激会产生过分强烈的情绪反应；情绪一旦被激发就很难平静下来；过度的情绪反应会导致出现不够理智的行为。

总分4—7分者属于中间型。一般将低分者称为情绪稳定型,将高分者称为情绪不稳定型。

第二节　旅游者的情绪和情感

旅游行为是旅游者在旅游活动中为满足多种需要而进行的社会性活动,旅游者的情绪情感直接影响旅游者的行为,而旅游者在旅游活动中的体验也会影响其情绪情感的发生,二者是相互影响和相互制约的互动关系。

一、旅游者的情绪特征

在旅游活动中,旅游者的情绪通常会表现出以下几个方面的特征。

1. 兴奋性

对旅游者来说,外出旅游带来了一系列的改变：环境的改变、生活圈子的改变、人际关系的改变、生活习惯的改变、社会角色的改变、需求愿望的综合性调整等。无论是兴趣所致,还是心情的紧张,旅游者的情绪都表现出一种因新奇而兴奋的状态。

2. 感染性

旅游活动是一种高密度、高频率的人际交往活动。在这种交往活动中,既有信息的交流和对象的相互作用,同时还伴有情绪状态的交换。旅游服务的情绪、情感含量极高,以致被称为"情绪行业"。在旅游活动中,旅游者和旅游工作者的情绪都能够影响到别人,使别人也产生相同的情绪。一个人的情绪,在与别人的交往过程中,会通过语言、动作、表情影响到别人,引起情绪上的共鸣。比如,旅游中导游员讲解时的情绪如果表现出激动、兴奋、惊奇等,游客就会对导游员的讲解对象表现出极大的兴趣;如果导游员表现得厌烦、无精打采,游客肯定会觉得索然无味。反过来也是一样,游客的情绪也会影响导游员的情绪。

3. 易变性

情绪会因旅游者周围环境的刺激而发生变化。面对丰富多样的刺激源,旅游者的情绪处于一种不稳定的易变状态。如某旅游者在北京游览时,气候宜人、风景如画,而当他怀着满足而喜悦的心情,于当天乘坐飞机前往有四季如春美誉的昆明继续旅游时,不巧遇上阴雨绵绵的天气。前后两种不同的景况,使其情感体验出现对立的反差,这时必然引起旅游者情绪的波动变化。再如,旅游者对某个景物在开始的时候,可能感到新奇,情绪处于积极状态,兴致很高。当到达顶点之后,接着便可能由激动趋向平静,兴致会逐渐减退。再后来如果感到疲劳的话,他甚至会感到厌倦。因此,导游工作为了尽可能地满足每个人的需要,使个人的情绪能保持积极的状态,就必须随时观察旅游者的情绪反应。

4. 敏感性

旅游者情绪的敏感性表现在:由于他们在旅游活动中对相关的情况不能把握,自身也处于一种不断变动的活动中,他们的情绪也相应地呈现不稳定状态。这是因为大差异的时空跨度、生活环境、人际关系给旅游者带来了生理上和心理上的强度刺激后,产生的紧张反应。

5. 多虑性

由于不同地域、不同民族、不同国家的风俗民情、生活习惯的差异,在给旅游者带来了新奇刺激的同时,也产生了一定程度的不适应感。如某些地区的民族饮食习惯、风土人情等方面的差异,会使游客体验到差异而出现不适应感;由于自然环境的差异,也会使游客产生生理和心理的不适应感而导致多虑情绪的产生。

6. 即时性

旅游活动,特别是观光游览型的旅游活动,通常是一种速变、临时、短暂的行为活动。随着场景的变化,活动内容的更迭,当然也包括旅游团队群体的人际关系的变化和旅游者个体自身的因素,游客的情绪反应表现出因时、因地的即时性特征。

二、影响旅游者情绪、情感的因素

旅游者在旅游活动中所接触到的一切,都会引起情绪和情感的变化。具体说来,影响旅游者情绪和情感的因素主要有以下几个方面。

1. 需要是否得到满足

人们外出旅游就是为了满足某种需要,比如,为了身体健康的需要、为了获得知识的需要、为了得到别人尊重的需要等。需要是情绪产生的主观前提,人的需要能否得到满足,决定着情绪的性质。如果旅游能够满足人们的需要,旅游者就会产生积极肯定的情绪,如高兴、喜欢、满意等。如果旅游者的需要得不到满足,就会产生否定的、消极的情绪,如不满、失望等。

2. 活动是否顺利

需要是动机的基础,为了满足需要,人们在动机的支配下产生行动。不仅行动的结果产生情绪,而且在行动过程中是否顺利也会引起不同的心理体验。在整个旅游过程中如果一切活动顺利,旅游者就会产生愉快、满意、轻松等情绪体验;如果活动不顺利,旅途或游览过程中出现这样或那样的差错,旅游者就会产生不愉快、紧张、焦虑等情绪。旅游从业人员应当对旅游者在旅游过程中的情绪表现特别加以注意,因为旅游活动进程本身就是一个很好的激励因素,其中就有情绪的产生,旅游者情绪的好坏对后续的旅游活动产生积极或消极的影响。

3. 团体状况和人际关系

旅游者所在的旅游团队的团体状况和团体内部的人际关系也能对旅游者的情绪产生影响。一个团体中成员之间心理相容、互相信任、团结和谐,就会使成员心情舒畅,情绪积极;如果互不信任、互相戒备,旅游者则会随时都处在不安全的情绪之中。

4. 身体状况

旅游活动需要一定的体力和精力做保证。身体健康、精力旺盛,是产生愉快情绪的原因之一。身体状态欠佳或过度疲劳,容易产生不良情绪。因此,旅游工作者应该随时注意游客的身心状态,使其保持积极愉悦的情绪,以保证旅游活动的正常进行。

三、情绪、情感对旅游者行为的影响

人的任何活动都需要一定程度的情绪和情感的激发,才能顺利进行。情绪、情感对旅游者行为的影响,主要表现在以下几个方面。

1. 对旅游者动机的影响

动机是激励人们从事某种活动的内在动力,人的任何行为都是在动机的支配下产生的。因此,要促使人们产生旅游行为,首先要激发人们的旅游动机。而喜欢、愉快等情绪可以增加人们活动的动机,增加做出选择决定的可能性,消极的情绪则会削弱人们从事活动的动机。

2. 对活动效率的影响

人的一切活动,都需要积极、适宜的情绪状态,才能取得最大的活动效率。从情绪的性质来讲,积极的情绪,如热情、愉快,可以激发人的能力,助长动机性行为,提高活动效率;而消极的情绪,如烦恼、悲哀、恐惧等,则会降低人的活动,导致较低的活动效率。从情绪的强度讲,过高或过低的情绪水平都不会产生最佳的活动效率。因为过低的情绪不能激发人的能力,而过高的情绪会对活动产生干扰作用。

3. 对人际关系和心理气氛的影响

人在良好的情绪状态下,会增加对人际关系的需要,对人际交往表现出更大的主动性,并且容易使别人接纳,愿意与之交往。因此,在旅游活动中,旅游工作者应该细心观察旅游者的情绪变化,主动引导他们的情绪向积极方向发展,并利用情绪对旅游者行为的影响作用,协调旅游者与各方面的人际关系,创设良好的心理气氛,达到旅游服务的最佳境界。

四、旅游者情绪、情感的激发与调控

激发旅游者的情绪、情感,就是通过创造良好的环境、提供良好的服务、协调旅游团队的内部关系等提高旅游者的旅游积极性,使旅游者更好地参与旅游活动。

1. 激发积极的情绪和情感

积极的情绪和情感有助于旅游活动的开展,作为旅游企业和从业人员可以从以下几个方面激发和调动旅游者积极的情绪、情感。

(1)设计开发符合旅游需要的产品

旅游产品的设计必须以旅游需要为基本出发点,旅游需要具有复杂性、层次性、个性化的特点,从构成上看,旅游需要既包括物质产品需要,也包括精神产品需要;从旅游需要层次上看,既包括低层次的生理性需要,也包含高层次的社会性需要和精神性需要;从不同的旅游个体看,旅游需要呈现出个性化的倾向。这些特点要求旅游产品、旅游服务必须具备构成上的两重性,内容上的丰富性,形式上的多样性。另外,旅游消费的随意性,要求旅游服务在操作上具有一定的灵活性和弹性。

(2)注意旅游服务的重要作用

在旅游业竞争日益激烈的今天,旅游企业制胜的法宝就是服务,企业的物质条件甚至旅游线路都可以被模仿,但具有企业自身特点的服务却是无法模仿的。山东泰安国旅的口号是"线路可以模仿,品质无法复制"。很多旅游企业都力图在服务方面创出自己的特色,其中大多较为注重在如何打动客人方面下工夫。具体体现在从细节入手、从客人的利益出发开展工作。

细节,对游客而言实质上是游客事前没有预料到的一种意外,一种惊喜,这种意外、惊喜是一种正向情绪,能提高游客的满意度。细节正因为小,很容易被人忽视,也因为小,被恰当地实施时,会出现奇效。要提供恰到好处的细节服务,需要有热爱服务工作的职业意识、发自内心的热诚工作态度以及细致扎实的工作作风。

导入案例

两双皮鞋

　　一家公司的接待部主任杨女士,在华天餐厅接待一批来自意大利的外宾,场面既隆重又热烈。服务员邵林面带微笑,站在餐厅门口热情迎接宾客。她突然发现杨女士在走路时深一脚浅一脚,同时眼神中透露着不安。细心的她想询问客人,但又不便当着众人开口,只好不露声色在杨女士身边转了两圈,想找出谜底。原来杨女士的左脚鞋跟脱落了一半,使她站也不是,走也不是。

　　发现这一情况后,邵林脑子里面转了几圈,突然灵机一动:"我可以借皮鞋给她穿呀!"想到这里,邵林赶紧向主管请假,以最快的速度跑到宿舍五楼,气喘吁吁之下,把自己所有的鞋子翻了出来。哪一双好呢?选来选去,终于挑了一双自己最喜欢的皮鞋,准备往餐厅跑。突然,她脑子里又转了一转:"我穿的是三十七码的鞋,杨女士到底穿多大码的呢?不行,我还得另找双小码的鞋子。"想着,邵林掉转头朝别的宿舍跑去。左借右借,终于借到了合意的一双。想到杨女士尴尬的表情,她顾不上歇口气,双手拎着鞋子就跑。

　　来到餐厅,邵林礼貌地把杨女士请到一旁,说:"我刚才看到您的鞋子坏了,特地给您拿来了两双皮鞋,您试试看哪双合适。"杨女士惊喜的抬头看了看邵林,感激地接过皮鞋,说:"真是太感激了,你今天帮了我大忙。"

　　看到杨女士穿着自己的皮鞋,脸上洋溢着自信的微笑,轻松地接待外宾,邵林心里感到特别踏实、高兴。

　　(资料来源:http://www.canyin168.com/glyy/yg/ygpx/fwal/200608/965.html)

(3)提供准确有效的旅游信息

　　游客对旅游信息的了解是形成旅游期望的基础,但并非旅游期望越高越好,因为游客的满意度取决于期望与实际所得之间契合的程度,当实际所得与期望所得符合时,游客会感到满意;当实际所得比期望所得大时,可以激发游客更大程度的满意感;而实际所得与期望所得不符合时,游客会不满意,而且不满意的程度随两者不契合的程度的增加而增加。

2. 调控不利的情绪情感

　　因为情绪、情感具有感染性及传递信号的功能,一旦一个游客出现不利的情绪,会很快影响到其他游客,所以在实践中,应尽量避免游客产生不利、消极的情绪、情感,如果出现的话,应尽快设法将其控制。

(1)理智控制

　　用合乎原则和逻辑性的思维来调控消极的情感。当消极的情绪爆发时,人们大多会失去控制。这时,理智如同灯塔一样能将失去方向的情绪回归正确的路径。

　　旅游过程中也会有意想不到的意外事件发生,常见的意外事件包括两种:一是突发事件,比如天气突变;二是技术性事故,比如汽车抛锚、电路中断等。这些意外事件会影响旅游行程的正常进行,从而导致游客的不满。为避免游客出现这些不满情绪,接团之前相关的旅游部门应做好各项准备工作,比如天气预报信息的搜集、汽车的维修、电线线路的维护等,以最大限度地将意外事件发生的可能性降到最低。一旦出现上述意外事件,旅行社尤其是导游的责任重大,因为导游是与游客最直接接触的服务人员,意外事故处理的好坏,直接关系到以后的行程和旅行社的声誉。

作为导游人员,面对意外事件,应该沉着冷静,迅速果断地采取措施来补救给游客带来的不便。比如,盛夏季节出现汽车抛锚情况,可以预见游客将十分恼火。首先,导游应诚恳地向游客道歉,并向游客解释发生的事情;其次,导游应给游客一个合理的安排,比如把车修好,或者另外调车来,并说明需要大家等待多长时间;再次,导游应关心游客,比如由于天气炎热,可购买西瓜让游客防暑解渴,适当安排一些适当的小节目,顺便介绍一下当地的风土人情、历史掌故等。总之,导游应通过各种手段,使游客从不满的情绪中解脱出来,甚至使游客觉得这种意外事件反而别有一番情趣和收获。

(2)转移调控

情绪大多具有情境性,当不利情境出现时,如果能够果断转移情境,可以及时控制游客的情绪。比如旅游黄金周期间,旅游团队的接待工作普遍会面临住宿、交通紧张的问题,这也是游客投诉较集中的地方。要处理好这类问题,一方面导游要正确处理退赔事项,另一方面要用加倍的服务争取游客的谅解,将游客的注意力从对硬件的不满转移到对服务软件的认可上。

案例分享

(3)合理地宣泄情绪

当出现不利情绪时,机体内蓄积很多能量,如果能量得不到释放,会感到烦闷、难受,采用合理的方式发泄出来,个体情绪会得以改善。由于旅游消费和服务的同时性,游客无法事前判断旅游服务的质量,一旦旅游交易成功,游客便处于弱势、被动的一方,旅游服务部门则处于强势、主动的一方,所以当游客处于不利情境时,旅游服务部门应承担主要责任。通常游客通过事后的投诉获取相应的经济赔偿,但这种事后的补救措施并不能真正弥补游客所失去的精神享受。积极的做法应该是让游客在旅游的过程中及时摆脱消极的情绪,进入积极的情绪状态,尽量顺利完成剩余的游程,以使游客的损失降到最小,其中较为有效的做法是让游客直接宣泄出消极的情绪,比如旅游团队中游客之间关系紧张时,需要导游创造交流沟通的机会,通过交流,游客可以将相互之间的不满发泄出来,起到增进团队成员相互理解的作用。

本章小结

情绪和情感是指人对客观世界的一种特殊反映形式,是人对客观事物是否符合自己需要的态度体验。人类最基本的情绪包括快乐、愤怒、恐惧、悲哀、喜爱;情绪按照发生的强度、速度和持续时间分类,可分为心境、激情、应激。情感根据内容可分为道德感、理智感和美感。

旅游者在旅游过程中,面对不同的生活环境、人际关系,同时旅游过程中的经历会直接影响旅游者的情绪情感体验,并在情绪情感上呈现以下几个特点:兴奋性、感染性、易变性、敏感性、多虑性、即时性。人类的任何活动都是在一定的情绪情感的激发下进行的,旅游活动也不例外,旅游者的情绪情感会对旅游者产生以下几个方面的影响:影响旅游者的动机、影响旅游者的活动效率、影响旅游者的人际关系和团队气氛等。根据旅游者情绪情感的特点,作为旅游从业人员,要善于根据情绪情感的规律和特点,激发旅游者积极的情绪情感,及时发现并调控旅游者消极的情绪情感,使旅游者在旅游活动中得到美的享受与积极的情绪情感体验。

 自我检测题

一、判断题

1. 情感和情绪是一种主观体验,因而人和动物都有。( )
2. 情绪主要和无条件反射联系着,情感主要和条件反射联系着。( )
3. 情绪和情感产生的源泉是客观现实,所以,任何客观现实都能引起人的情绪和情感的体验。( )
4. 某同学说:"我在考试时,有一道非常容易的题想了很久没有想出,结果离交卷一分钟突然想出来了。"这是一种应激的情绪状态。( )
5. 情感发生的重要制约因素决定于刺激物的性质强度。( )
6. 情绪与情感无论从内容到形式,无以客观事物是否符合主体需要为出点,而产生态度的体验。( )
7. 人的需要得到满足,就会成为人的持久激励动力。( )
8. 所谓"喜者见喜","忧者见忧"是形容人的应激状态。( )

二、单项选择题

1. 下列哪项不是情感的特点?( )
   A. 深刻性   B. 阶段性
   C. 情境性   D. 内隐性
2. 情绪按照发生的强度、速度和持续时间分类,可以分为哪几种?( )
   A. 快乐、愤怒、恐惧   B. 心境、激情、应激
   C. 心境、激情、喜爱   D. 喜、怒、哀、乐
3. 美感是对客观现实及其在艺术中的反映进行鉴赏或评价时所产生的情感体验,具有( )的特点。
   A. 时代性   B. 阶级性
   C. 社会性   D. 民族差异性
4. "没有快乐的员工,就不会有满意的客人",这句话体现了心境具有( )的特点。
   A. 弥散性   B. 即时性
   C. 主观性   D. 个体差异性

5.一个人盼望或追求的目的达到后,继之而来的紧张解除时的情绪体验叫作(　　)
   A.快乐　　　　　　B.愤怒
   C.恐惧　　　　　　D.悲哀

6.带有渲染作用的,比较持久而又微弱的,影响人的整个精神生活的情绪状态叫作(　　)。
   A.激情　　　　　　B.应激
   C.心境　　　　　　D.情感

7.个体对别人和自己行为举止、思想意图是否符合社会道德行为准则的要求所产生的内心体验叫作(　　)。
   A.道德感　　　　　B.理智感
   C.美感　　　　　　D.责任感

8.在有机体的生理必须要获得满足的情况下产生的体验是(　　)。
   A.态度　　　　　　B.需要
   C.情绪　　　　　　D.情感

三、简答题

1.什么是情绪和情感,它们有哪些区别和联系?
2."情急生智"所描述的是什么情绪状态? 如何理解这种情绪状态。
3.旅游者的情绪情感有哪些方面的特征?
4.旅游者的情绪情感对旅游活动产生哪些方面的影响?
5.试结合旅游实践活动,谈谈旅游从业人员在旅游活动中如何激发和调控旅游者的情绪和情感。

案例一:取消的航班

某日清晨,浓雾弥漫。导游员小王一早就被告知:由于天气原因,原定于今日飞往北京的航班被取消,下一航班将在3天后,原定搭乘此航班的旅游团必须改乘汽车至武汉转飞机。此时,早起的不少旅游者听说航班取消,又吵又闹,不肯上车,有的客人还吵着要退钱。

试分析:
1.本案例中游客情绪激愤的原因是什么?
2.如果是此团的导游员,面对情绪激动的游客,你将如何应对?

案例二:一杯"致歉茶"

在某宾馆的客房部发生了这样一件事。某月某日傍晚,住在307房的台湾郑先生正在着急地不断试接吹风机的电源插头,可是吹风机怎么也不转动。"插座可能接触不良了"郑先生断言道。于是,走到走廊把服务员叫到卫生间,检查后发现像是插座坏了,通知客房中心报修,可偏偏仓库缺货。

看着客人焦急的脸,机灵的服务员跑到服务室拿来拖线板,在客人不信任的目光注视下试插。糟糕的是型号不对。客人不耐烦地说道:"小姐啊,我可还得赶时间呢。"服务员没有被客人的怨气吓倒,马上热情地端来一杯热茶,让客人先喝口热茶消消气安安心,并向客人保证插座很快就会修好。当客人端起茶杯问服务员这是什么茶?"这就算是杯致歉茶吧!"服务员微笑着回答道。"致歉茶"客人惊讶地问道。转而脸上露出笑容并婉言道出原委,他每天都要吹头发,否则头部就感到不舒服,并连声称赞服务员笑得甜美,服务得体,态度良好。

过了几分钟,宾馆电工赶来检修,发现插座内的铜片松了,弹性不足,因此电源不通。拆开稍加修理后,客人的电吹风又转动起来了

试分析:
1. 根据案例分析影响个人情绪的因素有哪些?
2. 从宾馆服务员的致歉茶中,有什么启示?

 实训题

地陪小吴带领旅客在某景区游玩。王太太告诉小吴王先生不知去向。由于景区较大,且有几个出口。小吴当即和全陪商量,从游客中挑选了两位能干的先生与他们分头去找。剩下的游客焦急地等待着,可一直不见他们踪影。离景区关门时间不多时,四个人才匆匆忙忙从不同方向赶回来。小吴抱歉地对大家说:"我们找遍了景区,也没有发现王先生。由于时间关系,司机将带各位先回饭店。我去景区派出所报案……"。旅客顿时怨声一片,小吴觉得非常委屈。

假如你是小吴应如何正确处理这一事故?

第四章

旅游者的态度

教学目标

知识目标

掌握态度的概念、构成和特性。

了解态度形成的三个阶段。

理解态度和行为的关系,熟悉影响旅游偏好的因素。

掌握改变旅游者态度的策略。

能力目标

能够运用态度有关的理论知识分析、预测以及改变旅游消费者态度。

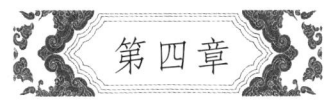

某日,来自台湾的王小姐入住郑州的 M 酒店 1611 房间。晚上,王小姐回到酒店房间不一会儿,就气冲冲的打电话投诉:有人进过她的房间,而且动了她的东西,还重新擦了整个卫生间!

经了解,白天王小姐出门后,男管家小郭到她房间打扫过卫生。他按照工作程序开窗通风、整理床铺、擦拭灰尘、倒垃圾、收拾卫生间的面台、马桶、镜子、浴室等。除此之外,没有任何人进过 1611 房间。但是这些都是酒店的正常工作范畴啊!

在与王小姐沟通过程中,酒店发现,原来马小姐是一位有洁癖的特殊顾客。她疑心很重,对卫生的要求也很高,几乎到了苛刻的程度。回到房间第一件事就是检查卫生,正因为她对 1611 房间已经自己消过毒,所以对酒店的再次擦拭服务感到生气。

有此发现后,酒店为 1611 房间调换了一名更加优秀的女管家小赵为其服务,因为她不喜欢男士进入她的房间,并且与王小姐约定了打扫房间的具体时间。

接下来,酒店撤掉了卫生间的牙刷、牙膏、水杯等一次性用品,面台上只留下王小姐自己的物品。小赵每次进入 1611 房间都必须穿上鞋套,清扫房间也要佩戴白色手套。除此外,管家小赵还要做到:对王小姐的私人物品做到不触摸、不挪动位置;每次对卫生间的水龙头、马桶都用酒精消毒;每天增多对 1611 房间的打扫次数;对王小姐送洗的客衣、要求擦的鞋都要认真仔细对待;对房间的每个角落都要仔细打扫,对床品、四巾等都要仔细检查等。

还有,王小姐喜欢吃水果,细心的小赵想到:她肯定对洗水果也一定很讲究。于是,特意在卫生间面台上准备了一个盐罐,并准备一个玻璃器皿,里面放盐水,以方便马小姐对水果进行浸泡消毒,并附上温馨提示卡片解释,并说明盐罐和玻璃器皿均已消毒。

两天下来,1611房间都相安无事,出乎意料的是王小姐退房时对小赵的"盐罐服务"赞赏有加!表示,以后如果再来郑州,一定到该酒店入住。

王小姐为什么开始时怨声载道、怒气冲冲?后来为什么对服务员小赵、对M酒店持赞扬态度?旅游业的从业人员该怎样改变旅游者的态度?

第一节 态度概述

态度是个性的重要组成部分,和人的所有行为都有密切的关系。旅游者生活在不同的社会条件下,由于个性、生活条件、周围环境、教育、文化、所从事的职业等方面的差异,对社会上的事物必然会产生不同的态度。不同的态度同时还会表现出不同的行为倾向性,进而影响人的行为表现。

一、态度的含义及构成

态度是个人对某一对象所持有的稳定的评价与心理倾向,是社会主体能动地对人(自己和他人)、对事物比较稳定的反应的心理准备状态。

态度不是天生就有的,它是在适应环境的过程中形成的,是由一定的对象引起的。如喜爱某个人、反对某件事等。由于人格、生活条件、周围环境、文化教育等方面的差异,人们对社会上的各种事物必然产生不同的看法,这些看法用赞成或反对的方式连续表现出来,就形成了不同的态度。

从心理学角度来分析,态度主要由认知因素、情感因素、意向因素三种成分所构成。

(一)认知因素

认知因素是个体对人或事物的知觉、理解、判断和评价。如旅游者对某旅游景点的看法,对某旅行社所提供的旅游服务的评价等。认知因素是态度形成的基础。

(二)情感因素

情感因素是个体在评价基础上对人或事物所做的情感判断,包括对态度对象的情绪反应。如对美丽的自然风光的喜爱,对嘈杂喧闹的都市的厌恶等。情感因素是态度的核心,也是态度结构中最稳定的因素。

(三)意向因素

意向因素是一个人对于某事物或某项活动所做出的行为反应的倾向,是行为的一种心理准备状态。意向因素是态度的外在表现,它制约着人的行为。如一个人对旅游活动产生了积极的情感,就会具备肯定的心理倾向,一旦外部条件成熟,就会付诸行动。

一般来说,态度的三种因素是协调一致的。比如,旅游者对某地做出了良好的评价,作为旅游的目的地,对此地产生积极肯定的情绪和情感,那么在心理上就想去该地旅游。三者越一致,态度在一定方向倾斜的程度就越深,与态度一致的行为就越有可能发生。但是,认知、情感、意向三种因素有时也会出现不一致的现象,如本来不喜欢某个人,但在特殊情况下还得说他好,甚至支持他。

二、态度的特性

态度是个体对人或事物发生反应的准备状态,态度一旦形成,通常具有以下几个特点。

1. 对象性

态度反映了主体和客体之间的相对关系。必须针对一定的对象才能产生。旅游者的态度必然是针对某一对象而产生的。如"九寨归来不看水",离开了九寨沟就无法产生。

2. 社会性

人的态度不是与生俱来的,而是通过后天学习获得的,是个体在长期的生活中,通过与他人的相互作用,通过社会环境的不断影响而逐渐形成的。态度形成后,又反过来对外界事物、对他人发生反应。

3. 稳定性和可变性

态度的形成是一个长期的、渐进的过程,一旦形成便会在相当长的时间内保持不变,并成为人格的一部分,使个体在反应模式上表现出一定的习惯性和规则性。但是态度在形成的初期,其某些成分还未固定,需要有一个发展的过程。并且,已经形成的态度也不是一成不变的,当各种主客观因素发生变化时,态度也会随之发生改变。

4. 内隐性

态度是个体的一种内在的心理倾向,是尚未显现于外的内心历程或状态,而不是外显的行为。一个人究竟具有什么样的态度,是不能直接被观察到的,但可以根据个体的思想表现、言语论述、行为活动加以推断。

三、态度的形成

(一)态度形成的阶段

社会心理学家赫伯特·凯尔曼把社会存在分为个人、群体、组织、社会团体、集体,提出了态度的形成包括三个阶段,即服从、同化和内化。

1. 服从阶段

人为了获得物质与精神的报酬或避免惩罚采取的表面顺从行为称为服从。在服从阶段,受众为了获得奖赏或避免惩罚而表面上改变自己的观点与行为,在内心却往往是不认同的。服从行为在生活中很普遍,往往是受到外界压力而产生的,但通常是一种权宜性的态度改变。这种态度是表面的、外控的,一旦外因消失,它也就中止了。在态度改变的三个阶段中,表面上的服从虽然是被迫进行的,但它也有可能是态度改变的必经阶段。

2. 同化阶段

同化是由于喜欢某人、某群体或某事而乐于与其保持一致,这种态度带有较多的情绪、情感成分,比较主动。在这一阶段,受众开始自愿接受并逐渐相信他人的观点、信念,虽然这些观点和信念的信仰还不够坚定。

3. 内化阶段

内化是把情感认同的信念同已有的信念联系起来,给予理智上的辨认,做出是非判断。通过内化阶段,人们从内心深处真正相信并接受他人的观点而彻底转变自己的态度,并自觉地指导自己的思想和行动。一个人的态度只有到了内化阶段,才是稳固的,才能真正成为个人的内在的心理特征。

态度的形成从服从阶段到同化阶段再到内化阶段,是一个复杂的心理过程。当然,并不是所有的人对所有事物的态度都要经历这个过程。人们对一些事物态度的形成可能需要经历整个过程,但对另一些事物可能只停留在服从阶段或同化阶段。

(二)影响态度形成的因素

态度是一种心理倾向,它的形成与保持要受到诸多因素的影响,既有社会环境的因素,也有个人主观方面的因素。

1. 个体需求的满足程度

态度的对象对于个体的意义即满足个体需要的程度,是态度形成的主要促成因素。事物对人的意义、满足程度,即事物对人的价值。人们对于某事物的态度,取决于该事物对人们价值的大小。价值不同,态度不同;价值观不同,态度也不同。

难忘的夜宵

晚上10:30左右,M酒店的餐厅走进来一名客人,说:"还能在这儿吃点夜宵吗?累了,不想再往外跑了。""可以,您想吃点什么?我这就给您预备。"服务员对客人说。客人一听开心地说:"太好了,谢谢你小姑娘,我们一起三个人,随便上点就行。"

这么晚了,复杂点的饭菜餐厅也没法做了,晚上吃多了也不利于消化。想到这儿,服务员对客人说:"10点多了,过会儿就该休息了,给您上点易消化的可以吗?"

"当然可以"客人回答道。

"要不每人一碗汤面条,外加几个可口的小菜,你看可以吗?""可以,太好了,热乎乎的面,想一想就馋得流口水。"客人满意地说,接着他说:"我还以为这么晚了,我们吃不上了呢,想着来试了不成再出去呢。""怎样可能不让您吃,您来了我们就得尽力做到满意。"服务员回应着客人。

十分钟过后,饭菜上齐。服务员从客人的交谈中得知,这三位客人是来郑州看病人的,不知道往医院怎样走,他们是带车过来的。服务员又详细给客人讲了往医院的具体线路,还简单地画了张小图给客人。

服务员耐心细致的服务得到了客人的好评,客人临走时直夸宾馆服务热忱、周到,服务员的素质高,还说:"下次来还住你们酒店。"

(资料来源:https://wenku.baidu.com/)

2. 个体的性格特点

每个人的态度都会反映出自己的人格特征。反过来,人们在能力、气质、性格、兴趣、爱好、理想、信念等人格特征上的差别,也会形成态度上的差异。在旅游活动中,有的人喜欢在自然的旅游环境中放松身心,也有人喜欢人文的旅游景点,因此,旅游者对不同的旅游线路也就会有不同的态度。

3. 所属群体的制约

个体在社会生活中总是隶属于某个群体,成为群体的一员。任何群体都有一定的规范、纪律,要求其成员共同遵守。个人表现出符合群体规范的行为,就会得到群体的接纳和喜欢;反之,不符合群体规范行为的人,将会感受到群体一致性压力,遭到群体的拒绝和排斥。因此,个人为了免受群体其他成员的非议和孤立,往往做出从众行为,"随大溜"而形成与群体大多数成员一致的态度。

4. 个体文化背景的影响

每个人家庭出身、自身经历、生活环境等个体文化背景不同，往往会形成不同的态度。从一定意义上可以说，态度是个体经历和文化积淀的产物。

5. 信息和知识的影响

态度不是天生的，而是后天学习而来的。完善的学校教育甚至从婴儿开始，到个体生命的终结，一直实施它传递社会文化、促进个体社会化的功能，不断地教给他符合社会主导文化要求的知识、观念、规范、行为方式。学校这种有目的、有计划的教育影响是态度形成的重要因素。电影、电视、广播等大众传媒和信息网以自己特有的方式向人们传播各种信息和知识，也对人们的态度予以重要影响。互联网已有后来者居上的趋势。

第二节　旅游者的态度

一、态度和行为

态度和行为是社会心理学中最重要，研究最多的领域之一，也是组织行为学的重要论题。

行为是指人在环境的影响下，引起的内在心理和心理变化的外在反应。人的行为是个体与环境交互作用的结果，是受思想支配而表现出来的外表活动。社会中的许多行为，如了解他人的立场，告诉他人我们的观点，说服他人改变原先的看法等，都与态度有关。而且，态度对于理解偏见、种族歧视、消费者行为、人际吸引等社会心理现象都十分重要。

态度和行为的关系是：态度源于行为，态度高于行为，态度对行为有指导作用，同时，态度要接受行为的检验。也就是说，态度要在行为过程中不断创新，即行为决定态度，态度反作用于行为。许多研究表明，态度与行为的联系常常是表面的，表面上的态度是一回事，而实质性的行为又可能是另一回事。在日常生活中实际行为与态度是不一致的，至少不总是保持一致，在某种程度上还会有很大的差距。有些人的态度与行为表现出较高的一致性；有些人由于容易受他人或环境的影响，其态度与行为间的联系变化较大。这种个别差异与态度主体的人格变量有关。影响态度与行为关系的人格变量主要是自我监控。高自我监控者对情境的适合性线索有高的敏感性，并能相应地调节自己的行为，在极端情况下，这种人可能是一只变色龙，总是改变自己的态度以适应情境。而低自我监控者对社会情境信息的注意较少，从而常常根据内在感受而改变态度和行动。总之，态度与行为之间并不存在一一对应的线性关系，而存在许多中间变量。这些中间变量不仅与主体态度的特征有关，而且与其人格特征也有关。另外，行为的意图、行为的种类（控制性行为、自发性行为）都和态度与行为关系有密切的联系。

二、态度与旅游决策

旅游者态度与旅游决策有着密不可分的关系,而旅游地的综合形象对旅游态度的形成又有着重要影响。从旅游心理学的角度对旅游者态度的形成和特点,全面分析旅游者态度对旅游决策的影响,能为旅游地良好形象的树立提出有益的建议。态度对旅游消费行为的限制主要表现为对旅游决策的影响。心理学研究表明,个体态度一旦形成,就会导致某种偏爱或某种方式的行为倾向,并进一步影响旅游决策,这一观点对旅游经营者的启发作用在于:要想通过改变旅游者的态度影响其旅游决策,就必须设法使消费者意识到旅游经营者所提供的具体服务项目和内容,并设法使消费者相信这些项目和服务是可以得到的。这样,消费者在进行旅游决策时就会把它们作为解决旅游问题的可行性选择。旅游者态度的转变也影响着旅游消费行为。实际工作中,可以从改变旅游产品的形象和旅游者个体的状况两方面入手,促使个体的态度转变方向和强度。

由于旅游者个人的能力以及经济条件等因素不同,旅游者的决策过程有时比较简单,有时比较复杂。但一般说来,决策过程包括四个步骤,即认识问题、寻求解决方案、评价解决方案和确定最满意的方案。

三、态度与旅游偏好

旅游偏好指旅游者趋向于某一旅游目标的心理倾向。偏好的特点是并不关注对象的整体,而总是针对对象的异质特征来进行判断。人们对旅游的态度一旦形成,便会产生一种对旅游的偏好和行为倾向,这种偏好和行为倾向会直接影响着人们的旅游行为。

(一)影响旅游偏好的因素

1. 态度的强度

态度的强度是指个体对对象的肯定或否定的程度。一般来说,态度越强烈也就越稳固,改变起来也就越困难。旅游者态度的强度与态度对象的突出属性及旅游者的需要有关。旅游者希望通过旅游活动来满足自己的旅游需要,而旅游需要能否得到充分的满足,则取决于那些成为态度对象的旅游产品的性质。旅游地的特点、旅游价格的高低、时间的长短等在某些时候都可以成为最为突出的属性,成为旅游者最关心的、能满足自己需要的基本利益。一般情况下,态度对象的突出属性越鲜明、越独特,就越能满足个体的需要,所形成的态度强度就越高,个体对这一对象的倾向性也就越大,也越易于形成对此对象的偏好。

2. 态度的复杂性

态度的复杂性是指人们对态度对象所掌握的信息量和信息种类的多少。通常掌握的对象信息越多、越复杂,所形成的态度也就越复杂,就越容易导致旅游偏好的形成。一一般来说，复杂的态度比简单的态度更难改变，同样态度形成的因素越复杂，越不容易改变。

(二)旅游偏好的形成

旅游者在形成旅游偏好的过程中，首先要对使他有所收获的旅游态度对象进行分析和评价，比较各种态度对象能够满足其需要的程度，从而形成旅游者对某一对象的相对偏好。一般来说，稳固、复杂的态度较难改变，从而形成了个人偏好。偏好是在态度的基础上形成的，持有特定偏好的人，其行为处事往往要受到偏好的影响而表现出一贯性。在形成旅游决策的过程中，旅游者最先不是要权衡和分析旅游产品本身，而是针对旅游产品的异质特点进行评价，即旅游产品是否具有符合本人偏好的某些特点。假如确定旅游对象的异质特点能满足本人的偏好，尽管整个产品并不尽如人意，也同样会引起浓厚的旅游兴趣，从而表现出积极的旅游行为。个体对某个旅游态度对象偏好的形成，关键取决于该对象对他的吸引力的大小。对于旅游者来说，某个旅游目的地的吸引力不仅与他所希望获得的特定利益有关，而且也与该目的地提供这种利益的能力有关系。因此，旅游工作者在进行旅游产品宣传时，一定要注意突出产品的独特性、差异性，以引起具有旅游偏好的个体的注意。比如，喜爱探险活动的个体，他们并不关心一般旅游者所关心的吃、住、行等问题，而是关注景点的新奇、刺激等因素。

四、旅游者态度的改变

通常来讲，态度是比较稳定的、不易改变的，但这并不意味着态度是不可以改变的。当个体所处的社会环境发生变化时，态度也必然有或大或小的变化。态度的改变是指对人、物、事心理反应倾向的方向或程度的改变，或对某人、物、事从肯定赞成到否定反对，或从无感觉到非常厌恶或非常喜欢，或从一般喜欢到非常喜欢等。其包括两个方面的改变：方向的改变和强度的改变。前者是态度性质的改变，称为不一致的改变或极端性的改变，是与原来的方向相反的改变；后者称为一致性改变，即保持了原来的方向，只是程度上发生了变化。研究决定态度改变的因素和条件，有助于创造有利条件，促使旅游者态度的改变。

(一)影响旅游者态度改变的因素

1. 旅游者本身的因素

由于旅游者的需要、学识能力、性格特征、情绪、受教育程度及社会地位等的不同，都会影响到态度的改变。

(1)需要

旅游者的需要和态度的改变是密切相关的，若能最大限度地满足旅游者当时的需要，就容易改变其态度。

(2)学识能力

通常,学识能力高的人,由于具有较强的判断能力,能准确分析各种观点,不容易受他人左右,根据自己的认知主动地改变自己的态度;反之,学识能力低的人,难以判断是非,容易被说服暗示,因而容易被动地改变态度。

(3)性格特征

一般情况下,凡是依赖性强、暗示性高或从众心理较强的人,易信服权威,缺乏判断能力,容易改变自己原有的态度;反之,独立性强、自信心高的人则不容易改变态度。有逆反性格的人不容易按所希望的方向改变。

(4)情绪

人的情绪、情感具有能动性,过分喜欢某事物的人可能降低认知能力。情绪化的个体,不是用头脑认识判断,而是靠感情来决断,这是冲动性决断。此类的旅游者的情绪态度容易随着情境而变,无论是否有需要,或者是一种中立态度,都可能因为情境的改变而态度改变。

2. 态度本身的特征

态度的强度、态度形成因素的复杂性、态度三成分的一致性、态度的价值性、原先态度和要改变的态度之间距离的大小都影响着旅游者态度的改变。

3. 外界条件对态度改变的影响

(1)信息的作用

信息是影响旅游者态度改变的主导力量,任何态度的改变都是在接收的信息与其原有态度存在差异的情况下发生的。信息的一致性越强,形成的态度就越稳定,因此越不容易改变。

(2)旅游者之间态度的影响

态度具有相互影响的特点。旅游者之间在角色、身份、目的和利益上具有相同和相似性,容易接受彼此之间的意见,这样自己原有的态度就会有所改变。事实说明,当一个人认为某种意见是来自与他自己一致的一方时,就容易接受这种意见,有时甚至表现出主动性。

(3)团体的影响

不同的团体在其活动中会有自己的规范和习惯力量,这会无形中形成一种影响团体内成员态度的压力。旅游者的态度通常是与其所属团体的要求和期望相一致的。当个人与所属团体内大多数人的意见相一致时,就会得到有力的支持;否则,就会感受到来自团体的压力。

(二)改变旅游者态度的策略

旅游者的态度是旅游者在旅游活动中形成的对旅游商品和服务的肯定或否定的心理倾向。对旅游服务或商品持肯定的态度会促进旅游者顺利完成旅游活动,反之,消极的态度则会阻碍旅游者的旅游活动。旅游者要善于针对各种各样因素的变化,采取相应的对策，从而促进旅游者产生旅游行为。

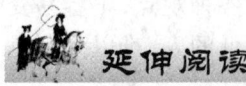
延伸阅读

宴　请

　　某酒店906单间标准客房。美籍华人钟先生焦虑不安地来回踱步。钟先生的太太着衣下床欲行，但右脚几乎无法点地，表情痛苦。"疼痛加剧了？"钟先生问道。钟太太点了点头，钟先生坐到沙发上对妻子说："我每次离开中国时，都想设宴答谢这里的同事，但每次都行色匆匆。我们的基础设计已圆满结束，又适逢这次你来，正是我们设宴答谢的最好时机。唉，你这脚……"钟先生征询了太太的意见后，挂通了酒店大堂服务总台的电话。总台被告知：906房间客人意欲将原定在18楼宴会厅的酒席，照菜单不变，改为"客房服务"。如果906房间太小设宴有困难，愿更换毗邻最近的套房，但仍实行送餐服务。总台旋即电告餐饮部经理。经理觉得蹊跷，是否客人对18楼宴会厅有所禁忌，抑或另有原因？但在单间标准客房布台设宴会安排十余人就餐，这在本酒店没有先例呀！餐饮部经理为此敲响了906房间。面对钟太太的脚伤和钟先生道出的原委，餐饮部经理思忖了一会儿说道："依906房间大小布台饭宴，服务员上菜、斟酒等，没有回旋的余地；如果按先生的要求，换一间套房当然可以做到，这对先生来说不是什么问题，我想这样一是会增加不必要的费用，二来只解决了宴请的场所，换套房总还有要动，钟太太不是仍然不便吗？""如果你们不介意的话，我们可以用轮椅车送夫人去18楼宴会厅，你们意下如何？"餐饮部经理又补充说道。钟先生夫妇大喜过望，连忙首肯。于是，餐饮部经理与有关部门联系，找出了一辆尘封已久的轮椅车，让人擦拭一新。当晚6时整，钟太太面带微笑安坐于轮椅车上，手捧一束酒店送的鲜花，由餐饮部经理推送至18楼宴会厅。舒适的环境，优质的服务，色、香、味、形等俱佳的珍馐美馔，令人赏心悦目，精神爽快。经理首先为大家敬酒，表示祝福。钟太太的身旁还多了一位专司服务的小姐。席间，餐饮部经理在远处注意到钟太太坐的轮椅车比座椅矮，搬来一把椅子，让两位服务小姐小心翼翼地把钟太太搀扶到椅子上。宾主频频举杯。畅叙友情，对酒店的优质服务也交口称好……

　　次日，酒店大门口，酒店管理人员为钟先生夫妇送行。大堂副理特意在商品部买来一把雕饰精美的手杖赠予钟太太，并祝其早日康复。钟先生告诉大家，不久还将来中国做工程施工图设计，一定会再次光临。

1. 更新旅游产品，提高旅游产品质量

　　从旅游者的角度看，旅游产品是旅游者在旅游活动中为实现旅游目的而需要的各种物质产品和服务的总和。更新旅游产品，使之与旅游者的需要相适应，是影响旅游者态

度改变的最具有说服力的因素。只有不断更新旅游产品,提高旅游产品质量,才能长期占有既定的市场,保持源源不断的客源,促进旅游事业的持续发展。当今的旅游市场,娱乐型、体验型、参与型、探险型等旅游项目越来越成为旅游者的时尚需要。从整体上看,旅游产品是一种综合型的产品,由旅游吸引物、旅游设施、旅游服务等多种要素构成。因此,在这种形式下,要想改变旅游者的态度,最有效的方法是把握市场走向,要从以上要素考虑更新旅游产品,不断创新、调整和改善旅游产品结构,从而不断提高旅游产品的质量。主要手段有:改善旅游基础设施的建设,如交通、通信、金融、文化娱乐、宾馆饭店等;运用科学方法完善服务的手段和策略,从而提高服务质量;运用价格策略。

2. 重视旅游产品的宣传

态度的形成依赖于旅游者对态度对象的认知,通过旅游信息的宣传,向旅游者传送新的知识和新的信息,有助于旅游态度的形成和改变。在宣传旅游产品的过程中,要注意以下几个方面的问题。

(1)加大旅游宣传的力度,不断开拓新的旅游市场进行全方位的宣传,重视宣传的方式:旅游者态度转变和他们接受的信息密切相关,说服者首先要重视信息的传播,通过人们能够接触到的各种媒介进行全方位的宣传,以引起人们的注意。如日本在海外的旅游宣传方式有:广告、专栏报道;举办旅游讲座;邀请国外旅游商和国外信息联络员进行合作;出国进行民间艺术表演,宣传传统文化;派遣旅游代表团出国作访问宣传;发行旅游宣传手册,并配备地图、照片、文字等进行说明;风光电影片;加入国际旅游组织并配合宣传。

(2)有针对性地组织宣传,突出自身的特征宣传效果与旅游者的心理特点有着密切的关系,根据旅游者的心理特点有针对性地选择内容进行宣传,能够产生良好的说服效果。如果对于某个旅游地,宣传者有正反两方面资料,那么在宣传时,根据旅游者的实际情况,灵活掌握宣传的内容和方式:①旅游者不知道反面材料,只提供正面材料;②旅游者已知道反面材料,主动提供正、反面资料,并强调正面资料;③旅游者对正面材料持肯定态度,只提供正面材料;④旅游者对正面材料持怀疑和反对态度,同时提供正、反面资料;⑤旅游者教育程度高,提供正、反面资料;⑥旅游者教育程度低,提供正面材料。

(3)把握宣传技巧,逐步提出要求要进行说服宣传并期待旅游者改变态度,不能急于求成。说服者要把握旅游者的心理,循序渐进。一般在旅游者对所宣传的内容比较感兴趣的时候,运用通俗易懂、简洁明快、鲜明生动的语言进行宣传,易于理解信息,从而很快做出是否认同宣传内容的判断。如果要求其改变的态度与原来的态度差别过大,则不能操之过急,而应逐步提出要求,不断缩小态度差距,最后达到改变态度的目的。

3. 引导人们参加旅游活动

"百闻不如一见。"要转变一个人的态度,最好的方法就是引导他亲自参与相关的活动。要改变旅游者的态度也是一样,通过有意识地引导他们参加旅游活动,让其亲自体验一下旅游活动所带来的乐趣,有助于他们改变原来的态度,促使他们对旅游产生积极的态度。

本章小结

旅游者的态度是指旅游者在旅游活动中形成的对旅游产品的心理倾向。态度有三种成分构成，包括认知因素、情感因素和意向因素。态度具有对象性、社会性、稳定性、可变性和内隐性等特性。态度的形成包括服从、同化以及内化三个阶段。

态度是可以改变的，但是改变依赖多种因素。旅游者态度改变受以下几个方面的影响：一是旅游者本身因素，如需要、人格、知识等；二是原有态度的特征；三是外界条件对态度的影响，如旅游产品的改变和信息的改变等。

案例分析

中国主题公园的起起落落

1955 年，第一家严格意义上的主题公园迪士尼乐园在美国加利福尼亚州诞生，开创了世界大型主题乐园的先河。由于主题公园能带来巨大的经济效益和社会效益，在经济发达的各个区域，主题公园得到迅猛发展。1983 年，被誉为中国大陆第一个大型器械游乐园的中山市长江乐园开业。而直到 1989 年，中国大陆才出现了第一个真正意义上的主题乐园——深圳的"锦绣中华"。这些年来，中国的主题公园经历了起起落落，至今仍在寻找属于自己的"主题"。"与西方主题公园的发展轨迹不同，中国主题公园的发展实践并非一帆风顺，它出现过几次浪潮，每次浪潮的推动力不同，其结果也有所差异。中国主题公园发展正是在不断的试错过程中逐渐积累经验，开发也趋于理性。"

曾被誉为广州旅游业"月亮工程"的世界大观的谢幕，象征第一代主题乐园"完败"。根据零点调查结果，中国 2 500 个主题乐园耗费了 1 500 亿元投资，其中 70%处亏损状态，仅有 10%左右盈利，其中广州成了"重灾区"。"热闹登场、苟延残喘、黯然落幕"成为中国第一代主题乐园的写照，东方乐园销声匿迹，世界大观两度流拍后悄然停业，苏州"福禄贝尔"倒闭，广州番禺飞龙世界关门、上海环球乐园、广州东方乐园、杭州未来世界相继停业。

1990 年开园的集中展示中国名山大川和人文古迹以迷你模型的"锦绣中华"主题乐园带动当年利润达 5 600 万元，招待游客超过 300 万人次。10 年之间，中国雨后春笋般冒出大小不等、各种类型、超过 2 500 个的主题乐园。但问题也接连浮上台面，包括经营管理不善、成本控制失衡、主题乐园无主题、重复旅游率极低等，让乐园们个个欲振乏力。而广州乃至珠江三角洲则无疑是"主题乐园重灾区"。

耗资 6 亿元，占地 48 万平方米、收集 100 处世界知名景点的广州世界大观就是典型案例，这个中国第一个主题乐园，1995 年开幕时有时代广场、巴黎歌剧院、古希腊剧场、阿拉伯剧场、飞机舰船表演、美国娱乐等十大剧场和游乐区，每月门票收入达 3 000 万元。

但乐园经营陷入债务泥沼,加上未能及时更新游乐设施,人数每况愈下,2005年曾两度拍卖股权,试图筹资,但都宣告流拍。中国第一个引进云霄飞车和摩天轮等大型游乐机械的广州东方乐园,曾创下一天10万游客的历史纪录,但也随资金困窘及未能如期征地,在2005年画下句点,让广州一片哗然。

然而,第一代主题乐园如骨牌般倒下的同时,中国第二代主题乐园建设潮已泉涌而来,在广州,长隆集团除了在番禺打造成功水上乐园、欢乐世界,还计划投入30多亿元在珠海筹建亚洲最大的海洋乐园。

在香港,迪士尼乐园二期项目正在启动,将投资上百亿港元;在华东,浙江横店计划投资200亿元在横店打造新圆明园;在上海,计划投入400亿元启动上海迪士尼乐园项目。同时,全国各地争建动漫主题公园,盲目跟风恐蹈失败覆辙。

(资料来源:http://www.LWDF.cn/)

试分析:

1. 旅游者对主题公园的态度有什么变化?
2. 结合本案例,谈谈如何改变旅游者对主题公园的态度?

自我检测题

一、填空题

1. 态度的特性是_____、_____、_____、_____、_____。
2. 态度的构成成分是_____、_____、_____。
3. 影响旅游者态度的因素有_____、_____、_____。

二、简答题

1. 阐述态度的含义。
2. 旅游态度能不能改变?怎么改变?请举例说明。

实训题

1. 简述旅游态度对旅游行为的影响。
2. 请以某一实例分析旅游偏好形成的过程。
3. 请以某一旅游产品为例,说明如何针对性地进行宣传。

第五章

旅游者的人格

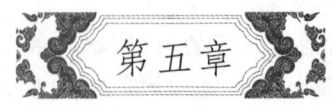

知识目标
1. 掌握旅游者人格的概念、特征及相关理论。
2. 掌握旅游者气质的概念、类型。
3. 掌握旅游者性格的特征与旅游行为。

能力目标
1. 学会用人格结构、气质与性格的相关理论解决旅游行为中的具体问题。
2. 提高旅游从业人员的观察和了解旅游者人格的能力,从而较好地具备从事旅游工作的素质。

迟到者的故事

  小丹、小多、小叶、小伊都非常喜欢看电影,有一次他们几个结伴一起去天市区看电影。看电影的那个地段经常塞车,由于路上塞车,等到四个人兴冲冲地赶到电影院时,电影已经开始放映了。为了保证不干扰其他观众,电影院规定,开演十分钟后停止检票,这就意味着他们只能等2个小时后看下一场。这时候,激动不已的小丹早就没有耐心向检票员求情了,他向检票员怒吼:"我有票为什么不让我进去,规矩是人制定的,为什么偏偏是10分钟,而不是11、12分钟?再说我们是因为塞车才迟到的。你认为塞车是我们的错吗?那是市政交通问题,我们是受害者,你得让我们进去……"一边说一边推撞着检票员,越说越激动,越推越用力。这时候,一直在旁边寻找机会的小多趁小丹推检票员的瞬间,偷偷溜了进去,边走边做鬼脸。这期间,小叶干脆进去旁边的肯德基,一边欣赏美食,一边等候下一次演出的开始。而小伊呢?则一刻不停地抱怨自己,我怎么这么倒霉,昨天不小心打烂了一个珍贵的花瓶,今天看电影又迟到了,要是我早点来,现在已经在看了。唉,我这人怎么这么蠢!

  (资料来源 http://blog.sina.com.cn/s/blog_4d6d4b6b01000a0x.html)

思考： 为什么同样是面对看电影迟到的情况，小丹、小多、小叶、小伊的表现却如此大相径庭？

第一节 人格概述

由于每个人的遗传素质、所处的生活环境、所受的教育以及从事的活动等不同，这些心理过程在每个人的身上就有不同的表现，从而形成了每个人不同的个性心理。在现实生活中就有了千姿百态的行为：有的人脾气急躁，做事风风火火；有的人活泼好动，风趣幽默；有的人沉着冷静，行事稳重；有的人敏感孤独，细心谨慎……这就是个性存在的原因。个性，亦称人格，是心理学中一个重要的内容。

一、人格的定义

人格（Personality）一词来源于拉丁文（persona），原意是指戏剧演员所带的特殊面具，它代表着剧中人的身份。心理学把它引申过来，以表示在人生大舞台上每个人扮演的不同角色以及表现出来的行为特征。

心理学上对人格的定义纷繁众多。人格心理学家阿尔伯特曾综述过50个定义。在阿尔伯特以后也有不少心理学家综述或者分析过人格的定义。虽然时代变了、科学发展了，但对于人格的概念问题一直没能达成统一。这里我们介绍一个比较具有综合性的定义：人格是个人在适用环境的过程表现出来的系统的、独特的反应方式。它是由个人在其遗传、环境、成熟、学习等因素交互作用下形成的，并具有很大的稳定性。

它包含了以下几个层次的内容：第一，先天素质是基础，这是一个前提条件；第二，社会历史条件是促进人格形成和发展的外在环境影响因素；第三，社会交往是促进人格形成发展的方式；第四，人格是心理特征的综合，具有倾向性而且保持一定的稳定性；第五，个性的形成有一个过程，而非短暂的一段时间就能形成。

在这个观点中阐明了人格的形成主要受遗传、环境、成熟、学习等因素的影响。

1. 遗传

遗传素质是人格形成和发展的基本前提。如个人的神经类型、感官特点、智能潜力、内分泌系统的特点、体貌特征和血型等遗传素质都是人格形成和发展的影响因素。曾有心理学家分析了139对同卵与异卵孪生子，以他们情绪的稳定或激动、个性的爱动或好静、大方或羞怯，作为观察与研究的资料。按照常理，他们同样都是孪生子，出生后又生活在同一个家庭，环境因素的影响应该大致相同。然而，该研究却发现，同卵孪生子人格之间的相似性远远高于异卵孪生子。这说明，遗传因素对人格特质的形成确有相当大的影响。

2. 环境

社会历史条件、文化、学校、家庭等环境因素,对人格的发展内容、方向、水平等构成影响。社会文化塑造了社会成员的个性特征,使其成员的个性结构朝着相似性的方向发展。因此不同民族、国籍的人由于社会文化的不同,使他们在个性方面也呈现出一定的群体差异。

家庭环境也是个性形成的重要影响因素,心理学家发现:民主型家庭教育方式中成长的儿童表现谦虚有礼,待人亲切诚恳;独断型家庭教育方式中成长的孩子怯懦又不诚实,性情不安定,缺乏自信;而放纵型家庭教育方式中的成长的儿童好吃懒做、独立性差,没礼貌、自私自利。

生态环境、气候条件、空间拥挤程度等这些物理因素都会影响到个性的形成和发展。自然环境对个性的形成不起决定作用,但是不同的物理环境中,人可以表现出来不同的行为特点。

3. 成熟

成熟度与人格发展的阶段相对应,同一个人在不同的生理和心理年龄阶段人格会有不同主题。成熟度规定了人格发展的一些规律性的东西,如年轻的时候富有激情,也比较冲动,比较情绪化,到了中年,人会趋于成熟和稳重。

4. 学习

在个人成长过程中,随着个体独立性的增强,在自我意识的支配下,人可以主动地选择和获取来自自然环境的信息,并因此带来自身行为的变化。比如,有人能够意识到自己性格的缺点,并能有意识地去改变和塑造自己的性格,通过自我约束、自我修炼最终导致性格变化。

人格包括使某一个个体与其他个体相区别的特质、自我意识、行为方式等多个方面。它影响着旅游者的旅游决策和对不同旅游产品的喜好程度。研究旅游者的人格,就是要了解旅游者行为的差异性,这是预测和调节旅游者行为的重要途径。

二、人格的特征

不同人格理论家对人格解释不同,但一般认为人格有整体性、稳定性、独特性、社会性等特征,下面分别阐述。

1. 整体性

人格的任何一个方面都不是孤立的,都与其他方面密切相关。人格中任何因素的改变都会影响其他因素的改变。一个人若从自卑变为自信,则情绪、认知方式和行为方式等都会改变,表现出比自卑时多话、积极、好动、帮助他人等,我们感到不仅是自信心的改变,而是整个人的改变。

2. 稳定性

稳定性是指人的思想感情和行为具有跨时间的连续性和跨情景的一致性。如某人现在是外向型的,可以推测以前和今后都会是外向型的人;某人现在是爱着急的人,那么以前和将来都会比较着急。当然,人格是可以改变的,但是改变是缓慢的。某种重大事件可以导致人们突然改变,比如失恋会使人突然变得很深沉,但随着时间的推移,基本行为方式还会朝着原来的样子恢复。

3. 独特性

人格的独特性是指人与人之间的心理和行为是不相同的。由于人格结构组合的多样性,使每个人的人格都有自己的特点。每个人都是独一无二的个体,世界上没有两片相同的树叶,更没有两个完全相同的人。在日常生活中,我们随时随地都可以看到每个人的行动都异于他人,每个人各有其能力、爱好、认知方式、情绪表现和价值观等。

4. 社会性

社会化将人这样的动物变成了社会的成员,在社会化过程中,人才有完整的人格。如果脱离了社会人格将无法正常地发展,尤其在心理发展的特殊时期,如婴儿期以及幼儿时期。

第二节 旅游者的人格结构与旅游行为

不同的理论学家对人格结构有不同的看法,目前比较有代表性的观点是弗洛伊德对人格结构的划分,本节分别阐述弗洛伊德的人格结构理论以及不同的人格结构对旅游者旅游行为的影响。

一、人格结构理论

人格理论主要是对人格的形成、结构、功能及人格与行为的关系的研究。人格问题的研究可谓五花八门,各有千秋。最有影响的四种理论:特质论、精神分析论、学习论和自我论。

在所有的人格理论中,内容最复杂而且影响最大的是弗洛伊德创立的精神分析理论。弗洛伊德的人格理论主要包括两个主题:人格结构与人格发展。他认为人格是一个整体之内包括彼此关联且相互作用的三个部分,分别称为本我、自我和超我。由于这三个部分的相互作用而产生的内驱力,支配了个人所有的行为。

1. 本我

本我是人格结构中最原始的部分,是遗传下来的本能,由生物本能和欲望组成。本我之内包含着一些生物性或本能性的冲动(最原始的动机),其中又以性的冲动和破坏性冲动为主，这些动机就是推动个人行为的原始动力。本我遵循"快乐原则"行事，由本我支配的行为不但不受社会规范道德标准的约束，而且也不受任何生理上或社会性的限制，一切都是潜意识的，并要求立即得到满足。弗洛伊德把这种原始动力称为"里比多"。外在的或内在的刺激都有可能促使里比多增加，而里比多增加时就会增加个人的紧张与不安。为了减低紧张，本我要求立即满足要求以求发泄原始的冲动。

2. 自我

自我是个体在与环境的接触中由本我发展而来的人格部分。所谓自我即理智的我，考虑什么能做，什么该做什么不该做，怎么做能做好，以及制定目标和计划，设想自己的人生目标等。自我遵循"现实原则"行动，即自我的任务是在衡量现实的条件下满足本我的冲动，自我介于本我与超我之间，它的主要功能有几个方面：一是获得基本的满足以维持个体的生存；二是调节本我的原始需要以符合现实环境条件；三是管制不为超我所接受的冲动；四是调节并解决本我与超我之间的冲突。因此，自我是人格结构中的主要部分。

3. 超我

超我是在人格结构中居于管制地位的最高部分，是由于个人在社会化的过程中将社会规范、道德标准、价值判断等内化后形成的结果。当儿童成长到5岁左右，由于社会要求，特别是来自父母的价值和标准，人格结构的第三部分超我开始出现。所谓超我即超越自我，超越了自我的结果就是为了他人或是自己更加完善，所以超我包括良心和自我理想。良心是个人的道德标准，当个人的行为违反了这种标准时，便会受到良心的责备而感到内疚。自我理想是个人的目标和抱负的源泉，当达到这种标准时就会为此感到自豪。所以，超我是本我与自我的监督者，它的主要功能有：管制社会所不接受的原始冲动；诱导自我使其能以合乎社会规范的目标代替较低的现实目标；使个人向理想努力达成完美人格。所以在弗洛伊德看来，一个缺乏控制力的超我可能使一个人成为不良少年、罪犯或反社会型人格，而一个过分严格的超我则可能使人产生压抑感或难以承受的内疚感。

人格结构的三部分常常处在相互抗衡的状态之中。健康人的自我会防止本我和超我过分控制其人格，自我的目的是找到一条途径同时能满足本我和超我的需求。不过这往往是相当困难的。人的潜意识是人格三部分的战场。自我既要与现实保持联系，同时又要协调人格其余两部分的要求。

二、旅游者人格结构与旅游的影响

1964年加拿大临床心理医生埃里克·伯恩博士在其专著《人们玩的游戏》一书中提出一种新的人格结构理论。该理论认为，人格是由儿童自我状态、成人自我状态和父母自我状态三种自我状态构成（表5-1）。这三种自我状态大体上与弗洛伊德的本我、自我、超我相对应。

人格的三部分，即"父母""成人""儿童"，负责指挥各种不同的行为，而且，每个部分对于个人是否要进行旅游，到哪去旅游，花多少钱，住多长时间都将发表不同的看法。当一个人离开家，父母、成人、儿童这三种自我形态就伴随着他，每一种自我形态都必须以某种方式迎合个人。人格的三种作用都必须肯定外出旅游是有意义的,否则任何一种旅游都不能进行。

1. 儿童自我形态与旅游行为

一个人最初形成的自我状态就是儿童自我状态,由自然的情感、思维和行为构成。一个人按他的儿童状态行动时,他就会任性地想怎么干就怎么干,完全不受压抑地表达想法和动机。娱乐性旅游的许多主要动机,显然来源于儿童自我形态。旅游很容易迎合儿童自我形态。首先是因为旅游给人以许多的乐趣和希望。它无须花多少时间便能勾起人们的想象,沙滩、频频摇动的棕榈树、时髦的飞机、举行冠军赛的高尔夫球场、美味的餐馆、窗明几净的舒适的旅馆房间、优美的景色、新奇的事物,还有一些令人激动的事都能激发各种年龄段潜在旅游者的儿童自我形态。旅游广告、对去年度假旅游的美好回忆、四处周游的朋友的第一手资料都促进儿童自我形态形成这些内心的想象。

作为旅游工作人员,要及时捕捉旅游者的儿童自我形态的契机,或者分清楚哪些是儿童自我形态的旅游者,哪些旅游者在什么样的情境下处于儿童自我形态下。这样就能根据儿童自我形态旅游者的特点提供针对性的服务或工作,更加有效地促进旅游工作的开展,比如提供直观的刺激以提高兴趣,提供及时的服务以满足其迫切的要求等。

2. 父母自我形态与旅游行为

父母自我状态是人们通过模仿自己的父母或其他在心目中像父母一样的权威人物而获得的态度、兴趣和行为方式。父母自我状态提供一个人的有关观点、是非、怎么办等方面的信息。父母自我状态支配人们有关批判、教诲、教训以及道德的行为,并为人们立下规矩,父母自我形态告诉个人如何处世和分清是非。当儿童自我形态本能地对将带来乐趣的旅游感兴趣时,父母自我形态和成人自我形态通常有保留看法,并对外出旅游提出疑问,特别是父母自我形态可能对儿童自我形态沉迷于外出旅游的欲望表示严重的怀疑。父母自我形态是个人偏见的主要原因,也是个人的基本知识和是非观念的主要来源。父母自我形态的功能包括两个方面,一方面有保护性和教育性,而另一方面有批判性和权威性。所谓批判性是指他很可能对仅仅为了娱乐而费时花钱去旅游的打算持反对意见。父母自我形态的旅游动机,主要表现在教育和文化上的益处、家庭团聚、工作之余消除疲劳、经济状况、地位、声望等。如果这些动机被激发起来,就会使父母自我形态同意儿童自我形态通过旅游尽情娱乐。即使父母自我形态同意儿童自我形态进行旅游之后,他还可能坚持旅游前已经做出的计划,比如花多少钱,出去多长时间等。

作为旅游工作者,一方面要能提供能够满足父母自我形态特点的旅游产品,同时要根据父母自我形态的特征进行针对性地宣传,尤其要宣传具有功能性作用的旅游产品,比如旅游过程中能提高声望、改善身体、促进家庭和睦以及提升人际交往能力等。最后,作为旅游工作者,一定要能确定哪些旅游者具有父母自我形态的人格特征,只有这样,才能有效地进行各方面的工作。

3. 成人自我形态与旅游行为

成人自我形态是指导理性思维和客观的信息加工的人格部分。成人自我形态指导理性的、非情绪的、客观的行为，即指导如何理智地解决问题。并且成人自我形态负责调节儿童和父母自我形态之间的冲突，他既考虑有关旅游的分歧，也考虑力图做出合理的客观的决定。成人自我形态的作用就是合理地做出旅游决策。成人自我形态也负责搜集同一个人安排外出旅游所需的真实可靠的信息。这时成人自我形态便充当仲裁，力图取悦于要立即启程、或许在外久留、要把所有的钱挥霍在各地的儿童自我形态，力图协调实在不想走，并无论如何坚持花钱要合理、时间安排要得当的父母自我形态。成人自我形态需要诸如怎样去旅游地、花多长时间、带多少钱、就近有哪些食宿设施、费用多少等方面的信息，还要得到其他方面的能制订切合实际旅游计划的信息。在未搜集到必要的信息时，成人自我形态很可能会推迟旅游。

作为旅游工作者，面对成人自我形态的旅游者应该具有相应的工作特征。首先，在旅游宣传方面应该进行全面客观的讲解，关于旅游产品的正面信息和负面信息都要告知旅游者，最后让旅游者自己决定是否购买旅游产品，如此才能赢得成人自我形态旅游者的信任。其次，在旅游产品设计方面一定要合理，让成人自我形态的旅游者觉得客观划算。最后在提供旅游服务时一定要个性化服务以便打动成人形态的旅游者，一旦打动了成人自我形态的旅游者，则可能会拥有一个终身客户。

表 5-1　儿童、成人及父母自我状态的表现

状态	语言表现	语调	非语言表现
儿童自我状态	孩子的口吻；我想要、我要、我不知道、我不管、我猜、当我长大时、好得多、好极了	激动、热情、嗓门高、尖声、欢乐、悲愤、悲哀、恐惧	喜悦、笑声、咯咯笑、可爱的表情、眼泪、颤抖的嘴唇、噘嘴、发脾气、眼珠滴溜溜地转、垂头丧气的眼神、逗趣、咬指甲、扭身子撒娇
成人自我状态	为什么、什么、哪里、什么时候、谁、有多少、怎么样、有可能、我认为、依我看、我明白了、我看	几乎像计算机那样不假思索	直截了当的表情、舒适自然、不很热情、不激动、默然
父母自我状态	按理、应该、绝不、永远、不要、别、不要、不、让我告诉你应该怎样做、真蠢、真讨厌、真可笑、别再这样做了！你又想干什么？我跟你说了多少遍了？请你千万记住	高声批评、低声抚慰	皱眉头、指手画脚、摇头、惊愕的表情、跺脚、双手叉腰、搓手、叹气、拍别人的头、死板

总之不要把每个旅游者当作一个整体的人，而是当作一个具有三个独立的不同的人

格的人加以考虑。如果一个人想要旅游并且从中得到快乐,每种自我形态都必须得到适当的满足。首先,每个成分对旅游都有不同的想法,每个成分都有旅游可以满足的不同的要求和动机。在解释旅游行为时,所有这些预先的想法、要求和动机都必须加以考虑,在销售不同的旅游产品和服务时,必须适当加以协调。

第三节 旅游者的气质与旅游行为

气质是人的个性心理特征的重要内容之一。气质是指表现在人的心理活动和行为动力方面的特征,具有速度与强度、稳定性、指向性等特点,还与人的遗传生理特征有密切关系。旅游参与者各自具有不同的气质类型,气质类型带来的反应模式上的差异,对旅游行为产生直接的影响。气质通常不具有社会评价意义,不同类型气质的个体在旅游中的作用大小取决于个人的综合素质特点。

一、气质的概念

气质是指人的高级神经活动类型特点在行为方式上的不同表现,它是个人心理活动的稳定性的动力特征,常常表现或影响人的心理活动的速度、强度、稳定性和指向性。

气质主要是由人的先天素质决定的,与人的生理解剖特点相关,是自己无法选择的一种神经活动类型。一个人的气质具有较大的稳定性,比较早就会在一个人身上固定,显示出稳定的一贯性特征,表现出一个人生来就有的自然特征。

气质也并非一成不变,在环境和教育的影响下,气质也会发生某些缓慢地变化。一般气质在儿童时期表现得较为明显,人到中年后,由于生活环境对其影响,在社会化的过程中,需要处理的人际关系越来越复杂,受到的社会规范的约束越来越严格,特别是在重大事件作用下,某些气质特点就会被后天获得的特性所掩饰。

在旅游活动中,旅游者的气质可以通过人的言语和行动的动态特征表现出来。如在旅游活动中,我们可以看到,有的旅游者活泼好动,反应灵敏;有的旅游者则安静沉稳,反应缓慢,这些特点就是人的气质的具体表现。

二、气质的类型

古希腊医生希波克拉底(Hippocrates,约公元前460—公元前377年)认为人体内有四种体液,即血液、黏液、黄胆汁和黑胆汁。根据四种体液在人身体中所占的比重不同,将人的气质分为四种类型,即胆汁质、多血质、黏液质和抑郁质。虽然用体液来解释气质类型是经验概括,但在解释人的情感和行为多样性方面容易被人们所接受,所以一直沿用至今,也成为研究气质的权威分类方式之一。

1. 多血质

多血质又称活泼型,敏捷好动,善于交际,在新的环境里不会感到拘束。在工作、学习上富有精力而且效率高,表现出机敏的工作能力,善于适应环境变化。在集体中精神愉快,朝气蓬勃,愿意从事合乎实际的事业,会对事业心向神往,能迅速地把握新事物,在有充分自制能力和纪律性的情况下,会表现出巨大的积极性。兴趣广泛,但情感易变,如果事业上不顺利,热情可能消失,其速度与投身事业一样迅速。从事多样化的工作往往成绩卓越。

2. 胆汁质

胆汁质又称不可遏止型或战斗型。具有强烈的兴奋过程和比较弱的抑郁过程,情绪易激动,反应迅速,行动敏捷,暴躁而有力;在语言上、表情上、姿态上都有一种强烈而迅速的情感表现;在克服困难上有不可遏止和坚韧不拔的劲头,但不善于考虑;性急,情感易爆发而不能自制。这种人的工作特点带有明显的周期性,埋头于事业,也准备去克服通向目标的重重困难和障碍。但是当精力耗尽时,易失去信心。

3. 黏液质

黏液质气质类型人的各种心理活动和外部动作迟缓而又稳健。性情沉静,情感发生缓慢而微弱,沉默寡言,动作迟缓,善于忍耐,善于克制情感的抒发和宣泄,较少的冲动,表情单一。情绪表现方面为平静、沉着、迟缓、反应速度慢,情绪稳定,心境平和,不易激动,很少发脾气。但是思想刻板守旧,对新鲜事物接受较慢。

4. 抑郁质

抑郁质又称为忧郁质。这种类型的人各种心理活动和外部动作迟缓而又柔弱。性情脆弱,情感发生缓慢而持久,动作迟钝,易于疲劳,敏感多疑。情绪比较平静,不易动情,情感脆弱,易神经过敏,情绪兴奋点高,而且体验深刻,容易孤僻。这种人在工作中不善于与人打交道,疑心较重,易受环境影响产生情绪变化。

现代科学证明,气质的生理基础是高级神经活动类型。巴甫洛夫的神经类型活动说是影响最为久远、比较科学的说法。巴甫洛夫认为神经活动的基本过程是兴奋和抑制,兴奋和抑制有三种基本特性,即兴奋和抑制的强度、平衡性和相互转化的灵活性。这三种特性的独特组合,构成了四种基本的高级神经活动类型。如表5-2所示。

表5-2 高级神经活动类型与气质类型对照表

神经过程的基本特性			高级神经活动类型	气质类型
强度	平衡性	灵活性		
强	不平衡		兴奋性(不可遏制型)	胆汁质
强	平衡		活泼型(灵活型)	多血质
强	平衡	灵活	安静型(不灵活型)	黏液质
弱		不灵活	弱型(抑制型)	抑郁质

神经过程的基本特性强度平衡性灵活性高级神经活动类型气质类型强不平衡兴奋型(不可遏制型)胆汁质强平衡活泼型(灵活型)多血质强平衡灵活安静型(不灵活型)黏液质弱不灵活弱型(抑制型)抑郁质

每一种气质类型的人,其行为特征也各不相同。气质类型与行为特征的对应关系如表5-3所示。

表5-3 气质类型与心理—行为特征的对应关系

	多血质	胆汁质	黏液质	抑郁质
感受性	低	低	低	高
耐受性	较高	较高	高	低
速度与灵活性	快,灵活	快,不灵活	慢,不灵活	慢,不灵活
可塑与稳定性	有可塑性	可塑性小	稳定	刻板性
不随意反应性	强	强	弱	弱
内外向	外向	外向	内向	内向
情绪兴奋性	高	高	低	体验深
情绪与行为特征	愉快,机敏不稳定	容易激怒	冷漠	悲观

三、旅游者的气质与旅游行为

不同气质的旅游者,在旅游过程中的表现各不相同。

1. 胆汁质的旅游者

胆汁质的旅游者精力充沛,动作剧烈而有力,活动积极;待人热情,感情容易外露,喜欢与人交往;喜欢参加富有冒险性和挑战性的活动项目;容易急躁,缺乏足够的耐心;爱直率地表达自己的观点,当看到自己喜欢的景物或者遇到开心的事情会不顾一切地表达出来,甚至大喊大叫;如果发现一些令自己不满意的事情会不顾情面、不顾场合地讲出来;爱与别人争论;喜欢指挥别人,但不喜欢被别人指挥;粗心大意,在旅途中容易丢失东西。

接待这类旅游者应尽可能避免与他们发生冲突。一旦出现矛盾应主动回避、忍让,不要激怒他们;在为他们提供服务时应尽可能迅速,在旅游途中要及时提醒他们不要遗留物品。

2. 多血质的旅游者

这类旅游者活泼好动,喜欢旅游,也很适合旅游。他们情感反应迅速、动作敏捷灵活,对人热情大方,在旅游途中与他人会很快熟悉起来,乃至成为好朋友;对旅游服务能够善意、直率地提出自己的意见和看法。感情外露、情感多变;喜欢参加变化大、刺激性强的活动项目;注意力容易转移,不喜欢长时间沉浸于某种单一的项目;做事经常改变主意。

接待这类游客应当在可能的情况下尽可能多地同他们交谈,多为他们介绍或安排一些新奇有趣、富有变化的活动。在旅游途中因为主意改变而造成与他人摩擦的要做好耐心细致的解释工作。

3. 黏液质的旅游者

这类旅游者有比较稳定的兴趣爱好,喜欢参加以往曾经参加过的、比较安全的旅游项目;对所有计划制订得比较周密,对各方面考虑得比较周全;喜欢安静的旅游环境;自制力较强,感情不容易外露,遇事不容易发脾气,也不容易被感动;办事稳当,反应比较慢;对服务中存在的问题能保持理智;如果遇到个人问题,愿意自己解决,而不愿去麻烦别人。

接待这类旅游者应当在安排住宿时尽量选择一些周围环境较为安静的房间;有事情需要交代要直截了当;活动安排不要太紧凑、内容不要太复杂;尊重他们处事比较谨慎的特点,不要过多地催促。

4. 抑郁质的旅游者

这类旅游者沉默寡言、性情孤僻、不喜交际;对旅游项目的选择常常比较传统,对新开辟的旅游场地和旅游项目不太感兴趣;喜欢独处,不喜欢在大庭广众之下大声说笑;感情不易外露,遇事常常藏在自己心里;自尊心很强,很敏感,想象力丰富,好猜疑;行动迟缓,反应慢;遇到自己不顺心的事情,内心会十分痛苦。

接待这类旅游者应特别注意尊重他们;尽量少在他们面前说话,绝对不要与他们开玩笑;有事情要与他们商量,切勿命令、指责;安排住宿适宜安排在周围环境比较清静的房间,在听他们的谈话时,要有耐心,不可以显示出不耐烦的神情。

气质类型不具有社会评价意义,更没有好坏之分,只是不同的个体特点的倾向性表现。气质是心理活动的动力特征,使个体带有独特的色彩,并不决定具有个性特征的内容好坏。气质类型一般只影响心理活动的表现形式,但不会涉及个体心理活动的方向和内容,不决定人的价值和成就大小。每个人,无论是具有哪种气质类型,都会对个体造成积极影响的一面,也会有消极的一面。

在线测试

第四节 旅游者的性格与旅游行为

旅游者的性格与旅游者的行为密不可分,通过对旅游者性格特征的分析,有助于旅游工作者更好地预测和引导旅游者的行为,从而更好地为旅游者服务。

一、性格的内涵

性格是个人在对现实的态度和行为方式中表现出来的稳定的人格心理特征。

性格是某些心理特征在一个人身上有机结合的性格，体现出个人的独特风格。比如一个人对自己担当的工作总是勤勤恳恳，善于克服各种困难去完成任务；对那些在工作中具有创新精神的同伴给予支持和赞许；对工作不负责任和完不成任务的人，敢于对他们进行批评和热心帮助。从这个人在对别人、对劳动、对自己的态度和行为方式上的表现，可以看出他具有坚毅、勇敢、顽强和热情的统一风格，这些心理特征的统一构成他的性格。

性格是贯穿于一个人整个行为中的具有倾向性的稳定的心理特征。即是说，个人的性格既经形成就具有相对稳定性，在某种情况下，总是表现出特定的生活感情和态度。所谓性格的稳定性并不是说一个人在行为举止上都是千篇一律的，而是指人的性格基本结构是不变的。性格的稳定性，也不是说它是不可以改变的。性格特征是在任何客观现实相互作用的过程中形成的，它又随着人和客观现实相互作用过程的变化而改变。

性格与道德品质和世界观相联系，它在人格中具有核心意义。因为，人对现实的态度和行为的后果，可能有益于社会，符合多数人的利益，也可能危害社会，损害多数人的利益。因此，性格必然受一定道德规范约束，并对它有好或坏的评价，不同性格特点的社会价值是不一样的。

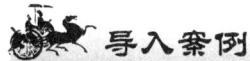

团队中不同国籍旅游者性格差异

飞机、火车都会有不同国籍者同飞共乘，因此应了解东西方人的性格和思维方式。东方人含蓄、内向，善于控制感情，往往委婉表达意愿，思维方式一般从抽象到具体，从大到小，从远到近。

西方人开放、爱自由、易激动，感情外露，喜欢直截了当的表明意愿并希望得到肯定的答复。他们的思维方式一般由小到大，由近及远，由具体到抽象。

其实这仅是一般情况，正像中国人，不同地区、不同民族的性格、思维方式也有很大差异，社会阶层、职业、性别、年龄不同，心理特征、生活情趣也各不相同。同样西方人也一样，英国人矜持、幽默、绅士派头十足；美国人开朗大方，爱交朋友但是随随便便；法国人喜欢自由，易激动，爱享受生活；德国人踏实勤奋、不尚虚文；意大利人热情，无拘无束，热爱生活。

二、性格形成的主要影响因素

性格的形成有先天的因素作用，受一定的生理因素的影响，但更主要的是在社会实践活动中逐渐养成的，即个体通过家庭环境、受教育环境的水平、社会关系的作用等影响完成的。由于遗传、家庭、环境和学习等因素的影响，才使一个人的性格显出千差万别的特性来。性格的形成和发展受生理和环境因素影响，性格是在一个人生理素质的基础上形成的，在社会活动中发展和发生变化的。

1. 生理因素

首先是遗传。性格的形成主要受气质的影响,人体生理解剖的差异也会对性格的形成产生影响。气质是自己无法选择的一种神经活动类型,一个人的气质具有较大的稳定性,表现出来一个人生来就有的自然特征,对性格的形成产生影响,具有其独特的色彩。其次是体格和体型。外表形象的丑美、体格健壮与瘦弱、营养状况、食谱构成影响到躯体的发育水平。与人的生理解剖特点相关,身体有残疾的人易形成自卑感,体型魁梧的往往更自信。最后是性别。受激素水平的控制男女身体结构的不同,男女生理差异影响性格形成不同特点。性别差异造成的不同社会角色任务,形成不同的行为方式,对性格的养成起作用。

2. 环境因素

儿童成长期间是性格发展的主要阶段,家庭是培育个人性格的摇篮。人生活在家庭成员之中,学习社会规则与人交往,言传身教的熏陶使性格具有家庭背景特色。另外学校教育对青少年性格发展具有十分重要的影响。在学校学习期间逐步完成社会化过程,在学校里,学习知识,学会交往,形成自己的价值观。第三是社会文化。历史渊源、政治经济制度、宗教信仰、民族风俗等对个人性格形成也有重要意义。

三、性格的特征

性格是一个十分复杂的心理特征,有多个侧面,包含多种多样的心理特征。这些特征在每一个个体身上都以一定的独特性结合为有机整体。意志坚强型的性格具有确定性、持久性、独立性和顽强性的特征。性格特点往往能补偿某些方面能力的弱点,即常说的"勤能补拙"。性格具有社会评价意义,不同性格特点的人在社会中表现不同。

1. 性格的意志特征

人自觉地调节自己的行为心理过程是意志过程。人自觉地调节自己的行为方式和水平标明性格的意志特征。

(1)对行为目标明确程度的特征

有目的性或冲动性;独立性或易受暗示性;有组织纪律性或放纵性等。

(2)对行为自觉控制水平的特征

主动性和自制力。

(3)在紧急状态或困难情况下表现的意志特征

勇敢、果断、镇定和顽强。

(4)对自己做出决定贯彻执行方面的特征

恒心、坚韧性、执着、顽固性等。

2. 性格的情绪特征

情绪是人对客观现实的一种特殊反应形式,在主观世界中产生肯定或否定的体验。

人的情绪状态影响着他的全部活动,当人对情绪的控制具有某种未定、经常表现的特点时,这些特点就构成一个人的性格情绪特征。其表现如下。

(1)情绪强度方面的性格特征

这种特征表现为情绪对人的行为活动的感染程度和支配程度以及情感受意志控制程度。

(2)情绪稳定性方面的性格特征

这种情绪表现为情绪起伏和波动的程度。

(3)情绪持久性方面的性格特征

这种情绪表现为情绪对身体、生活与工作影响存留的久暂程度。

(4)主导心境方面的性格特征

情绪对人的身心稳定而持久的影响即形成心境状态。心境状态在不同人身上有显著差异性,因此,每个人都具有主导心境。有的人可能是经常处在精神饱满、欢乐愉快之中;有的人可能是经常抑郁低沉的;另一些人则可能经常是宁静安乐的。这些都体现人各不同的主导心境的性格特征。

3. 性格的理智特征

这种特征表现在感觉、知觉、记忆、思维和想象等认知方面的个人特点,称之为性格的理智特征。

(1)表现在感知方面的性格特征

主动观察特征和被动观察特征,前者在感知中不易被周围刺激物所干扰,能按照自己的目的任务进行观察,后者则明显地易受环境刺激所影响。知觉的详细分析特征和概括性特征,前者特别注意事物的细节,后者多注意事物的整体和轮廓。感知的快速性特征和精确性特征,前者反应迅速但观察不持久,后者观察精细。

(2)表现在思维方面的性格特征

善于独立思考或搬用现成答案;偏好分析或偏好综合等都属于这方面的性格特征。

(3)表现在想象方面的性格特征

在这方面有主动想象和被动想象之别;有大胆想象和想象受限制之分等。

4. 性格的态度特征

态度特征主要是处理各种社会关系方面的性格特征。

对待社会、集体、他人的态度,主要有善于交际,富有同情心,为人正直、诚实等。

对待劳动、工作、学习的态度,包括勤劳与懒惰,认真与马虎,细致与粗心,首创精神和墨守成规,节约与浮华等。

对自己的态度,主要有谦虚与傲慢,自信与自卑等。

四、性格对旅游行为的影响

性格受个人的信念、理想和价值观念的影响,是人格的核心,对旅游活动的选择有较大的影响。有的人有注重实效的性格特点,他们会较多地选择能够满足自己求知、求乐的需要并且费用节约的旅游活动。有的人比较注重自我想象的表现,会较多地选择能够象征自己的能力、成就和地位的旅游活动,为了增强自我形象,他们不惜金钱,或者不惜艰辛,甚至选择探险旅游活动。

1. 性格特征对旅游行为的影响

性格的情绪特征比较强的人,对旅游的趣味性会有比较多的考虑,喜欢具有多样性的活动内容、活动方式和具有欢乐、愉快气氛以及浪漫色彩的旅游活动,对度假和一般的观光活动也会较有好感。

性格的理智特征比较强的人,多会选择有认识和审美意义的社会文化对象和奇特的自然现象作为旅游对象,较少选择娱乐性活动和一般的度假旅游和参观游览活动,尤其单纯的娱乐性的旅游活动不受他们欢迎。

性格的意志特征比较强的人,对轻而易举的旅游活动不会有太大的兴趣,而对那些需要自己付出艰辛和努力,能够发挥个人能力等具有挑战性的旅游活动,有积极的选择倾向。不同性格特征,还会影响个人对旅游交通、食宿条件做出不同的选择,其影响涉及旅游过程中的各个方面。

2. 不同性格的生活方式对旅游行为的影响

(1) 安静型

这种性格的生活方式的人重视家庭、维护传统、爱好整洁,而且对身体健康异常关注。他们认为家庭应该是一个和睦亲密的团体,每个假期的一部分活动都应该具有教育意义。通常情况下,他们选择的旅游目的地大多数是环境宜人的湖滨、海岛、山庄等旅游区;喜欢清新的空气、明媚的阳光;喜欢狩猎、钓鱼,与家人野餐。这种人喜欢平静的生活,不愿冒任何风险,而且对广告从来都抱有怀疑态度,尤其是报纸和杂志上的小广告。

(2) 社交型

这种类型的旅游者同"安静型"形成鲜明的对比,他们活跃、开朗、自信,对新鲜事物呈开放态度。这些性格特征说明他们的兴趣在于旅途中能够结交新朋友、联络老朋友、扩大交往范围。社交型的人与安静型的人相比,周游世界对他们来说具有更大的兴趣和刺激。与国内度假旅游相比,社交型的人更喜欢海外的度假旅游,他们喜欢异国文化,迷恋外国的美术馆和博物馆,喜爱欣赏古典欧洲音乐,看古典戏剧等。在旅游的过程中,社交性的人更喜欢接受新鲜事物,凡是具有奇异的、刺激的、独特的景区和景点都充满激情,更喜欢与不同性格特征的人交流沟通,喜欢参加不同特点的群体互动,比较容易形成积极的、融洽的旅游氛围。

(3) 历史型

这一类旅游者的出游动机是对历史,即对历史上的主要人物、历史遗迹以及历史事件有着浓厚的兴趣。从某种意义上来说,对每个历史人物、遗迹、事件的了解都是学习和丰富自我的良机。历史型的旅游者的教育程度并不一定比其他人高,但是,他们认为度假应该具有历史教育意义,并且由此强烈地激发了他们对具有历史意义的度假胜地的兴趣,而娱乐只是次要的动机;同时,他们认为度假也是一次了解他人,了解不同的风俗习惯和传统文化的机会。他们感兴趣的是历史文化古迹、历史文化建筑以及各种特色的民族风情。他们喜欢从历史人物知识和社会变迁轨迹的过程中领悟生命深层次的内涵,通过历史事件感悟现实社会的特征。

3.性格与气质对旅游行为的交互影响

在旅游过程中,性格与气质有时经常交互地对具体的旅游行为产生影响,比如选择的方式和速度方面,多血质和胆汁质类型的人和情绪特征、意志特征较强的人,往往独立地、果断地做出选择,较少表现出优柔寡断。黏液质和理智特征较强的人在选择中表现出更多的谨慎,他们会多方面搜集资料进行评估,独立地做出决定,在认为还没有对所有问题具有充分把握之前不会贸然做出决定。抑郁质和被动性格的人在旅游选择中往往表现得犹豫不决举棋不定,很难很快地下定决心,所以常常观望别人,受别人选择的影响。

性格与气质对旅游选择影响也是复杂的,具有某种气质和性格特征的人,虽然在选择上经常表现出某种倾向性,但在某种情况下也会表现出与通常所不同的选择,这就需要具体进行分析,以发现起作用的影响因素。大多数情况下,气质和性格对旅游活动的影响是会受到意外因素的影响。由于旅游选择的影响因素较多,所以应当对特殊情况下的具体问题进行分析,这样就会对旅游者的认识更加全面和准确。

在线测试

人格是心理学领域一个非常复杂、非常重要的研究范畴。人格对人的行为具有重要的影响作用。气质与性格是人格中十分重要的内容。旅游者的气质、性格特点不同,在旅游过程中的行为表现也各不相同。针对不同气质类型和不同性格特征的旅游者应有不同的接待服务策略。

 自我检测题

一、判断题

1. 人格的定义尚未统一。 ( )
2. 人格是一种动力组织,这种组织内隐于个体的身心系统内,决定个体的思想和行为
 ( )
3. 弗洛伊德的"本我"依据快乐原则活动。 ( )
4. 性格是个体对现实的态度和暂时性行为方式的人格特征。 ( )
5. 人的气质一般来说是单一的类型。 ( )
6. 人的气质有好坏之分。 ( )

二、多项选择题

1. 影响人格形成的因素有（　　）
   A. 遗传　　　　　　B. 环境
   C. 学习　　　　　　D. 成熟

2. 根据旅游者在生活中的表现,本书将旅游者按照性格划分为（　　）
   A. 安静型　　　　　B. 历史型
   C. 交际型　　　　　D. 抑郁质

3. 人格的特征包括人格的（　　）
   A. 整体性　　　　　B. 独特性　　　　　C. 稳定性
   D. 社会性　　　　　E. 暂时性

4. 弗洛伊德的精神分析论的早期观点,把人格结构分为（　　）
   A. 本我　　　　　　B. 意识　　　　　　C. 潜意识
   D. 超我　　　　　　E. 前意识

三、单项选择题

1. 气质概念的最早提出者是（　　）
   A. 亚里士多德　　　B. 希波克拉底
   C. 柏拉图　　　　　D. 克瑞奇米尔

2. 某人活泼好动、反应迅速、灵活多变、注意力容易转移,他是属于哪种气质类型？（　　）
   A. 胆汁质　　　　　B. 多血质
   C. 黏液质　　　　　D. 抑郁质

3. 某人安静沉稳、寡言少语、反应缓慢、情绪不外露、注意稳定不易转移,他是属于哪种气质类型？（　　）
   A. 胆汁质　　　　　B. 多血质
   C. 黏液质　　　　　D. 抑郁质

4. 高级神经活动类型说的提出者是（　　）
   A. 巴甫洛夫　　　　B. 希波克拉底
   C. 加伦　　　　　　D. 克瑞奇米尔

5. 抑郁质的人的神经类型是（　　）
   A. 强而不平衡型　　　　B. 强、平衡、灵活型
   C. 强、平衡、不灵活型　D. 弱型

6. 个体在心理活动的强度、速度、灵活性和指向性方面的稳定的动力特征是（　　）
   A. 气质　　　　　　B. 性格
   C. 能力　　　　　　D. 爱好

7. 弗洛伊德的"自我"依据（　　）活动
   A. 快乐原则　　　　B. 理想原则
   C. 现实原则　　　　D. 社会原则

8.强、平衡、不灵活的气质类型又称(　　)
   A.多血质　　　　　B.胆汁质
   C.黏液质　　　　　D.抑郁质

四、简答题

1.如果一个游客的气质类型是抑郁质,作为导游应如何对待?
2.气质有哪些基本类型?它们各有哪些优缺点?
3.如何利用人格结构理论进行旅游服务工作?
4."江山易改,本性难移"对吗?为什么?

案例分析

张先生出国旅游,由于离开了自己的生活环境,外在的限制和制约性下降,一不留神他去了目的国的红灯区。但最后他还是经过努力控制了自己的行为,没有做出放纵的行为。

试分析:人格理论对他行为的影响。

实训题

某天晚上八点多钟,有一位美国客人到某酒店餐厅吃饭。这位客人坐下后,不断地和服务员交谈,让服务员给他介绍有什么好吃的,他对周围的一切非常好奇。不是看花瓶、餐具,就是研究筷子架,还叫服务员教他如何使用筷子。最后,他点了一个中式牛柳、一个例汤和一碟蔬菜。很快,菜就上齐了。

他首先把牛柳摆在面前,迫不及待地吃了起来。只见他将一块牛柳放进嘴咬了几下,就把牛柳吐在骨碟上,接着又连试了几块,都是如此。这时,他无可奈何地擦擦嘴,招手示意服务员过去。当服务员走到他面前时,他非常幽默地说:"小伙子,你们这里的牛一定比我的爷爷还老,你看看我的嘴对此非常不高兴,它对我说能否来一点它感兴趣的牛柳?"说完,他就笑眯眯地望着服务员,等他的回答。服务员说了声对不起,让他稍微等一下。便马上去找主管。主管来了以后对这位客人说:"此菜是本酒店送的,免费。"他说完就走开了,这位客人结账时对服务员说:"看来今晚要麻烦送餐部了。"

试分析:

1.案例中的美国客人属于哪种类型的气质?请从案例中找出根据来。
2.假设客人是其他三种气质类型的人,他们可能会怎样对待牛肉不好吃这件事情?如果你是服务员你又应该如何分别对待他们呢?

第六章

旅游者的社会心理与旅游行为

教学目标

知识目标

了解社会制度、社会文化对旅游行为的影响;理解群体对旅游者行为的影响。

能力目标

掌握家庭、社会阶层对旅游者行为的影响,初步具备根据不同群体的旅游者设计开发旅游产品的能力。

 导入案例

一次愉快的旅行

一个周末的夜晚,王先生(38岁,南方某船运公司部门经理,月薪5 000元,从小在北方长大。)一家在客厅里看电视。王先生拿着遥控板毫无目的地翻动着,儿子(8岁,上小学二年级。)安安静静坐在他旁边。当屏幕翻到旅游卫视时,电视画面正在播放迪士尼乐园儿童游乐的场景。顿时,儿子大叫了起来:"我要去那儿玩,妈妈,我要去那儿玩。"

妈妈(34岁,某中学历史老师,月薪2 800元,在南方长大。)平静地回答他说:"儿子,我跟你说,那是在日本,一个很远很远的地方,怎么去玩啦?"儿子大声叫道:"不行,不行,我要去日本,我要去那儿玩。……""行,放假了爸爸带你去玩。"爸爸敷衍道。

10点钟过后,孩子睡着了。先前儿子大闹的场面还在妻子脑海中浮现。

妻子对丈夫说:"你不是每年有一次带薪假期吗?""咱们家房子也买了,儿子现在还小,爸爸有退休工资,日子还算稳定。我们是不是也该出去看看,也让咱儿子也长长见识。你看老李家,每年都出去玩一次,咱们还是在结婚前出去过几次。"妻子回答道。

"嗯。"丈夫做出了回应,但没有说什么。

"暑假快到了,你看能不能把你的带薪假期移到暑假内,咱们暑假也出去玩一

次。"妻子把想说的话说了出来。

"好吧,不过到哪里去玩呢?"丈夫表示赞同。

"这样吧,你查看一些资料,看哪里比较好玩。"妻子对丈夫回答道。

接下来,王先生在平时上班的同时,特别留意了一些旅游消息,偶尔也在上网查一些资料。他想去的地方太多了,一时拿不定主意。他想,妻子是中学历史老师,喜欢看人文景点,特别是一些历史遗迹,便想找到一条自然资源和人文资源并重的旅游线路。

一天,王先生下班回家,看见爷爷(60岁,爱好书画,参加过中越战争。)和儿子坐在一起,爷爷正给儿子讲越南的一些情况,思维一下子打开了。他想,他们一家人从来没有到国外去旅游过,为什么不到国外去旅游呢?自己刚升迁不久,原计划打算庆祝一下,但苦于工作忙的缘故,一直抽不出时间,现在自己的工作已经进入了正轨,假期咱们一家人就到国外去旅游吧。

睡觉前,王先生把自己的想法给妻子说了一下,妻子表示赞同丈夫的想法。同时,妻子表达了两点想法:一是对国外的情况不熟悉,不知道能否适应那里的环境,他们都不会英文;二是她听同事说,目前中国已开通了多条出境旅游线路,包括欧洲、日本、韩国、澳大利亚、新马泰等,如果要出国的话,到底该选择那一条旅游线路呢?

王先生到旅行社去了解一下情况。李小姐热情接待了王先生。她说,新马泰这条旅游线路开发时间比较早,现在成熟一些,价格相对便宜,而且这几国的文化背景和中国有相似之处;欧洲旅游线路开发的比较晚,现在的旅游产品形式是把多个国家捆绑在一起,因此一般说来价格高一些,出游时间也长一些。给王先生看了欧洲游和新马泰旅游的一些资料。

在听了李小姐的讲解和仔细阅读了欧洲游和新马泰旅游的一些资料后,王先生决定把欧洲游和新马泰旅游作为重点考虑和选择的对象。

回到家后,王先生把在旅行社了解的情况和自己的想法给妻子说了一下。妻子把丈夫拿回来的资料看了一下,她特别留意了价格、游览景点和住宿条件。

"我想我们去新马泰吧,欧洲游的价格太贵了,每人10 000元,快是我一年的工资了。"尽管在妻子的心目中,欧洲对她的吸引力更大,她想去看法国的凯旋门、卢浮宫和埃菲尔铁塔,想去看看古罗马的斗兽场,想扁舟在威尼斯的城中,但是,她还是做出了这样的决定。

王太太告诉丈夫说:"我听我的同事说到新马泰去旅游如果报价格低的团购物特别多,让人特别扫兴,你再到旅行社去问一下,如果是那样,我们就报标准高一些的团。"

最后,王先生报了一个价格稍高的一个团。但是爷爷没有去,爷爷说他身体不好,出去怕消受不起。

在暑假,他们全家度过了一次愉快的旅行。

旅游是一种社会行为,与各种社会因素密切相关。社会的政治制度、经济制度、法律制度和社会文化都直接或间接地影响着人们的旅游行为。社会是由相应的社会群体构成的，个体作为社会的一员，在发展的过程中持续不断地将自身融入这样或者那样的群体，接受来自群体的影响。人不仅不能脱离社会群体而独立存在，而且社会群体对人的行为有明显的影响作用。人的旅游行为也必定要受到各种群体因素的影响。

第一节　社会制度与旅游行为

社会制度是指宪法所确认的国家生活和社会生活整体的基本制度，主要包括社会政治制度、社会经济制度和社会法律制度等。旅游是一种社会现象，生活在一定社会制度下的旅游者，其行为必然会受到社会制度的影响。

一、社会政治制度对旅游行为的影响

社会政治制度是指社会政治领域中要求政治实体遵行的各类准则或规范，是人类出于维护共同体的安全和利益，维持一定的公共秩序和分配方式的目的，对各种政治关系所作出的一系列规定。它包括在一定历史时期的政治决策、外交决策以及政治秩序等因素。这些因素都可以作为影响旅游行为的重要变量，其中任何一个因素的变化都会引起旅游行为的变化。如果用 Y 表示旅游行为，用 a, b, c 等表示以上各种因素，则可以用下列函数式来表示其关系。

$$Y = f(a, b, c \cdots)$$

（一）政治决策与旅游行为

案例分享

政治决策是指政治管理主体对某一个时期政治生活的重大问题所作出的选择，是一个国家政治制度中最根本、最关键的因素，对整个国家的发展起着决定性的作用。政治决策对其他政治因素起着决定性的影响作用，对旅游行为的影响也是重大而广泛的。一个国家的政治决策一方面影响着该国对旅游业和旅游行为的态度，另一方面也影响着世界上其他国家对该国的旅游态度。

（二）外交政策与旅游行为

外交政策是一个国家处理国际、对外关系问题，进行外交活动所遵循的基本原则和行动方针。一个国家的外交政策是影响国际旅游客源的一个重要因素。我国从中华人民共和国成立初期到 20 世纪 60 年代初期，实行的是"一边倒"的外交政策，即坚定不移地站在以苏联为首的社会主义阵营一边，把发展与苏联和人民民主国家的关系放在第一位，这一政策导致来华旅游者绝大部分是来自苏联、东欧、朝鲜、越南等属于社会主义阵营的国家，并且来华人士也只限于共产党、工人党及其领导下的工会、青年等各级组织的代表。

20 世纪 70 年代以后，中国所处的国际环境发生了重大变化，中国政府也及时调整了对外战略，加强同第三世界国家的团结与合作，改善与西方国家的关系。1971 年 10 月在

第26届联合国大会上恢复了中国在联合国的合法席位,同时中日、中美关系逐渐走向正常化,正式建立外交关系,中国的国际旅游接待对象才逐步转向西方世界各界人士。外交政策的变化,使得日本、美国日后成为中国的主要客源国才成为可能。

改革开放后,中国逐渐成为韩国的重要客源国。根据韩国旅游部门的数据,2016年前往韩国的中国游客数量达到了806.77万人次,占韩国入境游客总量的46.8%。中国游客可谓是撑起了韩国旅游的"半壁江山"。然而,2017年2月,不顾中方强烈反对,韩国乐天集团最终还是决定为部署"萨德"系统提供场地。除中国老百姓自发抵制乐天外,国内多家旅行社相继宣布停止销售赴韩国线路。据韩国媒体称,2017年3月,韩国济州国际机场竟然看不到人影,跟以往的人来人往的景象完全不一样!有韩国媒体估算,这次中国游客的降幅可能达到前所未有的50%,甚至60%~70%。这意味着韩国的旅游业收入将在未来一年中至少遭受"腰斩"。

3 400名国人在韩拒下邮轮

据韩联社2017年3月12日报道,11日下午1时,国际邮轮公司歌诗达赛琳娜号抵达济州外港,但船上的3 400余名中国团体游客拒绝下船。报道称,这是国际邮轮20世纪90年代开始停靠济州以来,首次有外国游客集体抵制韩国旅游事件发生。

韩联社12日称,赛琳娜号从日本福冈驶来,按照行程11日停靠济州岛并驶往下一站天津。当时济州方面的出入境、海关、检验检疫人员已经做好准备,码头上有80余辆观光大巴在等候,济州免税店等购物场所和数十名导游也准备接待,当得知中国游客拒绝下船的消息时,都感到非常难以置信,白忙一场。韩国海运工会相关负责人表示,最近虽然也有部分中国游客在济州岛拒绝下船,但全船人员集体拒绝下船的情况还是第一次发生。

韩国开始部署"萨德"引起中国民众抵制后,多家邮轮公司均宣布调整从中国出发邮轮停靠韩国港口的计划。3月8日,皇家加勒比国际邮轮公司宣布取消36个航次邮轮的韩国港口停靠计划。中国天海邮轮也宣布对3月15日至5月30日期间所有涉及韩国航次完成调整,不再停靠任何韩国港口。

(资料来源:《环球时报》2017年3月10日)

(三)政治秩序与旅游行为

良好的政治秩序是保障一个国家旅游客流量的基本前提。一个国家的政治秩序也是影响旅游行为的敏感因素。

有关我国改革开放以来的各项旅游统计指标显示,1989年是我国各项旅游指标唯一出现负增长的年份。与1988年相比,1989年全年入境过夜人数由1 236.1万人下降至

936.1万人,下降幅度达24.27%;世界排名也由第10位降至第12位。出现这种情况的一个非常重要的原因就是1989年的那场政治风波。

此外,世界政治形势的变化、恐怖活动和战争等因素也都会影响到旅游者的流向。比如,南非当局推行种族隔离政策,受到世界许多国家政府的反对,很多航空公司、国际旅游代理商纷纷停止了与南非的业务往来。1984—1986年,去南非的旅游者由79.2万人减少到64.5万人,每年递减10%;旅游外汇收入由6.1亿美元减少到3.88亿美元,每年递减20%。

埃及于2011年1月25日爆发的反政府示威游行,数千反政府示威者举行示威游行,要求执政30年之久的总统穆巴拉克下台,引发了警察与示威者的严重冲突,前总统穆巴拉克在大规模反政府示威游行中下台。这场30年来最严重的政治危机导致埃及支柱产业旅游业遭受重创。

案例分享

二、社会经济制度对旅游行为的影响

经济制度是指社会发展一定阶段占主导地位的社会生产关系的总和。一定的社会经济制度构成该社会的经济基础,并决定其法律制度和意识形态。一个国家、一个地区的经济制度往往直接或间接地影响着旅游者的行为。

(一)国家对旅游业地位的把握与旅游行为

经济制度影响着一个国家或地区对旅游业地位的把握,制约着旅游业的发展,同时也制约着旅游对人的吸引力。这种吸引力既包括对旅游从业人员的吸引力,也包括对旅游者的吸引力。

新加坡是亚洲最受欢迎的旅游目的地之一,拥有花园城市的美誉。新加坡国土面积狭小,本身旅游资源匮乏,旅游业从无到有,迅速成为亚洲乃至世界最重要的旅游目的地之一,与新加坡政府将旅游业定位于国家的支柱产业这一政策密不可分。

我国在改革开放以前,旅游只是从属于外事接待的一部分工作,而非国民经济的一个组成部分,旅游既无自身的施展空间,也谈不上有多大的吸引力。1981年,国务院第一次组织召开全国旅游工作会议明确指出:旅游事业是一项综合性的经济事业,是国民经济的一个组成部分,是关系到国计民生的一项不可缺少的事业。1998年,中央经济工作会议将旅游业确定为国民经济新的增长点。2001年,国务院《关于进一步加快旅游业发展的通知》中指出:"树立大旅游观念,充分调动各方面的积极性,进一步发挥旅游业作为国民经济新的增长点的作用。"2006年,中国旅游业发展"十一五"规划纲要明确提出,要把旅游业培育成为国民经济的重要产业。在国家对旅游业地位不断提升的推动下,各地对旅游的功能和地位的认识也不断深化。目前,已有27个省区市把旅游业确定为支柱产业、主导产业或重要产业。

我国关于旅游业地位的确定,促进了旅游业的飞速发展,旅游业在经济建设、文化建设、社会建设以及国际交往中发挥着越来越积极且重要的作用,成为提高国民生活质量、建设小康社会的重要内容。"十二五"期间,我国旅游业发展迅猛,产业规模持续扩大,产品体系日益完善,市场秩序不断优化,旅游及相关产业增加值占GDP比重为4.33%,逐渐成为国民经济新的增长点。2015年,国内旅游人数达到40亿人次,成为全球最大的国内旅游市场。入境旅游约1.33亿人次,出境旅游约1.2亿人次。旅游直接就业2798万人,旅游直接和间接就业7 911万人,占全国就业总人口的10.2%。《2016年国民旅游消费报告》显示,2016年全国一共有45.6亿人次旅游,相当于13.6亿人口人均旅游3.3次,2016年全国国民在旅游上花了4.66万亿元,相当于全体国民全年人均花费3406元在旅游上。《"十三五"旅游业发展规划》中提到的,到2020年旅游市场总规模达到67亿人次,旅游投资总额2万亿元,旅游业总收入达到7万亿元,旅游业对国民经济的综合贡献度将达到12%以上。

(二)国家在一定时期的经济形势与旅游行为

旅游业的发展与一个国家或地区在一定时期的经济形势是密不可分的。旅游活动需要支付一定的金钱,是人们在满足基本的生活需要的基础上产生的一种较高层次的需要。经济形势好,居民可自由支配的经济收入增加,出游的可能性就大。我国改革开放以后,国民经济迅速发展,经济形势持续好转,居民收入不断增加,旅游热情持续高涨,使我国的国内旅游人数呈现出逐年持续上升的局面。例如,2000年我国国内出游人数为7.44亿人次,2001年我国国内出游人数达7.84亿人次,比上年增长5.3%;收入的增长也为出国旅游打下了经济基础,2001年我国全年出境1 212万人次,比上年增长15.9%,其中因私出境695万人次,比上年增长23.4%。

(三)国家的经济发达程度与旅游行为

旅游业的发展与一个国家或地区的经济发达程度有关。一个国家或地区的经济发达程度,一方面影响着本国居民的出游能力,另一方面也影响着该国对国外旅游者的吸引力。

居民能否出游,足迹远及何方,与一个国家或地区的经济发展水平密切相关。关于居民出游能力的国际通用标准显示:当一个国家或地区的人均国民生产总值达到800～1 000美元时,居民将普遍产生国内旅游的动机;达到4 000～10 000美元时,将产生国际旅游动机;超过10 000美元时将产生洲际旅游动机。可见,人们外出旅游的愿望会随着收入的增加而增强,雄厚的经济实力为居民承担高昂的旅游价格提供了保障。另外,各种旅游统计数字显示,世界旅游的主要客源国属于经济发达国家。欧洲是当前国际旅游最主要的市场,历来占国际旅游人数和国际旅游收入的60%～70%。美国是第二大市场,占15%～20%。

据有关研究表明,世界旅游客流的形成,客流方向和客流强度的变化,是伴随着世界经济中心的转移和地区经济的兴衰而发生的。经济发达地区因其具有较为完备的基础设施和发达的文化等原因成为主要的旅游接待地,如西欧、北美两大经济发达区的旅游接待人数以及外汇收入历来占世界总量的80%以上。

(四)国家的经济政策与旅游行为

国家的经济政策对于旅游客流的来源以及趋向起着重要的作用。改革开放之初,我国在发展旅游方面的政策取向首先是以旅游创汇为目标,旅游业是重要的创汇产业,国家发展旅游业的重点是尽快补充外汇短缺,所以旅游业的发展首先是吸引外国游客。20世纪90年代,国家提出把旅游业培育成为新的经济增长点,旅游业成为扩大内需的重要手段。国内各省市相继开始加大发展旅游业的力度,配以1999年开始的"黄金周"和银行的多次降息,旅游市场开始火爆,出门、出城、出国观光旅游开始成为中国人生活的一部分,国内客流量迅速增加。进入新世纪,国际经济环境和国内发展环境发生了重大变化,国家把发展旅游业作为拉动消费和树立国际形象的重要产业,更加重视民生问题和生态文明建设,旅游业被定位为国民经济重要产业,进一步成为广泛涉及政治、文化、社会、生态的复合型产业。

此外,世界经济的波动也会影响到旅游者人数的变化以及旅游者的流向,如20世纪80年代初世界性的经济危机使国际旅游人数及消费总额出现了自20世纪50年代以来第一次实际量的减少。尔后的国际主要货币汇率的变化,又大大影响了国际旅游者的流向,导致旅游业在不同地区和国家之间出现较大波动,如1980—1984年,英镑对美元贬值40%,从而导致同期访问英国的美国人增加了63%,而到美国去的英国人1984年比1983年减少了6万多,下降7.8%;1986年,由于日元的大幅度升值,日本人出国旅游人次比1985年增加了11.2%,而同期访日的外国人数则减少了11.5%。人民币升值让日趋红火的出境游更添一把火,出境旅游者增多,直接导致旅游消费增多,使得国内大量闲散资金输出,加剧旅游国际收支不平衡现象。另一方面,对入境游来说,人民币升值是起到了抑制作用,主要表现在抑制入境客流增速、降低旅行社经营利润和减少景区(旅游)外汇收入上。

2013年,我国提出了"一带一路"战略。目前,我国已与近40个沿线国家签署共建"一带一路"合作协议。旅游作为重点合作领域之一,为旅游企业带来空前机遇。2017年5月,去哪儿网发布了国内首份《"一带一路"沿线旅游热度大数据报告》。报告显示,3年多来,沿途国家旅游热度最高翻3倍多。中国、越南、阿联酋、意大利、埃及成旅游热度上升最快的目的地。出国游不再只有"新马泰"。原有的中东、西亚、北非等小众、冷门目的地,正向更多中国游客敞开大门。蜜月游、毕业旅行、白领休年假、家庭游、闺蜜游、夕阳红游客的脚步踏遍"一带一路"沿线。报告显示,3年多以来,阿联酋旅游热度上升132%,土耳其旅游热度上升106%,埃及热度上升145%。原本只能在《动物世界》中看到的肯尼亚,旅游热度也上升66%。

三、社会法律制度对旅游行为的影响

国家的法律制度包含着非常丰富的内容。大到包括宪法在内的各项基本法律,小到与旅游行为直接相关的各种法律法规,如国家关于节假日的有关规定,国家对公民出入境的有关法律法规,对关于旅游保险、旅游投诉、旅游者权益保护的有关法律法规等,都是旅游者作为一个国家公民必须遵守的,对旅游者起着约束作用和保护作用。

旅游活动需要一定的时间作保证。人们是否拥有以及拥有多少可以自由支配的时间,直接影响着出游的可能性和出游时间的长短。有关节假日的时间安排是国家以法律形式确定的,在一定程度上成了左右人们安排旅游时间及路程远近的指挥棒。如我国自1999年起,国务院改革出台了新的法定休假制度,即延长了国庆节和国际劳动节的休假时间,使得在每年的5月和10月初,国民可以有实际上连续7天的休假时间。此举一出,大大刺激了全国人民旅游的热情。此后,"五一""国庆"以及春节期间,被冠以"旅游黄金周"的美名。

目前,世界上已有不少发达国家实行带薪休假制度,这无疑是在为外出旅游创造方便。事实上,这也正是第二次世界大战后世界旅游业在全球范围内飞速发展的重要促动因素。

旅游法规约束着旅游者的行为,同时也保护着旅游者的合法权益。如国家关于公民出入境的有关规定,说明出入境是有条件限制的,哪些国家可以去、哪些国家不能去,以及可以去多长时间、多少人等都是国家明确规定的,公民只能在国家允许的前提下做出选择,这就对旅游者在不同国家和地区间的自由流动提出了一定的限制。此外,国家关于旅游投诉、保险、消费者权益保护等法律法规的制定,无疑又对旅游者的人身安全和正当权益起到了保障作用。

第二节 社会群体与旅游行为

个体的生存发展过程就其本质而言是一个不断社会化的过程,在这一过程中,个体不断地将自己融入这样或者那样的群体,接受来自群体的各种影响,并作为群体中的一员对群体产生着一定的影响。

一、群体对旅游行为的影响

人是社会化的人,社会是由相应的社会群体构成的。人不仅不能脱离社会群体而独立存在,而且社会群体对人的行为有明显的影响作用。人的旅游行为也必定要受到各种群体因素的影响。

(一)群体的含义

群体是指两个或两个以上的人,为了达到共同的目标,以一定的方式联系在一起进行活动的人群。群体是相对于个体而言的,但不是任何几个人在一起就能构成群体,如,景区内两个陌生的人就不能被合称为群体。群体的形成是有条件的,社会心理学家认为,群体应该具备以下四个方面的特征。

1. 群体成员目标的一致性

群体的目标是群体得以建立和维系的基础,人们组建群体的动力就在于群体能够更加有效地满足人们的需要,正是为了一个共同的目标,才有了群体内部各成员之间的相互影响,相互作用。

2. 群体成员的群体意识

群体之所以能够对各个成员的行为产生巨大的影响力，是因为群体中各个成员认可自己的群体身份，群体内部各成员在心理上相互认知，并且彼此意识到对方存在，群体成员之间有同属一个群体的感受。

3. 群体成员结合的有机性

群体不是个体的简单相加，而是一个有机的结合体。每个成员都在群体中扮演一定的角色，有自己的职责，并在成员之间的相互行为中主动配合，相互影响，使群体成为一个具有强大凝聚力的活动体。

4. 群体自身的相对独立性

群体一旦形成并正常运转，就会在群体规范、群体行动计划、群体价值取向等方面表现出自身独立性，不会因为个别成员的去留而有所改变。

（二）群体的类型

按照不同的分类标准，可以将群体划分为不同的种类。

1. 正式群体和非正式群体

按照群体构成的原则和方式，可以将群体分为正式群体和非正式群体。正式群体是指由一定的社会组织认可、有明文规定的、有固定的编制和隶属关系、成员的权利和义务都有明确分工的群体。如学校中的班级，企业中的部门等。非正式组织是没有正式规定，成员在爱好、志趣相投的基础上自发形成的组织。在这种群体中，成员的权利和义务没有明确的规定，但相互之间有明确的情绪色彩。如学校中的几个好朋友组成的群体等。

2. 假设群体和实际群体

根据群体是否存在，可以将群体分为假设群体和实际群体。假设群体并不存在，只是为了研究和分析的需要，把具有某类特征的人按照想象加以归类。假设群体只具有统计意义，又称作统计群体。如青年人群体，老年人群体，知识分子群体，高收入群体和低收入群体等。实际群体是现实生活中实际存在的具有群体特征的真实的群体。在实际群体中，群体成员之间有着实际的直接联系。

3. 所属群体和参照群体

根据群体在成员心目中的地位，可以将群体分为所属群体和参照群体。所属群体是个体作为其中的正式一员实际参与的群体。如学生所在的学校、班级即为该生的所属群体。参照群体是指个体不属于其中一员，但自觉接受其规范准则并以此来约束、指导自己行为的群体。如演艺界明星就是追星族们的参照群体。

4.固定群体和临时群体

根据群体存在时间的长短,可以将群体分为固定群体和临时群体。固定群体是因为工作需要而长期存在的一种较为稳定的组织形式,一般多指正式群体。临时性群体是指为了完成某一临时任务而组成的群体,任务一旦完成,群体自行解散,各种旅游团多属于临时群体。

(三) 群体的作用

群体的作用主要有两方面。其一是完成组织任务,组织之所以将成员划归为一定的群体,是为了使其承担并完成一定的任务。其二是为满足个体的心理需要,个体之所以要加入某个群体,是因为群体能满足其某些需要。一个群体只有不断满足成员的需要,才能持续存在和维持下去。

(四) 群体对个体行为的影响

个体在群体中生活,必然要受到群体以及群体其他成员的影响,从而使其自身的活动具有某些方面的倾向性。

1.群体对个体行为的影响机制

群体主要通过以下几种机制对个体发挥影响作用。

(1)暗示

暗示是指在无对抗条件下,用含蓄、间接的方式对个体行为产生影响。如国家对休假时间的调整,各种媒体有关旅游的报道、宣传等都构成了对居民关于旅游的强有力的暗示,使人自觉或不自觉地产生旅游的意识,或者表现为对旅游的兴趣,或者表现为对旅游的压力,甚至产生"义务感"。

(2)模仿

模仿是指个体主动参照群体中其他成员的行为方式从事自己的活动。模仿是个体生存能力的一种体现,也是个体实现社会化的一种途径。当个体不知道该如何行事时,以及当他认为周围某些人的行为举止符合流行模式时,就会主动模仿别人。

(3)服从

服从是指个体迫于一定的压力而遵从群体行为规范。如我国由于长期受封建专制的影响,在一些农村家庭中还存在着较为严重的"家长制"作风,男性家长在家庭中充当"群体领袖"角色,具有绝对的权威,家庭成员事无巨细都要服从家长的安排。

2.群体对个体行为的影响结果

群体对其成员的影响主要表现在以下几个方面。

(1)社会助长和社会惰化

所谓社会助长指的是许多人一起工作,可以提高个人活动的效率。如与他人一起赛跑时,运动员比单独跑步的速度要快,工人们一起在车间工作会比单独工作效率高。所谓社会惰化就是许多人在一起工作,降低个人活动的积极性。这种情况经常发生在那些为一个共同目标而合作,但个人的成绩不能单独计算的情况下。

(2) 去个性化

即群体中的人们似乎感到自己被淹没在群体之中,并丧失了他们的个人身份。一旦人们处于去个性化状态,就表现出无自知性,行为与内在标准不一致,自制力差,结果导致人们可能加入到重复的、冲动的、情绪化的,有时甚至是破坏性的行动中去。研究表明,群体处于激励性的、充满令人心情紊乱的刺激状态下,尤其是群体成员不易被识别的情景中,易使成员产生去个性化。

(3) 从众行为

从众行为是指个体在群体的压力下改变个人意见而与多数人取得一致认识的行为倾向,是社会生活中普遍存在的一种社会心理和行为现象。从众有两种情况:一是某人本来没有就什么主张而盲目遵从多数人的意见;二是屈从于多数人的压力而放弃个体与众不同的主张。从众行为的产生是由于人们寻求社会认同感和安全感的结果。在社会生活中,人们通常有一种共同的心理倾向,即希望自己归属于某一较大的群体,被大多数人所接受,以便得到群体的保护、帮助和支持。此外,对个人行为缺乏信心,认为多数人的意见值得信赖,也是从众行为产生的另一重要原因。有些消费者由于缺乏自主性和判断力,在复杂的消费活动中犹豫不定、无所适从,因而,从众便成为他们最为便捷、安全的选择。

二、家庭对旅游行为的影响

家庭是人们共同生活的基本单位,是社会的基本细胞,是个体社会化过程中的关键因素之一,它对个人的影响是广泛的、直接的、深刻的、长期的。家庭的环境条件、父母的文化背景、经济条件、社会地位、教育方式、家庭成员的状况等,都会在一定程度上影响着人们的观念和行为方式。

在旅游活动中,家庭是一个单独的、最重要的闲暇群体,也是人们外出旅游的基本单位之一。家庭度假旅游是家庭消费的一种重要方式,也是旅游市场上的最主要的客源。有资料显示,西方社会,家庭单位是唯一最重要的休闲群体。据统计,在美国人参加的每三项娱乐活动,至少有两项是以家庭为单位参加的。在那些可以归入文化活动行为的闲暇活动中,几乎有40%的活动是以家庭为单位的。中国是一个家庭伦理观念强烈的国家,中国的家庭结构对旅游的影响更大。

(一) 家庭形态对旅游行为的影响

在现代社会,典型的家庭形态有三种:一是核心式家庭,主要由丈夫、妻子和未婚子女构成;二是延续式的几代同堂家庭,主要由丈夫、妻子、未婚子女、子女的祖父母或者外祖父母等构成;三是夫妻式家庭,由丈夫和妻子构成。同时,社会上还存在大量的各种在某种程度上偏离传统形态的家庭类型,如单亲家庭、未婚独身家庭、离异无子女家庭等。不同类型的家庭,结构不同,其对旅游的需求以及旅游的方式,存在着很大的差别。

家庭结构对旅游行为的影响主要表现在家庭决策类型和家庭角色分工对旅游行为的影响上。

1. 家庭决策类型对旅游行为的影响

家庭决策类型受家庭成员的经济收入、受教育程度、个性特点等多种因素的综合影响。在核心式家庭中,丈夫、妻子和孩子在家庭中的地位和作用不同,对家庭决策产生的影响也不同。

(1) 丈夫支配型

在农村这类家庭普遍存在。由于受传统观念的影响,加之丈夫是家庭收入的主要创造者,因而,家庭所有事情几乎都是丈夫一个人说了算,家庭成员几乎没有根据自己兴趣做出某种决定的权力。这一类家庭几乎从不参加任何旅游活动。除非景区就在自家门口,并且是免费旅游。但随着农村经济的发展,这种状况正在改变。在城市,这类家庭中的丈夫是家庭收入的主要创造者,妻子没有工作或者收入微薄,在家中处于服从地位。家庭是否参与旅游在很大程度上取决于丈夫的兴趣、学识、职业以及收入状况。如果丈夫对旅游有兴趣或者从旅游能调节身心、有利于子女教育、有利于为孩子和妻子开阔眼界并带来快乐来看待旅游,则会在经济条件允许的情况下积极参与旅游。参与的方式往往是丈夫带队,全家同行。至于吃、住、行、游、购、娱的内容一般要由丈夫来决定。如果丈夫对旅游兴趣索然,则会限制旅游活动。

(2) 妻子支配型

在这类家庭中,妻子一般具有较强的创业能力或者从事收入较高的职业,或者具备较高的文化程度,加上女性好奇心强、注重时尚的性别特征,在家庭决策中处于支配地位,丈夫则处于服从地位。这类家庭是旅游活动的积极支持者和参与者。到什么地方去旅游,参与什么项目的旅游等各种旅游决策都由妻子拍板决定,丈夫则是服从。

(3) 子女支配型

在这类家庭中,子女在决策过程中具有一定的权重,甚至是取得了中心地位。在我国,独生子女家庭比例较高,这类家庭的数量不少。父母出于让孩子开阔眼界、增长见识或休闲娱乐为目的,往往带孩子外出旅游。旅游的目的地、旅游的方式和项目更多地以子女的意见为主。

(4) 夫妻协商型

这是目前家庭决策中最为普遍的决策方式,在城市家庭中所占比例最大,也是最有利家庭集体外出旅游的决策方式。

(5) 成员自治型

这类家庭成员遇事往往根据自己的兴趣爱好自主决策。旅游是一种闲暇活动,正是个人出于自己的兴趣爱好自觉参加并能从中获得多种满足的活动。因此,成员自治的决策方式也是有利于成员参与旅游活动的决策方式。

2. 家庭成员角色分工对旅游行为的影响

家庭成员本身已经承担着相应的角色,如丈夫、妻子、孩子等,这种由社会和家庭决定了的角色,是成员基本的社会角色。它影响着成员在家庭事务中可能进一步扮演的其他角色,以及如何扮演。对于旅游活动来说,要求家庭成员扮演旅游活动的发起者、旅游信息的搜集者、旅游决策的决定者、旅游活动的参与者等角色。角色的分工受家庭决策类型、家庭结构以及所面临的问题性质等因素的影响。现以三口之家为例进行分析。

旅游活动发起者可以是家庭的任一成员。但是,由谁发起,对旅游活动最终能否实现关系甚大。对于丈夫支配性的家庭而言,如果由丈夫发起某项旅游活动,就意味着必然成行,如果是由妻子或者孩子担当发起者的角色,能否成行则很难说。妻子支配型的家庭,旅游活动可能更适合女性口味。

目前,关于旅游的信息充斥电视、广播及生活的各个角落,一般城市儿童对旅游会有所了解,他们会向父母表达自己想去旅游。一旦孩子扮演旅游活动发起者的角色,父母会对孩子的意见非常重视,在条件许可的情况下,会尽量满足。因此,在孩子的发起下,容易促成家庭的旅游行为,并且在旅游活动中会进一步体现以孩子为中心的特点。

(二)家庭生命周期对旅游行为的影响

家庭生命周期是指一个家庭由诞生到之后所经历的发展变化的不同阶段直至消亡的过程。它是由婚姻状况、家庭成员年龄、家庭规模和主人的工作状况等变量系数结合而成的复合变量。随着时间的推移,家庭的规模、成员结构以及成员的态度和行为等都会发生相应的变化,进而对旅游消费产生影响。美国学者帕特里克·E. 墨菲和威廉·A. 斯特普尔斯将现代家庭生命周分为青年阶段、中年阶段和老年阶段。

1. 青年阶段

一般为年龄在35岁以下的家庭。这一阶段可以分为青年单身、青年已婚无子女阶段和青年已婚有子女阶段。

(1)青年单身阶段

这一时期的家庭成员在经济上独立、自立、无负担,身体状况处于一生的最佳状态。处于自身学习、娱乐、交友、健身、求新、求奇等心理的需要,他们乐于参与旅游。一些新型的旅游项目如探险、攀岩、蹦极和自助游等方式更具有时尚特征,最能满足年轻人的需要,激发年轻人的旅游动机。可以说这一类"家庭"是极富旅游消费潜力的群体,是旅游活动的生力军。

(2)青年已婚无子女阶段

这一阶段又称作蜜月阶段。蜜月阶段的夫妻除了花费大量的金钱购置家具、家电以及其他耐用的生活用品外,度假旅游是一项重要的消费活动。这一阶段是青年人外出旅游最理想的时间,并拥有最理想的条件。在国外许多发达国家,旅游几乎是与年轻人的结婚相伴而行的,许多人同时把旅游计划纳入结婚计划之中,称作"蜜月旅行"。在中国,"蜜月旅行"也逐渐成为经济较发达地区许多年轻人结婚计划的一个组成部分。随着传统的生育观点的转变和人们对工作、事业的更高追求,这一阶段呈现出逐渐延长的趋势。

(3)青年已婚有子女阶段

随着子女的出生,蜜月期结束。家庭的经济状况和生活方式发生变化。这一时期,家庭消费行为主要集中在满足儿童的吃、喝、穿、玩、用等需要上。孩子年幼使得家庭的出行显得极为不便,一般不大可能外出旅游。即便是外出旅游也常常是在家庭附近的公园、动物园等场所进行休闲娱乐,并且频率较高、时间较短,一般不超过一天。

2. 中年阶段

中年阶段通常是指年龄在35岁至60岁的家庭。这一阶段又可以分为中年有少年或青年子女阶段和中年有成年子女阶段。

(1)中年有少年或青年子女阶段

这一阶段,由于子女已经具有外出旅游的身体能力,对于一些经济条件较好的家庭来说,就有可能外出旅游。在这一阶段,外出旅游往往是以子女教育为主要目的。这时,家庭对旅游目的地的选择非常慎重,多以博物馆、纪念馆、历史文化名城等人文景观为主要选择对象,使旅游活动为教育子女服务。旅游方式也多是全家一起同时出游。

(2)中年有成年子女阶段

这一阶段,由于子女已经成年,独立意识增强,有了自己的收入。这一时期的家庭购买能力最强,外出旅游的潜力很大。这类家庭外出旅游的方式非常灵活,家庭成员集体出游、年轻人单独出游、父母双双出游等都很常见,特别是子女因为有了更多的属于自己的社会关系和伙伴,可能更多地和自己的朋友一起外出旅游。但是,由于受中国传统观念的影响,父母要帮助孩子"成家立业"。所以,有些这种结构的家庭,父母由于考虑子女成家的问题,储蓄意识非常强烈,即使有钱也舍不得用于旅游。不过,一旦他们的观念转变,将会成为旅游市场上非常活跃的群体。

3. 老年阶段

老年阶段是指年龄在60岁以上的家庭。这一阶段又可以分为老年空巢阶段和老年单身阶段。

(1)老年空巢阶段

这一阶段,子女已另外组建家庭,开始了一个新的家庭生命周期。此类家庭消费需求较为单调,以日常生活必需品和医疗保健品为主要内容。"有钱+有闲"是最适宜旅游的人群。随着居民收入的不断增加和人均寿命的不断延长,老年人将成为重要的旅游消费者,"银发旅游"极具开发潜力。但也可能由于经济收入的减少和身体健康等方面的原因,减少外出旅游。

(2)老年单身阶段

这一时期也称作老年孤独期。在家庭消费需求上除了与老年空巢阶段有许多相似之处外,还有两个方面的特征:一是"少年夫妻老来伴",老年人讲究夫妻间老来相伴,一方去世必然会影响另一方出游的积极性;二是中国素有尊老爱幼的传统美德,如果家中只剩下一位老人,晚辈就会倍加予以关照,在条件允许的情况下会主动陪伴老人外出旅游。

以上家庭生命周期反映的是传统的家庭类型。随着社会的变迁,我国也出现了一些新的家庭类型,并且这些有别于传统的家庭在所有家庭中所占的比例呈上升趋势,其旅游行为具有很大的独特性,应引起人们的高度关注。这些新型家庭主要有:一是独身主义家庭,孑然一身,轻松来去自由,是各类旅游活动的积极参加者;二是"丁克家庭",他们拒绝生养孩子,往往是热衷旅游的活跃分子;三是单亲家庭,由父亲或母亲一方抚养孩子,这类家庭往往由于经济负担过重或孩子年幼对旅游活动有所疏远;四是离异后的单亲家庭,对旅游有较大的随意性,往往根据自己的性格、兴趣和爱好决定是否出游。

(三)家庭收入状况对旅游行为的影响

从根本上讲,一个家庭的收入制约着一个家庭的消费行为,制约着一个家庭对旅游的态度和旅游消费行为。家庭收入状况对旅游消费行为的影响主要表现在以下几方面。

1. 家庭收入影响旅游消费观念

"经济决定意识"这一哲学原理同样适用于家庭。家庭对旅游消费的看法与家庭的收入状况密切联系。高收入的家庭往往把旅游看作是显示身份、地位以及追求与众不同的生活方式和人生自我实现的重要途径;中等收入的家庭则将旅游看成是调节身心、教育子女、开阔眼界的良好途径;低收入的家庭把旅游视为有钱人的专利,是一种奢侈浪费的行为。

2. 家庭收入影响旅游需要的产生

旅游动机是推动人们外出旅游的内在动力。对旅游活动的需要是旅游动机产生的基础和源泉。它的产生需要具备一定的经济条件。如果一个家庭的收入仅仅能够维持基本的生活所需,没有可以自由支配的闲钱,就不会有旅游的需要,也不可能产生旅游动机。

3. 家庭收入影响旅游消费水平和旅游消费方式

家庭的收入状况制约着旅游消费的水平和方式。为什么有的人选择出境游,甚至是到月球上旅游,而有的人却总是在国内及周边地区旅游;同样是参团旅游,有的人选择豪华团,有的人则选择经济团;同样是出行,有的人选择乘火车,有的人则选择乘飞机或自驾车;同样是住宿,有的人选择住普通的宾馆,而有的人则选择住五星级宾馆,如此等等,都是受到一个家庭收入状况的制约。

(四)家庭消费观念对旅游行为的影响

家庭消费观念是指家庭对待消费的基本态度,它从根本上影响着家庭的具体消费行为。不同的家庭消费观念,将导致不同的家庭消费行为,也必然造成旅游消费行为的差异。

1. 重消费、轻储蓄和重储蓄、轻消费的观念

重消费、轻储蓄的家庭善于捕捉和迎合潮流,重消费、重享受,只要生活愉快,哪管银行里有没有存款,甚至愿意超前消费、借贷旅游。这类家庭是旅游活动的积极参与者和

倡导者。重储蓄、轻消费的家庭受传统观念的影响,认为钱只有存在银行才是最安全、最明智的做法,哪怕利率一降再降,"我自岿然不动"。这种家庭不注重享受,对旅游持消极态度。

2. 重子女、轻父母和重父母、轻子女的观念

重子女、轻父母的家庭以孩子为中心,往往把增进孩子的知识、拓宽孩子的视野、强健孩子的体魄、培养孩子的勇气等作为旅游的主导动机,吃、住、行、游、购、娱都围绕着孩子来安排。重父母、轻子女的家庭则相反,旅游目的地的选择、旅游内容和旅游消费的方式都以满足父母的需要为主,子女则处于从属地位,甚至被排除在外。

3. 重衣、轻食或重食、轻衣的观念

重衣、轻食的家庭认为穿得好才显得体面,吃得好不好别人看不到。因此,这类家庭重视衣着,舍得在着装上花费金钱。重食、轻衣的家庭认为吃得好才是生活好,消费支出首先考虑吃的因素。持着这两种观点的家庭一般对旅游都不感兴趣,认为旅游是"花钱买罪受"。

(五)家庭变化趋势对旅游行为的影响

家庭是社会的细胞,社会经济状况以及社会心理的变化都将影响家庭状况的变化。近年来,我国的家庭变化呈现出以下几种趋势。

1. 规模逐渐变小

目前,中国传统大家庭的"四世同堂""五世同堂"模式已不多见,三口之家成了占主导地位的核心家庭。我国第六次人口普查的结果显示:大陆31个省、自治区、直辖市平均每个家庭户的人口为3.10人,比2000年第五次全国人口普查的3.44人减少0.34人。家庭规模逐渐变小,使得单个家庭的收入状况有所改善,同时负担和顾虑有所减轻,为举家出游提供了一定的条件。

2. 结构有所松散

随着社会的发展和人们生活观念的不断更新,传统的以婚姻关系和血缘关系为纽带构成的稳定的家庭关系正在向松散化的方向发展。特别是现代社会离婚率的不断攀升,使人们的家庭观念有所淡漠,家庭形态也呈现多样化。这种变化使人们不再像过去那样全身心地关注家庭,而是更多地去追求个性发展,追求生理和心理需要的多元化满足。这种追求带来的是人们更加关注旅游活动,旅游消费成为家庭消费的重要组成部分。

3. 职能有所减少

传统的家庭承担着家庭所有成员的吃、穿、住、用等各项事务。如今,工作节奏和社会生活节奏加快,家务劳动日趋社会化。原来由家庭承担的基本职能逐渐减少,转由社会来承担。如,家庭成员不全都在家就餐,连上学的孩子有些也进了午托部,许多家庭只有在节假日才能团聚。家庭职能的减少,为旅游促销提供了广阔的市场空间。

第三节 社会阶层与旅游行为

处于不同社会阶层的旅游者,其文化背景、价值观念和行为方式各不相同,在旅游活动中的心理需求和行为也表现各异。

一、社会阶层及其划分

社会阶层是社会群体的一种。旅游者由于受教育的程度不同、从事的职业不同以及所拥有的财富和社会地位不同,归属于不同的社会阶层。

(一)社会阶层的含义

社会阶层是指具有相同或相近的社会地位、经济角色、文化背景以及相应的生活方式和价值观念的各个成员所构成的社会群体。一般来说,处于相同阶层的人,具有相同或相近的价值观念和行为准则,因此在消费倾向和消费行为上具有鲜明的相似性。与之相反,处于不同社会阶层的人,往往具有不同的社会价值观念和行为准则,在消费倾向和消费行为上具有明显的差异。

(二)社会阶层的划分

社会阶层是客观存在的。划分社会阶层的依据也很多。通常情况下,人们主要是从以下几方面进行社会阶层的划分。

1. 职业因素

职业本身就决定了人与人之间的共性与差异性,职业因素是社会阶层划分中使用最为普遍的一个变量,也是研究得最为完善的变量之一。许多国家都有关于职业排行的资料,即关于不同职业的评价。在日常生活中,人们也常常将职业作为线索来评价一个人的地位和背景。一般来说,在职业排行榜上位置越高,社会地位就越高,收入也就越高。

2. 教育因素

在发达国家,职业类型和收入高低与所受教育的程度密切相关。随着知识经济的到来,技术的复杂化和职业的专门化不断加强,受教育程度与经济收入的关联度将越来越高。因此,受教育程度已成为划分社会阶层的一个重要因素。

3. 收入因素

个人或家庭的收入是评定社会阶层的一个重要依据。随着经济的发展,人们的收入普遍提高,同时收入差距也逐渐拉大。

4.财产因素

财产因素包括不动产(如房屋等)和一些具有地位象征的物品(如汽车等)。在许多发达国家,住房以及其居住地区是衡量其社会地位的一项重要指标。什么样的住房、坐落在什么位置、邻居由哪些人构成都是必须考虑的因素。

二、社会阶层与旅游行为

社会阶层是具有相对同质性和持久性的群体,处于同一个阶层的成员具有类似的价值观、兴趣爱好和行为方式,不同阶层之间则表现出较为明显的差异。社会阶层对旅游者的旅游动机、旅游目的地的选择、旅游交通工具和饭店的选择、对旅游目的地的评价等方面都有重要的影响。

(一)旅游动机差异显著

巨富阶层的消费者有一种永不满足的心理,过分追求商品的象征性和自我地位性,求新、求特心理突出,物质与精神享受心理重于审美情趣,谈吐神态通常摆出高人一等的架势,倾向于把旅游看作是显示身份、地位的活动,一些人甚至以把钱花在赌博性的娱乐场所为荣。如美国硅谷的一些超级富豪家庭的儿童,非常重视炫耀性的消费,如果每年只去夏威夷度假一次就会被他们视为耻辱。温饱阶层的消费者存在着一种立即满足感的消费心理,比较讲究实惠,视旅游为奢侈行为,轻易不会加入旅游者的行列,特别是远距离旅游。小康阶层的消费者一般讲究体面,尤其是这一阶层的妇女,怀有强烈的社会同调性,趋同心理突出,是旅游活动的积极参加者,特别是容易受他人的影响加入旅游的行列。

(二)旅游行为的差异性

不同社会阶层的人,对选择什么类型的旅游地、交通工具、饭店、活动内容等的选择都有明显的不同。如在旅游目的地的选择上,在社会阶层上越趋于下层,越趋向短距离旅游,出国旅游、远程旅游由于需要支付昂贵的费用被视为是高阶层人士的专利;在旅游项目的选择上,高阶层的人喜欢高雅温和一类的产品,而低阶层的人则喜欢刺激性的项目,诸如激烈的活动项目和色彩鲜艳的产品外观等;在旅游服务上,高阶层的人趋向于高档、舒适,低阶层的人趋向于经济实惠;在审美体验上,高阶层的人通常喜欢不同一般的意境、田园般的风光,含蓄、幽默而富于变化的想象等,审美观点较为一致,低层次的人对美感的刺激多依赖于主观体验,彼此差异较大。

社会在进步,经济在发展,个人的受教育程度和收入水平也都在不断提高。旅游也越来越成为大众化的消费。

第四节　社会文化与旅游行为

旅游本身就属于一种文化现象,在所有影响旅游行为的社会因素中,文化与旅游的关系最为密切。人类各种形式的旅游活动,归结起来,不外是有关物质性和精神性的两大类活动。无论是物质的,还是精神的,都是一种社会文化活动。旅游业为广大旅游者所提供的各种条件和服务,也无不与社会文化相联系。

一、社会文化及其特征

在社会关系构成的社会里,不但存在着各种各样的社会关系,而且还存在着这种关系象征形式——社会文化。社会文化作为一种特殊的系统,与社会中别的系统相比,有自身的特点。

(一)文化的含义

总结、改造、创新,逐渐积累发展起来的一切物质财富和精神财富的总和。任何有形的或者无形的东西,只要是人类劳动的结果,都属于文化的范畴。狭义的文化是指一定社会的意识形态,特指精神文化。作为影响旅游行为的重要因素是指广义的文化。

(二)文化的特征

文化是一种复杂的社会现象,就其本质而言,主要有以下重要特征。

1. 象征性

社会文化的象征性是指一切文化现象都必须反映一定的对象,并赋予其意义。

2. 无形性

文化作为精神财富是无形的。它凭借外界的客观存在——有形的具体之物(如长城、兵马俑等)以及无形的行为准则(如制度、风俗、时尚等)为社会所公认。只有当不同的文化背景下的人相互接触时才会感到文化的差异。

3. 习得性

人非生来就具有文化意识,文化也不可能像个体的某些生理特征那样通过遗传获得。文化是个体在后天活动中逐渐习得的。人一出生便处在相应的文化氛围中,在成长过程中,从他父母和成年人那里学会了进食的方式、语言、风俗、人际交往的规则、为人处世的技巧,等等。随着年龄的增长,他还可以接受各种教育,从各种媒介,如广播、电视、报纸、互联网等学习并掌握科学文化知识。

4. 民族性

文化首先是民族的,然后才是世界的。文化是在民族的繁衍、发展过程中以民族的语言和文字所表现的。文化本身所体现的就是民族的性格、民族的传统和民族的生活方式。我国传统文化的核心是"仁",由此所表现出来的民族性格就是:追求正义、渴望和平、讲求和谐、主张谦恭、顾全大局;由此表现出来的消费方式就是:讲究传统、注重规范、追求适度、强调形式。这与西方文化背景之下的强调个性、重视个人价值,以及追求新奇、与众不同形成了较大的反差。

5. 地域性

不同地区的人由于地理位置的缘故总会体现出某一地区特有的文化特征。如我国不同地区的人具有不同的饮食习惯,形成了"南甜北咸、东辣西酸"的口味特点。

6. 共享性

不同的民族、不同的地域具有不同的文化。但是,不同的民族、不同地域也可以共享很多文化。人类社会发展到今天,每一种文化向世界范围内传递、扩散的可能性大大增加,每一个民族、每一个地区以至每一个人获得外来文化的机会也更大、更多,因此,越来越多的社会文化被全人类所共享。

7. 发展性

文化一经形成便以风俗习惯、思想观念、行为方式、特定风格、节日活动等表现出来并稳定下来。如中国的传统节日等。但文化并不是一成不变的,文化是不断发展的。当今世界,随着经济的发展、交通和通信的发达、人们观念的不断更新,文化的内涵及其表现方式也在不断地发展变化。

(三)社会文化与旅游行为

社会文化对人的行为的影响不是直接的,而是通过一定的中介因素对人产生影响。社会文化对旅游行为的影响主要表现在以下几个方面。

1. 通过价值观念影响旅游行为

价值观是指一个人对事物是非善恶的评判标准。价值观是在一定的文化背景下形成的,是支配人的行为的基本准则。文化影响人的价值观,进而影响人的旅游态度和旅游行为。

中国人的旅游观是一种天人合一的旅游观,人与自然相融、相合、相亲,是一个和谐的整体。表现在旅游景观和旅游资源的开发上,则强调自然、强调和谐、突出整体。

中国长达几千年的封建社会,形成了封闭的、自给自足的封建家庭的结构形式,体现在旅游文化上,便是中国的旅游市场以家庭为单位的消费者居多。个人的旅游行为,往往与整个家庭紧密地联系在一起。一个人不仅要考虑自己的旅游需要,而且还要考虑整个家庭的旅游需要。

长期的封建社会机制下的小农经济,使得中国人的文化底蕴中不可避免地滋生出一种节制欲望的心态。节制个人欲望被视为美德,而放纵个人欲望则被人不齿。所以,中国的传统文化中,始终有一种抵制旅游和反对旅游的倾向。人们把旅游看作是游山玩水,是不务正业。这种观念直到现在还影响着人们的行为。有些人在假期中宁可无所事事地待在家中,靠打扑克、搓麻将打发日子,也不轻易地外出旅游。即使是踏上征途的人们,也常常会有一种不安感,总想在旅途中做点"正经事情",或者走马观花似的从一个旅游地赶到下一个旅游地,以为到过的地方越多,收获也就越大,以此来减轻心中的负疚和不安。

古人云"父母在,不远游,游必有方",孝子"不登高、不临危"等观念也深刻地影响着中国人的旅游行为。就连中国古代最著名的旅游家徐霞客在他母亲去世前,每次出游都有一个较为固定的目标和日程,而在他母亲去世后,他的出游相对地变得不那么固定,而是随心所欲了。在现代的中国人身上,这种观念仍然存在着。

在小农经济条件下,必然造成人们冒险精神的缺乏,求稳怕变的心理主宰着人们的生活。加上交通不便、信息不通、安全缺乏保障等因素的影响,使得许多中国人视旅途为畏途,生怕有什么意外。古人云,金窝银窝不如自己的草窝,就是这种心态的反映。

当然,在中国的传统文化中,也不乏一些鼓励人们外出旅游的价值观念。尽管这些观念没有占据主流地位,但仍然对人们的旅游起到了一定的引导作用。"读万卷书,行万里路",千百年来就一直是激励知识分子外出旅游的座右铭。"修身,齐家,治国,平天下"是文人士大夫的人生目标。作为修身养性、调整心性的对象和工具,山水之游也受到了文人士大夫们的推崇。

现代社会,人类的社会生活条件发生了翻天覆地的变化,人们的社会文化价值观也发生了巨大变化,对旅游的观念也随之发生变化。认为旅游不再是一种奢侈,而是一种必要。旅游是一种重要的精神文化活动,是恢复人格和人的尊严的一个要素。通过旅游可以使人的身体和精神从工作和日常生活节奏中得到恢复。

人们对旅游观念的变化使世界上的许多国家的旅游业得到了空前的发展,使人们的旅游行为越来越多样化,商务旅游、休闲旅游、科学考察游、文化考察游、观光旅游、修学旅行等多种形式的旅游活动层出不穷。近年来,出现的新婚旅行、工业旅行、农业旅行、春节旅行等新兴旅游形式,无一不是因为人们观念变化而产生的。

2. 通过审美观念影响旅游行为

不同时期、不同地域、不同民族的文化,各自形成所在群体的不同的审美标准,从而赋予人们不同的行为特点。

3. 通过宗教信仰影响旅游行为

宗教与旅游的关系可谓是难解难分。古往今来,有一部分人就是基于某种宗教信仰而从事旅游活动的。如我国早在东晋时期就有法显西方印度探寻佛经,到唐朝更有玄奘取经的壮举。众所周知,沙特阿拉伯这个缺山少水的沙漠之国,正是由于圣城麦加的存在吸引了全世界无数的游人。

对旅游者而言，无论他自身是否怀有某种宗教信仰，宗教都是一种独特的旅游资源。尤其是在我国，与宗教有关的旅游资源是我国旅游资源的一个重要组成部分。"自古名山僧占多"，我国许多"老字号"的名山几乎无一例外地有"佛教名山"或"道教名山"的称谓。它们因为与传说中或现实中的"宗教师祖"有这样或者那样的联系而被赋予神秘色彩，山上的人文建筑也多是基于宗教原因而建的"佛寺道观"。作为我国独特旅游资源的石窟则更是典型的宗教建筑。佛寺道观，加上它们所"占据"的山水灵秀之地，成了善男信女朝觐活动的场所；而各类宗教建筑以及朝觐活动本身对非宗教信仰人士构成了一种充满奇趣、别具特色的旅游景观。

就宗教信仰者而言，不同的宗教信仰者由于各自信仰的不同，必然会导致旅游行为的差异，反映在吃、住、行、游、购、娱等方面也各不相同。

4. 通过风俗习惯影响旅游行为

文化使不同的地域或民族形成不同的风俗习惯，从而影响人们的旅游行为。风俗习惯是一定区域内群体成员约定俗成自觉遵守的行为标准或习惯。它本身就是文化的标志，是在一定的文化背景下形成的，每一种风俗习惯都可以找到其文化渊源。如春节是中华民族最重要的节日，按照传统要全家团圆、欢聚一堂、吃喝娱乐、相互拜年，在悠闲与忙碌中度过节日，通常没有外出旅游的习惯。所以，春节虽然休假的时间较长，但与国庆节相比是旅游的淡季。虽然近几年这种状况有所好转，但即使外出旅游，也多是举家出动，仍然不偏离"举家团圆"的主题。

世界上每一个民族、每一个国家或地区都有各自的风俗习惯，使得不同民族、不同国家或地区的人对日常交往、饮食起居等有不同的要求。比如，对待数字，不同国家和地区的人们就有不同的理解。中国人视"九"为吉利的数字，"九五之尊"，九有"至大"、"至尊"的意思；日本人则认为"九"即"苦"的意思，因此倍加忌讳。许多西方国家出于信仰基督教的原因而忌讳"13"，许多非洲国家视奇数为不祥而加以忌讳，而埃及却以3、5、7、9为吉祥数字。

各国风俗习惯的差异要求旅游服务部门在接待服务中要认识到，不同旅游者由于文化的差异，对旅游服务的各个方面如景点安排、房间的布置、馈赠礼品的选择等会产生不同的要求，应向旅游者提供个性化的服务。同时，要提醒旅游者在旅游过程中要"出门问禁""入乡随俗"。只有这样，才能让旅游者乘兴而来、满意而归。

5. 通过时尚影响旅游行为

时尚又称流行，根据我国社会心理学家时蓉华的解释，时尚是"指社会上相当多的人在较短时间内，由于追求某种行为方式，使这种行为方式在整个社会中到处可见，从而使人们相互之间发生了连锁性感染……成为一种社会风气……"时尚是文化的标志，是社会物质生产和文明程度发展到一定时期的产物。时尚对个人行为的影响主要反映在以下两个方面：一是向人们提供一种可以效仿的行为方式，这主要是针对那些以时尚为美，以追求时尚为荣的人；二是给人造成一种心理强制而诱发从众行为的产生，也就是个人一旦意识到了时尚的存在,如果不追求时尚,内心会感到紧张和不安,如果遵从了时尚会获得心理上的安全感。

旅游业与时尚现象有着天然的密切联系。旅游经营场所是传播时尚的重要场所和媒介,同时经营时尚的商品、提供时尚的服务也是旅游企业提高经营效率的有力武器。早在1890年,美国的凡勃伦在其《有闲阶级论》一书中曾经指出:"炫耀消费"和"炫耀闲暇"是领导时尚的重要依据。在其提出此说法的若干年后,旅游热的兴起以无可辩驳的事实证明了它的正确性。旅游是一种需要花费时间和金钱的闲暇消费,它率先出现在有钱并且有闲暇时间的阶层,进而在发达国家率先流行。如今随着我国经济的发展和居民生活水平的不断提高,旅游日益成为大众化的行为,旅游已成为一种流行面日益扩大的时尚。

本章小结

旅游是一种社会行为,与各种社会因素密切相关,各种社会因素直接或间接地影响着人们的旅游行为。社会政治制度中的政治决策、外交政策、政治秩序等都会对旅游业造成影响。社会的经济制度影响着一个国家或地区对旅游业地位的把握以及投入,国家在一定时期的经济形势和经济发达程度影响着人们能否出游以及游至哪里、社会的法律制度对旅游者行为起到约束和保护的作用。社会文化通过影响一定时期人们的价值观、审美观、宗教信仰、风俗习惯以及时尚等间接地影响着旅游者的心理和行为。

社会是由相应的社会群体构成的,个体不仅不能脱离社会群体而独立存在,而且社会群体对人的行为有明显的影响作用。人的旅游行为也必定要受到各种群体因素的影响。家庭作为旅游市场的一种重要的群体,家庭的结构、决策方式等都影响着旅游者的行为。处于不同社会阶层的人,由于职业、受教育程度、收入等的不同,旅游消费的观念、水平、方式也不同。

案例分析

小夫妻旅游

一个长假的前夕,在小王的家里召开了一个名额有限的"圆桌会议",参加的人员有小王夫妻及另外一对夫妻。会议探讨的主题是:这个长假外出旅游中有关吃住行的旅游消费问题。经过反复研究,两家达成了共识。本次旅游两个家庭采取"分餐制"的消费方式。

第二天一大早,我就抢先到汽车站购买了四张前往旅游目的地的车票。随后,我们一行4人就坐上了开往婺源县城的汽车。

经过6个小时的路途跋涉,被尘埃和疲惫笼罩着的我们到达了目的地,但仍然兴奋未减。这时,找旅馆安个家成了我们的第一需要。为了求得既经济实惠又舒适干净的居所,我们从城东走到城西,又从城南走到城北,时值旅游旺季,正是供大于求的卖方市场,无奈之下,经过权衡选择,一致决定就住在那家80元就可以包下夫妻房的招待所。

我们刚住下来,同行的那位男士就来到我的房间要与我算账。我忙说:"不着急!不是说好了最后算账的吗?"男同胞的理由很充分:"我考虑还是每天结算更好。一是咱俩身上的资金都可以周转,二是时间长了,有些账目怕会记不清楚。"

翌日的曙光普照大地时,我们坐上了奔往能一睹廊桥、路亭、牌坊、庙宇、宝塔和戏台等古建筑的旅游景区的车。来到一个个单项的景点,购买门票自然是男同胞鞍前马后的事情,景区门票每人40元。

临到中午吃饭时,我们选了一家服务周到的小酒店共进午餐。四菜一汤,如果是一对夫妻吃的话就很不划算,而两对夫妻共享则算是价廉物美。即使外加了两瓶啤酒,总共算下来也不到100块钱,再分摊,更便宜。

傍晚时分,我们回到了招待所。一天疯玩所造成的疲惫是两位女士早早地上床休息了。我和男同胞又面对面的亲兄弟明算账了。门票、饭钱、车票,三下五除二,我方总共才花去了200块。不过,途中我方夫妻和对方夫妻各自都采购了一些零食类的物品共享,这一部分消费不需要AA制,完全属于个人行为。

第三天,我们的旅游目的地是60千米外的一组灵岩古洞群观瞻。据说,那里是无山不洞、无洞不奇、洞中有洞、洞洞相连。一个半小时的行车后,展示在我们面前的果然是莲花洞、琼芝洞……真是一个神奇的世界。也许是被神话色彩迷住了双眼,虽然门票很贵,但我们仍然心甘情愿地掏腰包。又玩了这些千姿百态的奇洞后,我们都觉得,这个钱花得值。

这天游玩尽兴后,返回住地已是月上柳梢。明天就要打道回府了,为了使这顿最后的晚餐吃得丰盛,经大家决定:六菜一汤,外加四瓶啤酒和两听饮料。很明显,美味佳肴伴随着两天来所见所闻的畅谈,我们吃饭的节奏放慢了很多。三个小时后,我和男同胞都成了红脸关公,但我们俩还是一回到酒店,又算起了账来。

没有不散的宴席,结伴旅游,在我们满意、快活的心情下结束了。此次旅游,我们夫妻共花去了980元,这么物美价廉,是我做梦都没有想到的。尝到了"旅游分餐制"甜头的我,巴望着下一个长假的到来。

试分析

1. 案例中的旅游者处于家庭生命周期中的哪个阶段?这个阶段的旅游者的消费行为有哪些特点?

2. 案例中丈夫与妻子在旅游决策中分别扮演了哪些角色?他们的决策属于哪种类型的决策?

自我检测题

一、多项选择题

1. 旅游家庭决策的主要内容包括（　　）。
   A. 原因决策　　　　　　B. 时间决策
   C. 地点决策　　　　　　D. 项目决策
2. 许多人在一起可以提高个人活动的效率属于（　　）。
   A. 社会助长　　　　　　B. 社会惰化
   C. 从众行为　　　　　　D. 暗示行为
3. 我国目前家庭形态按其成员结构划分的类型有（　　）。
   A. 单亲家庭　　　　　　B. 核心家庭
   C. 扩大型家庭　　　　　D. 夫妻型家庭

二、判断题

1. 一切社会环境都会对旅游行为产生影响。（　　）
2. 良好的政治秩序是保证一个国家旅游客流量的基本前提。（　　）
3. 年轻人在家庭决策中承担的角色往往不是决策者,所以旅游营销人员不必要为他们全面介绍产品。（　　）
4. 文化环境对旅游行为起着间接性的影响作用。（　　）
5. 时尚具有心理强制作用,容易引发从众行为,是促使一些人外出旅游的动机之一。（　　）

三、简答题

1. 试分析家庭生命周期对旅游消费行为的影响。
2. 根据目前家庭的变化趋势谈谈怎样完善旅游促销。
3. 社会阶层对旅游行为有什么影响?

 实 训 题

请运用调查、访问、座谈等方式研究大学生群体旅游者的心理需求及行为特点。

第二编

旅游服务心理

第七章

旅行社服务心理

教学目标

知识目标

了解旅游者对旅行社服务的整体心理需求。

明确旅游者在购买旅游产品前，在旅游途中的心理要求。

了解旅游者应具备的素质要求。

能力目标

进行旅行社售前服务、售中服务以及售后服务和导游服务的能力。

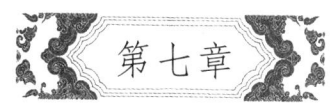

一天，吃完早餐后，某旅行社的地陪小胡准备带领旅行团的成员等车外出旅行。突然一位游客跑过来与小胡商量，能不能让他的两位朋友今天随团一起活动。小胡怕影响全团的活动就没有答应。那位游客解释说，他与他的两位朋友已经多年没见过面了，昨晚才与他们联系上，现在他的朋友已经到宾馆了，最好能够同意让他们同行，所发生的一切费用由他承担。小胡还是没有答应。那位游客非常生气，认为小胡不通人情，不为游客着想，最后游客只好暂时离开团队，与他的朋友一起单独行动。

几天后，旅行社收到了一封对小胡的投诉信，经理对此件事实行进行了调查后，就批评了小胡。小胡感到非常委屈。认为自己是为了全团的利益考虑，才拒绝了游客的要求。她不明白，自己究竟错在哪里？

旅游活动的核心和关键环节就是"游"。旅游者怎样才能"游"好？旅游者到达陌生的旅游目的地后，如何选择最佳的旅游线路？如何更好地了解当地的名胜古迹、风俗习惯以及当地的风味特产？如何解决"游"中存在的交通、食宿、语言等沟通的一系列问题？为旅游者提供这些服务的机构就是旅行社，它是连接旅游者和旅游交通、景区等各项服务的纽带。旅行社要更好地掌握为旅游者服务的主动权，就必须从旅游者的心理需要出发，探索旅行社服务的心理策略。

第一节　旅行社服务概述

旅行社是以为人们提供与旅行有关的服务为主要职能的专门机构,与酒店、旅游交通一起被称为旅游业的三大支柱。旅行社依托各类旅游吸引物和旅游供给设施,通过中间服务将与旅游者旅游需要密切相关的各个组成部分组合加工成相对完整的旅游产品,然后销售给旅游者,是连接旅游者和旅游产品之间的桥梁。随着大众化旅游活动的发展,旅行社在旅游接待服务中的作用也越来越明显,越来越重要。

一、旅行社服务的主要内容

旅行社服务的主要内容包括以下几个方面。

1. 安排旅游服务

旅行社首要的工作任务就是安排、提供与旅游者的吃、住、行、游、购、娱等活动相关的各种服务事宜,既可以组合在一起整体安排,也可以只提供部分服务产品。

2. 处理旅游途中的有关问题

旅行社要负责处理旅游途中的各种问题,如协调矛盾,旅游者证件丢失的解决,旅游者生病后的就医与照顾,因种种原因旅游景点、交通方式变化的善后处理等。

3. 委托代办业务

旅行社的代办业务主要包括当地委托、单项委托、联程委托与国际委托等。

4. 提供导游服务

导游服务是旅行社服务中最重要的内容。

二、旅行社服务的主要特点

旅行社为旅游者提供的主要是服务形态的产品,它除了具有一般服务的共同属性外,还具有下列特点。

1. 依附性

旅行社作为中介机构,决定了其业务必然具有依附性。在旅游活动中,它既是旅游产品的组合者,又是旅游产品的销售者。作为旅游产品的组合者,它要将与旅游活动所需要的吃、住、行、游、购、娱等基本项目组合成单位的旅游新产品;作为销售者,它要走向市场,把产品送到旅游者的手中。它是连接旅游者和旅游服务的各个部门之间的媒介或中介。旅行社的这种双重角色,决定了旅行社必须依附于吃、住、行、游、购、娱等物质资源和社会的各个相关部门,依赖于这些部门的配合与支持。

2. 综合性

旅游者在旅游活动中需要的综合性决定了旅行社服务的综合性。这种综合性首先表现在它是由旅游景点、交通设施和多种服务等组合成的混合产品,是为满足人们吃、住、行、游、购、娱等各种需要提供服务的;其次表现在它涉及直接或间接向旅游者提供服务的众多行业和部门,如景点、酒店、铁路等。

3. 脆弱性

在旅行社提供产品服务的过程中涉及众多行业和部门,受多种因素影响。其中任何因素发生变化都会直接或间接影响服务的进程和服务的质量。如经济形势的变化、自然灾害等都会使旅游服务的各个环节、旅游客源等发生变化。

4. 易模仿性

旅行社提供的旅游产品和服务大多无法申请专利,吃、住、行、游、购、娱等要素对任何旅行社都不具有垄断性,旅行社产品的行程非常容易被模仿。任何一条适应市场需要的旅游线路被开发出来,很快就会众被多旅行社竞相模仿,参与经营。

三、旅游者对旅行社服务的心理需求

旅游者在决定购买旅行社的服务时,其心理需要一般呈现出以下几个特点。

1. 方便省事

现代社会,旅游者外出旅游已经逐渐改变了那种一切由自己安排的辛苦的旅游方式。他们希望通过旅行社为其提供吃、住、行、游、购、娱一条龙的系列化服务,或者能根据他们的需要提供个性化的部分服务项目,使他们能从日常生活所造成的精神紧张中解脱出来,全身心地投入旅游活动中,充分享受旅游活动的快乐。同时,在旅游过程中,由旅行社统一安排行程,有比较明确的游览时间,以便旅游者专心体验当地民俗风情、旅游景点等。

2. 价格实惠

经济实惠是许多旅游者选择旅行社跟团旅游的重要原因。旅行社大批量的发团,可从酒店、车队、餐厅甚至门票方面取得游客自己无法取得的优势,在飞机票、住宿安排、门票购买等方面能够得到比散客更大的优惠幅度。很多旅游目的地的政府为了激活本地的旅游市场,也针对旅行社提供一些政策性的补贴。所以,旅行社的线路组合报价往往低于各项目之和。同时,参团旅游还节省了游客大量的零花费用,如奔波于各车站、码头、机场、宾馆、景区之间的交通费用以及电话咨询,订房、车、餐的费用等。

3. 诚实守信

旅行社产品的生产与销售并不是同步进行的，其交易是滞后的。由于旅游者对旅游产品的质量不能充分了解，必然会造成旅游者对旅游产品质量的怀疑。旅游者希望旅行社的各种宣传是真实可信的，能对各种服务做出承诺，并严格履行旅游合同，确保自身利益不受损害。

4. 公平合理

公平合理一是指旅游产品的价格要合理，不可过高，更不能漫天要价；二是指同一类型的旅游团特别是同一个旅游团中每一个人的费用应该差不多，不要出现太大的价格差异。通常情况下，旅游者在参团旅游后，总是习惯性地询问团队中其他成员的参团费用是多少，并与自己的费用相互比较。比较的结果是，费用少者，认为自己占了便宜，下次出去旅游时会变本加厉要求降低费用；费用多者，认为自己吃了亏，心理失衡，并且把这种负面情绪带到旅游过程中，影响旅游活动。稍有不如意，就会发泄自己的不满，给服务工作带来麻烦。所以，旅行社在同一个旅行团的销售价格上要保持相对统一，给旅游者以价格公道的心理感觉。

5. 安全可靠

安全是旅游者外出旅游首先要考虑的问题。旅游者外出旅游时，面对人地生疏的环境和各种非人为控制的因素，常常会产生一种不安全的心理。他们对旅游安全的需要显得更突出、更重要。这种安全需要既包括人身安全、财产安全，也包括旅游活动的顺利进行。

四、旅行社服务的心理策略

旅行社的产品可以模仿，但是服务却无法复制。旅行社要想在竞争中取胜，必须提供能充分满足旅游者心理需要的优质服务。旅行社服务包括售前服务、售中服务和售后服务三个阶段。在每一个阶段，旅游者的心理需求都各不相同，相应的服务策略也各不相同。旅行社只有充分了解旅游者的心理需要，明确服务的目标，才能采取更加有力的服务策略，赢得游客的满意。

第二节 旅行社的售前服务

旅行社售前服务主要是指旅游者看到旅行社的产品广告到旅行社咨询、了解情况，决定购买旅游产品、与旅行社签订合同等的一系列服务。售前服务是营销和销售之间的纽带，是旅行社在旅游者未接触到旅游产品之前所开展的一系列刺激顾客购买欲望的服务工作，其质量直接决定着旅游产品的销售情况。

一、旅游者购买旅游产品前的心理需求

旅游者在决定参加旅游活动、购买旅行社的旅游产品之前,其心理需要主要表现在以下几个方面。

1. 对安全的期待

保证安全是每一位理性旅游者的基本心理需求。旅游者希望旅行社能为他们提供安全方面的承诺,保证他们各方面的安全,如交通安全、身体健康的保证、财务安全、旅游活动计划的顺利实现等,这样才能安心地购买旅行社的旅游产品,安心地去旅游。

2. 对方便的期待

旅游者之所以购买旅行社的旅游产品,更多的是看中旅行社能够为他们提供吃、住、行、游、购、娱一条龙的系列化服务,为他们的旅游活动省去许多麻烦。他们希望旅行社能够对整个旅游过程胸有成竹,有效解决旅游过程中出现的各种问题。

3. 对质量的期待

由于旅行社旅游产品交易的滞后性,会使旅游者对旅行社旅游产品的质量半信半疑,持观望态度。所以,他们希望旅行社能够做出相应的承诺,并运用法律的手段以合同的形式来保障自己的权益。

4. 对效果的期待

旅游者在参加旅游活动之前,对旅行社的服务、旅游目的地等会有一种直觉想象和判断,期望通过销售旅行社提供的服务达到自己的旅游目的。这种期待是旅游者基于以往的旅游经历和经验或者其他有此经历的人的经验的一种假设。旅游者会根据自己接触到的服务态度、服务效率、服务设施等来进行比较,如果是真实效果优于期待的服务效果,旅游者就会感到愉悦、满意;反之,就会感到失望。

二、旅行社售前服务的心理策略

(一)正确认识、有效调节旅游者的期望值

旅游者对旅行社服务质量的评价与其事先对旅行社服务的期望值密切相关。旅游者参加旅游活动之前,对旅游过程中的各种活动和各种服务充满期待和憧憬。旅行社应正确认识并合理引导旅游者的期望值。旅游者对旅行社服务的期望值主要受以下几方面因素的影响。

1. 旅行社的因素

旅游者对旅行社服务的期望值会因旅行社不同而不同。不同的旅行社,即使是同一

条线路,相同的价格,其心理期望值也不同。如许多旅游者会认为国际旅行社的服务应该比一般的国内旅行社服务水平更高,服务质量也更好。

2. 旅游目的地的因素

不同的旅游目的地,旅游者的期望值也不同。如果是旅游者梦寐以求的地方,旅游者会从心理上增加许多自己的梦想成分,并且期望值也很高。如果旅游目的地只是旅行社工作人员推荐或别人介绍的,旅游者会把它作为一个普通的旅游目的地,就不可能有那么高的期望值了。

3. 旅游时间的因素

不同的旅游时间,旅游者的心理期望值也会有所变化。比如,在旅游旺季,旅游人数猛增,各方面的接待会受到一定程度的影响。旅游者就会给自己打预防针,期望值也会降低。在旅游淡季,旅游人数减少,各方面的接待服务会更加到位,旅游者的期望值会更高一些。

4. 旅游者自身的因素

旅游者的期望值与旅游者自身的经历有关。一般来说,旅游经验丰富的旅游者对旅游的期望值比较客观、理性;旅游经验较少的旅游者对旅游的期望值比较盲目、模糊,容易拔高。

旅行社应充分了解旅游者的预期目标,引导旅游者产生积极的产品期望。全面、真实、客观地宣传、介绍旅行社的旅游产品,引导旅游者形成客观、理性的心理期望。不要为了吸引旅游者,肆意夸大、随意渲染旅游景点,把旅游者的期望值提得过高,最后适得其反,让旅游者失望,给旅行社和导游工作带来麻烦。

(二) 美化服务环境,提供优质服务

旅行社优美的环境不仅可以使旅游者身在其中感到惬意、舒适,而且还体现了旅行社的文化,给旅游者耳目一新、与众不同的感觉。因此,旅行社在设计、提供令旅游者满意的旅游产品时,也应注重打造优美的服务环境,提供优质的服务。旅行社优质服务的特点主要表现为以下几点。

1. 实用性

实用性是指旅行社要设身处地为旅游者着想,妥善解决旅游者旅游过程中吃、住、行、游、购、娱等方面的实际问题。

2. 享受性

享受性是指旅行社不仅要帮助旅游者解决旅游过程中的各种实际问题,而且要通过旅行社提供的各种有形和无形的服务,使旅游者获得身心的愉悦,充分享受旅游给他们带来的快乐。

3. 高效性

高效性是指旅行社应在最短的时间内为旅游者提供方便、到位的服务。旅游者大多是利用有限的时间参加旅游活动，他们在渴望享受旅游活动乐趣的同时希望减少不必要的时间浪费，尽快解决旅游过程中的各种问题。

4. 标准化

标准化是指旅行社提供的服务应一视同仁，让旅游者感到公平、合理。

5. 个性化

不同的旅游者有不同的心理需要，旅行社在提供高质量的基本服务的基础上，应针对旅游者的不同需要提供个性化的服务。

（三）做好咨询服务，赢得旅游者的信赖

取得旅游者的信赖和好感是旅行社成功销售的一大法宝。研究表明，传统广告在消费者中间的信任度并不高，相反，亲戚朋友的推荐或忠告则是人们决定是否购买旅游产品的决定性因素。另外，旅行社的办公环境、硬件设施的情况也对旅游者起着一定的暗示作用。比如，一些旅行社在宣传栏介绍旅行社所获得的各种荣誉、优秀导游的详细介绍等都会给旅游者传递一种"强社""大社"的信息。

对于销售人员和接待人员来说，全面、透彻、熟练掌握各种旅游产品的情况，对旅游者所提出的各种问题能准确、流利地解答是获得旅游者信任的重要策略。

第三节　旅行社售中服务

阅读材料

旅行社的售中服务是指旅游者的游览活动从开始到结束整个阶段的服务工作。这个阶段时间长、涉及环节多，是旅行社服务过程中最重要的部分。这一阶段的工作主要由导游员负责完成。

一、旅游者在不同旅游阶段的心理特点及服务策略

旅游者在旅游活动全过程各不同阶段中的心理特点是不同的，旅行社应充分了解，并据此提供相应的服务。

（一）旅游者在旅游前期的心理特点及服务策略

旅游者怀着美好的憧憬踏上旅途，刚到目的地普遍有一种新奇、兴奋的心理，希望能够迅速进入景区游览。但是，人生地不熟，容易产生孤独感、茫然感和不安感，希望能得到旅行社服务人员的关怀和帮助，对导游员的依赖感最强烈，也比较能够听从导游的安排和指挥。

在这个阶段,导游员要真诚、热情地接待旅游者,为他们提供细致周到的服务,帮助他们消除不安全感。同时导游员要为旅游者提供全面真实的旅游信息,合理有序地安排旅游者的活动,充分满足他们的好奇心。

(二)旅游者在旅游中期的心理特点及服务策略

随着旅游活动的开展以及相互接触的增多,旅游者已基本适应了旅游活动的节奏,彼此之间也已经比较熟悉,不安、紧张的情绪开始弱化,旅游者的情绪开始逐渐活跃、轻松起来。但是,在这种心态的影响下,游客常常会忘却控制自己,开始出现懒散、自以为是的心理状态,对导游提出各种要求,甚至出现傲慢无礼、无视旅游团纪律要求的行为。这一阶段时间最长,也最容易出问题,所以是导游员工作中最困难的时期,也是最锻炼导游员、最能体现导游员能力水平的阶段。

这一阶段导游员的思想要高度集中,要组织和安排好旅游活动,细心观察、及时发现旅游过程中出现的各种问题,迅速处理、妥善解决,防止各种负面情绪的出现。

(三)旅游者在旅游后期的心理特点及服务策略

旅游活动后期即将返程时,旅游者的情绪波动较大,紧张情绪会再度高涨。比如有些旅游者会担心自己没有给家人、朋友带合适的礼物,担心行李会超重;有些旅游者会想念原来的环境,急切希望回到原来的状态;有些旅游者会对旅游过程中的各种美好记忆念念不忘,希望能再次光临;有些旅游者则对旅游过程中的不愉快耿耿于怀;更多的旅游者会对自己在这一阶段所接受的服务进行整体评价,确定自己此行是否值得。

旅游活动结束阶段也是旅行社和导游最后的服务机会。导游人员尽职尽责、一丝不苟、查漏补缺、尽量满足游客的各种需要会对旅游者的后续行为产生重要的影响。

二、不同类型旅游者的心理特点及服务策略

不同的旅游者,有不同的心理需求。旅行社应根据不同旅游者的心理采取适宜的服务策略。

(一)团体游客与散客的心理特点与服务策略

1. 团体旅游者心理特点与服务策略

团队旅游者是指一个旅游团的成员来自一个单位。团员之间相互熟悉,职业相同或相近。这一类旅游者彼此之间的关系比较密切,在旅游过程中由于受到原来关系的制约,彼此有所顾忌。旅游者心理上比较安全,团员之间比较团结,行动上比较一致。同时,由于原来的组织性质依然存在,一般都会有专门的人员来负责协助导游的工作。导游员在接待这类旅游者的时候,应该把注意力放在照顾好整团的利益和处理好景点的讲解上。

案例分享

2. 散客的心理特点与服务策略

散客旅游团是指临时拼凑的旅游团。旅游者之间没有关系,互不认识,身份、职业、爱好等各不相同,团成员成分复杂,彼此之间的交往具有短暂性和浅层性,"少顾忌""少投入",容易产生利益的冲突,产生人际矛盾。导游员在提供服务时,要充分考虑旅游团队中的这种人际关系特点,一视同仁、恰当处理各种关系,尽可能减少团员之间的摩擦。

(二)不同年龄旅游者的心理特点与服务策略

1. 儿童旅游者的心理特点与服务策略

儿童旅游者是指年龄在16岁以下的未成年旅游者。该年龄阶段最突出的基本心理特征是以成长的需要为中心,具体表现为具有较强的求知欲和探索心理;对旅游活动兴趣浓厚,注重参与性,对活动内容和服务无特殊要求;由于自身身心发育不成熟,故安全意识较差,自我保护能力差,一般需要家长的陪同监护和组织部门的特别关照。导游员在为这类旅游者提供服务时,要妥善安排他们的活动项目,选择适宜他们参加的旅游活动,要特别关注他们的安全问题。

2. 青年旅游者的心理特点与服务策略

青年旅行者的心理特点是精力旺盛、活泼好动、内心丰富、热情奔放、思想活跃、思维敏捷、富于幻想、追求新奇、敢于冒险。在旅游活动中他们的心理特征表现如下。

(1)追求新颖,表现时尚

青年人比较注重旅游产品的时代性,新产品、新项目、新风尚等都可以引起他们浓厚的兴趣。所以,旅行社要紧跟时代的步伐,不断设计开发新的旅游产品,不断更新服务的内容、服务的方式和服务的手段,吸引更多的青年人参与旅游活动。

(2)追求审美,表现个性

爱美之心人皆有之,青年人的审美需求更加强烈,为了美丽他们投入大量的时间、精力、金钱,甚至是牺牲自由和安全。同时他们又要处处体现个性,表现自我,对富有个性的旅游产品十分喜爱。因此,旅行社应根据青年人的个性追求,不断推出具有代表性的产品,并适当地推出旅游者自助的服务项目,使旅游者利用旅行社提供的设施进行自我服务,给旅游者更多展示自我的平台,满足青年旅游者的个性需求。

(3)容易冲动,购买欲强

青年人的经济一般都比较独立,负担相对较少,因此消费欲望比较强烈。而且,青年人感情容易冲动,旅游行为受感性的支配多,受理性的支配少。因此,对旅行社来说,要通过各种渠道刺激青年旅游者的消费欲望,促使其消费行为的发生。

3. 中年旅游者的心理特点与服务策略

中年人在旅游活动中的心理特点表现如下。

(1) 追求健康、喜欢享受

中年人的工作、生活压力大，家庭负担重，身心较为疲惫。因此，只要有条件一般都比较喜欢放松自己、享受生活。尤其是各种保健项目非常受中年人的欢迎。

(2) 追求实用，富有理性

中年人知识经验丰富，思维深刻，情绪稳定，判断力强，在旅游活动中对旅游产品和服务质量的综合评价能力突出，消费心理较为务实，购买与消费常常是理智大于冲动，经验重于印象，他们会比较客观、理智地分析旅游产品的价值。旅行社一定要设法表现旅游产品和旅游服务的价值，尊重旅游者的选择。

(3) 追求档次，体现身份

中年人经过多年的打拼，工作稳定，收入较高，审美能力较强。有的中年人已是有身份、有地位的成功人士。他们在旅游活动中喜欢表现出与众不同，追求高档次的交通工具、宾馆和富有特色的菜肴，借以体现身份和地位。

4. 老年旅游者的心理特点与服务策略

老年人一般是指退休以后或年龄在60岁以上的人。老年人的生理功能开始衰退，但是他们具有丰富的消费经验，评价能力较强。他们出游的主要目的是愉悦心情、增进健康。他们不喜欢剧烈的运动，最感兴趣的旅游项目是观赏性、纪念性、娱乐性和信仰性的项目。老年旅游者的心理特点主要表现为以下几方面。

(1) 行动缓慢，注重方便

老年旅游者由于体力和精力的衰退，行动速度、强度减弱，希望旅行社能为他们提供各种便捷的服务。所以，旅行社应充分考虑老年人的特点，合理安排吃、住、行、游、购、娱等。

(2) 自尊心强，敏感多疑

老年人有丰富的消费经验，在旅游活动中十分坚信自己的选择。他们希望得到旅游服务人员的尊重，并对服务人员的态度非常敏感。服务人员稍有不慎或言语不当，都可能伤害老年人的自尊心，引起他们强烈的不满甚至是反感情绪。所以，旅行社要充分尊重老年旅游者，为他们提供认真、细致、耐心、周到的服务。

(3) 怀古、忆旧情绪强烈

老年人往往具有一种怀旧的心理，他们留恋自己过去的生活方式和习惯性的消费产品，对新事物、新产品的接受性能力比较差。在旅游活动中喜欢去曾经游览过的旅游地，喜欢拜访老朋友，偏爱曾经消费过的旅游产品和服务。为此，旅行社应根据老年人的怀旧心理设计推出各种旅游产品和服务。

(三) 不同地区旅游者的心理特点与服务策略

不同地区的旅游者由于所处的地理环境不同，对同一类旅游产品会有不同的需要与偏好，他们对那些与自己所处地理环境迥然不同的旅游目的地往往会情有独钟。譬如，我国北方的旅游者喜欢南国风情，南方的旅游者喜欢北国风光；内地的旅游者喜欢去青岛、三亚等海滨城市，沿海地区的旅游者则向往九寨沟、西双版纳的独特风貌。旅行社应根据这些特点提供反向旅游产品,以满足不同地区旅游者的心理需要。

第四节 旅行社的售后服务

旅行社的售后服务是指旅行社在旅游活动结束之后,继续向旅游者提供的一系列服务,以主动解决客人遇到的问题和加强同客人的联系。

一、旅行社售后服务的作用

旅行社售后服务的作用主要有以下几个。

1. 提高旅游者的满意度

旅行社在旅游接待服务完成后,采取各种售后服务的措施,征询旅游者对旅行社接待服务质量的真实感受,并且主动向旅游者介绍旅行社的各种信息。这就使得旅游者既能够感受到旅行社对他们真正关心和负责的态度,又使他们进一步体会到旅行社的优质服务,从而提高他们对旅行社及其服务的满意程度。

2. 保持和扩大市场份额

研究表明,吸引一个新顾客所需要的成本,比留住一个现有的顾客要高出五六倍。旅行社的售后服务,一方面可以与现有客源保持稳定的联系,使之成为旅行社稳定的客源;另一方面,还可以通过现有客源的介绍,扩大旅行社的知名度,吸引更多的新客源,从而扩大其在旅游市场上的份额。

3. 增强旅行社的竞争力

旅行社的售后服务既有助于旅游者加深对旅行社及其产品的熟悉和了解,又可以使旅游者在头脑中长期保留上次旅游活动的美好记忆,逐渐形成对旅行社的良好印象和品牌忠诚。从某种意义上说,售后服务是旅行社促销活动的延续,更是旅行社增强竞争力,在旅游市场上求得生存与发展的重要举措。

二、旅行社售后服务的心理策略

旅行社售后服务可以通过以下几种方式进行。

1. 电话回访

通常在旅游者返回后第二天起的一段时间里给他们打电话,主要询问他们对刚刚结束的旅游有何感受、意见和建议。这种问候的意义主要有三个方面:第一,可以让旅游者感到受重视、被关心,从而产生对旅行社的好感。第二,可以了解旅游者对旅行社服务的意见和建议,为改进旅行社的服务提供借鉴。第三,及时发现旅游者的不满情绪,采取补救措施,拉近与旅游者之间的关系。

2. 填写意见征询单

意见征询单类似意见调查表。在旅游活动即将结束时,由导游员发放给游客填写,但由于有些游客碍于情面,不能如实填写。因此,也可以在旅游结束后,邮寄给每位游客,让游客填写。调查项目设计要简单明了,便于旅游者回答。为了提高效率,邮寄的意见征询单要附上信封和邮票。

3. 寄送明信片

旅行社可以通过向客户定期寄送问候性的明信片、促销性明信片、节日贺卡、生日贺卡等,保持与客户的联系,使他们感到自己被关心和重视,从而激发他们出游的愿望。

4. 赠送优惠卡

有些旅行社建立了金卡、银卡等优惠制度,采用积分优惠的办法吸引客户。在同一家旅行社参加旅游活动越多,积分就越高,优惠也就越多,这样可以较好地吸引回头客。

5. 举办旅行社开放日

为密切旅行社与旅游者之间的关系,旅行社可以举办旅行社开放日活动,有针对性地邀请一些客户到旅行社参观及观看录像、光盘等,并向他们宣传介绍旅游产品或成功的旅游案例。通过这些活动,可以使客户了解旅行社的各种设备以及社会关系,从而使客户坚信旅行社完全有能力为他们提供各种旅游咨询,安排好旅游活动。

6. 旅游者招待会

旅行社还可以通过举办旅游者招待会的方式与客户进行面对面的直接接触。这些做法可以使旅行社与客户在一种轻松、自然、愉快的氛围中直接接触,为旅行社的产品推销工作带来诸多好处。

第五节 导游服务心理

导游是旅行社的代表,由旅行社组团的旅游消费活动主要是通过导游的工作来实现的。导游不仅代表旅行社引导旅游者参观游览,还担负着吃、住、行、游、购、娱各个方面的综合服务。在旅行社的服务工作中,导游工作是主体,导游员在旅游活动中处于中心地位。他不仅是旅游活动的组织者,而且是旅游活动的导演者。他们以沟通思想为主要工作方式,传播文化、促进交流、增进友谊;为旅游者提供生活、交通的方便,满足旅游者在旅游活动中的各种生理和心理需要。旅游者的一次旅游活动是否成功,往往跟这次活动中是否有一位好的导游是分不开的。

一、导游对旅游者消费行为的影响

导游人员是旅游者在游览过程中接触最多的服务人员。导游的言行对旅游者的消费行为有重要的影响作用。

1. 导游服务影响旅游者对旅游资源的欣赏

美丽的自然风光、丰富的人文古迹、美丽的神话故事都是无比丰富的旅游资源。这些资源在旅游者的眼中本来只是一座高山、一条大河、一些古迹,甚至是一片废墟,但经过导游员的讲解和指点,这些东西就富有了生命和活力,可以使旅游者更好地理解这些旅游资源,增长知识,领略异域风情,享受审美的乐趣。正如国际旅游界所说的:"没有导游的旅行,是不完美的旅行,甚至是没有灵魂的旅行。"

2. 导游服务影响旅游者的行程和活动内容

旅游活动的核心是"游",而在游览活动中起关键作用的又是导游。导游是旅游者在旅游活动中行程的具体安排者和活动的组织者,影响着旅游者的活动行程和活动内容。导游的讲解能加深旅游者对景点的理解,满足旅游者的好奇心;导游的语言可以沟通不同文化,促进不同国家和民族之间的交流;导游可以为旅游者提供吃、住、行等方面的生活服务,使旅游者全身心地投入到旅游活动中,充分享受旅游活动的乐趣;导游的购物服务又可以给旅游者增添另一种情趣,起到锦上添花的作用。

3. 导游服务影响旅游者的满意度

一次旅游活动的成功与否,在一定程度上取决于导游服务的质量。在游览过程中,导游员与旅游者朝夕相处,为他们安排生活、行程,提供生活方面的服务,保护他们的人身安全和财产安全,维护他们的正当权益。一个优秀的导游,会使旅游者的旅游活动充满快乐,令旅游者满意;相反,一个不称职的导游,会使旅游者失望、不满意。

4. 导游服务影响旅游产品的销售

旅游产品包括有形的物质产品和无形的精神产品。无形产品是依靠服务来完成的。导游是旅游企业向旅游者提供的一种无形的服务产品,导游服务质量的高低在很大程度上决定了旅游产品的使用价值。旅游产品的使用价值越高,旅游者购买率就越高。大量的统计数字表明,优良的导游服务不仅可以使旅游者满意而归,而且可以起到宣传作用。低质量的导游服务不仅使旅游者的回头率大大降低,而且还会带来许多负面影响,很可能使潜在的旅游者望而却步。

二、导游的心理品质

日本导游专家大道寺正子认为:优秀的导游最重要的是他的人格和人品。他指出,导游的基本条件是健康、整洁、礼貌、感情、笑容、毅力、胆大、勤奋、开朗、谦虚。具体条件是掌握丰富的知识，灵活地运用经验，理解游客的心理，掌握讲话的技巧。导游站在客人面前，要让客人感到满意才行。在我国导游不仅是旅行社的从业人员，也是国家的主人与代表。一名优秀的导游除了应具备高度的政治素质、健康的身体素质并精通导游业务外，还必须努力发展和培养自己具备良好的心理素质。导游员的心理状态就像无声的语言，时刻影响着旅游者的心理，其心理品质直接影响着旅游者的消费行为。因此，导游员应具备与其工作相适应的独特的心理品质，以调节支配自己的心理活动和行为方式，更好地为旅游者服务。

1. 兴趣广泛

导游员的兴趣应该是广泛的。导游员应在精通导游业务的基础上发展自己多方面的兴趣爱好。丰富的知识是导游人员的职业需要，而广泛的兴趣又是其入门的先导。"上知天文、下知地理"，古今中外的史地、政治、经济、文化、艺术、建筑、宗教、民俗、法律等，凡是旅游者想知道的，导游员都应该有所了解。这样才能满足旅游者求知的心理需求，才能使旅游者获得最大的精神享受。

2. 性格开朗

导游工作的特点对导游员的性格有特殊的要求。一名称职的导游员应具备独立、外向、热情、性情温和、乐观大度、精力充沛、情绪饱满，善于同各种类型的人打交道等良好的性格特征，导游人员要善于分析自己的性格特点，扬长避短、加强自身修养，以便更好地适应导游工作的需要。

3. 情感健康、积极

导游员的情感状态直接影响着旅游者的情绪状态。导游员健康、积极的情感品质有利于旅游者的各种活动。导游员应该具有高尚的道德感、正确的美感和理智感。

4. 意志坚强

导游服务需要面对各种复杂的问题，处理各种冲突，解决各种矛盾，这些都依赖于导游坚强的意志品质。

5. 能力全面

导游员要顺利地完成工作任务，应具备观察能力、注意能力、记忆能力、想象力、思维能力、语言表达能力、组织能力等。其中，观察能力、注意能力和语言表达能力是导游员最基本的能力品质。

案例分享

三、导游服务的心理策略

导游是一种功能性的服务，也是一种心理性的服务。为满足旅游者在旅游活动中各方面的心理要求,导游服务应注意运用以下策略。

(一)做好心理预测和接待准备

导游员在接团之前对旅游者进行心理预测是非常必要的。导游员应根据有关资料所了解到的旅游者的一般情况,如年龄、性别、职业、旅游目的等,运用旅游心理学的相关理论,分析即将接待的旅游者的心理需要。提高心理预测,以利于有效制定接待计划、提供有针对性的服务,在较短时间内拉近导游员与旅游者之间的心理距离。

(二)树立良好的形象

导游是旅行社的代表,是一面镜子,是旅游者最可信赖的人。在导游服务中,导游应十分注意自己的形象。

1. 树立良好的第一印象

"良好的开端等于成功了一半。"旅游者到达旅游目的地后首先接触的是导游,导游员与旅游者第一次接触时会留下深刻的第一印象,其好坏直接影响着旅游者以后的活动中对导游员及其工作的评价。

因此,导游员从机场、车站第一次接触游客起就必须注意自己的形象,态度友好热情、充满自信,安排周到细致、效率较高。从机场、车站到饭店的交通工具、行李运送、食宿安排、导游书面材料的发送等,都要快速而稳妥地安排。迅速满足旅游者的需要,消除旅游者初到异地时的疑虑和茫然,增强其安全感和信赖感,为导游工作的顺利开展奠定良好的基础。为此,导游员事先要做充分准备,详细了解、熟记行程安排以及游客的相关资料等内容。在迎宾时,能详细解答旅游者提出的一系列问题,叫出旅游者的姓名等都会获得旅游者的好感。

2. 树立良好的最后印象

同第一印象一样,导游留给旅游者的最后印象也非常重要。若导游给游客的最后印象不好,就可能前功尽弃。一个游程下来,导游可能已经感到筋疲力尽、疲惫不堪,但仍应该保持旺盛的精力和高度的热情,根据旅游者返程时的心理需要提供周到的服务。不厌其烦地帮助他们选购物品,真诚地请他们代为问候亲人;对工作中不尽如人意的地方诚恳检查,广泛征求意见和改进建议;代表旅行社祝他们一路平安。

良好的最后印象能使旅游者对即将离开的旅游地产生恋恋不舍的心情,从而激起再游的动机,也可以起到良好的宣传作用。

3. 树立良好的仪表、仪态形象

良好的仪表、仪态形象是对旅游者的尊重,也是导游员精神状态、个人修养的体现。导游员在导游服务的全过程中要十分注意自己的仪表、仪态,应尽力做到:整洁、美观、大方、得体、从容、干练、热情、自信。

(三) 尊重旅游者,为旅游者着想

受尊重是旅游者最基本、最正常、最合理的心理需求。只有当旅游者在热情友好的氛围中,受尊重的心理得到满足时,为他提供的各种服务才有可能发挥作用。导游人员要将旅游者放在心上,以假如我是一个旅游者为出发点,千方百计为旅游者考虑,安排好参观游览活动、维护好旅游者的利益,诚心诚意为他们服务,使他们玩得开心、吃得顺心、住得舒心、买得放心。

每一位旅游者既希望导游员一视同仁、公平对待,又希望能给予自己一些特别的关照。因此,导游员要把规范化的服务与个性化的服务完美结合起来。提高个性化服务的关键在于尊重旅游者,把游客放在心中。

(四) 把握游客心理,提供优质的游览服务

游览活动是旅游活动的核心,也是导游服务最主要的工作。作为一名优秀的导游员要了解旅游者喜欢什么,不喜欢什么;想知道什么,又忌讳什么,以灵活多变的服务策略满足旅游者的愿望。

1. 善于激发旅游者的兴趣

旅游者的兴趣是否高涨将直接影响到旅游活动的质量。因此,导游员服务过程中的一项重要任务就是善于激发旅游者的兴趣,使其对活动内容由不感兴趣或兴趣不高转为有兴趣,并增加兴趣的强度。一般情况下,旅游者是怀着浓厚的兴趣、好奇的心理参加旅游活动的,关键在于如何进一步激发,使原来的兴趣巩固并得到发展,使旅游者乘兴而来,尽兴而归。这就要求导游员在服务过程中善于运用一些激励因素去激发旅游者的兴趣。如运用直观形象的语言引起旅游者的兴趣,也可通过设置悬念、提出问题引发旅游者的兴趣。

2. 善于观察旅游者的情绪

导游员要善于通过多方位的观察,分析、了解旅游者的内心世界,了解旅游者的喜怒哀乐。导游员应努力成为旅游者情绪的组织者、调节者,一方面尽可能满足旅游者的需要,调动旅游者的积极情绪;另一方面还可以巧妙地引导旅游者的有意注意,使旅游者一直处于兴奋活跃的状态中,激起游客的想象和思维以获得美好的感受和心理满足。

3. 提供微笑服务

微笑是最美的语言,是最能博得他人好感的行为。微笑能使人感到真诚、坦然,最能拨动人的心弦。导游的微笑服务能使旅游者迅速消除生疏感,缩短同旅游者之间的心理距离,犹如回到家里受到亲人的接待。导游真诚的微笑是欢迎辞,是伸出的友谊之手,是尊重旅游者的示意,是与旅游者沟通信息和情感的桥梁。有经验的导游深知微笑服务对旅游者的巨大魅力,无论他们在工作中遇到什么困难,情绪多么低落,但在旅游者面前,他们总是保持笑逐颜开、幽默风趣,令旅游者心旷神怡、非常愉快。

4. 正确使用语言

"景色美不美,全靠导游一张嘴。"语言是导游服务中的重要工具和手段,它对激发游客的兴趣,引起游客的联想和思维,加深对景点的理解起着重要的作用。旅游者到异地旅游的主要动机是欣赏一个地区的自然美和人文美,如果没有导游的讲解,许多旅游者会对景区的美难以理解,难以获得审美上的心理满足。导游服务就是要借助语言工具去组织激发旅游者的知觉兴趣,引导旅游者通过联想、移情、欣赏等心理活动使外界的景观美变成自己美的享受,获得生理上和心理上的满足。

导游的语言受其特定的任务、对象和条件的影响制约,有其专业化的特色,形成了一种特定的语言——导游语言。导游语言作为一种口头语言,有"快、急、难、杂"的特点,往往没有时间字斟句酌。然而,一名优秀的导游员却能以准确、高雅、生动、形象的语言进行讲解,让游客难以忘怀。导游语言是科学性、知识性、生动性、针对性、艺术性的有机融合,可以从多个方面调动旅游者的注意力和积极性,让旅游者充分感受旅游的乐趣。

5. 根据心理特点提供个性服务

旅游者来自不同的地区,有不同的文化背景和审美习惯,具有不同的个性特征。导游员只有充分了解旅游者的心理需要,才能提供让游客满意的服务。为此,导游员应对所服务的游客认真了解,根据其特点有针对性地因人、因时、因地制宜地灵活进行导游服务。

四、拓展服务范围,提供超常服务

导游是旅游者的服务员,只要是旅游者所需要的就是导游员应该做的。通常情况下,旅游者对导游员所提供的一般性和例行性服务的反应并不是很热烈,认为是分内的事情,是完全应该提供的。因此,在接受按费用的高低所提供的不同等级的服务时,他们觉得自己应该享受。

超常服务与一般服务不同,它是导游向旅游者提供的特殊服务。超常服务的内容和项目是超出旅游者期望的,它使旅游者看到了他们和导游之间并非纯粹的金钱关系,而是充满人情味的。如一旦遇到客人患病,导游千方百计地联系医院就诊,不分昼夜地看护;客人生命垂危急需抢救,导游挺身而出慷慨献血;残疾人行走不便,导游在游览中多一份照顾,使他们能与正常人一样游览;客人不慎遗失钱款证件,导游经过努力帮其寻找,终于物归原主;客人在餐桌旁,刚掏出香烟,导游就眼疾手快地将火机点燃递到客人面前。这些看起来不起眼的服务都体现出导游急游客之所急,在游客需要时及时出现,会让游客倍感温暖,深受感动。

案例分享

本章小结

旅行社作为现代旅游活动的重要组成部分,是连接旅游者与旅游产品之间的桥梁。本章介绍了旅行社服务的内容,分析了旅行社售前服务心理、售中服务心理和售后服务心理,在此基础上,探讨了旅行社向旅游者提供服务的心理策略与措施。导游作为旅行社服务的一项重要内容,本章分析了导游对旅游者旅游活动的心理影响,阐述了导游应具备的心理素质和导游服务的心理策略。

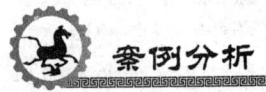

案例一:为什么胜出

我所在的某高校组织部分教师外出旅游。旅游方式是学院事先确定目的地和行程路线,然后再请旅行社负责组织。经营同一条旅游线路的旅行社有很多家,学院决定在与多家旅行社洽谈的基础上选定一家。我们连续找了三家旅行社方才谈妥。

第一家 A 旅行社的业务员手里拿了一沓各旅行社的价目表,一再强调他们旅行社的定价是同行中最低的,比其他旅行社的定价低 30~50 元/人。但是当我们问及详细的服务标准,如坐什么车、乘什么船、派什么导游时,他都无法及时做出明确答复。

第二家 B 旅行社派来的业务员显然是一位生手,他似乎远没有料到我们会问那么多、那么细的问题。如几点几分到达哪里,在哪里吃饭最合适,爬山需要多长时间,老年人能否适应等。他对一些细节问题不甚了解,所带的资料很不充分,就一趟一趟地返回旅行社准备资料。最后,经过几个来回地折腾,总算以其热情诚恳打动了我们。最后我们问:"如果让你们旅行社带团,你们会为我们派一个什么样的导游?"业务员不假思索地回答:"谁负责联系的团队,谁就当导游。"

第三家 C 旅行社派来的业务员似乎对我们可能问及的所有问题都早有准备。在准确流利地解答了我们所关注的问题之后,他补充说道:"你们是高等院校的教师,又是这么大的一个团队,我们将派出我社资历最深的优秀导游来为你们带队……"

最后,我们选择了 C 旅行社。

试分析:C 旅行社胜出的原因是什么?

案例二:行程变化之后

某年 8 月,西安的导游员小李接待了一个 20 人的旅游团。这个旅游团原计划在西安活动 3 天,其中,第三天上午参观兵马俑,下午乘飞机去桂林。第二天晚上 11 点,小李突然接到全陪打来的电话,说该团原定明天去桂林的飞机改在上午 7 点起飞。小李一听非常着急,因为航班一改将涉及游览、用餐、行李、送机和通知游客等一系列问题。此时游客都已经休息了,司机也早已经回家,怎么办呢?他马上与旅行社联系,旅行社的内勤人员告诉小李情况属实,并让他马上到旅行社取机票。小李质问内勤人员为什么不及早通知他,对方讲已经给他的手机打了电话,但是没联系上。小李没有同他继续争辩,而是请他帮忙联系第二天的用车、退餐等事宜,然后又请全陪通知客人第二天早晨出发的时间和准备出运行李,在同饭店落实早餐、出运行李、退房等事宜后,他赶去旅行社取机票,夜里12点才赶回饭店。当时,旅游团的随员和全陪正等着他,等一切安排妥当后,已经是凌晨1点了。

第二天早上5点,该团从饭店出发赶往临潼机场。兵马俑看不成了,大家的脸色都很难看。小李忙向大家解释改变飞往桂林时间的原因。他说:"最近去桂林的航班很紧张,那里又下大雨,为了保证今后的旅程顺利,所以改变了飞桂林的时间。"又说:"没有看到兵马俑确实很遗憾,这是我工作安排上的失误。请大家原谅。不过现在兵马俑博物馆正在维修,只开放少部分坑道,今天西安又要下雨,即使航班不变,我们也可能会改变游览线路。"说完,他再次向大家道歉。大家听完小李的解释后并没有发火,他们仍然对小李前两天的导游服务感到满意,对旅行社的安排表示理解。

试分析:
1. 旅行社行程改变后,导游员小李都做了哪些工作?
2. 为什么旅行社的行程改变,大家仍对小李的服务感到满意?

自我检测题

一、多项选择题

1. 旅行社服务的主要特点有(　　)。
   A. 独立性　　　　　　B. 依附性
   C. 综合性　　　　　　D. 易模仿性
2. 旅行社优质服务的主要表现有(　　)。
   A. 个性化　　　　　　B. 实用性
   C. 享受性　　　　　　D. 高效性
3. 青年旅游者旅游心理的特点有(　　)。
   A. 追求新颖、表现时尚　　B. 追求实用、表现理智
   C. 追求审美、表现个性　　D. 追求科学、表现自我

二、判断题

1. 旅行社在推销旅游产品时,应尽可能把产品说得好一点,提高旅游者的心理期望值。这样可以激发旅游者的购买欲望,实现购买。　　　　　　　　　　(　　)
2. 没有好的售前服务就不会有旅游者,所以旅行社服务过程中的售前服务非常重要。　　　　　　　　　　　　　　　　　　　　　　　　　　　　　(　　)
3. 导游既是一项功能性服务,又是一项心理性服务。　　　　　　　(　　)
4. 导游员的主要任务是带领旅游者游览风景,所以不需要掌握摄影技能。(　　)

三、简答题

1. 旅游者对旅行社服务的整体心理要求有哪些?
2. 旅行社应如何根据旅游者的心理需要做好售前服务?
3. 旅行社售后服务的常用方法有哪些?
4. 一名优秀的导游员应具备的心理素质有哪些?

实 训 题

旅游者在游览过程中不同阶段的心理特点和行为表现有哪些,应如何有针对性地提供服务?

第八章

饭店服务心理

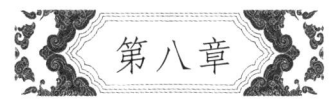

教学目标

知识目标
1. 了解客人在饭店的需求心理。
2. 熟悉客人对前厅、客房、餐饮、康乐服务的心理需求。
3. 掌握饭店各部门的服务对策。

能力目标
1. 了解在旅游服务中客人的心理特点,并掌握如何进行针对性地提供优质的服务。
2. 树立正确的职业意识,初步培养优秀旅游从业人员的服务素质。

导入案例

　　王小姐和她的朋友乘坐的出租车刚刚停在国际大酒店大堂门口,面带微笑的门童立刻迎上前去,躬身并拉门问候道:"欢迎光临!"王小姐和她的朋友们谈笑风生地走下了出租车,当门童正准备关门时,忽然发现前座上遗留了一部漂亮的手机,于是扭头对正准备进酒店的王小姐说:"小姐,您是否遗忘了手机?"王小姐一听,停止了说笑,忙说:"哎哟,是我的手机,谢谢。"门童将手机递还给客人,同时又写一张小条子递给了王小姐,这张小条上写着这辆出租车的号码,然后门童迅速引领客人进入酒店大堂。

　　王小姐来到前厅接待处,接待员礼貌地问候道:"你们好,欢迎光临国际大酒店,请问有没有预订?"王小姐说:"我们早在十天前已经预订了一个三人间。"接待员随即请王小姐出示证件,并熟练地查阅预订,立即为客人填写了入住登记表上的相关内容,并请王小姐预付押金和签名,最后说:"小姐,你们住在1501房,这是你们的房卡与钥匙,祝你们入住愉快!"在王小姐办理入住登记手续时,行李员恭立在她们的身后,为客人看护着行李箱。

　　行李员带着客人刚来到1501房间的门口,客房服务员便迅速走了过来,笑容可掬地躬身说:"你们好,欢迎光临,请出示房卡,请这边走。"服务员来到1501房门口敲门并报"Housekeeping",王小姐诧异地说:"不是没有人吗?""这是我们的服务规范。"客房服务员打开房门后,开始介绍客房设施与服务,行李员将客人的行李放到了行李架上,同时发现客人将西装脱下随手扔在了床上,便走过去将客人的西装挂进了壁橱。客房服务员和行李员询问道:"王小姐还有何需要帮助?"王小姐高兴地说:"不用了,谢谢你。""祝你们在本酒店居住愉快!"然后两个服务员告辞退出。

王小姐和她的朋友经过了一天的旅行,已经非常疲惫了。当她们躺在柔软的床上,听着悠扬的音乐,欣赏着豪华的室内装潢,回忆着进入酒店的整个过程时,王小姐满意地说:"这真是星级酒店的服务啊!我们要的不就是这种感觉吗?"

(资料来源:http://duantiantian1828.blog.163.com/blog/static/33186192201012810465 4863/)

这是一个客人刚刚进入酒店的基本过程,王小姐初来乍到,对国际大酒店的第一印象是非常的满意。

满意是什么?满意是一种感觉。人们只有在感觉的基础上,才能对现实事物整个属性和相互关系做出更复杂的反应,从而获得外界信息,使人们对客观事物产生某种感情。

顾客对服务工作的认识,同样是从感觉开始的。它激发着顾客一定的情感与消费态度。因感觉引起的人的情感变化与消费态度,是顾客最基本的消费心理现象。所以,满意的服务往往体现于细微之处。

国际大酒店通过从客人进入酒店—登记入住—进入客房,每一个环节都有服务人员随时为客人服务,从而让客人找到了一种满意的感觉。尤其是对第一次下榻酒店的客人来说,就是这些点点滴滴的细微服务,给客人留下了深刻的印象,为客人再次光临打下基础,从而产生了一种"星级酒店服务"的感觉,客人要的就是这种感觉。

当然,客人的满意源自很多方面,酒店各部门的每一位服务员都必须密切配合,一环紧扣一环,其中有一环出现偏差,对于客人来说这次服务都可能是失败的、不满意的,即 $100-1=0$。

第一节 饭店服务概述

饭店从业人员直接面对顾客服务,每天接触的客人很多,而且什么样的客人都有。虽然他们在服务时很小心,但有时仍难免一时疏忽,造成对客人的伤害;或者服务人员服务时所做的一切都符合规定,但仍然不能使客人满意。身为饭店的服务人员,一定要了解顾客的心理,具有饭店服务人员的职业意识和技能,才能随机应变,把握时机,顺应客人的需要,提供优质的服务。

一、对饭店客人的心理分析

饭店从业人员只有充分理解客人的角色特征,掌握客人的心理特点,提供令客人舒适和舒心的服务,才能打动客人的心而赢得客人的认可。

1. 客人的角色特征

(1) 客人是具有优越感的人

客人一般觉得自己花钱买服务,是饭店的"衣食父母",所以在与饭店的交往中,客人往往表现为居高临下,发号施令。为此,在饭店服务中必须做到:①尊重、关注客人,主动向客人打招呼;②服从,乐于被客人"使唤",再忙也不能怠慢、忽视客人;③用心服务,注重细节;④注重策略,对待客人的无理要求或无端指责,我们要讲究艺术,采取引导和感化的方法,让客人自己做出更改的决策,使其感受到正确使用权力的快乐。

(2) 客人是来寻求享受的人

饭店服务不是一种生活必需品,而是一种享受品。所以,饭店对客人必须懂得宽容和设身处地为其着想,让客人找到享受的感觉。

1) 饭店必须向客人提供标准化的服务　凡是客人看到的必须是整洁美观的;凡是提供给客人使用的必须是安全有效的;饭店员工对待客人必须亲切礼貌。

2) 饭店必须充分理解客人的需求　即向客人提供差异化的服务。客人的需求是多种多样、瞬息万变的,不同的客人又有不同的需求层次,这就要求饭店从业人员在服务时应避免千篇一律,既要掌握客人共性的、基本的需求,又要分析研究不同客人的个性和特殊需求;既要把握客人的显性需求,又要努力挖掘客人的隐性需求。只有充分预见和准确把握客人的需求,才有可能提供全面、到家的服务,增加客人满意度。

3) 饭店要努力为客人提供超常化服务　即给客人以出乎客人意料或从未体验过的服务。一般情况下,客人在消费前都会根据个人需求、过去的感受和饭店的宣传广告及传闻而产生一定的期望。客人在接受服务后会形成对服务的实在感受,并与预期值加以比较,当两者相当时,表现为满意;当实在的感受值大于期望值时,产生惊喜,从而达到真正的享受。

(3) 客人是情绪化的"自由人"

饭店对客人必须懂得宽容和设身处地为其着想,提供人性化的服务。为此应做到以下几点。

1) 饭店必须充分理解客人的心态　由于出游在外,缺乏约束,游客会显得特别放松而比较情绪化,人性的某些弱点也相对会暴露。对此,饭店应意识到客人是需要帮助、关爱的朋友,应努力以自己的真诚和优质的服务去感化客人,要努力去发现客人的兴奋点,培养客人良好的情绪,以保证同客人的有效沟通,克服某些"缺陷"。基于情感的爱心、诚心、耐心、细心、贴心,是饭店打动消费者情感的核心。

2) 饭店必须充分理解客人的误会与过错　由于文化、知识等方面的差异以及身体、情绪、利益等方面的原因,客人对饭店规则或服务不甚理解而拒绝合作,或采取过激的行为,饭店应向客人做出真诚、耐心的解释。对于客人的过错,只要客人不是有意挑衅,或损害其他客人的利益和饭店的形象,或侵犯员工的人权,侮辱员工的人格的,饭店均应给予足够的宽容和谅解,做出必要的礼让与化解。

(4) 客人是最爱讲面子的人

爱面子、喜欢听好话是人类的天性之一,也是大众中普遍存在的心理现象,饭店要给客人提供充分表现自己的机会,让客人在饭店多一份优越感和自豪感。所以应做到以下几点。

1) 饭店必须营造环境气氛和服务氛围　饭店必须给客人营造一种高雅的环境气氛和浓厚的服务氛围,以显示其身份和地位。为此,饭店必须努力做到设计合理、装修精致、布置典雅、服务亲切。

2) 饭店员工必须懂得欣赏和恭维客人的艺术　饭店员工必须懂得欣赏和适度恭维客人的艺术,要善于发现客人的闪光点。

3) 饭店员工必须关注客人　几乎所有的客人都希望被特别关注,给以特殊待遇,饭店员工必须对客人像对待自己的朋友一样关注,真正体现出真诚的人文关怀精神。

2. 客人的心理需求

旅游业的服务宗旨就是尊重客人的意愿,一切为客人着想,尽可能为客人服务,满足客人的需要。那么,客人有哪些心理需求呢?

(1) 方便

求方便是旅游者外出旅游时最基本、最常见的心理需求。人们在家里或外出时面对同等程度的不方便时的心理感受是不一样的,对后者的感受更强烈,所造成的心理压力也更大。客人入住饭店时,如果处处感到方便,在心理上会得到安慰,产生愉快、舒服的情绪,能消除旅途的疲劳和各种不安;如果感到不方便,就会产生沮丧、不满的情绪,最终可能导致客人离开饭店。

方便是旅游者选择饭店首先考虑的因素。方便包括饭店的地理位置对旅游者是否便利、饭店的硬件设施是否符合旅游者的要求,服务项目能否满足旅游生活和工作的需要。

针对不同类型的旅游者,饭店提供的方便性服务应该不同。例如,酒店备置一些轮椅,以备接待残疾客人、高龄客人或遇意外伤疾的客人使用,就想得很周到;对观光型旅游者应该首先注重其行、住、食方面的方便性;对会务型旅游者,应该首先保证其工作学习的方便,其次才是食、游、购等方面;对商务型旅游者应该首先提供交通、信息、工作等方面的方便。香港的富丽华酒店开设专供商旅人士住宿的"行政楼层",入住"行政楼层"的客人可在一小时后收到专为他印刷的私人名片,名片上有他在酒店住宿的房间号码和直线电话号码(无需经酒店总机),为客人与当地的客商进行商务联系提供了极大的便利。

案例分享

(2) 安全

安全需要是旅游者的最重要、最基本的需要之一。旅游活动中也许并不存在很多的不安全因素,但旅游者离开自己的居住地,来到一个陌生的地方,由于对环境缺乏把握,所以安全需要更强烈。保障旅游者的安全是饭店的一项重要任务,它既可以缓解旅游者的心理紧张,为其带来安全感,也反映着饭店管理和服务的水平。

兑换港币

一辆的士在江苏南通大饭店的店门口刚停住,饭店拉门员小陈主动迎上前去开车门,但坐在车内的一位香港客商并不急着下车。他手里拿着一张一百元面额的港币,等待司机找零钱。

司机说:"请您付人民币或外币兑换券好吗?我们不收港币。"

拉门员小陈便问司机:"车费一共要多少?"

司机回答说:"人民币56元就够了。"

当时小陈身穿制服,口袋里没有钱可以付。他本来心里想自己又不是管换钱的,关我什么事,后来又想到这事涉及饭店声誉,于是他便请客人坐在车内稍等片刻,然后急忙奔到总台说明原委,由他个人担保向总台暂支人民币60元付清了车款,然后有礼貌地对客人说:"等您办好入住手续,兑换人民币以后再还我不迟。"客人感到满意大步走进了饭店。

客人为了要付给总台客房押金,并准备一会儿出去要派用场,于是到外币兑换处要求换8 000元港币,收银员手边正好没有足够的备用金,本来拟婉言请客人自己到附近银行去兑换,后来想到这会给客人带来不便,而且人地生疏也不安全,于是主动和总台联系,希望暂不支付押金,经同意后接着征求客人意见,问他可不可以将港币交给外币兑换处,先开好单,马上由饭店派人到附近银行兑换人民币,再通知他凭单来取款。

客人对此办法表示同意,于是就进客房梳洗休息。

[评析]

每家饭店员工都应该有助客人为乐、急客人之所急之心。拉门员小陈本身的工作职责虽然不是管兑换外币,但他懂得客人是上帝,当客人有困难,应当主动设法帮助解决,如果用"不""我不是……""我不会""没有",等等这类的否定句是犯忌的。

此外,从外币兑换处收银员的所作所为中,可以得到下面的启示:为客人提供优质服务,远不能仅仅停留在微笑的表面,而应该体现在更深层次的内涵上面。这种内涵就是"急客人之所急,想客人之所想",帮助客人解决实际困难。

在饭店行业大力提倡超值服务的今天,决不能轻易地拒绝客人,就是婉言拒绝也不足为取。饭店员工应该牢牢树立"客人的需要是我们根本的服务项目"思想,哪怕有困难和麻烦,也应该尽全力用诚实、高效的超值服务去赢得我们的上帝——住店的客人。

安全需要具体来说,包括人身安全、财产安全、心理安全等。安全需要的满足是旅游业的生命线,旅游业应该在这方面给客人绝对的保证。如果一个旅游饭店发生人身伤亡的事故,对饭店的入住率将产生难以弥补的、长期的不良影响。另外,财物失窃也是旅游饭店最感头疼的事,它也会严重损害饭店的声誉。

商业秘密

某年2月23日,浙江省某房地产商钱先生因业务需要,前往深圳市进行商务活动。当天他和助手一行人乘坐飞机抵达了深圳市,并入住百合大酒店。这是深圳比较有名的一家商务型的五星级酒店,酒店内设施齐全,其中的第63层楼的商务客房更是具备了各种先进的商务通用电器,如电脑、传真机等。在听完前台小姐的热情介绍之后,钱先生就选择入住了该酒店第63层楼的6309号房。

酒店齐全的设施和周到的服务让钱先生等一行人感到十分之称心,当晚他们住得很开心。

其实钱先生此次到深圳的目的是要参加一个重要的房地产商业竞标活动。经过了之前的几轮竞争筛选,钱先生的公司和另外两家浙江的房地产公司成为最受瞩目的和最有希望夺标的公司。

2月24日,钱先生的公司和另外两家公司的代表一同在主办竞标活动的深圳某公司参加会议。会议要求他们三家公司在会后尽快把竞标书传真过去。另外,从会议上分析,可以看出,钱先生的公司比其他两家公司的中标概率要大一些。

回到下榻的酒店,钱先生立刻叫助手把公司的竞标书用酒店提供的传真机传给了主办单位。但是在传真后,由于助手的疏忽,把原稿留在了客房。过了不久,收拾客房的服务员在整理房间时无意中发现了桌面上的竞标书,同时他也十分清楚三家公司间的投标竞争关系。于是服务员就偷偷地把竞标书以高价卖给了其中的一家竞争对手。就是这样,钱先生公司所定的投标价格这一商业秘密被泄露出去了。

结果在一星期后的投标会上,由于作为机密的投标价格已被对方竞争公司所掌握,钱先生的公司投标落败。全体公司成员都感到十分沮丧,辛辛苦苦做出来的投标计划现在已全部泡汤了!大家都认为之所以造成今天这样的结局,酒店方面也必须负起一定的责任。于是钱先生连同两个助手决定返回酒店,讨回公道……

思考:如果你就是钱先生,因为酒店服务人员不道德的职业行为致使公司蒙受如此巨额损失,你会怎么做?客房部的安全工作重要吗,为什么?

(资料来源:http://www.360doc.com/content/11/0607/11/1800_122187141.shtml)

(3)清洁卫生

旅游者关心其入住饭店的清洁卫生,是一种正常心理需求。饭店的卫生状况,不仅关系到旅游者的健康问题,而且还对旅游者的情绪情感产生影响。客人一进到饭店,看到明亮的玻璃窗、雪白的床单、一尘不染的用具等,就会产生一种心情舒畅的体验。无论什么级别的饭店,清洁卫生都是不可缺少的条件。据美国康乃尔大学旅馆管理学院对三万名客人的调查,其中有60%的人把清洁卫生列为第一需求。可见清洁卫生对旅游饭店是多么重要。

我国的旅馆业良莠不齐的状况比较明显。一些低档次的旅馆,以为价格的低廉可以忽视对卫生的要求,表现在旅馆环境不洁,虫鼠骚扰,用具肮脏,使客人感到无法忍受,产生不满情绪,甚至引起客人的投诉或离开旅馆,严重影响了旅馆的声誉和效益。

(4)安静

饭店的一个主要功能是为客人提供休息的场所。如何为客人创造一个安静舒适的环境,消除客人的旅途疲劳,是为客人提供良好的饭店服务的前提条件。

在现代饭店建设与设计上,应该考虑满足客人安静的需求。例如,饭店选址时应避开噪声较大的区域,如果无法满足这个条件,饭店外界噪声较大,就要选择隔音效果好的建筑材料,尤其要用双层窗户。同时也要做到楼层之间、客房之间的完全隔音。为避免大型设备,如锅炉、中央空调等带来的噪声,最好选择能源集中供应的方式。

噪声的另外一个来源是饭店服务过程,比如吸尘器的噪声、服务人员的说话声、操作的声音等。所以,服务员清理卫生的时候,最好选择在客人非休息时间或客人不在房间的时候进行。同时,服务人员的各种操作、说话、走路等都要尽量降低音量。

另外,饭店的其他部门如大堂、餐厅、商场等也要满足整个饭店对安静的要求,不能成为噪声源。

(5)尊重

饭店服务通过讲文明、讲礼貌体现出对客人的尊重、理解和善意。与客人讲话时要轻声细语,注意礼貌用语;为客人服务时要聚精会神,彬彬有礼。

在社会交往中,交际双方见面时,如何称呼对方,这直接关系到双方之间的亲疏、了解程度、尊重与否及个人修养等。一个得体的称呼,会令彼此如沐春风,为以后的交往打下良好的基础,否则,不恰当或错误的称呼,可能会令对方心理不悦,影响到彼此的关系乃至交际的成功。

另外,在异国他乡陌生的环境,能听到别人称呼自己的名字会感到格外亲切,如同在家里的感觉,这也是尊重他们的一种表现。世界上的一流饭店一般都要求每位服务人员努力记住客人的名字,并随时称呼。目前一些国内著名的饭店规定:在为客人办理入住登记时至少要称呼客人名字三次。前台员工要熟记VIP的名字,尽可能多地了解他们的资料,争取在他们来店报家门之前就能称呼他们的名字,当再次见到他们时能直呼其名。同时,还可以使用计算机系统,为所有下榻的客人做出历史档案记录,对客人做出超水准、高档次的优质服务,把每一位客人都看成是VIP,使客人从心眼里感到饭店永远不会忘记他们。

(6)快速高效

酒店中最容易引起客人投诉的有两个问题:一是服务态度,二是服务效率。解决好这两点,其他方面即使不尽完善,也会赢得客人的好感。讲究效率不等于瞎忙,要力求服务快而不乱,反应敏捷而准确无误。它不仅体现出服务人员的业务素质,也体现了酒店的管理效率。一些国际上著名的酒店对客房的各项服务往往都有明确的时间限制。

(7) 公平

追求公平是现代社会人们的一种普遍心理需求。客人在旅游、商务活动中存在消费档次高低之分,但求公平、求合理的心态是一致的。客人所享受的旅游服务如果与他付出的旅游服务费用相符,他就会感到公平合理,心情舒畅;反之,他就会感到不公平,产生不满、愤怒,进行投诉,甚至诉诸大众传播媒介或者对簿公堂。如果这样的话,将给旅游企业带来巨大的声誉和经济损失。

案例分享

二、饭店从业人员的职业意识

有的酒店总经理或部门经理在服务出现问题时,总会抱怨,甚至斥责出现问题的员工,说:你怎么会连这么简单的事情都会做不好呢,你是不是工作有情绪呀……这种做法是无知和盲目的。当一家宾馆酒店的服务质量下降,或评价一家酒店的服务水平时,酒店管理层首先应想到的问题是:你的员工是否具备提供优质服务的素质和能力。

同一件事,不同素质的人来做效果是不同的。很多酒店都有规定:客人进门后,到什么位置就要开始微笑,弯腰多少度鞠躬等,这些都是死板的规定,服务员可以背,也可以一板一眼地执行,但并不等同于能把服务做到客人心里。很多时候,服务员都按制度做到了,客人却并不满意,可领班又挑不出什么毛病。用框框教出来的服务员就只能达到这种水平,要想真正做到让客人满意,只有让每个服务员都提高素质,具备了这种能力,再去查找出差错的原因,才可能有效。

作为一名优秀的酒店员工不仅要有熟练的操作技能,丰富的专业知识,还必须具备驾驭语言的表达能力、吸引客人的交际能力、敏锐的观察能力、良好的记忆能力、灵活机智的应变能力和主动热情的营销能力。但仅这些还不够,还需要在思想上培养良好的职业意识。

职业意识是职业素质的重要内容,是人们对职业劳动的认识、评价、情感和态度等的综合反映,是支配和调控全部职业行为和职业活动的调节器,是职业道德、职业操守、职业行为等职业要素的总和。

旅游从业人员应重点培养以下方面的职业意识:角色意识、质量意识、信誉意识、服务意识和合作意识。

1. 角色意识

在饭店服务中,客人和服务人员是不同的社会角色,他们之间的关系是一种与私人关系不同的角色关系。人是有个性的,而角色是非个性的。作为饭店服务人员要树立正确的角色意识,使自己在心理上和行为上适应自己所充当的角色。

案例分享

酒店服务是人对人、面对面的服务。酒店员工本身就是酒店产品的一部分,所以酒店服务人员要树立正确的角色意识,热情服务。酒店工作人员每天面对着不同的客人,虽然工作的内容大体相同,工作标准也基本一致,但在实际工作中,不同的顾客有不同的需求,甚至同一个顾客的需求和生活习惯也是不断变化的,因此酒店服务工作需要根据顾客的需求以及环境的变化,适时调整工作程序和工作内容。

一名优秀的服务人员,应该处处换位思考,从宾客的角度出发,做到预期服务。服务需要换位思考和委婉的语言,是一门艺术,需要刻意追求与琢磨才能到位。

2. 质量意识

质量意识是服务人员做好服务工作的思想基础,也是体现服务人员职业道德和素质的标志。服务人员要不断强化自己的质量意识,就必须做到热爱自己的工作,努力提高自己的工作能力,严格执行服务标准和规范,自觉地在工作中为客人提供最满意的服务。

通常,大部分岗位每天的工作内容都基本一致。比如承担客房清扫任务的房务员,每天要清洁12~16间客房,每间客房按照酒店规定的标准操作程序,不能遗漏任何一个细节,天天如此。同时,在服务工作中可能会遇到絮叨的宾客,也应该不厌其烦,表现出耐心。这就需要酒店员工能够在重复工作中坚持标准,"同一件事做上一千遍一万遍也不会错",始终如一,并能够在重复中创造出新彩,不断地提升和改进。

3. 形象意识

所谓饭店形象,就是指社会公众对饭店在经营活动中的行为特征和精神面貌的总体印象,及由此产生的总体评价。在现代社会中,企业形象直接作用于企业的生存和发展,可以说,它是企业最重要的无形且无价的资产。因此,许多企业都把塑造良好形象当作企业管理的重要目标。

酒店工作无小事,小事见学问,细微见功夫。宾客从浴缸上的一根细小的发丝推断房间卫生很差,可以从员工的仪容仪表推断酒店的管理水准。因此,不管时间多么紧张,都应该按照操作标准要求,做好每一件工作,不能有半点的疏忽。

4. 信誉意识

信誉是企业形象中的主体内容,是无形的。一个信誉好的酒店,能为客人创造出一种消费信心,使客人产生一种信任感,并乐于光顾。从经营管理方面看,酒店的信誉表现为重合同、守信用;从服务方面看,企业的信誉表现为对待客人一视同仁,服务的可靠度高。

5. 服务意识

服务意识是指服务人员有随时为客人提供各种服务的积极思想准备。

国际旅游界有关人士认为,"服务"这一概念的含义可以用构成SERVICE这个英文单词的每个字母所代表的含义来理解,其中每个字母的含义实际上就是对服务人员的行为语言的一种要求。

第一个字母S,即smile(微笑),其含义是服务人员应该对每位宾客提供微笑服务。

第二个字母E,即excellent(出色),其含义是服务人员应该将每一个程序,每次细小的服务工作都做得很出色。

第三个字母R,即ready(准备好),其含义是服务人员应该随时准备好为宾客服务。

第四个字母V,即viewing(看待),其含义是服务人员应该将每一位宾客都看作是需要提供优质服务的贵宾。

第五个字母 I,即 inviting(邀请),其含义是服务人员在每一次服务接待结束时,都应该显示出诚意和敬意,主动邀请宾客再次光临。

第六个字母 C,即 creating(创造),其含义是每一个服务人员都应该想方设法精心创造出使宾客享受热情服务的氛围。

第七个字母 E,即 eye(眼光),其含义是每一位服务人员都应该始终以热情友好的目光关注宾客,适应宾客心理,预测宾客要求,及时提供有效的服务,使宾客时刻感受到服务人员在关心自己。

由以上可以看出,服务意识实际上是对服务员的职责、义务、规范、标准、要求的认识,它要求服务员时刻保持在宾客心中的真诚感。

由此案例可见,标准化的服务未必能满足客人的需要,真正具有服务意识的真诚、热情、周到的服务才是优质的服务。

服务意识的高低,会直接影响旅游企业的服务质量,也反映出企业员工自身的职业素质修养。客人的访客到来,服务员主动送上茶水;服务员清洁房间时见到客人未饮用完的罐装饮料,主动用杯盖盖好;在清洁卫生间时,客人有较多的梳洗用品,主动用小方巾铺垫在云石台上,将客人的物品摆放整齐……这些小小的举动,能体现出酒店的优质服务,客人也会对这样周到的服务感到满意。

6. 合作意识

酒店服务是由多个环节组成的,酒店工作具有明显的集体协作性。一个员工出现问题有可能传递到下一道工序,即使没有传递,下一道工序的修正所花费的时间和成本也远远大于标准操作流程。这就需要员工之间有良好的合作关系,能够以酒店大局为重,不计较个人得失,具备良好的合作意识。

遇到问题相互埋怨、扯皮,只会越搞越糟;如果像这个酒店的服务员一样积极主动地团结合作,才能更好、更主动地解决问题。

延伸阅读

1996年暑天,7楼领班小杨值夜班。第二天清晨,小杨已经在走廊里忙个不停了。她偶然打开热水龙头时发现,昨夜不知什么时候热水系统出了故障。她连忙走到值班室,向工程部打电话,希望来人抢修,因为她知道外国人大多有起床洗澡的习惯。

20分钟后,她又给工程部去了电话,获悉热水系统的某个主要部件损坏了,酒店内没有备件,要到9点商店开门才有望配到。

挂上电话,小杨急中生智,把7楼值夜班的几名服务员召集到一起,告诉他们立即用煤气烧开水,以最快速度为每个房间供应热水。不一会儿,值班室便忙开了,灌水的、烧水的、送水的,几名服务员有条不紊地忙了起来。7点半,每个房间平均有3瓶热水,值班室里还准备了十多瓶热水专供早上洗澡的客人用。

不多时，客人陆续起床，当他们知道热水是服务员今晨用煤气赶烧出来的，都十分感动。一次潜在的投诉变成了阵阵赞扬声。

酒店的硬件设施难免会有故障发生，遇有这种情况，责任首先落到工程部身上，由他们承担起抢修工作，但是酒店其他部门也有责任帮助客人解难。江西宾馆小杨带领楼层值班服务员，用煤气烧热水送到一间间客房，其劳动强度是可以想象的，她们是用自己的辛苦补偿了酒店硬件的不足。

（资料来源：http://www.docin.com/p-74024637.html）

第二节 前厅服务心理

前厅部是一个综合性服务部门，服务项目多、服务时间长，饭店的任何一位客人，从抵达饭店前的预订到入住，直至离店结账，都需要前厅部提供服务，前厅是现代饭店的重要组成部分，是客人与饭店联系的纽带，在饭店经营管理中占有举足轻重的地位。前厅部通过客房商品的销售来带动饭店其他各部门的经营活动。同时，前厅部还要及时地将客源、客情、客人需求及投诉等各种信息通报有关部门，共同协调整个饭店的对客服务工作，以确保服务工作的效率和质量。所以，前厅部通常被视为饭店的"神经中枢"，是整个饭店承上启下、联系内外、疏通左右的枢纽。前厅部的运转和管理水平，直接影响到这个饭店的经营效果和对外形象。

一、旅游者对前厅服务的心理要求

客人从进门到办好住店手续进入客房，所占的时间虽然短暂，但对客人的影响却是很深的。客人对前厅服务的心理需求主要有以下几个方面。

1. 尊重

服务人员要笑脸相迎，语言要礼貌友好，要有热情，做到既尊重客人的人格、习俗和信仰，也要尊重其表现出的各种行为，不因客人的语言是否规范、行动是否得体、程序是否合理而做出不同的接待行为。总之，客人一踏入酒店，就期望得到应有的尊重，期望进入一个充满友好、令人愉快的环境之中。

客人首先打交道的就是前台的接待人员，他要求受到饭店的尊重，首先就是要求受到前台服务员的尊重。所以，前台服务的一个大忌是，不能把客人指使得乱转。如果出现这种情况，既是效率差的表现，也容易让客人感到未受到尊重。出现这种情况的原因有两个：一是服务程序安排不合理；二是服务人员未摆正自己的位置，服务不到位。这种时候，服务人员似乎给人一种高高在上的感觉，主客位置发生了颠倒，有"店大欺客"之嫌，所以前台服务千万注意这一点。

延伸阅读

记住客人的姓名

一位常住的外国客人从饭店外面回来,当他走到服务台时,还没有等他开口,问讯员就主动微笑地把钥匙递上,并轻声称呼他的名字,这让这位客人大为吃惊,由于饭店对他留有印象,使他产生一种强烈的亲切感,旧地重游如回家一样。

还有一位客人在服务台高峰时进店,服务员问讯小姐突然准确地叫出:"××先生,服务台有您一个电话。"这位客人又惊又喜,感到自己受到了重视,受到了特殊的待遇,不禁添了一份自豪感。

另外一位外国客人第一次前往住店,前台接待员从登记卡上看到客人的名字,迅速称呼他以表欢迎,客人先是一惊,而后作客他乡的陌生感顿时消失,显出非常高兴的样子。简单的词汇迅速缩短了彼此间的距离。

此外,一位VIP(非常重要的客人——贵宾)带陪同人员来到前台登记,服务人员通过接机人员的暗示,得悉其身份,马上称呼客人的名字,并递上打印好的登记卡请他签字,使客人感到自己的地位不同,由于受到超凡的尊重而感到格外的开心。

学者马斯洛的需要层次理论认为,人们最高的需求是得到社会的尊重。当自己的名字为他人所知晓就是对这种需求的一种很好地满足。

在饭店及其他服务性行业的工作中,主动热情地称呼客人的名字是一种服务的艺术,也是一种艺术的服务。通过饭店服务台人员尽力记住客人的房号、姓名和特征,借助敏锐的观察力和良好的记忆力,做出细心周到的服务,使客人留下深刻的印象,客人今后在不同的场合会提起该饭店如何如何,等于是饭店的义务宣传员。

目前国内著名的饭店规定:在为客人办理入住登记时至少要称呼客人名字三次。前台员工要熟记VIP的名字,尽可能多地了解他们的资料,争取在他们来店报家门之前就称呼他们的名字,当再次见到他们时能直称其名,作为一个合格服务员最基本的条件,同时,还可以使用计算机系统,为所有下榻的客人做出历史档案记录,对客人做出超水准、高档次的优质服务,把每一位客人都看成是VIP,使客人从心眼里感到饭店永远不会忘记他们。

(资料来源:https://wenku.baidu.com/view/ec097df3f61fb7360b4c65d1.html)

2. 准确、快捷服务

游客经过一定时间的旅途奔波进入饭店后,都希望能在最短的时间内安顿下来,进入到自己所需要的客房休息以解除旅途疲劳,恢复体力。因此,焦虑、急切的心理表现得非常明显,在前厅办理入住登记手续的这段时间对他们来说通常都是越短越好。同样,游客在离店时显现出来的急切心理也是很常见的,在这种时候,游客需要的不是等候,而是能够快速并且准确地结账,以便能迅速离店。这都要求服务人员做到准确、高效,力求做到万无一失。

延伸阅读

是伍先生还是吴先生

10月25日,一名伍先生打电话给酒店订房处,声明:"我是你们酒店的一名常客,我姓伍,我想预订10月29~30日的房间,房号为2618。"预订员小刘当即查阅了29、30日的预订情况,表示酒店将给他预留2618房至10月29日下午六点。

10月29日下午三点,伍先生和他的一位朋友来到前厅,在出示证件要办手续时,接待员小方查阅了预订后却说:"对不起,伍先生,您没有预订啊?""怎么可能,我明明在四天以前就预订了。""对不起,我已经查阅了,况且本酒店的2618房间已出租,入住的是一位吴先生,请问您是不是搞错了?""不可能,我预订好的房间,你们也答应了,为什么这么不讲信誉?"接待员小方一听,赶紧核查才发现,原来预订员一时粗心把"伍"与"吴"输入错误,当吴先生登记入住时,小方认为这就是预订人,随手就把吴先生安排进了2618房间。接待员小方向伍先生抱歉地说:"伍先生,实在抱歉,您看这样行不行,您和您的朋友就入住2619房间吧,2619房间的规格标准与2618房间也完全一样。"伍先生不同意,并且很生气,认为酒店有意欺骗他们,立即向大堂经理投诉……

[评析]

从本案例中我们不难发现,这是由于预订员小刘在接受电话订房时疏忽大意而造成的,致使客人抵达酒店后不能顺利入住,客人的心理得不到满足,从而投诉酒店。作为酒店的服务窗口和神经中枢的接待部门应该吸取教训。

(资料来源:http://3y.uu456.com/bp_7mdgd2z9x379c974hv1r_2.html)

3. 舒适

作为酒店的服务员,能够让客人有感到轻松、舒适、愉快的经历,才是优质的"体验型产品",轻松、愉快的经历就是为客人提供优质的"心理服务",体验作为产品,似乎不像彩电、冰箱、洗衣机等物质产品那样"实在",然而愉快的经历保存在人们的脑海里,它会变成美好的回忆,所以它是世界上最短暂、最经久、最耐用的产品。

4. 求知

人们外出旅游,就是到别处去过一种不同于原来环境的生活。来到一个陌生的地方,他们总是迫切想知道这个地方的风土人情、交通状况、旅游景点等各种情况,以满足自己好奇、求知的心理。

二、前厅服务心理策略

饭店形象对现代饭店的生存和发展有着直接的影响。一个好的形象是饭店巨大的精神财富。饭店前厅部的主要服务机构通常都设在客人来往最为频繁的大堂。任何客人一进店,都会对大堂的环境艺术、装饰布置、设备设施和前厅部员工的仪容仪表、服务质量、工作效率等产生深刻的"第一印象"。而这种"第一印象"在客人对饭店的认知中会产生非常重要的作用,它产生于瞬间,但却会长时间保留在人们的记忆表象中。客人入住期满离店时,也要经由大堂,前厅服务人员在为客人办理结算手续、送别客人时的工作表现,会给客人留下"最后印象",优质的服务将使客人对饭店产生依恋之情。

客人在饭店的整个居住期间,前厅要提供各种有关服务,客人遇到困难要找前厅寻求帮助,客人感到不满时也要找前厅投诉。在客人的心目中,前厅便是饭店。而且,在大堂汇集的大量人流中,除住店客人外,还有许多前来就餐、开会、购物、参观游览、会客、检查指导等的其他客人。他们往往停留在大堂,对饭店的环境、设施服务进行评论。因此我们说,前厅是饭店工作的"窗口",代表着饭店的对外形象,前厅的管理水平和服务水准,往往直接反映整个饭店的管理水平、服务质量和服务风格。做好前厅服务工作,是整个饭店服务能否成功的关键。要做好前厅的服务工作,最重要的一点就是要给客人留下良好的第一印象和最后印象。

1. 美化环境

旅游者对饭店第一印象的形成,首先来源于客人对饭店,特别是饭店前厅的感性认识。第一印象一旦形成,将很大程度上影响其对饭店的整体印象。美好的前厅环境,将使客人感到愉快、舒畅。

美好的前厅环境既包括前厅的硬件设施,也包括前厅员工的仪容仪表。

(1)前厅的硬件设施

饭店前厅的环境设计要以满足客人的心理需要为设计的出发点,既要有时代感,又要有地方民族特色。一般情况下,前厅光线要柔和,空间宽敞,色彩和谐高雅,景物点缀、服务设施的设立和整个环境要浑然一体,烘托出一种安定、亲切、整洁、舒适、高雅的氛围,使客人一进饭店就能产生一种宾至如归、轻松舒适、高贵典雅的感受。前厅内的环境和设施要高度整洁,温度适宜,这也是对前厅的最基本要求。前厅布局要简洁合理,各种设施要有醒目、易懂、标准化的标志,使客人能一目了然。

(2)前厅员工的仪容仪表

前厅的员工应该具备较高的素质,酒店应选拔素质最高的员工在前厅工作。前厅服务员的仪容仪表要与环境美协调起来。得体的仪容仪表是员工精神面貌的外在体现,是给客人良好印象的重要组成成分,也是为客人营造美好体验的一部分。

优秀的前厅服务员,首先要在仪表、仪态上给客人形成一个管理有素的印象,从而使客人觉得受到尊重并感到能在这样的酒店住宿是一种荣耀而愿意再次光临。服务员必须着装整洁、大方,面带微笑、主动热情、讲究礼貌,彬彬有礼地接待客人,而且头脑反应灵敏、记忆准确、表情自然,留意客人表情,注意客人动作,掌握客人心理。

员工的仪容仪表美包括语言美、举止美、形体美、服饰美、妆容美。许多酒店规定:前厅服务员上岗前要洗头、吹风、剪指甲、保证无胡须、发型大方、衣着整洁挺括;女性要化妆清淡、朴素雅致,表现出职业女性的健康与自信;不使用有颜色指甲油及浓味香水等。前厅服务员不仅应有良好的仪容仪表,还必须具备语气诚恳、谦和,语音动听悦耳、语意确切、清楚和灵活的语言技巧。行为举止要做到站立标准、行为规范、举止大方,与客人打交道的过程中要热情主动、端庄有礼、业务熟练、准确快速、沉着冷静、应变力强。要熟练地使用各种礼貌用语,避免使用客人避讳的词语。尽量避免或克服不好的习惯,如在客人面前吸烟、嚼口香糖、工作场所吃喝、剔牙缝、伸懒腰、挖鼻孔、打哈欠、指手画脚、拉拉扯扯、过分亲昵,在服务场所大声喧哗或毫无顾忌等。

案例分享

2. 针对客人心理,提高服务技能

饭店前厅的迎接服务体现出一个饭店的管理水平和服务规格,它必须使客人感到舒适、方便和周到。

(1)满足客人求尊重的心理

要礼貌周到,待客和气,见到客人主动打招呼,对客人使用敬语,语言规范、清晰,如遇繁忙,请客人稍等;电话响三次之内要接听,接到电话时,声调要友好亲切;出现问题时,把正确让给客人。

(2)满足客人求准确、快捷服务的心理

工作的快速敏捷、准确无误标志着酒店管理水平。为了满足客人求准确、快捷服务的心理,前厅服务员必须能够熟练、准确地按程序完成本职工作。服务人员的效率不高、啰唆拖沓,极易引起客人的厌烦情绪。而任何业务操作失误,不仅会给酒店造成经济损失,更重要的是破坏了客人对酒店的总体印象。所以,在前台服务设计中一切要以客人为中心,旅游者坐车到达饭店后,前台的迎送员能主动开车门,有行李员帮忙搬运行李,前台的接待员能准确、迅速地办理入住手续,具体服务过程中不能让客人感到手续烦琐;客人离店时的心理要求也是同样的,结账手续办理过程要准确、快捷,使客人能迅速离店。

(3)满足客人求舒适方便的心理

为了满足客人求舒适方便的心理,应提供热情周到的服务。周到的服务体现在很多方面,比如为客人开关车门、运送行李、回答询问、预订客房等。只要客人说出他的要求与愿望,其他的事由服务员来做。为了使服务周到,保证饭店前厅的工作质量,很多饭店在大厅里设大堂经理,用来处理各种日常和突发事件,解决客人遇到的各种难题,协调各方面的关系,或者处理客人的投诉等。实践证明,在前厅设大堂经理是一种非常有效的措施。

您能帮我核对一下吗?

某日,一位在北京丽都假日饭店长住的客人到该店前台支付一段时间在店内用餐的费用。

当他一看到打印好的账单上面的总金额时,马上火冒三丈地讲:"你们真是乱收费,我不可能有这样的高消费!"

收银员面带微笑地回答客人说:"对不起,您能让我再核对一下原始单据吗?"

客人当然不表示异议。

收银员开始检查账单,一面对客人说:"真是对不起,您能帮我一起核对吗?"

客人点头认可,于是和收银员一起对账单进行核对。期间,那位收银员顺势对几笔大的账目金额(如招待宴请访客以及饮用名酒等)做了口头提示以唤起客人的回忆。

等账目全部核对完毕,收银员有礼貌地说:"谢谢您帮助我核对了账单,耽误了您的时间,费神了!"

客人听罢连声说:"小姐,麻烦你了,真不好意思!"

(资料来源:http://www.fdcew.com/Article/shkf/157504.html)

对于现代饭店来说,迎接服务的周到,不仅表现在前厅工作人员的服务态度等"软"的方面,也体现在对现代科学技术应用等"硬"的方面,比如用于总台服务的电子计算技术、大厅里的电报、电传等通信设备以及打字复印设施等。如果饭店大厅能满足客人所需要的一切必要的服务,才真正体现了服务的周到性。

(4)满足客人求知的心理

为了满足客人的求知心理,前厅服务员在接待客人时,一方面要介绍本饭店的房间分类、等级、价格以及饭店能提供的其他服务项目,让客人做到心中有数;另一方面,如果客人询问其他方面的问题,服务员也应热情、耐心地介绍,比如,本地有什么风景名胜,有什么土特产,购物中心在哪里,到每一个旅游景点的乘车路线及所用时间等。

另外,前厅服务最好和旅行社的业务结合起来,把旅行社提供的服务项目和推出的旅游产品的有关资料准备好,以供客人咨询、索取、使用,还可以冲淡客人在前台办手续过程中等待的无聊感。

案例分享

第三节 客房服务心理

客房是旅游者在饭店中的主要生活场所。现代旅游者心目中的饭店客房已经不仅仅是满足消除疲劳的栖身之地,有的还利用客房接待亲友,进行社交活动;有的从事公务、商务等活动,举行小型集会;有的还希望能在客房内满足就餐、上网、就医等需要。旅游者希望在饭店的一切基本需要在客房生活期间得到满足,并受到热情周到的服务,获得物质和精神上的享受。

一、旅游者对客房服务的心理要求

旅游者出门在外,把客房看作"家外之家",对客房服务有着极高的要求。作为旅游服务人员应从以下几个方面做好旅游服务工作。

1. 整洁

清洁卫生是反映饭店服务质量的一项重要内容,是饭店档次、等级的一个重要标志。不同类型、不同层次的客人对饭店要求的侧重点不一样,但对客房清洁卫生的要求是客人普遍的心理状态。饭店客房的各种用具是多人使用的,旅游者对直接与自己身体的皮肤接触的各种用具非常敏感,如浴缸、洗脸盆、床铺等,特别是容易传播疾病的用具,如茶杯、抽水马桶等,他们都希望能严格消毒,保证干净卫生。

如果游客一进入房间,映入其眼帘的便是整洁如新的卧具,洁净卫生的地面、墙面以及摆放有序的各种物品和设备,就会在心理上对饭店产生信赖感、舒适感和安全感。作为客房服务人员,主要职责之一就是整理客房,做好清洁卫生工作,使客人能够放心使用。

当然,游客入住客房后,客房服务人员也应每天按规定在客房内进行清洁整理工作,包括及时清理客用垃圾,按照饭店或是游客的要求更换床单被褥以及及时补充客房内的低值易耗品等。

2. 求休息好

客房的最主要功能是用于客人休息,客房环境的宁静是保证这一目的实现的重要因素。由于现代都市生活的丰富性,一些客人可能喜欢过夜生活,而在白天睡觉,所以饭店客房对宁静的要求不是单纯指夜间这一段时间。保持宁静的环境是客房服务的一项重要工作,是衡量服务质量的一个标准。

客房保持宁静的环境是客房服务的一个重要的组成部分,任何时候,不管有没有客人在休息,这一点都必须做到。当然,这也会带给客人舒服、高雅的心理感受。

3. 尊重

在未得到客人允许的情况下,服务人员不得擅自进入房间,以免造成客人尴尬,也不能乱翻乱动客人的私人物品,更不能未经客人同意扔掉客人东西,要使客人感到充分的尊重和关心。一些服务人员没有重视客人这方面的心理需求,认为自己是管理这些房间的工作人员,要进房间搞卫生或做什么事,用不着谁允许,没有打任何招呼就推门进房做事,这是客人最恼火的。

4. 舒适方便

舒适程度是客人评价和选择客房的主要标准之一。在旅途劳累或游览活动之后,人们迫切需要有个舒适的休息场所来恢复体力、养精蓄锐。

在旅游者住下后,都希望生活上十分方便,要求饭店设备齐全、服务项目完善;有什么问题或需要什么,只需打个电话就能及时解决,一切都像在家一样方便。

5. 安全

旅游者住进客房,希望前台有贵重物品保管业务或客房有保险柜,能保障他的财产安全;客房保安严密,能保障他的人身安全。他们不希望自己的钱财丢失、被盗,给自己的生活、旅游与返家带来经济上的困难,希望在住宿期间自己的人身与财务得到安全保障,能够放心休息和游玩;不希望自己的一些秘密被泄露出去;不希望发生火灾、地震等意外事故,万一出现火灾则希望服务人员能及时采取措施将他们带到安全的地方;客人还希望在喝醉酒、有病或出现危险情况时,服务人员能及时采取措施,保障他们的人身安全不出意外。

二、客房服务心理策略

为了满足客人以上方面的心理,可以针对客人心理采取以下策略。

1. 满足客人求整洁的心理

为满足客人求干净的心理,服务人员清理客房应该遵循一定的程序,严格按照操作规程,认真搞好客房的卫生,还要经常注意消灭客房中的老鼠、蚊虫、蟑螂。一般情况下,清理客房要在客人不在时进行。客人一般不喜欢服务人员在面前转来转去忙个不停,在清洁整理过程中所带来的忙乱或弄起的灰尘也会让客人感到厌烦。如果客人有特殊要求,可以随机处理。

另外,服务人员可以采取一些措施来增加客人心理上的卫生感和安全感。特别是与客人接触的水杯、洗脸盆、抽水马桶等,要严格消毒,并用写上"已经消毒,请放心使用"字样的杯套和马桶封条封好,使客人放心使用房间里的一切设备。

2. 满足客人求休息好的心理

旅游者需要休息好,这是人生理上的需求,如果得不到满足,就会产生消极的情感,睡眠不好的人特别容易发脾气,导致不良的心境。

为满足客人求休息好的心理,客房要保证旅游者休息时有舒适的床铺、被褥,有温度适宜、空气流通的安静环境。

保持客房宁静也就是要防止和消除噪声,这要从两方面着手:在硬件上要保证隔音性,能阻隔噪声的传导,另外,必须做到硬件本身不产噪声,饭店选择设备的一个标准就是它产生的噪声要小;在软件服务上也尽量不要产生噪声,特别在夜间值班时,服务员一定要做到"三轻"(走路轻、说话轻、操作轻),不发出任何噪声影响客人的休息。"三轻"不仅能减少噪声,而且能使客人产生文雅感和亲切感。为此,饭店要加强对员工的培训和行为习惯的培养,才能使客房环境的宁静得到保证。

3. 满足客人求尊重的心理

住店客人希望自己是受客房服务员欢迎的人,希望见到服务人员热情的笑脸,希望自己受到尊重。客人还希望服务人员能尊重自己对房间的使用权;尊重来访朋友和客人;尊重自己的宗教信仰和风俗习惯。当然,客人亦希望服务人员能够自我尊重,有良好的职业形象。

为了满足客人求尊重的心理,应采取以下服务策略。

(1) 要注重文明礼貌

文明礼貌是人际交往的基本规范,在客房服务过程中更应该做到这一点。客房服务通过讲文明礼貌体现出对客人的尊重、理解和善意。服务员与客人讲话时要轻声细语,注意礼貌用语;为客人服务时要聚精会神,彬彬有礼;操作时要轻盈利落,避免干扰客人。特别要注意微笑要贯穿服务过程的始终。微笑可以传递愉悦、友好、善意的信息,也可表达歉意、谅解。微笑赋予旅游服务以生命力。当客人从前台到客房时,服务员应在楼层电梯口迎接,并微笑地问好,表示欢迎。当客人要乘坐电梯时,服务员应帮忙按电梯。这样做既可以满足客人求尊重的需求,也可以满足他们希望被容纳、希望受欢迎的社会交际需求。同样,在迎面碰到客人时,应当主动向客人问好并让道。

(2) 尊重客人对房间的使用权

为了尊重客人对房间的使用权,服务员无论要进房间做什么事,都应当按门铃或轻轻用手指在门上敲三下,两次敲门之间至少要隔五秒钟,绝不能贸然闯入房间。如果门半掩着,千万不要从门缝往里瞧,这是不尊重客人的极不礼貌的举动。

整理客房时,首先要观看门闩上的标志,在无特殊标志情况下按常规次序打扫房间。进房后,无论客人是否在房间,都不要将门关严。如果客人在房间,要立刻向客人讲明身份和缘由,征求是否需要整理房间。清理时,要将正在清扫的标志放在门闩上,整个清扫过程中门始终要开着。

服务人员在进行房间整理和清扫时,尽量不要随意挪动客人放在房间中的各种物品;如服务员合上客人在桌面打开的书时,最好在打开的书页处夹上个小纸条,就会使客人很满意。

(3) 尊重客人生活习惯和风俗

旅游者中各种职业、年龄、身份、民族的人都有,他们的生活习惯和风俗各异,我们应当尊重并满足。比如为夫妻同来的客人安排"夫妇房";为新婚客人安排安静、少干扰的"蜜月房间";为与家属或朋友一起来的客人安排连房或对面房;为团体客人安排同一楼层房间;为老弱病残客人安排低层、安静客房;为有身份地位的客人安排高级套房;为妇女安排布置漂亮的客房;若遇两个敌对国家的客人或商业竞争对手,要安排不同楼层的房间;如有的客人习惯于睡得很晚、起床也很晚,不能因为要打扫卫生而去打扰他们;信基督教的旅游者正在做祈祷时,或者伊斯兰教的旅游者过"斋月"时,都不能被打扰。

在需要送花给客人时,要尊重客人的习俗。如法国人忌讳黄菊花、纸花,认为黄色的花是不忠诚的表现;日本人忌讳荷花等。

案例分享

酒店顾客来自不同国家和地区,他们生活在各自国家或地区的文化环境中,因此形成了不同的忌讳心理。例如,西方人最忌讳的数字是"13",不喜欢住第13层楼或第13号房等,所以现在很多酒店没有13层,或用12A来代替。我国部分省市忌讳数字"4"等,酒店员工在服务时应特别注意。港澳地区的商人还忌讳住"324"号房,因为"324"是"生意死"的广东话谐音,如果我们安排"328"号房,他们会十分高兴,因为他们认为好兆头是"生意发"。如果我们不尊重旅游者的生活习俗,他们就会反感。

(4)尊重有生理缺陷的客人

有的服务员见到有生理缺陷的客人,往往喜欢评头论足,这是不道德、缺乏同情心的表现。一般有生理缺陷的人的尊重需要长期得不到满足,会有很强的自卑感,怕被人看不起。他们对嘲弄自己的人十分反感,甚至会采取报复行为。如果服务人员十分尊重他们、细心照顾他们、处处为其提供方便,他们一定会十分感激。

(5)尊重来访问旅游者的客人

不少外籍华人、华侨、港澳台同胞来华或回国探亲住在饭店,会有很多亲友到饭店探望。有时会来男女老少一大批人,还会有不少是从农村专程赶来的亲友。我们对他们应当热情招呼,礼貌地要求他们办好来访手续。一般应当征得住客本人同意,才能带他们进入住客的房间。在来访的客人进入房间后,应当及时给来访者送茶,并适当增加椅子,以示热情欢迎。

(6)尊重有过失的客人

客人有时会不小心将房间的设备损坏,如抽烟烧坏了地毯、床单、床褥、茶几,客人带来的小孩将窗帘扯坏了,喝酒弄脏了床单等。在向主管汇报后,需要索赔的,服务人员应当礼貌地向客人提出。

有一些旅游者首次住某间宾馆、饭店,对印有饭店标志的毛巾、水杯、茶杯、烟灰缸等物品喜欢顺手拿走,作为纪念。碰到这种情况,服务员应当婉转而有礼貌地提出来,注意不要伤害他们的自尊心。

4.满足客人求舒适方便的心理

舒适方便主要包括两个方面:生理上和心理上的舒适方便。

要做到生理上舒适方便,饭店应设备齐全、功能完好,服务项目完善。如空调温度可以根据客人需要调整;在卫生间里备有各种生活用品(如牙刷、牙膏、洗浴液、洗发液、小香皂、浴帽、刮胡须刀、吹风机等);在房间的书桌上备有住客专用信笺、信封以及介绍饭店各部门情况的材料;房间里备有饮料可供自选;房间里还有拖鞋、衣撑、针线包等;有些四星级以上酒店还备有熨衣板和电子体重秤等,有些高原的酒店房间里还提供医用氧气等,使人感到十分方便。在旅游者住下后,有什么问题或需要什么,只需打个电话就能及时解决,一切都像在家一样方便。

要做到让客人心理上舒适并不是一件容易的事,对服务人员的态度、素质、经验和技能要求都很高。客房服务人员要有亲切的服务态度,要帮助客人消除陌生感、拘谨感和紧张感,使其心理上得到满足和放松。当客人到达前台时,服务人员应准确、高效地办好入住手续,让客人尽快进房休息;客房服务人员在服务过程中要精神饱满、面带微笑、语言亲切、态度和蔼;在服务过程中,即使工作繁忙,也应对客人有耐心、不急躁,对客人的询问要做到百问不厌,有问必答;主动迎送、引路,主动介绍服务项目,主动为客人排忧解难,主动为患病的客人求医送药;在可能的情况下,要热情地满足客人提出的要求,不要怕麻烦,有的客人可能会提出代煎中药、送餐进房、洗衣服务、擦皮鞋、代邮寄物品、代购机票和车船票、收发传真、复印打字、拷贝照片等请求,都应设法满足;要细心观察客人,了解他们的现实需求和潜在需求,如果能做到超前服务,会使客人更满意。

5. 满足客人求安全的心理

住进客房的客人十分重视他们的财产及人身安全保障,希望客房是个安全场所,不要受到干扰,不希望自己在酒店的一些秘密被泄露出去。

要保障客人的安全,首先要保证设施设备的安全性,比如科学安全的装修设计、完善的消防设施、有效的防盗装置、规范的设备安装、足够的消毒设施设备等;其次要保证安全管理的有效性,比如科学完善的安全管理制度、有效的安全防范措施等;再次要保证服务的安全性,如科学合理的操作规程、人性化的服务方式、尊重客人的隐私、保证房间的私密性等。

客人的求安全心理包括人身安全和财产安全两个方面,所以应从这两个方面入手,针对性地采取相应的服务策略。

(1)人身安全

饭店人员不能随便向外人泄露客人的情况,以免发生意外。如我国总理访问英国期间曾住在伦敦的克拉里奇斯饭店,当记者问及饭店经理我国总理早、中、晚三餐吃些什么东西,起居生活如何时,饭店经理抱歉地说:"对不起,凡是客人的事情,我们都不能向外人说。"

当发现有病人时,一定不要擅自用药,也不要帮客人买药,要和饭店医务室的医生联系,或送客人到附近医院诊治;在发现客人精神状态不好或喝醉酒时,要时不时进行关心问候,防止客人发生意外;在大门的背后要贴安全通道示意图,并且在出现火灾等突发事件时,要想办法尽快转移客人到安全地方,保证客人生命安全。

(2)财产安全

为了满足客人求财产安全的心理,服务员应当提高警惕,要配合保安人员防止不法分子进入客房偷窃客人的物品;在服务程序的设计上注意客人行李物品的交接手续,防止客人物品丢失;不少饭店设有贵重物品的保管服务,如广州花园酒店、中国大酒店等五星级的饭店还在客房中设有供客人使用的私人保险箱;服务人员在收拾房间时不能乱动客人的物品,除丢在废纸篓里边的东西外,不能随便扔掉客人的东西,以免误会。

第四节 餐饮服务心理

餐厅服务是旅游饭店服务中不可缺少的一个环节,在整个饭店旅游收入中占有三分

之一左右,因此,无论从完善旅游服务角度,还是从经济角度,做好餐厅服务、管理都是必要的。本节主要探讨客人就餐心理,并提出相应对策。

一、客人对餐饮服务的心理要求

1. 清洁卫生

就餐客人对就餐中的卫生要求非常高,不希望到这个餐厅吃饭后身体不适,染上某种疾病,这是旅游者安全需要在餐厅的反映,也会对客人情绪的好坏产生直接影响。

只有当客人处在清洁卫生的就餐环境中,才能产生安全感和舒适感。他们对餐厅卫生的要求体现在环境、餐具和食品几方面。

良好的卫生环境会给人以安全、愉快、舒适的感觉。餐厅是供客人就餐的场所,应该随时都保持整洁雅静,只有这样客人才能放心地坐下来就餐。

餐具一般都是客人公用的,有时难免染上某些病毒或细菌。因此,餐厅必须配备有专门的消毒设备和数量足够的可供周转的餐具,严格消毒,从而保证客人的安全。

不论餐厅的档次高低,就餐的客人都有一个共同的心态:能吃到新鲜卫生的食品。可以说在餐厅服务中,食品的卫生是最重要的。餐厅的食品要卫生安全,严禁供应腐烂变质的食品和过期食品。

2. 食品合口味

旅游者在餐厅就餐,希望餐厅能提供符合个人口味要求的食物。国内旅游者中的老年人希望吃上不太硬、易消化的可口食物;中青年旅游者希望吃上香脆的食物;外国旅游者希望吃上适合自己习惯的美味食品。他们希望餐厅供应的品种齐全,可供他们选择。

3. 尊重

在餐厅服务中,要注意满足客人的尊重需要。俗话说:"宁可喝顺心的稠粥,决不吃受气的鱼肉。"尊重需要作为人的一种高层次的需要贯穿于整个旅游活动中,在餐厅服务心理中表现得尤为突出。

在餐厅服务中,服务人员首先要热情地接待,这是餐厅服务的良好开端。心理学研究显示,人饥饿时血液中的血糖含量会降低,这时人容易发怒,所以客人一进餐厅,服务员就应把客人的情绪导向愉快。

服务人员的迎接服务应该让每一个客人都感到尊重,不能顾此失彼,有所遗漏。客人到餐厅就餐,服务人员要主动上前领座,而不能让客人自己找座位,以免客人产生被冷落感。在领座过程中,要征询客人的意见,由客人决定坐在什么位置。

服务人员在介绍菜单、上菜、倒酒和派菜等服务上,要注意尊重客人的生活习惯和风俗。这需要服务人员在服务过程中细心观察、主动征询并熟悉有关常识。

延伸阅读

餐厅服务员的素质

地点：某宾馆餐厅

导引小姐引导几个客人从门口过来。几个客人簇拥着一位爱挑剔的老太。

服务员为她斟上红茶，她却生硬地说："还关照你，怎么知道我要红茶，告诉你，我喜欢喝绿茶。"服务员不易为人察觉地一愣，客气而又礼貌地说："这是餐厅特意为您们准备的，餐前喝红茶消食开胃，尤其适合老年人，如果您喜欢绿茶，我马上单独为您送来。"

老夫人脸色缓解下来，矜持地点点头，顺手接过菜单，开始点菜。

"喂，水晶虾仁怎么这么贵？"老夫人斜着眼看着服务员，"有些什么特点吗？"

服务员面带着微笑，平静的、胸有成竹地解释道："我们进的虾仁都有严格的规定，一斤120粒，水晶虾仁有四个特点，亮度高，透明度强，脆度大，弹性足，其实我们这道菜利润并不高，主要是用来为饭店创牌子的拳头产品。"

"有什么蔬菜啊？"老夫人又说了，"现在蔬菜太老了，我不要。"

服务小姐马上顺水推舟："对，现在的蔬菜是咬不动，不过我们餐厅今天有炸得很软的油焖茄子，菜单上没有，是今天的时新菜，您运气正好，尝一尝吧？"服务小姐和颜悦色地说。

"你很会讲话啊。"老夫人动心了。

[分析]

餐饮服务员，应兼有推销员的职责，既要让客人满意称心，又要给餐厅创造尽可能多的利润，只有这样，才是称职的服务员。服务员在客人点菜时，将菜的形象、特点用生动的语言加以形容，使客人对此产生好感，从而引起食欲，达到销售目的。

4. 快速

现代生活的高节奏使人们养成了快速的心理节律定势，另外，心理学的研究表明，期待目标出现前的一段时间使人体验到一种无聊甚至痛苦，特别是客人饥肠辘辘时，如果餐厅上菜等待时间过长，客人会更加难以忍受。一些客人就餐后可能还有急事去做，像赶火车、飞机等，所以客人到餐厅就餐时，希望餐厅能提供快速的服务，一进餐厅很快就能找到座位，自己预定的食品很快就可以品尝。

5. 公平

公平合理是客人对餐厅服务的基本要求。按照亚当·斯密的公平理论，人们的公平感是通过比较而产生的，因而是相对的。客人在用餐过程中的这种比较，既存在于不同的餐厅之间,也存在于同一餐厅的不同客人之间。当客人认为在接待上、在价格上是不公平的,就会产生心理上的失衡,感觉受到歧视和欺骗,直至产生不满和愤怒,甚至进行投诉。这些将给饭店及旅游业带来巨大的毁誉和经济损失。

6. 求知

旅游者都希望品尝异地风味和名吃,了解异国异地饮食特点和习惯,这是他们到旅游目的地的一个重要内容。

二、餐饮服务心理策略

1. 打造舒适的餐厅形象

舒适的餐厅整体形象包括舒适的餐厅氛围、得体的员工形象和良好的食品形象。

（1）舒适的餐厅氛围

为了给就餐的客人创造一个良好的第一印象,餐厅应十分重视环境的美化,要为就餐客人创造一个优美舒适的环境。

舒适的餐厅氛围包括美好的视觉印象、愉悦的听觉印象、良好的嗅觉和温度环境。

1）美好的视觉印象　餐厅的门面要醒目,要有独特的建筑外形和醒目的标志,餐厅内部装饰与陈设布局要整齐和谐、清洁明亮,要给人以美观大方、高雅舒适的感觉。

餐厅的整个设计要有一个主题思想,或高贵,或典雅,或自然,或中式,或西式,或古典,或现代。色彩也要依据餐厅设计的主题思想来选定。在选择色彩时,要了解不同的色彩所产生的心理效果。

餐厅的光线要适宜,使客人心情舒畅。光线也要与餐厅的主题相协调。宴会餐厅要光线明亮、柔和,呈金黄色;酒吧光线要幽静、闪烁,显示迷人情调;正餐厅呈橙色、水红;快餐厅呈乳白色、黄色。

另外,餐厅光线还要与季节相吻合,如夏天以冷色为主,冬天则以暖色为主等。

2）愉悦的听觉印象　悦耳动听的音乐对人的心理有调节、愉悦的作用,而噪声却会给人的生理和心理带来不良的影响,如烦躁、痛苦。

在公共餐厅,由于就餐人数较多,噪声较大,为了不影响客人的食欲和情绪,餐厅要尽量减少噪声的存在。因此,在餐厅装修中,要注意选用那些有吸音和消音功能的材料,尽量减少硬装修,因为硬装修对噪声起到一种扩大作用。另外就是加大餐桌之间的距离,减少客人之间的相互影响。

在餐厅里还可以播放背景音乐来掩盖和冲淡噪声,但背景音乐的选择要慎重,如果使用不当,会适得其反,使餐厅中的声音更加混乱。

3）良好的嗅觉和温度环境　在餐厅中,由于环境的特殊性,往往容易存在有各种气味,包括各种饭菜味、各种酒味甚至烟草味。这些气味混合在一起,带给人的心理感受通常都是极不愉快的,会极大地影响游客的进餐情绪。

为了保持餐厅良好的空气质量,一方面要做好餐厅的通风工作,另一方面要做好餐厅内的温度调节工作。一般来说,现代化餐厅比较适宜的温度大多为18~22℃,如果温度过高则易使人感觉闷热,大汗淋漓;温度过低又会使人感觉寒冷,嗅觉的感受性下降,从而影响人的食欲,同时,过低的餐厅温度也会使上桌的菜肴很快变凉,影响游客品尝佳肴美味。

(2)得体的员工形象

餐厅的服务人员在服务时一定要服饰整齐、仪态端庄,使顾客深信餐厅是重清洁服务的。男性服务生必须常刮胡子,衣服整齐,双手及指甲要清洁,并注意口臭及体臭。女性服务生头发要梳理整齐,并带上规定的发套;除了结婚戒指及手表外,不戴其他任何装饰品;不要使用颜色艳丽的指甲油,指甲要修剪整齐;穿规定的平底鞋及长筒袜,给客人留下形象端庄及注意卫生的印象。饭店从业人员要在工作岗位上表现出热情、诚恳、和蔼、耐心,做到微笑服务,更能增加服务生的美感。要善于调节自己的情绪,让自己有一个愉快的心境,才能开心面对工作,微笑面对宾客。如发生意外事件时,应记住一定要忍耐,以诚恳的态度来解决任何争端,一切以"顾客至上"为原则。

延伸阅读

美中不足

黄先生与两位好友小聚,来到某知名酒店。接待他们的是一位五官清秀的服务员,接待服务工作做得很好,可是她面无血色,显得无精打采。黄先生一看到她就觉得心情欠佳,仔细留意才发现,这位服务员没有化淡妆,在餐厅昏黄的灯光下显得病态十足。上菜时,黄先生又突然看到传菜员涂的指甲油缺了一块,他的第一个反应就是"不知是不是掉我的菜里了"。但为了不惊扰其他客人用餐,黄先生没有将他的怀疑说出来。用餐结束后,黄先生唤柜台内服务员结账,而服务员却一直对着反光玻璃墙面修饰自己的妆容,丝毫没注意到客人的需要。自此以后,黄先生再也没有去过这家酒店。

(资料来源:http://www.docin.com/p-351253465.html)

(3)良好的食品形象

中餐素以色、香、味、形、名、器俱佳著称于世。就餐的客人不但注重食物的内在质量,也越来越注重食品的外在形式。因此,餐厅提供的食品,既要重视品质,也要重视形式的美感。

2.针对游客心理,提高服务技巧

(1)满足游客清洁卫生心理

只有当客人处在清洁卫生的就餐环境中,才能产生安全感和舒适感。为满足他们求清洁卫生的心理,主要应在环境卫生、餐具卫生和食品卫生三方面做好工作。

1)环境卫生　良好的卫生环境会给人以安全、愉快、舒适的感觉。餐厅是供客人就餐的场所,应该随时都保持整洁雅静,要做到窗明几净,空气清新,无蚊蝇,地面洁净,墙壁无灰尘、无污染,餐桌餐椅整齐干净,台布口布洁净无瑕,只有这样客人才能放心地坐下来就餐。

另外,服务人员的个人卫生符合卫生标准,呈现在客人面前的是干净、利索、精神饱满、满面春风的形象,服务员的双手、工作服、工作用毛巾、外置食品操作台等一定要干净,如果很脏,客人就会由此而产生不良印象,会认为餐厅其他方面的卫生一定搞得也很差。女服务员不要涂有色指甲,因为客人如果见到你的指甲上有缺口,就会怀疑是掉到他的菜或汤里了,这样会使他这顿饭吃得不舒服。

2)餐具卫生　餐具卫生非常重要。应当对餐具实行严格消毒,从而保证客人的安全。餐、茶、酒具经过严格洗刷、消毒,餐巾、毛巾干净整洁,破边、破口的餐盘、玻璃杯具不能上桌。因为尽管食品的色、香、味、形都十分精美,如果使用一只破损的碟子装盛,也会使人产生不舒服的感觉。

3)食品卫生　新鲜、卫生的食品既是餐厅提供的核心产品,也是防止客人病从口入的重要环节。为此,餐厅的食品要原料新鲜,储存、加工操作要卫生安全。严禁供应腐烂变质的食品和过期食品,储存和加工中要防止生、熟、荤、素菜直接的交叉污染。酒水饮料符合质量标准,无假冒伪劣。

汤盆、菜碟边上如有溢出的汤或菜汁的污迹应当擦干净才送出,为客人上菜都要使用托盘,送菜前一定要检查一下菜中是否有杂物,如头发丝、小竹片、小虫等,在传菜过程中可加盖罩子,既能保证运送过程的卫生,又能起到保温效果。

另外,服务员送菜、汤上桌时,大拇指要向盘边靠拢,不得沾到食物,更不能插入菜或汤里;为客人拿取杯具时,手指只能靠近杯底的部位而不可触及杯口,更不能将手指插入杯中。

(2)满足游客食品合口味心理

旅游者到餐厅一般都有要求食物适合自己口味,吃顿满意饭菜的心理。服务人员在接待当中就要想方设法满足他们的要求。

1)注意总结经验,归纳各国、各地旅游者的饮食习惯　在这些客人到来时,服务人员可以主动介绍本餐厅适合他们食用的菜肴。

2)要注意记住客人对食物烹调的不同具体要求　以适应客人的口味不同人对食物的烹调方法、生熟程度的要求不同。比如同样是一条鱼,有的可能要红烧,有的可能要清蒸,有的要糖醋;要一盘牛排,有的外国旅游者可能要二分生八分熟,有的则要六分生四分熟;早餐要鸡蛋,有的旅游者可能要嫩煮,有的可能要老煮,服务人员一定要注意记住客人对食物烹调的不同具体要求。不同年龄对饮食也有不同要求,年纪大的由于消化能力弱、食量小,他们喜欢吃软质、精细、易消化的食物;青年人牙口好,喜欢香脆、酥焦的食物。不同性别的旅游者也有不同的要求,女士往往要求食品少而精;男士食量大,往往要求食品分量足吃得饱。不同职业的旅游者也有不同要求,一般从事脑力劳动的科技人员、教师、文艺工作者多数要求饭菜味道清鲜、精细;从事体力劳动的工人、农民、业务旅行的客人多数以味道香浓,经济实惠,吃热、吃饱为好。

3)帮助旅游者点菜 有的旅游者可能不会看菜牌,一下子点了几个素炒菜,或点了几个冷菜,或者点的都是汤菜等,这样就会吃得不合口味,还会出现退菜的现象。服务员应当及时向旅游者介绍本餐厅的菜品,热情提出建议,为他们当好参谋,选菜尽量做到:色、香、味、冷、热、荤、素、饭菜、下酒菜、汤菜等搭配合理。

(3)满足游客求快心理

为了满足客人求快速的心理,可采取以下服务策略。

1)服务员应当想办法使等菜的客人不觉得无聊 客人一进餐厅,服务员要及时安排好客人的座位并递上菜单,让客人点菜;客人坐定后,先上茶水、小菜、小点心、水果或客人需要的饮料以安顿客人,客人边喝茶边吃小菜就不会觉得太无聊或觉得上菜太慢,还体验一种得到赠送的愉悦。有些酒店准备了节目、杂志或报纸避免客人无聊。

2)对一些急于就餐的客人可以介绍一些现成的菜品或出勺较快的菜 客人等菜时,一般是很容易不耐烦的,经常会将等菜的时间估计过长。根据人们对时间知觉的规律,当人们觉得紧张、有趣的时候,时间就好像过得很快;当人们觉得无聊的时候,时间就好像过得很慢,往往将这一时间估计过长。旅游者在餐厅点菜后,一般坐在那里没什么事干,就会觉得很无聊。特别是单独的客人更觉无聊,所以他们常常会认为自己等了很久。有些性急的客人甚至会因此而和服务员发生冲突。

3)客人就餐时服务人员应能迅速满足客人的需求 服务人员应集中精神,注意客人就餐动态,及时发现客人的微小动作并迅速满足客人的需求。如果客人多次招呼服务员都没有被发现,客人就会焦急、不满。

4)结账要快 在客人吃完饭后,最容易使客人恼火的就是等账单了。尽管有一些客人在进餐时边吃边聊,花了很长时间,但他们一旦吃好后,就会马上急着走。所以客人用餐结束,账单要及时送到,不能让客人等待付账。

(4)满足游客求尊重心理

为满足客人求尊重的心理,应当注意以下几方面。

1)在引领和安排座位时满足客人的自尊心 客人一踏进餐厅,服务人员就应当热情地引领他们坐到适合的位置上。切忌无目的地带着客人乱转,这样做客人会认为自己被怠慢,进而对食物或服务进行过分地挑剔。对一些全家大小或一群谈笑而来的旅游者或商务旅行的商人等,可以请他们在餐厅中央的位置就座,还能烘托餐厅其乐融融的气氛。如果穿戴漂亮时髦的女客人到来,应当把她们引领到使众多客人都能看到她的显眼地方就座。这样既使客人心满意足,同时又使整个餐厅产生一种华贵的气氛。当一对夫妇或一对青年情侣来餐厅进餐时,应当把他们引领到餐厅的角落或较安静的餐桌旁,满足其私密心理。当生理上有缺陷的人到餐厅时,应当引领他们到易于隐蔽他们缺陷的位置就座。如没有右臂的客人进来时,要把他引导到右墙边的座位,这样使其他客人不易看到他的缺陷,满足了他的自尊心。

2)接待过程语言礼貌、得体、婉转 客人进入餐厅时,服务员应当主动问好,对单独一人进入餐厅的客人不要问"只有一人"或"单独一人"。如果客人到来后一时找不到座位,应当让他们稍等片刻,说"先生,我们马上给您准备好桌子",或说"您的桌子马上就准备好"。当很多客人同时到达,坐满几张台时,服务员应给正在等待的客人以热情、愉快的微笑,在经过他们的桌旁时说一声:"请稍等,我马上来。"这样使他们在等待的时候,不会觉得自己被服务员忽视和怠慢。当客人举手示意时,服务员应马上接近客人并征询:"先生,我可以帮助您做点什么?"总之,服务员在接待过程语言要礼貌、得体、婉转。

如此服务用语

某地一家饭店在餐厅的午餐时间,来自台湾的旅游团在此用餐,当服务员发现一位70多岁的老人面前是空饭碗时,就轻步走上前,柔声说道:"请问老先生,您还要饭吗?"那位先生摇了摇头。服务员又问道:"那先生您完了吗?"只见那位老先生冷冷一笑,说:"小姐,我今年70多岁了,自食其力,这辈子还没落到要饭吃的地步,怎么会要饭呢?我的身体还硬朗着呢,不会一下子完的。"

(资料来源:http://www.docin.com/p-89028130.html)

3)在操作时注意尊重客人 服务人员服务过程中操作得当,也可以使客人体会到自己是受尊重的。服务员送食物上桌时一定要做到轻放,尽量不发出响声,如果"砰"的一声放在桌上,客人就会反感。在宴席分菜、倒酒水时,应当先客人后主人、先老人后青年、先女后男、先小孩后大人。对老人、小孩不要分些带骨头或较硬的食物。上菜时注意不要弄脏客人的衣物。不小心弄脏了客人衣物时应当道歉,并马上帮助客人清理干净。客人没吃完饭,服务员不要急着去收碗碟。服务中还要注意尊重客人的生活习俗、忌讳。例如,有海员就餐时,不要将他们正在吃的鱼翻身。因为海员长年漂泊海上,最担心的事莫过于翻船了,在他们中间"翻"是最忌讳的。

4)尊重生理上有缺陷或出现差错的客人 对有生理缺陷的客人应当特别尊重,热心去帮助他们。在进餐过程中,客人不小心打翻酒杯、打碎餐具是常有的事情。特别在宴席客人不小心碰翻了酒杯,一定会觉得很失礼、尴尬。这时服务员应马上去说些安慰的话,同时马上清理好桌面,客人心里一定会十分感激。广东宴席中,在吃螃蟹或者吃白灼海虾时,一般会在餐桌上放一个盛着菊花水或茶叶水的洗指钵,供客人用手拿食品后洗手指之用。一般送上桌时应清楚地向客人交代是洗手指用,如果看见有的客人将其错当茶水喝下去时,最好的做法是装着没看见,悄悄地将空钵撤下,尽量不惊动周围的客人。

(5)满足游客求公平心理

同样类型、同等档次的餐厅,价格上、数量上以及接待上的不同都会引起客人的比较。如果客人在就餐的过程中,并没有因为外表或消费金额上的不同而受到不同的接待,在价格上没有吃亏受骗的感觉,他就会觉得公平合理。因此,餐厅在制定价格、接待规格上都要注意尽量客观,做到质价相称、公平合理。

(6)满足游客求知心理

旅游者都希望品尝异地风味,了解异地饮食特点和习惯,这是他们旅游的一个重要内容。为了满足客人求知的心理,服务人员应熟练掌握本餐厅的特色菜点和当日供应的每个菜名称的由来、用料、佐料、烹调制作方法以及对身体的益处等知识,以便为客人点菜、上菜时能回答客人询问或流利地向客人介绍。

有的餐厅为满足客人求知的心理,在餐厅安设炉灶、挂上菜牌,让客人当场点菜,现炒现卖,将制作菜肴的全过程让客人观赏。由于客人亲眼看到了这种菜的烹调过程,既满足了他们求知的心理,又激发了想品尝的强烈欲望。当这盘菜端上台时,客人自然心情特别兴奋,吃得格外香甜。

第五节 康乐服务心理

康乐部是为住店客人提供娱乐、体育、健身、音像、文艺、美容等活动场所的部门,是酒店满足住店客人多种消费需求,吸引顾客,提高酒店声誉和营业收入的一个重要部门。因此康乐部是现代酒店不可缺少的一个重要组成部分。

在改革开放以来,旅游酒店及时地引进了"康乐"这一有益的新观念。一些中外合资的大酒店都设立了康乐中心或成立了康乐部。如上海的希尔顿饭店、新锦江饭店、喜来登饭店、华亭宾馆,北京的长城饭店、丽都假日饭店,广州的白天鹅宾馆、中国大酒店等四、五星级宾馆、酒店都具有较完备的康乐设施,其他一些涉外酒店也基本拥有自己的康乐设施。康乐服务为客人增加了服务项目,也增加了酒店收入。有些酒店的康乐部可以每年为酒店带来上千万元的收入,其利润率可高达60%。

酒店给客人提供活动的项目有:音乐厅、音乐茶座、卡拉OK歌舞厅、家庭影院、电子游戏室、保龄球、台球、网球、高尔夫球练习场、游泳场、健身室、桑拿浴、芬兰浴、美容、美发、化妆等。酒店的康乐项目应根据星级档次的不同和酒店的规模、环境的差别来决定康乐项目的投资,并尽量形成自己的特色。

一、旅游者对康乐服务的心理要求

客人对康乐服务一般有希望设备、设施齐全、安全,服务好,卫生,方便等心理需求。

1. 设备、设施齐全

客人需要饭店设备、设施齐全,满足客人体育锻炼、健美和娱乐等多种需求,客人想通过康乐活动达到保健身体、保持活力的目的。

根据体育锻炼客人需求,应开辟专门的健身房、游泳池等设施齐全的场所。

健美是现代文明的心理表现,包括体形健美、脸形健美和发型健美。体形健美可以在健身房得以实现,脸形、发型健美标准可在按摩、美容美发过程中加以实现。

顾客在酒店除了住房和就餐外,还希望在住店期间得到娱乐享受。因此,康乐部要在项目上做到丰富多彩,以满足不同客人的娱乐需求,但一定要符合我国国情与法律规定。

2. 安全

康乐场所必须在一个安全的环境中完成。具体表现在：①要求康乐场所经营者为客人提供一个安全的场所，杜绝火灾等隐患；②要保证酒水的质量和卫生安全；③保证客人隐私权得到尊重，保证客人在康乐场所的消费过程不受干扰和侵害；④客人在娱乐、健身设施上也会对安全问题非常敏感。健身运动器械具有"冲撞性"，而且易于损坏，如果存在安全问题，就会潜伏着一定的"危险"性。所以，每天必须在客人使用之前做一次检查，并对设施、运动器械、场地进行安全保养，对存在"不安全"隐患的器械要随时更换。只有保证康乐场所消费的安全，才能维持一个稳定的客源市场。

3. 服务好

娱乐部的健身器械种类较多，特别是先进设备以及带有电脑显示的体育器材，客人希望服务人员具有娴熟的技能，并能提供正确、耐心的运动技巧指导性服务，以便一些不会使用的客人能正确使用。服务人员经验不足，技能差，服务态度不认真，礼节礼貌注意不够，言语沟通能力不足，都会引起客人的不满。

4. 卫生

康乐场所是一个高雅、洁净的场所，客流量大，使用频繁，尤其是康乐的设备与器械经过多数客人的使用，清洁卫生工作十分重要。运动、康乐的器械、设施和场所的洁净高雅，不但会给客人带来舒心愉快的情趣，而且也给客人带来宾至如归的感受。

美容室是卫生要求极高的部门。所有的美容设备、美容物品都直接与客人的面部、头部接触，卫生要求十分严格，不仅要表面整洁干净，而且毛巾等用具要经过高温消毒处理。所有美容物品、化妆品都要符合卫生标准，化学成分要达标。

5. 方便

现代人消费日趋多样化、高档化，人们不仅要求娱乐场所能提供丰富多彩、高质量娱乐服务，而且还要求提供各种代表新潮流的酒水服务和其他特色服务等。娱乐场所应处处为客人着想，方便客人以满足客人所需的全面周到服务，来提高客人的消费水平。

二、康乐服务心理策略

针对客人的以上心理，可采取以下服务对策。

1. 因地、因店、因时制宜配备康乐项目

康乐项目的种类很多，康乐设施设备的品种、规格、型号、档次更是不可胜数，因此，在进行康乐中心的设计时，有必要在进行可行性研究的基础上，按照康乐中心的经营宗旨、经营方针、目标市场选择独具特色的康乐项目及其设施和设备，在一个地区内只有那些富有个性、设施设备先进、服务选题优良的康乐企业或康乐中心，才能在市场上拥有一

定占有率。这就要求康乐企业或酒店康乐中心,要么在康乐项目上,要么在设施设备上突出自己的个性。比如位于深圳市的五星级大酒店——南海酒店,在酒店内开设了国内酒店少有的日光浴室,在旁边附设按摩浴池及露天泳场,令泳客在和风中享受灿烂的阳光,洗尽身心的疲劳和烦忧。

现代康乐项目,特别是新兴的康乐项目如高尔夫球、桑拿浴、水力按摩、保龄球等,这些项目的设计在空间面积、使用设施、温度、湿度等各项相关指标都有严格、科学的要求,只有达到标准,才能使这些娱乐项目达到理想的使用效果,发挥出最佳的使用功能,也才能使康乐项目消费者在使用过程中得到最科学、充分、理想的健身、娱乐消闲的目的,也才能增加这些项目吸引市场的竞争能力。

2. 认真仔细地检查设施、设备,保证客人安全

娱乐企业使用的娱乐设备无论是桑拿设施、按摩椅,还是健身器材等都应符合国际或国家的安全卫生标准,如设施在噪声方面要求附带有消声、隔音装置,在安全方面要求考虑到设备是否有防止事故发生的各种装置,如自动报警、自动断电、自动停止等装置,设施的安全性是顾客享用娱乐的保证。

熟悉各种设施器材的使用方法,注意加强设备、器材的检查和保养,及早发现问题尽快处理。按规定检查各种健身器械是否完好,可否正常使用,锁扣和传动装置是否安全可靠;服务员、教练员填写"安全检查单",确保提供的设施与器材符合使用要求;对有故障的设施与器材应做标志,并安排修理;在客人使用各种设备、器材时服务员要勤巡视,并做好记录。应随时掌握健身客人的异常情况,在娱乐、健身设施上充分考虑安全问题,满足客人求安全保障的心理需求。

娱乐环境、娱乐设施的营造,必须在保证客人人身安全的前提下运用。在娱乐场所尤其是相对封闭的KTV等,加强保卫措施,完善防盗、防火设施等,都是为保证顾客安全所必需的。舞厅、KTV包厢应有应急的逃生设备或逃生通道。

各种运动项目都要有安全防护,如游泳池应有救生员,时刻注意被服务者的娱乐状态,保证其娱乐过程从始至终都是安全的;在运动前,对于患病或心情不佳的被服务者,应提醒客人注意运动中的自我保护或建议其更换娱乐形式;在美容中心,对被服务者进行美容服务前需对双手做消毒处理,且在服务过程中,不能有医疗行为,不使用不合格的营养品、保健品。

只有把各种娱乐服务建立在安全意识指导下的安全服务之上,被服务者才能获得真正的娱乐。因此,每一位娱乐服务员都应先具备安全服务的意识,把一切服务规范在安全的限度内。另外,还要定时检查更衣室,杜绝隐患,防止客人财产损失。

3. 注重康乐服务人员的素质培养

康乐企业属于劳动密集型行业,尽管康乐设施在不断改进,功能在不断完善,但康乐服务保持人与人之间的交往的特征是不会改变的,尤其是顾客在评价服务质量时往往侧重于服务人员在服务过程中表现出的态度和行为。所以,服务人员的基本素质成为影响服务质量的重要因素。素质是服务人员在文化、礼貌、意识、技能等多方面的综合反映,它时时显露于工作之中,影响着服务质量水平的高低,服务质量也反映着服务人员的素质状况。

服务员上岗前应先做自我检查,做到仪容仪表端庄、整洁、符合饭店要求,面带微笑,主动热情问候,精神饱满地做好迎客准备。服务过程中要注意礼节、礼貌和服务态度,并要注意培养专业服务的技能。

> 杭州的一家饭店的健身中心设施设备先进,服务优良,引来饭店内外不少客人慕名光顾,尤其以洗桑拿浴的为多。这天是安全巡视员小李当班,她一路观察未发现异常,接着来到女部三浴室。在桑拿浴室里,她意外发现一位女客脸色惨白,斜倚在板壁上,头奋拉在胸前,四肢不停地抽搐。经验丰富的小李一看就明白了,客人出现的状态是由于桑拿浴室的高温缺氧所致,这是十分危险的,稍一拖延便会危及生命。
>
> 小李立即唤来服务员小王,两人将已昏迷不醒的客人抬出桑拿浴室,平放到四面通风的安全处。小李又让其他服务员与经理联系,报告情况,并请饭店医生迅速前来抢救。同时,与急救中心联系,请求派救护车送往医院。上述工作都是在短短几分钟内完成的。客人在饭店医务人员的及时抢救下,逐渐恢复了知觉,基本脱险。此时,饭店外响起急促的救护车铃声,急救中心大夫及时赶到。经医院诊断客人是因为桑拿浴室的高温环境致使心跳过速,引发了原有的心脏病,由于发现及时和有效抢救,客人才脱离生命危险。
>
> **试分析**:从本案例中能得到什么启示?今后康乐服务工作中应注意什么?
>
> (资料来源:http://zhidao.baidu.com/question/147057938.html)

康乐服务员应能根据不同客人的消费档次、文化层次以及兴趣和特殊的消费心理,来做好各项服务工作。健身房服务人员要具备健身器械的使用、维护及保养知识,熟悉安全救护知识,熟悉和掌握有关健身器材性能和操作要求,能正确地为客人做出各种示范动作;能满足客人提出进行陪练的要求,能根据客人的需要为其制订健身健美训练计划;能指导客人正确使用各种健身设施和健身器材,纠正危险或不正确动作;充分了解比赛规则和技巧。

4. 满足客人求卫生的心理

在娱乐消费过程中,一些娱乐项目直接与客人皮肤接触,客人要求在一个清洁、安全的环境里休闲娱乐,这是最基本的正常的心理状态。清洁能使人产生一种安全感、舒适感,它能直接影响客人的情绪,所以要认真搞好墙壁、池面、浴池、游泳池等各项设施及环境的卫生,做好浴池、浴缸、地面无水锈、水迹,按时换水消毒。

5.满足客人求方便的心理

现在,越来越多的康乐中心为适应、方便客人娱乐的需要,精心安排服务设施,设计服务项目和提供多功能服务,力图创造一种"宾至如归"的环境气氛。除了必要的项目设备设施外,还需配备必需的相应数量和质量的相关辅助设备设施及服务,如桑拿浴室的面积就要与更衣箱数量相匹配,健身房设施的各方面都要相适应。除此之外,还应设有相应的休息区,区内应设有水吧,准备好各种酒水、炸薯片、炸花生米、炸腰果仁或虾片等小吃和饮料,周到地为客人服务。

本章我们从旅游服务工作的角度出发,探讨了旅游者的心理特点及需求,全面了解了旅游者对旅游饭店的住宿、餐饮、康乐服务的心理要求,探讨了饭店的前厅、客房、餐厅及康乐等部门应怎样为客人提供最佳的服务,使服务适应不断发展变化着的旅游者的需求,为旅游业拓展更大的发展空间。

1.如何应对客户赊账的要求?

一位美籍华人客商在海天宾馆入住两个半月。那天,他在两位朋友的陪同下到总台结账,账台服务小姐经查核电脑资料告诉他:"先生,您的支票只剩三百余元了,而您手头这笔账就有四百多元,请准备好现金再结账。"客商说:"那就给我赊账吧。"服务员答道:"先生,对不起,根据宾馆有关规定,您不能赊账。"客商大为不悦,觉得在朋友面前丢了面子,下不了台,便带着客人气冲冲地回到客房。

客商马上给宾馆公关销售部打电话,将刚才在总台发生的事诉说了一遍,最后说:"难道我连这点房费都付不起吗?"接电话的小彭原来不是负责接待这位客商的,对他并不了解,因此感到很突然。但她立刻冷静下来,答道:"先生,刚才账台服务员确实对你说话态度比较生硬,有失礼之处,我代表宾馆向您道歉。不过,服务员也有难处,因为按宾馆规定,凡是客人消费的钱款收不回来,就由当事的服务员负责。这一点儿,也请先生谅解。"客商情绪开始缓和,但接着又把难题扔给小彭:"那么,我现在就请您给我赊账。"小彭灵机一动,顿时有了主意,她平静地答道:"让我请示一下宾馆领导,请您过5分钟再给我打电话。"实际上她本人就有赊账权,但她不想让客商产生可以随便赊账的感觉。5分钟后客商打电话,小彭告诉他:"宾馆领导同意给您赊账,请您写个便条承诺一下,然后在近几天内补上支票,好吗?"客商高兴地答应了。

第二天上午,小彭又给客商所在公司打电话,接电话的是他的秘书曲小姐,小彭便请曲小姐向客商转达她的建议,今后这类账目往来事宜,不必劳驾老板亲自出马,可由曲小姐出面办理;也不必再找宾馆账台服务员,可直接找她处理。当天下午,曲小姐就拿了一张支票送到公关销售部小彭手里,并转达了老板对她的谢意。

试分析:小彭在处理此事过程中的哪些技巧值得我们学习和借鉴?

2.客人在深夜醉倒

南方某宾馆,凌晨2点电梯在15楼停住,"叮当"一声门开了,一位客人踉跄而出,喃喃自语:"我喝得好痛快啊!"口里喷出一股浓烈的酒气。这时保安员小丁巡楼恰好走近15楼电梯口,见到客人的言语模样,断定是喝醉了,连忙跑去扶住他,问道:"先生,您住哪间房?"客人神志还算清醒,即从口袋里掏出1517房的钥匙牌,小丁便一步一步把客人扶进房里。他把客人放在床上躺下歇歇,泡了杯醒酒茶,并将衬有塑料袋的清洁桶放在床头旁。客人开始呻吟起来,小丁赶紧把客人稍稍扶起,拿沏好的茶"喂"客人喝,同时安慰客人说:"您没事的,喝完茶躺下歇歇就会好的。"然后他又到卫生间弄来一块湿毛巾敷在客人额上,说道:"您躺一会,我马上就来。"随后退了出来,将门虚掩。

一会儿,小丁取来一些冰块用湿毛巾裹着进房,用冰毛巾换下客人额上的湿毛巾,突然"哇"的一声,客人开始呕吐了,说时迟,那时快,已有准备的小丁迅速拿起清洁桶接住,让他吐个畅快,然后轻轻托起他的下颚,用湿毛巾擦去他嘴边的脏物。小丁坐在床边又观察了一会,发现客人脸色渐渐缓和过来,就对他说:"您好多了,好好睡上一觉,明天就能康复了。"他边说边帮客人盖好被子,在床头柜上留下一杯开水和一条湿毛巾,又补充一句:"您如需要帮忙,请拨15楼层服务台。"然后他调节好空调,取出垃圾袋换上新的,轻轻关上门离房。

小丁找到楼层值班服务员,告诉她醉客情况,并请她每过10分钟就到1517房听听动静。天亮时,辛苦值勤一夜的小丁眯着一双熬红的眼睛,专程跑来了解情况,得知醉客安然无恙方才放下心来。最后又让值班服务员在交接班记事本上写道:"昨夜1517房客醉酒,请特别关照!"

自我检测题

一、填空题

1.在饭店,客人的角色特征有_____、_____、_____、_____。

2.客人在饭店的需求心理主要有_____、_____、_____、_____、_____和_____。

3.饭店从业人员应具备以下职业意识:_____、_____、_____、_____和_____。

二、简答题

1.你认为饭店从业人员应具备哪些基本心理素质?

2.怎样做好前厅服务工作?

3.提供优质的客房服务应做好哪几方面工作?

4.提供优质的餐饮服务应做好哪几方面工作?

干洗还是湿洗?

江苏省某市一家酒店住着某台湾公司的一批长住客。那天一位台湾客人的一件名贵西装弄脏了,需要清洗,当见服务员小江进房送开水时,便招呼他说:"小姐,我要洗这件西装,请帮我填一张洗衣单。"小江想客人也许是累了,就爽快地答应了,随即按她所领会的客人的意思帮客人在洗衣单湿洗一栏中填上,然后将西装和单子送进洗衣房。接手的洗衣工恰恰是刚进洗衣房工作不久的新员工,她毫不犹豫地按单上的要求对这件名贵西装进行了湿洗,不料结果在口袋盖背面造成了一点破损。

台湾客人收到西装发现有破损,十分恼火,责备小江说:"这件西装价值 4 万日元,理应干洗,为何湿洗?"小江连忙解释说:"先生真对不起,不过,我是照您交代填写湿洗的,没想到会……"客人更加气愤,打断她的话说:"我明明告诉你要干洗,怎么硬说我要湿洗呢?"小江感到很委屈,不由分辨说:"先生,实在抱歉,可我确实……"客人气愤之极,抢过话头,大声嚷道:"这真不讲理,我要向你上司投诉!"

客房部曹经理接到台湾客人投诉——要求赔偿西装价格的一半 2 万日元。他吃了一惊,立刻找小江了解事情原委,但究竟是交代干洗还是湿洗,双方各执一词,无法查证。曹经理十分为难,他感到问题的严重性,便向主持酒店工作的蒋副总经理做了汇报。蒋副总也感到事情十分棘手,召集酒店领导作了反复研究。考虑到这家台湾公司在酒店有一批长住客,尽管客人索取的赔款大大超出了酒店规定的赔偿标准,但为了彻底平息这场风波,稳住这批长住客,最后他们还是接受了客人过分的要求,赔偿 2 万日元,并留下了这套西装。

试分析:此案例中宾馆方面应承担的责任。

第九章

景区服务心理

教学目标

知识目标

了解景区门票的心理功能。

理解旅游者对景区票务服务、景区交通服务的心理需求。

理解旅游者购物的心理特点。

能力目标

初步运用景区门票设计、景区票务服务、景区交通服务、景区购物服务的心理策略。

 导入案例

旅游景区优质服务倡议书

为了以高质量的旅游服务和规范的旅游市场秩序迎接南博会的召开,更好地为广大国内外游客提供文明、周到、放心、满意的服务,履行"满意游客,服务社会"的服务宗旨,青秀山风景区向广西全区的景区(景点)发出如下倡议:

1. 恪守职业道德,文明礼貌待人。带头遵守社会公德和职业道德,营造良好社会秩序;提供文明、热情、规范、周到的旅游服务,向世界展示绿都南宁良好旅游形象。

2. 优化旅游环境,完善旅游设施。做到服务设施完善,服务标志齐全,服务环境整洁,让游客"游玩在广西,满意于服务"。

3. 诚实守信经营,保证服务质量。做到信守承诺,公平竞争,不做虚假广告和误导性宣传;明码实价,不售假冒伪劣商品,不欺诈骗客。

4. 严格规范管理,做好旅游安全防范工作。严格卫生消毒,保证食品安全;加强治安管理,保证游客安全;及时检查旅游设施,消除安全隐患;认真处理投诉,维护游客合法利益。

旅游景区是旅游活动的核心和空间载体,是旅游产业系统中重要的组成部分,是旅

游者在旅游全过程中相对集中的活动场所。旅游者的各种需要大都可以在景区得到满足。旅游景区服务质量的优劣直接影响到旅游目的地的形象,关系到景区的生存和发展。

第一节 景区票务服务心理

票务服务是景区服务的窗口,是景区与旅游者接触并满足旅游者需求的第一步。票务服务在整个旅游景区的接待服务中占有非常重要的地位。

一、景区票务服务的内容

景区票务服务的主要内容包括:订票、售票、检票、退票、查询、结算、分析等。景区票务服务既包括景区、景点门票,也包括与景点相配套的其他服务;既要考虑贵宾接待、团队游客和散客等各种不同类型游客的不同要求,同时还要考虑景区的生态容量和接待能力。

二、景区门票的心理功能

旅游景区门票是介绍景区信息的重要载体。旅游者外出旅游,有关旅游地和景区大量信息的获得和保存乃至最后留下印象,主要是通过旅游印刷品,尤其是门票的收集来完成的。旅游景区的门票也是旅游宣传的重要载体,在现代旅游服务市场营销中扮演着越来越重要的角色。景区门票对旅游者的心理影响主要表现在以下几方面。

1. 验证功能

景区门票首要的、基本的功能是验证功能。对景区的验票人员而言,门票是旅游者进入景区的"通行证";对旅游者而言,门票是进入景区的凭证,凭票才可入内。

2. 介绍功能

景区门票是表达景区信息的重要载体。许多景区门票上都印有景区的标志性景点,介绍景区的特点、旅游线路、重要景点、旅游表演活动的时间和场次等,帮助旅游者在有限的时间内可以更好地游览景区的风光,观赏景区内的表演活动,参与景区组织的各种节目,提高游览活动的效率,获得更大的心理愉悦。

3. 引发功能

精美的门票可以给旅游者带来强烈的视觉冲击,唤起旅游者对景区优美风光的联想,引发旅游者的旅游兴趣,激发旅游热情,从而产生旅游行为。

4. 纪念功能

旅游门票是旅游者美好旅游经历的写照,是一件非常值得珍藏的旅游纪念品。它精美的图案可以使旅游者长久回味、反复回忆旅游过程中的精彩生活,并成为生活中最难忘的记忆。

三、景区门票设计的心理策略

景区门票是旅游者在较长时期内拥有的信息或纪念品。在门票设计的过程中,只有充分考虑旅游者的心理需求,才能让旅游者喜欢、满意并长期收藏。

1. 美观大方,满足旅游者求美的心理

制作精美的门票是旅游者较长时间拥有的信息或收藏的纪念品,可以吸引游客的注意力,激发游客的热情。因此,景区门票也是吸引旅游者的重要因素之一。在设计和制作门票时,构思要独特、制作要精美,具有艺术特色,充分满足旅游者的求美心理。

2. 方便使用,满足旅游者求方便的心理

门票是供旅游者使用的,在设计和制作门票时,应该从旅游者的角度出发,便于携带、便于使用、便于保存。如今,门票的种类和样式越来越多,可以是纸质的,也可以是电子的。

3. 实事求是,满足旅游者求信的心理

景区门票既是景区的宣传品、纪念品,也是旅游者在景区游览的"指示者"。景区门票上所印制的内容必须真实可信,要实事求是地介绍景区的主要景点、旅游线路以及各种节目表演的时间、地点等。如果出现所标明内容与实际情况不相符的现象,旅游者就会产生被愚弄、被欺骗的挫折感,影响旅游过程中的美好情感,进而对景区产生不良印象。

4. 与时俱进,满足旅游者求新的心理

追求新奇是旅游者在旅游活动中的普遍心理。门票设计也应与时俱进、不断变化。无论是材料的选用、制作的工艺还是造型与款式、图案设计、色彩调配等方面都应尽可能反映时代风貌、展现时代特点。

四、旅游者对景区票务服务的心理要求

旅游者对景区票务服务的心理需求主要有以下几方面。

1. 方便快捷

旅游者来到景区,都希望能够快速、便捷地进入景区游览,实现盼望已久的旅游愿

望。他们希望能够快速、方便地完成购票、检票、入门进入景区等一系列活动。

2. 细致准确

旅游者在购票时需要支付一定的钱款,他们希望在购票的过程中票务人员能细心操作,票款都准确无误,以免造成不愉快。

3. 热情周到

票务服务是旅游者进入景区的第一个服务窗口。旅游者带着对旅游活动的美好憧憬和喜悦的心情而来,希望所面对的服务人员能热情接待,服务周到;希望看到服务人员微笑的面容,听到服务人员柔和且清晰的语言;希望服务人员能礼貌地售票、检票,耐心、详细地回答他们所提出的各种问题。

4. 灵活多样

不同的旅游时节,不同的旅游群体,对旅游票务服务的心理需求也不相同。所以,他们希望能提供多样的服务方式,以满足他们的不同需要。如在服务方式上,既要考虑正常人群体,也要考虑残疾人群体;在货币支付方式上,既可以使用现金,也可以刷卡消费、微信和支付宝支付等。

五、景区票务服务的心理策略

票务服务是景区服务的窗口,会给旅游者留下深刻的第一印象,直接影响着旅游者对景区服务质量的判断。

1. 强化服务意识,优化服务态度,满足旅游者求尊重的心理

旅游活动是一种精神享受,求尊重是旅游者最普遍的心理。良好的服务意识和服务态度是旅游者体验尊重、获得愉悦的情感的根本。因此,票务服务人员要不断加强自身素质的培养,强化服务意识,牢固树立"以人为本""以旅游者为中心"的服务理念,一切为旅游者着想,通过周到细致的服务,使旅游者产生"宾至如归"的感觉。

2. 改善服务设施,提高服务效率,满足旅游者求快速的心理

加强票务服务的基础设施建设,实行票务服务现代化,提高服务工作效率。大型旅游景区可以根据自身条件,有计划地建立和完善基于互联网的景区票务信息系统,通过互联网在不同销售点进行门票销售、预订和查询工作,实现计算机售票、验票、汇总、统计、分析、查询、报表等全方位票务服务工作的管理。积极采用电子门票,快速、准确地完成验票功能,减少游客等待的时间。

另外,景区也要根据客流量和流动规律采取相应的接待方式,并按要求设立残疾人无障碍通道。特别是在客流量较大时,确保出入口无拥挤混乱现象。

3. 熟练操作技能，提高服务质量，满足旅游者求准确的心理

操作技能是旅游服务人员的基本功，也是其提高服务质量的基本保障。景区票务服务人员应苦练基本功，熟练掌握服务操作流程，确保服务工作的效率，降低差错率，提高服务质量。

延伸阅读

景区电子门票

目前国内的门票形式除了传统印刷好的手撕门票外，近年来出现了磁卡票、IC卡票、指纹卡票等电子门票。景区电子门票是一种将智能芯片嵌入纸质门票等介质中，用于快捷检票、验票并能实现对持票人进行实时精准定位跟踪和查询管理的新型门票。其核心是采用 RFID 射频识别技术、具有一定存储容量的芯片，将这种芯片和特制的天线连接在一起就构成了常说的电子标签。将电子标签封装在特定的票卡中，即构成了先进的景区电子门票。（图9-1）

图9-1 贵州黄果树大瀑布景区电子门票系统

景区电子门票由以下几个部分组成。

(1) 售票单元出售门票。

(2) 检票单元验证门票合法性，指纹识别，人脸拍照识别。

(3) 中央管理单元统计报表，管理整个系统。

(4) 制票单元条码票的初始化。

(5) 辅助系统 UPS 电源，摄像监控。

图9-1 贵州黄果树大瀑布景区电子门票系统磁卡票、IC卡票具有多次擦写的功能，使用比较灵活，都有成本高的特点。但是，磁卡票由于存储介质的关系，对温度、湿度等环境要求较高，误读率和差错率高，特别是在与手机等电磁设备保存时极易丢失数据。IC卡等由于制作和设备维护成本高，回收困难，信息可写。同时也受气候因素制约，不仅提高了景区的运行成本，也增加了游客的经济负担。指纹卡则具有验票准确率不高，游客有抵制情绪，所以不完全适应大规模的景区等场所使用。

条形码（一维、二维）形式的门票具有成本低、误读率低、防伪性强、识别快速简易，有效解决冒用、多次复印、多次使用、是否有效等难题的优势。故在国外广泛应用于公园等大型单次使用的娱乐场所。

第二节 交通服务心理

"行"居旅游六大要素的首位。交通是人们外出旅游最关心的问题,是旅游者的旅行计划能否顺利实施的前提条件之一。交通是否安全、方便、准时、快捷,是任何旅游景区和景点接待游客数量多少的先决条件。良好的景区交通服务是实现旅游资源商品价值的重要环节,是衡量旅游景区接待服务工作质量优劣的主要指标。

一、旅游者对景区交通服务的心理需求

要做好旅游景区的交通服务,首先要了解旅游者对交通服务的心理要求。旅游者对景区交通服务的心理要求主要有以下几方面。

1. 安全

安全是旅游活动的前提,是旅游者外出旅游所关心的首要问题,也是制约旅游业发展的关键问题。旅游者希望在旅游的过程中能"一路平安",不发生任何交通事故。只有在安全有保障的前提下,旅游者才"敢游",才"能游",才会"乐在其中"。

2. 便捷

旅游者在景区游览活动中,"行"是手段,"游"是目的。他们希望"行"所花费的时间要尽可能短暂,以便抽出更多的时间去"游",去从事他们所感兴趣的事情。更多的旅游者追求旅游途中的快乐与享受,希望景区能为他们提供方便、快捷的旅游交通服务。为此不少景区内设有观光车,上、下山有观光索道等。如果景区范围较大,没有便捷的交通服务,又没有其他旅游刺激因素时,旅游者就会产生厌烦的情绪和疲劳的生理体验。

3. 舒适

旅游是一种精神享受,旅游者投入的是时间和财力,产出的是精神上的多层次、多方位的享受。这种享受不仅局限于旅游目的地,而且贯穿于旅游活动的全过程,当然也包括旅游交通服务的享受。与一般的交通相比,景区内的交通不仅要具有运输功能,而且还要具有休闲和娱乐功能。旅游者希望有设备齐全、环境优雅的候车、候船场所;希望乘坐外形美观、内部宽敞明亮、座椅舒适平稳、有宽大玻璃窗和娱乐设施的交通工具,以便在行的过程中能同时欣赏到沿途的美丽风景;希望得到导游员或者乘务员文明礼貌、热情周到的服务;希望交通工具外部干净、内部无异味、保持清洁卫生;喜欢富有特色的交通工具,满足他们求新、求奇、求特、求异的心理需要。

4. 多样

不同的旅游者对旅游交通服务的需求是多样的,如对交通工具的选择和消费价格的选择等会各不相同。所以,景区应设计提供多样的交通服务,以满足旅游者多样化的

需要。

二、景区交通服务的心理策略

根据旅游者对景区交通服务的心理要求,景区的交通服务可以采用以下策略。

(一)强化安全意识

安全是旅游交通的生命线,是旅游活动顺利进行的前提条件。如果安全没有保障,再美的景区、景点也会使旅游者望而却步。旅游交通服务工作最重要的一环是确保旅游者的安全,防止各种交通事故的发生。

旅游交通服务部门应强化安全意识,做好以下几方面的工作:选择与景区相适应的性能良好的交通工具;选择技术水平良好的、驾驶经验丰富的驾驶员;加强对司乘人员的安全教育;通过多种渠道向游客宣传旅行安全常识等。

(二)加强交通服务的设施建设

"工欲善其事,必先利其器。"景区交通服务要获得顾客的满意,首先要加强交通服务设施建设。景区交通服务设施建设应主要考虑以下几方面。

1. 基础设施条件建设

基础设施条件建设主要是指码头、停车场等设施建设。景区基础设施建设要科学地进行规划和布局,尽可能多地为旅游者提供便利。如很多码头、停车场都有为旅游者提供服务的银行、邮局、餐厅、商场、出租车站等,大大方便了旅游者。

2. 交通工具建设

汽车具有方便、灵活、快速的特点,是景区重要的交通工具。除此之外,游船、观光索道、三轮车、马车、画舫、竹筏等也是景区交通工具的必要补充。无论是哪种交通工具都应保持良好的设备条件,保证安全通行。

(三)提高交通服务质量

景区交通服务质量的好坏主要表现在服务过程中旅游者所获得的物质上和心理上的满意程度。满意程度越高,服务质量就越好;反之,服务质量就越差。景区交通服务部门要加强管理,不断强化服务人员的服务意识、优化服务态度和心理素质、训练服务技能和提高服务水平,培养服务人员高尚的情感、坚强的意志和毅力、敏锐的观察力和随机应变能力,善于捕捉服务时机,巧妙地安排旅途活动,使旅游者保持愉快的心情。

(四)建立"一条龙"的服务体系,提供系列化的景区交通服务

景区内的交通服务并不仅仅是解决旅游者的安全、方便、舒适、快捷的"行"的问题,而是应该为旅游者提供"行"的多方位服务,在充分认识旅游者需要节省时间、获得方便

快捷的交通服务的心理需求的前提下,应建立"一条龙"的服务体系,使交通服务系列化。如九寨沟景区实行的"一票制",一次购买,一票到底,将景区的景点游览、导游解说和景区交通服务联为一体,减少了许多不必要的麻烦,方便了游客。

(五)以人为本,提供个性化的服务

景区交通设施和交通服务应以方便旅游者为出发点,以人为本,提供个性化的服务。如旅游车的车门有无障碍踏板,在旅游车行驶过程中收起,到站后,液压装置的踏板自动延伸出去,使之与站台平行,以方便旅游者尤其是残疾人和老年旅游者上下车。旅游车内的自动升降气垫、残疾人专用座位,景区内的无障碍通道等都是景区根据旅游者的个别需求,在合理而可能的条件下所提供的一种富有人情味的个性化服务。所以,无论是景区交通工具、服务设施,还是交通服务都要以人为本,处处体现人文关怀。

案例分享

第三节　购物服务心理

购物是旅游活动的六大要素之一。旅游者不仅希望有愉快美好的游览活动,而且还希望在旅游地能够买到称心如意的旅游商品。旅游购物作为旅游经济中最具潜力的要素,在旅游创汇、创收中起着越来越重要的作用。旅游商品的收入在旅游业总收入中所占的比例,往往显示一个国家、一个地区旅游业经济效益的好坏。在旅游发达的国家和地区,旅游商品创汇收入一般都在40%~60%。旅游购物是我国旅游业发展中的一个薄弱环节,我国旅游商品的创汇在旅游业总收入中所占的比例一直小于30%,同世界一些发达的国家和地区相比差距很大,这在很大程度上制约着我国旅游经济的发展。

一、旅游购物的心理功能

旅游购物在旅游者的旅游活动过程中所产生的积极的心理意义,主要表现在以下几个方面。

1. 丰富活动内容,增加旅游活动的愉悦感

"购"是旅游活动的一项重要内容,购买旅游商品是旅游者的普遍愿望。旅游商品供应充足,旅游者有物可购,能够买到称心如意的商品,就会觉得旅游活动内容丰富多彩,从而使旅游活动的节奏和情绪得到积极调整,会更加愉快和满意。相反,如果旅游商品的供应不能满足旅游者的需要,旅游者有钱花不出去,购不到物,就会抱怨,产生不满情绪。

2. 引起美好回忆,有利于产生重游动机

旅游活动相对平淡的日常生活来说,是一种令人兴奋的活动,会使旅游者留下美好的印象。但是,随着时间的推移,这种印象必然会日渐淡漠,旅游的愉快情景也会逐渐被淡忘。然而,旅游者所购买的旅游商品,尤其是纪念品,则可以长时间保存,经常拿出来

欣赏。通过欣赏旅游纪念品可以不断引发旅游者对旅游活动的美好回忆和向往,有利于人们产生重新外出旅游的动机。

3. 作为旅游宣传物,激发旅游动机

制作精美、质量优良的旅游商品,无论是自用、观赏,还是馈赠亲友,实际上都是对旅游地的一种很好的宣传。对于提高旅游地的知名度和吸引力具有积极作用。在别人观赏旅游商品时,除了看,还可以听到旅游者关于旅游活动经历的回忆和描述,从而引起他人对旅游地和旅游活动的向往。这种向往,也是影响旅游态度和旅游动机的积极心理因素,有些人可能因此而成为该旅游地的新游客。

二、旅游者对旅游商品的心理要求

旅游者为什么要购买旅游商品？喜欢购买什么样的旅游商品？旅游者购买旅游商品的心理需求主要有以下几方面。

1. 突出个性特色

纪念性是旅游者购物的首要动机,绝大多数旅游者在旅游地购买商品时首先考虑的就是纪念性。只有富有个性、独具特色的商品才能满足旅游者的纪念心理,引起购买欲望。否则,缺少代表性、没有特色、千篇一律的商品,无法激起旅游者的购买欲望。

2. 突出艺术特色

旅游者购买旅游商品绝大多数是为了纪念或者馈赠之用。每一个旅游景区都有自己特有的艺术传统,旅游者希望在旅游地所购买的旅游商品能突出地方的民族特色和艺术特色,使商品更加具有象征性、欣赏性和纪念性。

3. 突出文化特色

我国是文明古国,有悠久的文化传统,并且全国各地的文化迥异。无论是国内的旅游者,还是来我国旅游的外国旅游者希望了解我国传统文化的心理非常普遍。因此,旅游商品要尽可能反映当地的文化传统、故事传说和民间生活等,从而进一步激发和满足旅游者的购物欲望。

4. 突出方便携带

旅游者在旅游地购买商品,一般需要辗转多个地方才能回到出发地。所以,旅游商品的设计就需要考虑到这个特点,尽可能小巧玲珑,便于旅游者携带。同时,包装还要颇具特色、技艺精湛,一方面可以增加商品的价值和纪念意义,同时也可以保护商品,减少在长途跋涉中的受损。

三、旅游购物服务心理策略

根据旅游者购物的心理需求,可以采用以下服务策略。

(一)充分了解旅游者的购物心理

旅游者属于不同的群体,由于性格不同、职业不同、收入不同、性别不同、文化背景不同等,他们的购物心理也各不相同。要做好旅游购物服务工作,首先必须了解旅游者的购物动机,才能提供适合他们的商品和服务。

由于旅游者的购买动机不同,对购物服务的心理要求也不同。旅游者在旅游地购买商品的动机主要有以下几方面。

1. 纪念动机

旅游者在旅游地购买旅游产品,大多是因为商品具有纪念意义,可以用来纪念自己的旅游活动。国内外许多调查表明,纪念性动机是旅游者购物的首要动机。

2. 馈赠动机

许多旅游者在旅游地购买商品主要是为了作为礼物馈赠给自己的亲朋好友、邻里同事等,用以联络感情。世界上许多国家的客人都具有这种需要。尤其以日本人为最。因为日本人很讲究团队精神,当一个人离开自己的工作生活的团体,到国外旅游时,就会产生某种程度的脱离团队的心理感觉,为此似乎有必要通过馈赠礼物来弥补。另外,国外的许多旅游者,大多在家中养有狗、猫之类的宠物,在自己外出旅游期间就需要聘请别人帮助饲养,这样旅游回去就需要带些纪念品之类的东西送给帮忙的朋友,作为自己的一点心意或者报酬。

3. 求新动机

求新、求异是旅游者购物的重要心理动机。当旅游者在旅游活动中看到自己平日里看不到的商品时,就会产生好奇感,在这种好奇感的驱使下,就会产生购买动机。如一些来华的外国旅游者喜欢购买农村集贸市场上的竹篮、竹帽、草鞋等;有的则喜欢购买北京的布鞋;还有的喜欢购买中国的中山装、唐装等。

4. 求知动机

许多旅游者在旅游活动中是带着一种获得新知识的渴望去购物的。有的旅游者在购买字画、工艺品时,总希望售货员或者导游能够介绍一些诸如工艺特点、制作过程、制作年代等有关商品的情况。对于怀有这种动机的购买者来说,只要满足了他们的求知欲,他们便会大大方方地买下自己喜欢的商品。

5. 实用动机

有些旅游者会为了追求商品的实用价值而产生的购买动机。持这种动机的旅游者购买商品时特别注意商品的牌子、质量、功能和实用价值。如有的女性热衷于购买苏州、杭州一带的丝绸、台布、窗帘等,有的东南亚旅游者喜欢购买中国的名贵中药等。旅游地只有设计、提供能够满足旅游者心理动机的商品,才能让游客满意。

(二)设计开发富有特色的旅游商品

旅游购物本身就是旅游资源,提供丰富的旅游购物资源,满足游客的购物体验需求,已成为某些旅游目的地最具吸引力的内容之一。旅游商品是旅游购物资源的核心,也是吸引旅游购物的根源。

目前,我国相当一部分旅游商品品种单一、制作粗糙,其质量、款式、价格等对游客缺乏足够的吸引力。究其原因在于旅游商品的设计缺乏新意,加工制造工艺落后,商品质量差,缺乏品牌产品,在旅游市场上缺乏竞争力。因此,旅游企业广泛而准确地获取市场需求信息,从旅游者的心理需求出发设计开发出赋予浓厚的地域和民族特色的旅游商品,生产加工要精细,避免粗制滥造,增强旅游商品的知名度和美誉度。

(三)规范旅游购物市场秩序

有些景区旅游购物市场失序,假冒伪劣商品充斥市场,欺客宰客现象严重,行业自律差。在旅游购物市场中,以次充好、"三无"商品等假冒伪劣商品比比皆是;有些旅游景区的购物环境非常混乱,小商小贩围追堵截、强买强卖,破坏了游客的视觉感受,影响了游览情趣,降低了购买欲望;有些导游为了索取回扣,随意增加购物次数。这些行为都会使游客对旅游购物产生抵触情绪,甚至拒绝购物。

(四)掌握推销技巧,提高购物服务水平

旅游地的服务人员应该熟悉所推销商品的性能、产地、特点,针对旅游者在购买过程中的心理活动和购买行为特点,采取针对性的服务措施。

1. 要有良好的服务态度

俗话说:微笑招客,和气生财。服务人员的态度直接影响着旅游者的购物动机和行为。在购物服务中,服务人员要质疑自己的言谈举止、动作表情、服务态度,要以诚挚、善意的微笑和关切、清晰的语言接待游客;用简单、明快、有效的语言信息向游客介绍商品、解答游客提出的各种有关问题;要耐心、不厌其烦地向游客展示商品,供其挑选等。

2. 掌握好推销商品的最佳时机

在恰当的时机提供适宜的服务才可能将商品推销出去。服务人员要学会察言观色。对此,商业界提出了"三相经":听其言、观其行、察其意。通过对旅游者特定的言语、神态、表情、动作、服饰、年龄、性别等外表形象的观察和了解,再经过分析和思考,做出相应的判断,从而提供有针对性的服务。

一般来说,旅游者进入购物区域的主要目的通常有三个。

(1)想购买商品

他们进入商店之前就已经确定了买什么商品,因此比较自信,很少问这问那。对于这类客人,服务人员不要过多地介绍商品,以免啰唆。

(2)想了解商品信息

他们进入商店后往往东看看、西瞧瞧,主要是比较商品的价格、样式等。如果觉得合适,就可能购买。买与不买,就在一念之间。对于这类客人,服务人员应当抓住机会,可先用"您请随便看看"的招呼语,然后再伺机向其介绍商品的特点,促成其购买。

(3)随意浏览

他们进入商店往往指指点点,偶尔会询问商品的价格和特点。对于这类客人,服务人员也不可怠慢,他们是潜在的消费者。不需要过多地介绍商品,不要急着推销商品,让他们自由自在地去看,也许他们会在不知不觉中遇到自己中意的商品。

3. 及时展示商品

当服务员了解到旅游者的购买意向后,要及时展示商品,以便旅游者进一步了解商品,实现购买。展示商品时要注意以下几点。

(1)以使用状态展示商品

把商品制作成使用状态,让客人通过直观感产生联想。

(2)要使客人能接触商品

让客人接触商品以产生强烈的刺激。

(3)将商品的重要部位、优点、特点展示出来

注意将商品的正面或者贴有商标的一面朝向客人,以便他们能够看得更清楚。

(4)多种类多样展示

任客人挑选,服务人员要百问不厌,百拿不烦。

(5)从低档向高档商品展示

既满足购买物美价廉商品客人的心理,也满足需要购买高档商品客人的自尊心。

(五)营造良好的购物环境

旅游购物离不开特定的购物设施,旅游商品与购物设施的不同组合会给顾客带来完全不同的心理感受。良好的购物环境可增加商品的魅力,强化购买经历,促进商品销售。如今,消费者越来越重视购物环境、购物设施的现代化、特色化、人性化。因此,旅游企业在销售旅游商品时应配套相关的购物设施,提高人员素质,从而营造一个有特色、人性化的购物环境。

(六)运用多样化的销售形式

旅游者购物的兴趣不仅仅在于旅游商品的本身,更在于购买的过程的乐趣。旅游商品销售除了常规的柜台式、开放式外,还可以结合生产、娱乐等形式来丰富购物的内容,常见的销售形式主要有以下几种。

1. 现场制作式

对于就地取材的富有地方特色的一些商品,可以通过现场制作生产,让旅游者观看生产的全过程,甚至可以指导旅游者亲手制作,以激发购物动机,在现场购买。如茶叶的现场炒制、陶瓷制品、蚕丝的制作等。

2. 知识讲座式

在购物现场,为旅游者举办小型的知识讲座,对商品的成分、性能、特点、使用方法、鉴别方法等做一一介绍,帮助旅游者对所购商品加深了解,从而促进购买。如对玉器、宝石、中药材等的鉴定与购买。

3. 现场表演式

具有浓郁的地方和民族特色的商品,可以通过歌舞表演等形式,加深游客对商品的认识,从而激发旅游者的购物动机,产生购物欲望。如大理白族的"三道茶",潮汕的"工夫茶"等的茶艺表演。

本章小结

旅游景区是旅游活动的核心和空间载体,是旅游产业系统中重要的组成部分。旅游景区服务质量的优劣直接影响到旅游目的地的形象,关系到景区的生存和发展。本章分析了旅游景区门票给旅游者带来的心理功能,在此基础上探讨了门票设计的心理策略;针对旅游者对景区票务服务的心理需求,提出强化服务意识、优化服务态度、改善服务设施、提高服务效率、苦练操作技能、提高服务质量的服务对策;根据旅游者对景区交通服务的安全、便捷、准时、舒适、多样等心理要求,提出强化安全意识,加强设施建设,建立一条龙服务体系的主要服务策略;从旅游者购物的心理意义出发,分析了旅游者对旅游购物的心理要求,进而提出了做好旅游购物的心理策略。

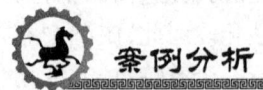
案例分析

案例一:多为客人着想

几位游客到杭州某酒店的商场购物,他们径直走到茶叶专柜前,看了看标签价格议论道:"这儿的东西有点贵,我们还是到外面去买吧!"听到这样的议论后,服务员便走上前去,关切地说:"你们到外边买茶叶一定要去大型商场,因为市场上以次充好的茶叶很多,一般很难辨别。"客人立即止步说道:"哪家商场的比较好?好坏茶叶如何辨别,如何选择?"于是服务员边告诉他们茶叶等级的区分,如何用看、闻、尝等好几种简便的方法区分茶叶的好坏；又介绍了本商场特级龙井茶叶的特点，价格虽然略高于市场，但对游客来说，买得称心，买得放心是最重要的。几位游客听了服务员的介绍后，都爽快地买了几盒茶叶。

试分析：服务员销售茶叶成功的主要原因是什么？

案例二：交通便利给旅游"瘦身"

日前，某旅行社打出武当山两日游的广告，由于开通了白天的特快火车，曾经的武当山四日游瘦身为两日游，报价480元，较以前下降近200元。导游陈琼介绍，以前去武当山只有晚上的火车，坐上8个小时于第二天早上到，现在去只要五个多小时。

襄十高速的开通、305省道路况的改善以及省内火车的不断提速，使游客耗费在路上的时间大大减少。交通的便利也带火了一度萧条的襄樊旅游业。

据介绍，以前襄樊古隆中、水镜山庄等景点只作为武当山四日游的附带产品，现在一些旅行社则单独推出了襄樊两日游。像这样的"瘦身"线路还有郑州游、庐山游。

业内人士分析，交通的便利使旅游行程缩短，旅游成本随之降低。如武当山门票虽然从以前的每人71元上涨至121元，但比以往省了两天的住宿和餐费，反而出现了门票涨、报价降低的现象。

试分析：
1. 为什么武当山景区门票涨价、报价反而降价？
2. 景区交通条件改善对旅游者的影响有哪些？

自我检测题

一、多项选择题

1. 景区门票的心理功能主要有（　　）。
   A. 美化功能　　　　　B. 纪念功能
   C. 验证功能　　　　　D. 介绍功能
2. 旅游者对景区交通服务的心理需求有（　　）。
   A. 安全　　　　　　　B. 便捷
   C. 准时　　　　　　　D. 多样
3. 旅游者在旅游地喜欢购买的商品主要有（　　）
   A. 富有个性特色　　　B. 突出文化特色
   C. 价格便宜　　　　　D. 突出艺术特色
4. 旅游者购物的动机主要有（　　）。
   A. 保存　　　　　　　B. 实用
   C. 馈赠　　　　　　　D. 纪念

二、判断题

1. 景区门票的功能是验证功能，旅游者凭票进入景区游览。　　　　　　　　（　　）

2.与一般交通相比,景区内的旅游交通更加注重舒适性和娱乐性。（   ）
3.旅游购物是旅游活动的重要组成部分,其目的是为了景区创收。（   ）
4.对旅游者进行销售服务时,销售的形式也非常重要。（   ）

三、简答题

1.旅游者对景区票务服务的心理要求有哪些?
2.怎样才能做好景区交通服务工作?
3.旅游购物服务的心理策略有哪些?

 实 训 题

1.请分析你所熟知的某景区门票设计的特点,运用所学知识提出门票设计的意见和建议。
2.请观察你所在地区的景区交通服务情况,分析其目前存在的问题,提出改进服务的策略。

第十章

旅游投诉服务心理

教学目标

知识目标

了解旅游投诉的概念、原因和旅游者投诉服务的心理策略。

能力目标

了解旅游者在投诉中的心理特点,掌握旅游者投诉时与其交往的基本技巧,具备运用旅游投诉的心理服务策略来处理旅游者投诉的能力。

导入案例

2016年8月,李先生参加当地某旅行社组织的"北京四日游"。按旅游协议所定的游览行程、交通、住宿等标准,李先生交纳费用900元。在旅游协议的履行过程中,该旅行社原承诺的四家连锁商务酒店,实际为一般商务酒店;行程计划中北京老胡同、798艺术区等景点也并未安排游览。李先生等以旅行社擅自降低旅游服务质量为由,向当地旅游监察支队投诉,要求旅行社退赔全部旅游费用,以维护其合法权益。

第一节 旅游者投诉的概念和原因分析

一、旅游者投诉的概念

本章所指的旅游投诉,不是法律意义上的旅游投诉,而是一般意义的旅游投诉,特指旅游者为维护自身和他人的合法权益,对损害其合法权益的旅游服务单位,以书面或口头形式向有关服务单位及旅游行政管理部门提出意见和要求,并请求处理的行为。投诉者仅指旅游者,投诉处理部门除旅游行政管理部门外,还包括有关服务单位。

二、造成旅游者投诉的原因

客人投诉的基本原因是旅游业的某些设施和服务未能达到应有的标准，不能给客人"物有所值"的满足感，即客人感觉到的服务与其所期望的服务有差异。引起投诉的原因虽然多种多样，但概括起来，有以下两个方面。

1. 主观方面的原因

（1）不尊重旅游者

不尊重旅游者主要表现在：①接待旅游者态度不主动、不热情；②不注意语言修养，冲撞旅游者；③挖苦、辱骂旅游者；④未经旅游者同意闯入房间；⑤拿物品给旅游者不是"递"，而是"扔"或"丢"给旅游者；⑥不尊重旅游者的风俗习惯；⑦无根据地怀疑旅游者；⑧影响旅游者休息等。

（2）工作不负责任

工作不负责任是指服务员工作时马虎大意、草草了事、不细致、不认真、粗枝大叶等。主要表现有：①工作不主动、不认真；②忘记或搞错了旅游者交代办理的事情；③损坏、遗失旅游者的物品；④清洁卫生工作马虎，食品、用具不清洁等。

2. 客观方面的原因

（1）有关设备的投诉

1）有关饭店设施设备的投诉　比如，客人对空调、照明、供暖、供水、供电、家具、门锁、钥匙、管道、电器、电梯等设施设备的投诉，大多和这些设施设备不能正常运转、使用有关。通常，即使饭店采取了全方位、最佳的预防性维修与保养，也很难杜绝所有设备设施可能出现故障。因此，前台工作人员在受理此类投诉时，最好是协同有关部门的工作人员去实地观察，然后根据实际情况，配合有关部门一起采取措施解决。

2）有关交通方面的投诉　比如，乘坐的汽车没有空调，火车卧铺太挤；飞机火车误机晚点；出游时汽车抛锚，堵车时间过长；托运行李丢失等。

3）景点景区设施、设备的投诉　比如娱乐设施、设备安全系数不高；配套公共设施损坏后未能及时修理。

（2）有关环境的投诉

环境不良造成的客人投诉，比如饭店的电器设备噪声太大，室内温度不适宜、气味不好，客房、餐厅色彩及照明不宜等；旅游景区游客太多造成的不便等。

（3）有关价格的投诉

旅游企业的产品，如饭店的客房、饮食、商品及服务质量不好，收费过高，旅行社又增加新的收费项目等。

案例分享

第二节　旅游者投诉的心理分析

旅游者投诉心理随时受到社会环境及个人情感、情绪的影响。人在情绪比较正常的状态下,旅游投诉心理不容易发生;客人心里不舒服、正憋着气,芝麻豆皮小事也容易引发旅游投诉心理。因而,旅游从业者就要有充分的准备,寻求适当时机和最佳途径让他们释放心中的怨恨,把投诉消灭在萌芽状态。

一、求尊重的心理

旅游者投诉的目的就是为了找回尊严,希望别人认为他的投诉是对的,希望有关人员、有关部门重视他们的想法。

二、求平衡的心理

求平衡的心理主要是指客人认为自己受到了不公正的待遇,利用投诉的方式把心里的怨气发泄出来,以求得心理上的平衡。当客人把一腔怨气全部发泄出来以后,情绪就会平息下去,这时再与客人商量出一个补救性的措施,切实解决客人的问题,尽可能让客人满意地离开。

三、求补偿的心理

如果对旅游者造成物质上的损失或精神上的伤害,他们就可能利用投诉的方式来要求给予物质上的补偿。

第三节　旅游者投诉服务的心理策略

一、旅游者投诉的处理

1.旅游者投诉的处理原则

在处理客人投诉的过程中,要注意和把握以下几个原则,认真做好投诉的处理工作。
(1)真心诚意帮助客人解决问题

处理客人投诉,"真诚"二字最重要。应理解客人的心情,同情客人的处境,满怀诚意地帮助客人解决问题。只有这样,才能赢得客人的信任和好感,才能有助于问题的解决。自己不能处理的事情,要及时转交领导,要有一个引导交接过程,不能使投诉中出现"空白"和"断层"。有些简单的投诉,凡本人能处理好的,就不要委托和转移。否则,将会引起客人更大的不满。如果缺乏诚意,即便在技术上做了处理,也不能赢得客人的好感。

(2)决不与客人争辩

处理客人投诉时,要有心理准备,即使客人使用了过激的语言及行为,也一定要在冷静的状态下和客人沟通。当客人怒气冲冲前来投诉时,首先,应适当选择投诉的地点,避免在公众场合接受投诉。其次,应让客人把话讲完,然后对客人的遭遇表示同情,还应该感谢客人对本行业的关心。一定要注意冷静和礼貌,绝对不要与客人争辩。

(3)不损害企业利益和形象

处理投诉时要真诚地为客人解决问题,保护客人利益,但同时也要注意保护旅游企业的合法利益,维护企业的整体形象。不能单单注重客人的陈述,讨好客人,轻易表态,给企业造成一定的损失,更不能损害或诱导客人抱怨某一部门,贬低他人,推卸责任,使客人对旅游企业的整体形象产生怀疑。对涉及经济问题的投诉,要以事实为根据,具体问题具体研究。仅从经济上补偿客人的损失和伤害不是解决问题的唯一有效方法。

2. 处理旅游者投诉的基本程序

对处理投诉的程序要求可以归纳为以下几个步骤。
(1)承认客人投诉的事实。
(2)表示同情和歉意。
(3)接受客人要求并采取措施。
(4)感谢客人的投诉。
(5)尽快采取措施解决客人的投诉。
(6)落实、监督、检查投诉的处理。
(7)总结提高。

3. 旅游投诉处理的要求

(1)热情接待

我们要牢记"闻过则喜"的古训,接到客人投诉,应当抱着热情、诚恳的态度,欢迎他们的投诉,尊重他们的意见,向客人表示真挚的歉意,热情友好接待,给投诉者留下美好的第一印象,为圆满处理他们的投诉奠定基础。2011年"十一"黄金周期间三亚推出"首问负责"工作制度应对旅游投诉,体现了热情接待的有效性。"首问负责"工作制度,即第一个接到投诉的工作人员为所谓的"首问责任人",要对游客的投诉负责到底。无论投诉是否符合旅游质量投诉受理条件,首问责任人都被要求热情接待并做好记录,进行及时受理和处理。对于不能当场受理的投诉,要落实"一次性告知"制度,即一次性向投诉人讲清需要补充的证据及材料、相关案件处理程序及有关注意事项等。如果"首问负责"工作制度和"一次性告知"制度能普及推广和成为常规性工作制度,那么,机关单位门难进、脸难看、事难办的现状就会发生变化。

对于非旅游质量投诉案件,也将由首问责任人及时汇报转移相关部门进行处理。首问责任人对受理的旅游投诉,跟踪到底并及时掌握案件处理情况,在规定期间内,将受理及处理结果通报给该投诉人。对于重大或者群体性旅游投诉案件要及时上报。那么,热情接待就在投诉全过程中以行动表现出来,赋予其人性化行为。

延伸阅读

旅游投诉处理程序

第一,递交投诉状。投诉者应当向旅游质监所递交投诉状,投诉状应当写明下列事项:①投诉者的姓名、性别、国籍、职业、年龄、联系电话、单位名称及地址;②被投诉者的单位名称、导游姓名;③投诉请求和有根据的事实、理由与证据。

第二,审核。旅游质监所收到投诉时,如系电话投诉,一般会要求游客先与旅游企业协商,使投诉可以得到快速的解决。因为质监所要求每一个旅行社都设立质量监管部门或质管员,专门负责处理游客对本企业的投诉。双方协商成功,质监所不再立案。如游客对该企业的处理方案不满,仍可向质监所投诉。

如系书面投诉,质监所将对书面资料进行审核。如投诉人资料不足,会通知投诉人补充资料。在资料收齐的当天决定是否受理。无论是否受理,都会在7天内通知投诉人。

如是对其他部门的投诉,将转送给有关部门处理,并通知投诉人。

第三,双方自行协商。游客与旅行社自行协商的最长期限是30天。协商成功,游客接受旅行社的处理方案,质监所结案。

第四,核实案情。对协商不成的案件,质监所向双方展开调查,核实案情,并征求法律意见,制定初步的协调方案。

第五,召开调解会。召集当事人双方进行质证、调解,调解成功,双方接受质监所的协调方案,质监所结案。

第六,做出书面处理决定。调解不成,质监所在重新核实案情的基础上在15天内做出处理决定,以书面形式通知双方当事人。

第七,申诉或起诉。当事人服从处理决定,质监所结案。当事人对处理决定不服,可在15天内向上一级质监所申诉,或向法院起诉。

第八,自行赔偿与保证金赔偿。如质监所做出由旅行社承担赔偿责任的处理决定时,旅行社应按处理决定自行赔偿游客的损失。旅行社不承担或无力承担赔偿责任时,质监所作出动用该旅行社质量保证金支付赔偿的决定,并书面通知双方。

第九,结案。质监所收取双方回函,填写处理结果,结案。质监所受理投诉中牵涉保证金赔偿案件,应当在受理之日起90天内审理终结;有特殊原因的,经上级质监所批准,可以延长审理30天。

(资料来源:http://travel.sohu.com/20070716/n251074643.shtml)

(2) 耐心倾听

认真倾听投诉者的意见,从听取投诉者的诉说开始受理和处理投诉。投诉者希望他的意见能引起旅游企业充分的重视。但投诉者表述意见时又往往由于激动而杂乱无章,管理人员可以通过适时和适当提问的方式来弄清问题,集中注意力倾听对方的意见能节约对话的时间。旅游者投诉时,总是觉得理由充足,心中往往充满了怒火,可能情绪激动、言语粗鲁、态度不好,举止无礼的行为发生在所难免。接待人员不要计较投诉者口气的轻重和意见是否合理,应保持冷静的态度,微笑服务,不要打断对方的讲话,不要反驳投诉者的意见,不要与他争辩,接待员首先要注意耐心倾听。对于一些不合理的投诉也应做到有礼有节,集中精力倾听对方的意见,让投诉者"降温",自由发泄他们受压抑的情感,恢复理智的状态。

在耐心倾听的同时,规范记录是客人投诉时感受到尊重的具体方式。接待人员在听取投诉的过程当中,要把投诉的要点记录下来,这样不但可以使投诉者讲话的速度放慢,缓和客人的情绪,还可以使客人确信旅游企业对他反映的问题是重视的。适当对话可以有利于缓和投诉者激动的情绪,适时记录可以减缓投诉者的语速,有利于达到妥善处理问题,恰当处理客人的投诉,使双方都满意的效果。另外接待投诉的办公室应设在环境安静优雅的非办公场所,投诉者在这里可获得受尊重的感受,个别的听取旅游者的投诉,私下的交谈容易使人趋于平静。

(3) 保持冷静

接待投诉者时,管理人员应保持冷静态度,投诉的旅游者可能情绪激动、态度不善、言语粗俗、举止无礼,接待人员都应给予理解和谅解,保持冷静和耐心,绝对不可急于辩解或反驳,与投诉者针锋相对;也不能无动于衷,冷落客人。即使是不合理的投诉,也应做到有礼、有理、有节,既要尊重他们,不失投诉人面子,又应做出恰如其分的处理。即使旅游投诉者脾气极端暴躁,只要旅游接待人员始终以冷静和诚恳的态度对待,久而久之,旅游投诉者也会觉得自己的言行不当而不得不压抑自己过于激动的情绪。

(4) 诚恳道歉

应以诚恳的态度向客人道歉。客人向我们投诉,接待人员应设身处地地为他们着想,对投诉者的感受要表示理解,不应该对旅游者的投诉抱着"大事化小,小事化了"的态度,用适当的话给投诉者以安慰。比如,用"这件事发生在你身上,我感到十分抱歉"诸如此类的语言诚恳地向客人道歉。常言道"良言一句三冬暖,恶语伤人六月寒",旅游服务言语会影响旅客的心理和行为。在旅游投诉中,遇到旅客发难时,如果不同意客人的意见或不能满足客人的要求时,也不要急于否定,人都喜欢听顺耳的话,所以要投其所好,先坚持自己的原则,然后加以解释。美国推销培训专家汤姆·霍普金斯告诫销售人员:"决不要同顾客争论,如果发生争论,推销员多半会在争论中获胜,但失去了做生意的机会。"也就是说你在逻辑斗争中得到了胜利,在感情战线上却遭到了失败——代价太大了。另外,在交谈过程中,注意用尊称和姓名来称呼投诉者,在感情和心理与投诉者保持一致。接受投诉工作的人员要以自己一系列实际行动和话语,使客人感到有关部门人员是尊重和同情客人的,是站在投诉者立场上,真心实意地处理投诉的。从而把不满的情绪转化为感谢的心情,这是解决旅游者投诉最积极有效的方法。

无论客人投诉原因、真相如何,我们都应采取"有则改之,无则加勉"的态度,切忌不要置之不理,不屑一顾,甚至于与客人进行争吵。如果我们的服务周到、优质,客人一般是不会来投诉的,也不会发生误会,即使客人来投诉,是相信我们能处理好这件事,希望我们能帮助他们或希望我们改进工作,提高服务质量。

(5)恰当处理

告之处理方法,如有可能,可按投诉者选择解决问题的方案或补偿措施。绝对不能对投诉者表示,由于权力有限,爱莫能助。而且千万不可轻率地向投诉者做出不切实际的许诺。

告之处理时间,要充分估计解决问题所需要的时间。最好能告诉投诉者具体的时间,不含糊其辞。切忌低估解决问题的时间。

解决问题应做到言行一致,如果所采取的行动与对投诉者的许诺不一致的话,那么旅游者的投诉不可能得到妥善的处理,旅游企业还将面对两个新出现的问题:①就原先的问题,旅游者第二次提出投诉;②对旅游企业人员工作的低效率,旅游者表示失望。所以,为了不使问题进一步复杂化,为了节约时间,为了不失信于旅游者。必须抓好这一环节的工作。在执行的过程中如果发生意外情况,应及时反馈给旅游者。

果断地解决问题,在接受旅游者投诉时,要善于分析,听清客人意见、要求,然后迅速果断地处理。管理人员处理投诉的第一个姿态是:向投诉者表示真诚的感谢,把他的投诉看成是对本组织的爱护。然后依据不同情况,做出恰当的处理。首先,对一些看来明显是我们服务工作的过错,是自己能够解决的问题,应立即向投诉者致歉赔礼迅速回复投诉者处理意见,并在征得客人同意后做出补偿性的处理。其次,对一些较复杂的问题,弄清真相之前,千万不可轻率地向投诉者做出不切实际的许诺,这是解决问题最关键的一环。最后,对待一时不能处理的事,要注意让客人知道事情的进展情况,以示我们的重视,在执行的过程当中如果发生意外情况,应及时反馈给旅游者,避免客人误会而使事态扩大。应尽量在投诉人离店(境)前得到圆满解决,要把处理旅游者投诉作为重新建立声誉的机会。

(6)改进工作

对于旅游企业来说,妥善处理投诉关系到整个旅游业的整体形象,也是提高旅游产品质量的重要途径,这对于普通的旅游从业者和旅游管理者都是极为重要的。

通过投诉事件发现工作的疏漏和不足。这些疏漏和不足可归结为服务缺陷、硬件瑕疵、违反合约、不可控因素四种类型,不同类型的投诉改进工作的重点和方法存在一定的区别。

1)旅游企业理应向宾客提供优质服务,服务项目不尽如人意,个别服务人员技能或态度差等自身原因被宾客投诉。投诉固然反映了宾客的不满,从另一个角度也说明了宾客是对企业寄予期望的,企业应当闻过则喜,将其看成是了解服务和管理的弱点、漏洞和不足的机会,有针对性地采取措施改进。

2)旅游产品的内涵丰富,涉及硬件瑕疵范围很广,设施设备出现事故,在所难免,旅游企业应有一系列处理事故的程序,防患于未然,减少事故发生率。

3)违反合约受到投诉可分为自身原因和他人原因造成的,如果属于主观性注意在思想上加强引导和管理;如果是客观性的务必在预防性的措施上改进。他人原因造成的违反合约需要在信用和信息方面保障其有效性。

总之,妥善地圆满解决投诉,有利于提高企业的美誉度,有利于改善公众对企业的印象,感到企业是认真贯彻"宾客至上"服务宗旨的;投诉者一旦获得满意的结果,加深了感情,这一切都有利于提高企业的竞争力。

二、旅游投诉的预防

如果客人投诉量大,就会减低和损害旅游企业的社会和经济效益,因此,在实际工作中一定要注意减少客人的投诉。要做到这一点,就要采取相应的措施。

1. 改善服务质量

(1)让客人满意

要用心去服务,为顾客提供一切所能提供的服务。在顾客到来、提出需求的时候,员工首先展现给顾客的应当是积极热情的态度。对顾客提出的常规的基本的需求,通过规范的合乎标准的服务,及时准确地给予满足,保证服务的有效性。

(2)让客人惊喜

用心去服务,向顾客提供个性化服务,让顾客从满意达到惊喜。要进一步提高顾客的满意度,必须向顾客提供个性化的服务,挖掘顾客潜在需求,并且在顾客提出之前及时识别他们的潜在需求并满足,这样,才会给顾客惊喜。

(3)让客人感动

用情去服务,在生理感受和心理感受上都超出客人的预期值,达到双满意。超常超值,投入情感。在提供个性化服务的基础上提升顾客满意的层次,用超值服务感动顾客,用情感服务打动顾客。这一层次是第一、二层次的延伸和升华。让顾客心动,就必须要用情服务,在服务过程中,时时处处动之以情,想顾客所想,急顾客所急,用亲情交换亲情,以心灵沟通心灵。

做到以上几点,可以说服务工作已经做得很完美了,当然可以避免投诉的发生。然而,受各种条件制约及一些无法预测因素的影响,游客对服务产生不满也是不可避免的。当服务工作已经出现了缺陷,已经使客人产生了不满意时,旅游工作者必须尽一切努力,及时从"功能"和"心理"两个方面去为客人提供补救性服务,使客人的不满意变为满意。使问题不出"三门"(车门、店门、房门)得到妥善解决,避免客人带着遗憾和懊恼离去。

2. 发现问题要及时解决

(1)要让客人得到替代、补偿性满足

替代是指人们在不能以特定的对象或特定的方式来满足自己的欲望,表达自己的感情时,改用其他的对象或方式来使自己得到一种"替代"的满足或表达,用来减轻以至消除自己的挫折感的心理调节方法。

补偿是指一个人在生活的某一方面的需要无法获得满足而产生挫折感时,到其他方面去寻求更多的满足,使自己得到补偿的心理调节方法。

当客人由于服务的缺陷而感到不满意时,服务人员要让客人得到某种"替代的满足"或者得到某种"应有的补偿",以此来消除客人的不满意。

尽最大努力去满足客人的需要,在不能完全按照客人的心愿去满足客人的要求时,要征求客人的同意,用其他的方式去满足客人的需要。遇到需要过一段时间才能让客人得到满足的情况时,最好是马上给客人一点及时的替代的满足。对那些觉得吃亏的客人,应该设法让他们得到补偿。在功能服务有缺陷时,常常可以通过心理服务来使客人得到补偿。

（2）引导客人往好处想

当人们遇到自己不愿意接受而又不得不接受的事情时,用一种解释,使这种无法接受的事情"合理化",为自己找到一个借口来进行辩解,以达到心理平衡。

当客人遇到不顺心的事情时,服务人员也应该引导客人往好处想。在服务有缺陷而使得客人感到不满意时,也要让客人知道这并不是服务人员不愿意为他们提供更好的服务,事实上服务人员已经尽心尽力了。能够让客人觉得服务工作的缺陷是"可以谅解"的,就能够减轻以至消除他们的不满情绪,使他们对服务人员表现出合作的而不是对立的态度。

当客人遇到不顺心的事情时,要尽可能引导客人看到事情也有好的一面,最好是能够经过努力把坏事变为好事。

当实在无法满足客人的要求时,要设法取得客人的谅解,让客人知道这确实是由于客观条件的限制,而不是服务人员不愿意为他效劳。

（3）让客人出了气再走

宣泄是指当一个人遇到某种挫折时,把由此而引起的悲伤、懊丧和愤怒、不满等感情痛痛快快地"发泄"出来的心理调节方法。能够把情绪发泄出来,就能比较理智地来对待这个挫折,以后也比较容易忘掉这个挫折,而不至于总是耿耿于怀。

当客人由于服务的缺陷而感到不满意时,服务人员应该让客人"宣泄"自己的感情,让他们"出了气再说"或者"出了气再走"。具体应做到以下几点:如果没能做到让客人"消气",那就应该让客人"出气"。让客人出了气再走要比让客人憋着一肚子气走好得多。客人表示"有气",并不等于他已经"出了气"。通常客人只有在叙述他遇到挫折的详细经过时,才能把一肚子气宣泄出来。不要让有气的客人当着其他客人的面"出气",更不要让许多客人凑在一起"出气",要尽可能让有气的客人"分别出气""单独出气"。当客人把一腔怨气全部发泄出来以后,情绪就会平息下去,这时再与客人商量出一个补救性的措施,切实解决客人的问题,尽可能让客人满意而归。

最后还有一点,要懂得从错误中吸取教训。

3. 建立客人投诉档案

每次客人投诉都要做正式的记录,并定期由专人整理,形成旅游企业全面管理的依据,以便做好总结、反思工作,改进日后的问题,防止此类投诉的再次发生。

本章小结

旅游投诉是指旅游者为维护自身和他人的合法权益,对损害其合法权益的旅游服务单位,以书面或口头形式向有关服务单位及旅游行政管理部门提出意见和要求,并请求处理的行为。本章主要阐述了旅游投诉的概念、条件及范围,分析了旅游投诉产生的主客观原因和旅游投诉处理的原则、基本程序和要求,提出了旅游投诉预防的措施。

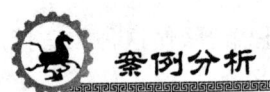
案例分析

案例一:开不开空调

杭州某酒店大堂内20位客人集中在大堂经理面前要求立即开启空调,原来他们是与酒店合作的中旅马来西亚系列团的客人,大多数是第一次到中国。客人投诉房间太闷热,并说他们在国内时旅行社承诺是住四星级酒店,而在他们的理解中,四星级酒店就应该开空调。这下大堂经理犯难了,在接待这批客人之前,有一个荷兰来的80人退休教师大团领队刚来大堂经理处反映,房间内太凉,希望能开暖气,因为这批退休教师都60岁以上,身体不是很好(当时室内温度是18℃,室外15℃)。

(资料来源:http://www.canyin168.com/glyy/qtgl/qtal/201106/31725_4.html)

试分析:大堂经理该如何同时满足两批客人截然相反的要求呢?

案例二:"找茬"的女领队

某日傍晚,一香港旅游团结束了"广州一日游",回到了下榻的饭店。然而,不到十分钟,旅游团的一位中年女领队就光着脚来到大堂,怒气冲冲地向前台投诉客房服务员。

原来,早晨出发时,这位女领队要求楼层客房服务员为房间加一卷卫生纸,但这位服务员却只将这位客人的要求写在了交班记录本上,并没有向接班服务员特别强调指出。结果,下一班次的服务员看到客房卫生间内还有剩余的半卷卫生纸,就未再加。结果,这位客人回来后,勃然大怒。无论前台的几个服务员如何规劝、解释,她依旧坚持光着脚站在大堂中央大声说:"你们的服务简直糟透了。"引来许多客人好奇的目光。值班经理和客房部经理很快赶到了,看到此情此景,他们一边让服务员拿来了一双舒适的拖鞋,一边安慰客人说:"我们的服务是有做得不够好的地方,请您消消气,我们到会客室里面坐下来谈,好吗?"这时客人态度渐渐缓和下来,值班经理耐心地向客人询问了整个事件的经过和解决问题的具体意见,最后值班经理代表饭店向旅游团的每个房间都派送了一卷卫生纸,并向这位客人赠送了致歉果盘。事后,经向该团导游了解,这位领队因对旅行社当天的行程等一些事情安排不满,故心情不好,亦是其中原因之一。

(资料来源:http://wenda.so.com/q/1482087871725254)

试分析:女领队为何如此生气?应该如何处理客人的这种投诉心理?

自我检测题

一、单项选择题

1.下列哪些不属于旅游投诉的范围(　　)
　A.因旅游经营者的责任致使投诉人人身、财产受到损害的
　B.因不可抗力、意外事故致使旅游合同不能履行或者不能完全履行,投诉人与被投诉人发生争议的
　C.认为旅游经营者违反合同约定的
　D.旅游者自身原因导致的人身财产损害的

2.下列属于旅游者主观投诉原因的有(　　)
　A.酒店的设施设备不能正常运转　B.不尊重旅游者的生活习惯
　C.旅游途中堵车　　　　　　　　D.旅游景区的设备不达标

二、思考题

1.什么是旅游投诉,旅游投诉的条件有哪些?
2.旅游投诉的范围是什么?
3.旅游投诉的原因有哪些?
4.旅游投诉处理的基本程序是什么?
5.旅游投诉处理的要求有哪些?
6.如何预防旅游投诉?

 实　训　题

分小组扮演游客和旅行社工作人员,模拟训练游客对旅行社投诉的内容和旅行社工作人员处理投诉的程序和方法。

第三编

旅游从业人员心理

第十一章

旅游从业人员心理健康及调适

教学目标

知识目标

1. 了解心理健康的内涵与具体标准。
2. 了解心理健康对旅游从业人员的重要性。
3. 掌握旅游从业人员心理健康的具体标准,认识旅游从业人员产生心理问题的根源。

能力目标

1. 掌握简单易用的心理疗法;具有调节自我心理健康的能力。
2. 能够培养热爱生活、热爱职业的稳定平衡的心境。

导入案例

小林的烦恼

小林以当地第一名的成绩考入北京某重点高校,第一学期期末,本来踌躇满志准备获取奖学金的她未能如愿。她的情绪从此一落千丈,变得郁郁寡欢,无心学习,也无法处理好与同学的人际关系,还整夜失眠。最后不得不去医院精神科检查,结果诊断她是患了抑郁症。

(资料来源:http://www.nmxzy.cn/web/jiuyewang/xinxinduihua/20080429/961.html)

思考: 在激烈的市场竞争下,无论是在校大学生,还是职场人承受的工作压力和生活压力越来越大。日常生活中我们应如何进行自我的心理调适和行为控制,从而拥有健康的心理?

第一节 心理健康概述

理解什么是心理健康的前提,是理解什么是健康。提起健康的概念,很多人会说健康就是没病。其实,随着时代的发展,人们对健康的理解在日益深入。

首先,早期人们在恶劣的环境中为生存而斗争,饥饿、灾荒和传染病曾是人类健康的主要威胁;但现在人类已经能较好地控制大多数急性疾病和传染性疾病,社会和个人对健康的要求已经转变为提高生活质量和长寿,危害人类健康的主要来源是他们自己的行为和生活方式。

其次,随着现代社会的发展,人们的生活节奏不断加快,人与人的交往越来越多,处理微妙复杂的人际关系是每个人所不可避免;各种各样的竞争强度也越来越大,生活中许多所谓的人,其实并不在最佳状态,只是处于人的最佳状态与疾病之间的亚健康状态。人们已经开始意识到了心理健康的重要性,越来越关注自己及与自己朝夕相处的亲友的心理健康状态。

在现实生活中,心理健康和生理健康是互相联系、互相作用的,心理健康每时每刻都在影响人的生理健康。如果一个人性格孤僻,心理长期处于一种抑郁状态,就会影响内激素分泌,使人的抵抗力降低,疾病就会乘虚而入。一个原本身体健康的人,如果老是怀疑自己得了什么疾病,就会整天郁郁寡欢,最后导致真的一病不起。真正的健康应当是身心健康,从某种意义上说心理健康比身体健康还重要。

世界卫生组织给健康下的定义为:"健康是一种身体上、精神上、社会适应上和道德上的完好状态,而不是没有疾病及虚弱现象。"从世界卫生组织对健康的定义中可以看出,与我们传统的理解有明显区别的是它包含了四个基本要素:①身体健康;②心理健康;③具有社会适应能力;④道德健康。具有社会适应能力是国际上公认的心理健康首要标准,全面健康包括躯体健康和心理健康两大部分,两者密切相关,缺一不可,无法分割。这是健康概念的精髓。

对于什么是心理健康,学者们从不同角度进行了阐释。

1. 生物医学角度

K. Menninger 提出:"心理健康就是人们与环境之间具有最高效率及快乐的适应情况,不只是要有效率,也不只是要能有满意感,或是能愉快地接受生活的规范,而是三者必须具备,心理健康的人能保持平静的情绪、敏锐的智能、适应社会环境的行为和愉快的气质。"

2. 心理学角度

H. B. English 提出:"心理健康是一种持续的心理状况,当事者能在那种情况下做出良好的适应,具有生命的活力且能充分发展其身心的潜能,这是一种积极的丰富的状况,不仅是免于心理疾病。"

3. 社会学角度

W. W. Boehm 提出:"心理健康就是合乎某一水平的社会行为,一方面能为社会所接受,另一方面能为本身带来快乐。"

4. 道德角度

Mike W. Martint 提出:"心理健康是指对道德生活和心理积极应对的能力。"

世界卫生组织对心理健康的定义是：心理健康是个人能够实现自己的能力，能应付正常生活的压力，能够富有成效地工作，能够为社会做出自己贡献的一种良好的状态。

一、心理健康的标准

很多学者都对心理健康的标准提出了自己的看法。美国心理学家 Abe Arkoff 提出心理健康是具备"有价值心质"，包含 9 项内容。

1. 幸福感（一种内在的主观感受）。
2. 和谐（内在情绪平衡，欲望与环境协调）。
3. 自尊感（自我了解、自我认同、自我评价、自我接纳）。
4. 个人成长（自我实现）。
5. 个人成熟（个人发展达到该年龄应有水平）。
6. 个人统合（有效发挥理智判断及意志控制力）。
7. 保持与环境良好接触（生活于现实之中，免于疏离感）。
8. 有效适应环境（自我调节，适应变化）。
9. 从环境中自我控制（独立自主，自由且自律）。

美国人本主义心理学家 A. Maslow 和 Mittelman 在 1957 年合著的《变态心理学》中列出了 10 条正常人的心理健康标准。

1. 具有充分的适应力。
2. 能充分地了解自己，并对自己的能力做出适度的评价。
3. 生活的目标切合实际。
4. 不脱离现实环境。
5. 能保持人格的完整与和谐。
6. 善于从经验中学习。
7. 能保持良好的人际关系。
8. 能适度地发泄自己的情绪和控制自己的情绪。
9. 在不违背集体利益的前提下，能够有限度地发挥个性。
10. 在不违背社会规范的前提下，能够恰当地满足个人的基本需求。

美国心理学家 A. W. Combs 用简洁的语言，以形象的花形图（见图 11-1）概括了心理健康必不可少的四个条件：一是积极的自我观念；二是恰当地认同他人；三是面对和接受现实；四是丰富的主观经验。

二、适合旅游从业人员的心理健康标准

旅游从业人员道德心理健康对个人而言是职业生涯成功之本，对企业而言是达到组织绩效和组织健康的成功之本。依据旅游从业人员的职业特点，其心理健康标准应当由以下几个方面构成。

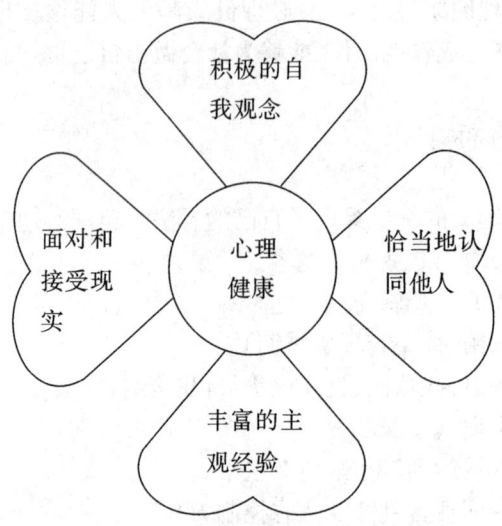

图 11-1　心理健康的花朵图

（资料来源：李慧生：《教师心理健康》，西南师范大学出版社，2010 年版）

1. 正确认知自我

一个心理健康的旅游从业人员首先应该能够全面客观地认识自己，应该意识到任何人都不可能是完美无缺的人。我们应当熟悉自己的优点和缺点，在此基础上善于利用自己的优点，避免自己的缺点，扬长避短。对自己不会提出苛刻的、非分的期望与要求，即不会跟自己过不去；对自己的生活目标和理想也能切合实际；同时，努力发展自身的潜能，即使对无法补救的缺陷，也能正确接受。

不能正确认知自我的人通常有四种表现：只认识到自己的优点看不见自己的缺点从而表现得自命不凡、目空一切；只认识到自己的缺点看不见自己的优点从而自怨自艾、自卑退缩；能够认识到自己的优缺点但过于重视自己的缺点从而处处追求完美；对自己全盘否定从而自暴自弃。

2. 正确感知环境并表现出较强的应变能力

旅游行业是一个服务性行业，和工业企业不同，它和人打交道比较多，而这些所服务的人是形色各异的，可能是老年人，也可能是年轻人；可能是中国人，也可能是外国人；可能是医生、军人、律师、教师，也可能是农民、商人、官员、自由职业者，这些不同年龄、不同国籍、不同阶层的人员行为和观念各不相同，这就需要旅游从业人员灵活机变，能够审时度势，在正确的场合说正确的话、做正确的事。不能正确处理与周围现实环境的关系是导致心理障碍的重要原因。

较强的适应能力是旅游从业人员心理健康的主要特征：能顺应旅游行业的学习、生活和人际关系，对所在企业的环境有较好的适应能力；能和社会保持良好的接触，能正确认识社会，了解社会，其心理行为能顺应社会文化的进步趋势，如果发现自己的需要和愿望与社会需要发生矛盾和冲突时,能迅速进行自我调节和修正,以谋求和社会的协调一致,而不是逃避现实,更不是与社会需要背道而驰。

坏事变好事

一位导游带团到五大连池,不幸遇到了百年不遇的龙卷风,造成了宾馆的停水停电。第二天早上,导游比客人早起了1个小时,带领宾馆的服务员去泉眼打了矿泉水给客人早上洗脸。本来挺不幸的事,到导游嘴里就变成了:"亲爱的各位团友,我们可真幸运,五大连池从来都没有刮过龙卷风,居然让我们在昨晚赶上了。早上的太阳多美啊!经过了昨晚那场暴雨的洗礼,这边的风景一定是别样的风味,特别是今天连电都没有了,想必我们可以在一个纯自然的环境里游玩了。早上我和工作人员为大家打来了矿泉水洗脸,这可是国家领导的贵宾待遇,要不是停电我们还享受不到呢……"结果大家高高兴兴地玩了一天,没有发生游客投诉的事件。

(资料来源:孙喜林:《旅游心理学》,东北财经大学出版社,2010年版)

3. 职业认同感

职业认同感是指个体对所从事职业的目标、社会价值及其他因素的看法,与社会对该职业的评价及期望的一致,即个人对他人或群体的有关职业方面的看法、认识完全赞同或认可。职业认同感会影响员工的忠诚度、向上力、成就感和事业心,是人们努力做好本职工作、达成组织目标的心理基础。

影响旅游从业人员职业认同感的因素,主要有社会心理因素和个体心理因素两个方面。影响职业认同感的社会心理因素主要可以归纳为:工作满意度、社会支持度和社会尊重;影响职业认同感的个体心理因素主要可以归纳为:归因方式、职业态度、人际关系和自尊。

4. 和谐的人际关系

和谐的人际关系是人们获得心理健康的重要途径,旅游从业人员和谐的人际关系应体现在:乐于与人交往,且交往动机端正,既有稳定而广泛的人际关系,又有知心朋友;在积极的交往中保持独立完整的人格,有自知之明,不卑不亢;能客观地评价别人和自己,在交往中善于取长补短,宽以待人,友好相处,乐于助人。人际关系良好的旅游从业人员身边总是有好朋友可以一同分享快乐和喜悦,一起承担忧伤和困难。和谐的人际关系能将人的感情控制在正面感受多过负面感受,通过正面感受与负面感受的差值感受人生的价值和意义。

三、影响心理健康的因素

人的心理活动是一个极为复杂的动态过程,因此,影响心理健康、造成心理障碍的因素也是复杂多样的,其中包括生物因素、心理因素、社会因素等。

1. 生物因素

影响人的心理活动的生物因素主要有遗传因素、先天性非遗传因素、病菌病毒因素、损伤因素、机能障碍因素五大类。

(1)遗传因素

一个人的体形、气质、神经的活动特点、能力与性格的某些成分等都受遗传因素的明显影响。许多遗传病都存在智力缺陷,如基因病、染色体病造成身体的种种缺陷很容易影响心理的健康发展。外表的与众不同,被人起绰号,受羞辱,会使儿童因自卑而痛苦,因羞耻而离群,孤僻。

(2)先天性非遗传因素

孕妇的不良情绪会影响自身的循环系统和消化系统的功能,同时还有可能引起高血压,末梢血管收缩以至于影响胎儿氧的供应,给胎儿的大脑发育造成影响,严重的还会导致胎儿死亡。长期处于情绪焦虑不安中或情绪低落、忧郁的孕妇,所生的孩子往往躁动不安,不爱睡觉,个性怪僻,智力低下,孩子长大后社会适应能力差。

(3)病菌病毒因素

中枢神经系统的传染病(如斑疹伤寒、流行性脑炎等)由于病菌、病毒损害了神经系统组织结构,进而导致器质性心理障碍或精神失常。这对于儿童的有害影响尤为严重,它可以阻抑儿童心理与智力的发展,是造成儿童智力迟滞或痴呆的重要原因。

(4)损伤因素

因摔伤、碰伤或战争时的战伤造成的脑震荡、脑挫伤等,都可导致心理障碍,如意识障碍、遗忘症、言语障碍和人格改变等。有害的有机化学物与无机化学物质侵入人体内,可以毒害中枢神经系统,造成心理障碍,如酒精中毒、食物中毒、煤气中毒以及某些药物中毒等。

(5)机能障碍因素

例如,甲状腺机能混乱、机能亢进时会出现敏感、易怒、暴躁、情绪不稳和自制力减弱等心理异常表现;甲状腺机能缺失则容易引起儿童智力发育迟滞、成人心理活动过程迟钝,性格上还会变得幼稚、保守和狭隘。肾上腺素分泌过多会引起躁狂症,而肾上腺素分泌不足则可能导致抑郁症等。

2. 心理因素

心理活动即心理状态。个体的心理状态一旦形成,就会影响以后的心理发展和变化。心理活动因素主要包括认知因素、情绪因素和个性因素等。

(1) 认知因素

认知过程是信息的获得、储存、转换、提取和使用的过程。人类个体的认知因素涉及范围极广,主要有感知、注意、记忆、想象、思维、言语等。每一个体都具有各种认知因素。这些认知因素自身的发展和各认知因素之间的关系可能是协调的,也可能是不协调的。一旦某一认知因素发展不正常或某几种认知因素之间的关系失调,就会产生认知的矛盾和冲突。这种矛盾和冲突,会使人感到紧张、烦躁和焦虑,于是想极力减轻或消除。认知因素之间的失调程度越严重,则人们期望减轻或消除失调,维持平衡的动机也就越强烈。如果这种需要和动机长时间得不到满足,不能实现,则可能产生心理偏差或心理障碍。认知的严重失调,还会损坏人格的完整性和协调性,甚至导致人格变态。

(2) 情绪因素

人的情绪体验是多维度、多成分、多层次的。它是一个人机体生存和社会适应的内在动力,是维持身心健康的重要因素。一般地讲,稳定而积极的正性情绪状态,使人心境愉快、安定,精力充沛,适度,身体舒适、有力;相反,经常波动而消极的负性情绪状态,则往往使人心境压抑、焦虑,精力涣散、失控,身体衰弱、无力。因此,培养良好的正性情绪,排除不良的负性情绪,有益于人们的身心健康。

案例分享

(3) 个性因素

个性因素亦可称人格因素。个性因素包括性格、气质、能力和个性倾向性等因素。个性因素是心理活动因素的核心,它对一个人的心理健康影响最大。例如,同样一种生活挫折,对不同个性的人,其影响程度完全不同。有的人可能无法承受或消极应付,从此自暴自弃;有的人则可能接受现实,正视挫折,加倍努力,奋发图强。每个人都有自己独特的个性特征,它对人的心理健康有非常明显的影响。这是因为人们总是根据自己的个性特点对致病原因及已形成的疾病做出反应,因此,个体的个性特征往往比引起疾病的病原性质更能决定疾病的表现。

研究表明,各种精神疾病特别是神经官能症,往往都有相应的特殊人格特征为其发病的基础。例如,谨小慎微、求全求美、优柔寡断、墨守成规、敏感多疑、心胸狭窄、事事后悔、苛求自己等强迫性人格特征,很容易导致强迫性神经症;再如,易受暗示、耽于幻想、情绪多变、容易激惹、自我中心、自我表现等特殊人格特征,很容易导致癔症。因此,培养和完善健全的人格是预防和减少心理障碍或精神疾病一项重要措施。

3. 社会因素

社会因素主要指社会各项构成要素,包括环境、人口及家庭、文化教育等,它们主要通过对人的心理、生理以及社会适应能力等方面的作用,直接或间接地影响人类的健康。

(1) 生活环境因素

生活中的物质条件恶劣,生活习惯不当,如摄取烟、酒、食物过量等,都会影响和损害身心健康。其次,不良的工作环境、劳动时间过长、工作不胜任、工作单调以及居住条件、经济收入差等,都会使人产生焦虑、烦躁、愤怒、失望等紧张心理状态从而影响人的心理健康。此外,生活环境的巨大变迁也会使个体产生心理应激,由此带来心理的不适。

(2)重大生活事件与突变因素

生活中遇到的各种各样的变化尤其是一些突然变化的事件,常常是导致心理失常或精神疾病的原因,比如家人死亡、失恋、离婚、天灾、疾病等。由于个体每经历一次生活事件,都会给其带来压力,都要付出精力去调整、适应,因此,如果在一段时间内发生的不幸事件太多或事件较严重、突然,个体的身心健康就很容易受到影响。

(3)教育因素

教育因素包含家庭教育和学校教育。对个人心理发展而言,早期教育和家庭环境是影响心理健康的重要因素之一。研究表明,个体早期环境如果单调、贫乏,其心理发展将会受到阻碍,并会抑制其潜能的发展,而受到良好照顾,接受丰富刺激的个体则可能在成年后成为佼佼者。另外,儿童与父母的关系,父母的教养态度、方式,家庭的类型等也会对个体以后的心理健康产生影响。早期与父母建立和保持良好关系,得到充分父爱、母爱,受到支持、鼓励的儿童,容易获得安全感和信任感,并对成年后人格的良好发展、人际交往、社会适应等方面有着积极的促进作用。此外,成年期的抑郁与青春期前爱的持续的缺乏和丧失有着密切的联系,学校的教育方法、校风、教师的不良教育态度等,都会导致个人心理健康问题。

(4)文化因素

不同文化互相关联的世界里,截然不同的语言、宗教和文化传统在同一个国家,甚至同一个社区内相互共存;背井离乡去外地谋生、生活在遭到排斥的社区内以及难以适应所在地社会文化的准则等,都会造成巨大的心理压力,让心理素质脆弱的人群患上精神疾病。文化精神病学的研究还表明,不同文化(科学、教育、宗教、风俗、传统文化、社会习惯等)中精神病的发病率与临床表现形式都存在明显的差异。比如,在发展中国家狂躁或抑郁性精神病较少见,而在发达国家抑郁症却是颇为常见的病症。

第二节　旅游从业人员常见心理问题分析

现代文明的发展使人类愈发脱离其自然属性,污染、生活快节奏、紧张、信息量空前巨大、社会关系复杂、作息方式变化、消费取向差异、在公平的理念下不公平的事实拉大、溺爱等,都使心理疾病逐渐增多并恶化。旅游从业人员不仅要面对自身的压力还要面对旅游者个人、旅游企业的压力,或多或少都患有一定的心理疾病,只不过存在着程度区别而已。旅游服务人员心理不适产生的根源可以归纳为以下几个方面。

1. 社会民众对服务工作的认知偏差,导致心理不适产生

由于受传统思想观念影响,社会中很多人认为从事服务行业低人一等。在这种负面的社会舆论暗示之下,一些员工质疑自己的工作意义和价值,对未来忧心忡忡。一线服务人员有时还要遭受少数客人的有意刁难甚至是人格侮辱。在挫折面前,服务人员往往容易产生怨恨、愤怒和不满情绪,进而采取不理智的行为发泄舒缓心中的压力。

案例分享

2. 内部人际关系紧张，导致员工心理不适

服务行业对于从业人员的要求和标准较高，内部管理严格，加之个别管理者的大棒政策，员工的点滴过失都可能会受到严厉惩罚，所以酒店服务人员往往为寻求自我保护而淡化同事间的友爱，员工缺乏被爱和被接纳认可的归属感。

3. 缺乏人性化管理，导致服务人员需求无法满足，产生心理挫折感

很多酒店管理者往往将服务员当"雇员"，而不是"合作的伙伴"。低微的工资报酬、高强度的接待服务、快节奏的工作、不够完善的激励机制、有失公平的用人原则等，使服务人员不仅缺乏健康安全保障，同时也得不到应有的尊重和自我价值实现的满足。

4. 服务人员个性心理特征与职业要求相抵触

在客我交流过程中，服务人员性格方面的一些品质，如倔强固执、争强好胜、高傲刻薄等极易导致人际关系的紧张，引发客人不满情绪，从而影响服务人员的情绪。性格与能力具有较强的可塑性，但一些服务员的气质与服务行业要求相悖，则较难改变。如一些服务员感受性高，容易因客人的言行产生强烈的心理反应；而感受性低会对周围发生的事情熟视无睹，怠慢客人。忍耐性低的服务员面对要求比较苛刻的客人时，容易出现情绪失控，与客人发生冲突等。

旅游从业人员常见的心理问题主要表现为：刚从业时的上岗恐惧症、长时间工作产生的职业倦怠症、工作中因各种因素产生的焦虑症、职业认同感低以及对未来前途觉得希望渺茫而产生的抑郁症。

一、上岗恐惧症

什么是员工上岗恐惧症呢？这是一种主要发生在职场新人身上的病症，有失眠、烦躁不安等心理特点，拖延或不想去见习或上班的一种心理疾病。上岗恐惧症对于一个职场新人来讲是十分不利的，一方面是长期焦虑对自己的身体心理都会有不利的影响，另一方面是给公司的印象不好，不利于以后在公司的发展，甚至会失去这次机会。

为什么会产生新员工上岗恐惧症呢？究其原因主要在于以下几个方面。

案例分享

1. 角色难以转换

从事旅游行业前作为学生比较松散自由，突然要做一个每天按时上下班甚至是随叫随到的上班族，很多人都难以适应。

2. 理想与现实的差距

一部分"先就业，再择业"的大学生，目前所接到的工作与当初的理想和职业规划有所出入，于是烦躁、不安，对未来充满焦虑和茫然。

3. 业务不熟悉

对工作困难估计不够,所做准备不充分,随着工作的进行逐渐丧失信心。

二、职业倦怠症

旅游工作十分复杂和特殊,需要投入大量精力,且工作持续性强,服务对象期望高,旅游从业人员在旅游接待服务中承受着来自各方面的压力,在紧张和压力的夹击下,日复一日,年复一年,不可避免地出现职业消极、倦怠,甚至职业冲突的现象,在单调乏味的工作中丧失自己的雄心壮志。

在线测试

工作倦怠(job burnout),又称职业倦怠、职业枯竭,简称倦怠,是指个体因为不能有效地应对工作中各种延续不断的压力而产生的一种长期性心理和生理的反应。它包括五个方面的症状:①有心理或情感耗竭、疲惫、消沉等典型烦躁不安症状;②偏重于心理和行为症状而非躯体症状;③与工作相关的;④没有精神病理学方面的症状;⑤个体的工作绩效差。

三、焦虑症

焦虑症又称焦虑性神经症,它与正常焦虑情绪反应不同:第一,它是无缘无故的、没有明确对象和内容的焦急、紧张和恐惧。第二,它是指向未来,似乎某些威胁即将来临,但是病人自己说不出究竟存在何种威胁或危险。第三,它持续时间很长,如不进行积极有效的治疗,几周、几月甚至数年迁延难愈。最后焦虑症除了呈现持续性或发作性惊恐状态外,同时伴有多种躯体症状。简而言之,病理性焦虑是一种无根据的惊慌和紧张,心理上体验为泛化的、无固定目标的担心惊恐,生理上伴有警觉增高的躯体症状。

据公开媒体资料显示,近些年来,游客与导游之间的冲突事件屡屡发生。现在一些负地接,零团费的购物团吸引了大量游客。在旅游活动中,如果客人购物情况不理想,导游和游客在交涉中出现争执,产生了严重的挫折感,导游就会出现一些极端表现,如辱骂游客,甚至大打出手。做导游十分辛苦,有人这样形容:"导游起得比鸡早,睡得比狗晚,吃得比猪差,跳得比猴快,走的冤枉路比马多,爬得比牦牛高。"一方面,由于导游收入的主体是购物和自费项目产生的"回扣",既不稳定,更具有不可预期性;另一方面,由于导游违规并损坏旅游者利益现象较普遍,游客大多对导游怀有戒心,甚至防患过度,不信任导游,对导游服务无端猜疑,这不仅容易激发客人与导游之间的冲突,更增加了导游带团的难度。辛苦加委屈,常使导游出现烦躁、焦虑、易怒甚至想"发泄"的情绪,并酿成质量事故。

与一些高科技行业相比,旅游行业是一个门槛相对较低,可进入性较易的行业。旅游行业从业人员到了一定的年龄,竞争优势就会显著削弱,而一些老员工已经习惯并开始厌烦旅游服务行业的琐碎工作,因此很多从业人员随着年龄增长往往会为自己的现状,为自己的未来感到非常焦虑。大多数人尤其是自己能力、学历、相貌等条件偏弱的人都有一种求稳求优的心理,不喜欢创新,没勇气挑战,他们只想找到一份安稳的工作养家糊口,害怕失去工作,丢掉饭碗,但是现代社会竞争越来越激烈,尤其是旅游行业更是如此,员工的流动非常频繁,岗位更新非常迅速。在这种情况下,很多旅游行业的服务人员求稳的心态和激烈竞争的动荡现实之间产生激烈的冲突,导致情绪的焦虑,心情的郁闷。

此外,旅游企业的经营理念和管理模式可能会与部分员工的个性特征和发展需求产生激烈的冲突,这部分员工很可能是酒店不恰当管理和经营方式、经营观念的受害者和牺牲品,从而导致员工与企业的理念冲突,而这种理念的冲突必然会影响到员工的心理,从而导致员工的心理冲突,产生焦虑与厌倦情绪。

4、抑郁症

来自美国卫生与公众服务部下属的滥用药物和精神健康服务局的统计报告显示:根据2004年到2006年的相关数据,2006年美国最容易患抑郁症的职业是从事个人护理工作的人,如婴幼儿看护员、敬老院护理工等,发病率高达11%;发病率次高的是厨师、餐厅服务员等餐饮业服务人员,他们中10.3%的人患有抑郁症。抑郁症发病率不仅与职业有关,还与性别、年龄大有关系。女性发病率远高于男性,年轻人发病率略高于老年人。

目前旅游从业人员社会上的职业认同感低、社会地位低;旅游工作涉及社会许多部门,如旅游管理部门、旅游合作企业等,多数部门都能影响、制约旅游从业者。绝大多数旅游从业人员对所从事的职业不看好,甚至有部分从业人员耻于向亲朋好友介绍自己的职业。拿酒店行业来说,有些员工是被酒店舒适的工作环境和较高薪水的表象吸引来的,但工作一段时间后,发现酒店工作压力很大,原来羡慕的环境和薪金待遇也并没有想象中那么好,于是心灰意冷、情绪低落,这种懊丧情绪自觉不自觉地表露在脸上,并暴露在工作和生活方面。还有很多人初入这个行业,总是以为先从基层做起,从服务员做起,先吃点苦,受点委屈,总有"媳妇熬成婆"的那天。他们把自己的眼光放得比较远,可是有些人渐渐发现,有些时候并不是这样的,干了很久的服务员还是服务员,总得不到提升的机会,而且以后的机会也很渺茫,以前的满腔抱负也灰飞烟灭。这种理想与现实产生的激烈冲突,容易使得一些人对工作丧失激情,对生活丧失勇气,对未来丧失希望,想改行但又没有勇气,想待下又觉得没有前途,情绪波动不已,心理痛苦不断。而一些酒店的晋升制度通常对"资历"和"经验"做出不合理的硬性要求,人事关系也十分复杂,员工的求职岗位和发展机会受到许多不确定因素的影响,让员工产生挫折感,挫伤自尊心。

而导游人员工作心理经常处于炼狱中煎熬——自责与愧疚的状态。例如,导游游说游客购物成功,多数导游心里并不轻松。由于收入不合理甚至不合法,损害了游客利益,导游难免自责,甚至"有做贼的感觉"。如不少导游反映:"我们想要让自己高尚,但又苦于生活的逼迫和高昂的人头费,所以,多数时候是拉下脸皮来面对无辜的客人;想让客人满意,但这样一来无法向家人交代,也无法向司机交代,更无法向旅行社交代,所以,好的导游总是被良心和现实撕扯着,究竟怎样才好?"导游生活在这种矛盾和自责之中,心理负担极其沉重。加上导游经常在外带团,对家庭深深的愧疚心理和浓浓的报偿情结也会时时折磨导游,带团时间越久,愧疚感越重,最终转化为抑郁症。

第三节 旅游从业人员心理健康的调适

如前所述,旅游从业人员经常面临着极大的工作压力,难免会给心理上带来负面影响,从而影响到工作的效率,严重的甚至带来心理失衡,导致恶性极端事件的发生。那么旅游从业人员应该如何调适心理健康、提高自身的心理健康水平呢?

一、个人情绪管理

1. 正确认识自我

心理学的自我观念,也称为自我概念,实际上是内心深处一个个体对自己的评价和接纳程度,即自己是怎么看待自己的。每个人内心深处对自己的评价特别重要,你如果说自己是一个成功的人,那做什么事情就很有干劲,如果说自己是一个失败者,那可能就干什么都不情愿。所以说人内心深处的自我认知非常重要,自我接纳程度越高的人,心理越健康,自我接纳度越低的人,心理越不健康。我们除了接纳优点,接纳长处,还要善于接纳缺点,接纳生活中无法改变的事实。我们从内心深处愿意接纳美好的东西,排斥自己认为不完美的东西,那么这种排斥的东西越多,人的心理健康水平就会越低。要真正做到心理健康,就要愉悦地接纳自己的缺点。举个例子,比如说我问你们,你是一个成功的人吗?你们怎么回答?很少有人说自己是成功的人,为什么?大部分人把成功的标准定得非常高。什么叫成功的人?有人觉得自己只是酒店的一个普通员工,并不成功,他可能觉得成为酒店总经理才算是成功的;有人认为自己做导游年薪只有5万,是不成功的,什么时候年薪做到了20万,他就成功了。会有很多这种不切实际的概念来影响人们的自我认知。实际上,什么叫成功呢?成功每个人的标准不一样,每个人的定义不一样,成功存在于我们日常生活的每一天,成功在于我们做的每一件事情,只要用心去做我们手头的每一件事情,用心去过好每一天,这就叫成功。所以,良好的自我观念在于自我接纳。

"人必先自爱,然后人爱之。"一个人首先要接纳自己,要爱自己,别人才会爱你,如果一个人一天到晚挑自己的毛病,一天到晚看自己不顺眼,他也会挑别人的毛病,也会看别人不顺眼,只有一个内心快乐的人,才会给别人带来快乐。如果一个人内心深处斗争特别厉害,自我矛盾冲突厉害,一定会在人际关系、在工作各方面表现出来,他心里不平衡,"我不好受,我就不能让你好受"。他会制造很多事端来折磨别人。

"人必先自助,然后人助之。"一个人面临了困难,面临一种窘境,一定要想方设法自救,想方设法改变,别人才会帮助你,如果你自己都不改变,自己都不动,别人没法帮助你,所以说要靠自己的力量,"必先自助"然后"人助之"。

"人必先自信,然后人信之。"一个人要培养对自己的自信,别人才会相信你,一个人对自己不自信,你怎么去赢得他人对你的信任呢?这是培养积极健康心态的第一步,即大家要有良好的自我观念,内心深处要充分地接纳自己,肯定自己,欣赏自己。

2. 塑造积极的职业心态

个人在工作和生活中,不可能总是一帆风顺的,尤其是作为旅游企业的员工,每天要跟那些千姿百态的旅游者打交道,为他们提供服务,工作中难免会遇到一些不愉快的事和人,感到憋屈、懊恼,甚至受到侮辱等一些这样或那样的挫折和困难。有的因此悲观失望,企图逃避现实,但现实总是如影随形,挥之不去,而且逃避只会带来更多的问题。作为旅游企业服务人员,一定要保持乐观的心态,正视客观现实,坚信办法总比困难多的思想,勇敢地去接受现实考验,以沉着冷静、理智耐心的态度接受挑战,直面困难,才能闯过难关,胜利在望。旅游服务人员树立正确的积极的人生观和价值观,形成乐观的生活和工作态度,提高个人的心理素养和服务技能,可以适当消除或减轻旅游从业人员的心理疲劳和情绪焦虑。

旅游从业人员的自卑心理和焦虑情绪常常来源于对于自己从事职业的片面认识,把服务员看成是"伺候人"的下贱工作,没有摆正职业心态,看清和正确认识自己从事的职业,没有理解人与人之间的平等与否,并不是通过社会分工来体现,而是通过相互尊重来实现。只有把旅游服务看成是为人民服务的高尚事业,才能在服务中产生自豪感。在为客人服务的过程中,客人如果感到满意就是对服务人员工作的肯定和认可,其实也是对服务价值和服务职业的认可和赞扬,也是对旅游从业人员从事事业的尊重。通过工作成就表现出个人的生存价值,可以获得心理上的满足,而且工作可以给予人一种心理寄托和感情慰藉。再有就是一旦艰难的任务得以完成,心理上会获得一种说不出的快慰感觉,这些对于心理健康的维护都有很大的帮助。除了在工作中表现自我之外,职业还有着帮助自己找到归属感的功用,可以在团队中感受到集体的温暖和关怀,寻找自己的地位和尊严。因此,作为服务人员应该认识到自己从事职业的价值和意义,从而树立职业自豪感。

案例分享

3. 主动参与社会活动,积极培养兴趣爱好

旅游从业人员要维护自身的心理健康,积极参加社会活动是非常必要的。参加社会活动,不但能够与他人建立良好的人际关系,感受到集体的温暖,更能够让员工自己的心理上得到一种安全感。通过社会活动,还可以使自己心中的苦闷得到及时的宣泄和排解。另外,通过参加社会活动获得的乐趣和意义认知,还能让人暂时摆脱以往郁闷的心理,转移个人的注意力,从而获得短暂的兴奋和愉悦,尤其是参加那些与自己职业相匹配的社会活动,更能让自己在得心应手的操作过程中收获愉悦感和成就感,从而重新估量自身的职业价值。而兴趣爱好能够让个体暂时忘记过去的不快,沉浸在自己感兴趣的事物上面。在自己爱好上面专心致志,不知不觉地就进入一个自己所喜欢和向往的天地之中,外界的一切也就模糊起来,这样就可以有效地转移自己的悲观情绪和失望心理。通过兴趣爱好的培养,可以使旅游企业服务人员的生活内容更加充实和丰富,而充实丰富的生活内容,对维护心理健康起着十分重要的作用。

4. 松弛有度,合理宣泄

缓解情绪的方法很多,有些人会痛哭一场,有些人找三五好友诉苦一番,另一些人会逛街、听音乐、散步或逼自己做别的事情以免老想起不愉快,比较糟糕的方式是喝酒、飙车,甚至自杀。缓解情绪的目的在于给自己一个理清想法的机会,让自己好过一点,也让自己更有能力去面对未来。如果缓解情绪的方式只是暂时逃避痛苦,而后需承受更多的痛苦,这便不是一个合宜的方式。

情绪管理的最基本形态有四种:拒绝、压抑、替代和升华。

(1) 拒绝

拒绝接受某些事实的存在。拒绝不是说不记得了,而是坚持某些事不是真实的,尽管所有证据表明是真实的。例如,一名深爱丈夫的女子在丈夫死去后很久,仍然表现得好像他还活着,吃饭的时候仍然还留着位置,给他盛饭。拒绝是一种极端的情绪防御形式。一般人很难纠正她,因为在心理机能上,她是无法接受外界的帮助的。

(2) 压抑

压抑是一种积极的努力,自我通过这种努力,把那些威胁着他的东西排除在意识之外,或使这些东西不能接近意识。和拒绝不同,压抑是一种强压,势必带来一些副作用。压抑在某种程度上是违背人的本性的。当然,也许只有人这种最高级的动物才有能力去压抑。什么叫提高人的修养?提高修养在某种程度上就是进行自我压抑,不能干想干的事,不能说想说的话。修养的提高是付出了人性的代价的。压抑是人在情绪管理中经常运用的。但过分压抑也是有害的。

(3) 替代

将冲动导入一个没有威胁性的目标物。在实际运用上,有一种表现形式就是迁怒。如果今天你被你酒店总经理骂了,如果你有下属,你很容易迁怒下属。如果你又没有下属可以迁怒,势必会将这种情绪带回家,妻子或丈夫将成为不幸的对象,妻子和丈夫可能又会把它传给孩子,孩子去学校,又会去招惹其他孩子,一顿打架后,老师又会传你到学校,也许你还不明白由头。这就是一个迁怒的恶性循环。怎么找一个好的替代品也许是解决问题的关键,建立一种良性的替代形式既可以使情绪得到有效管理,又不伤及无辜。

(4) 升华

升华是唯一真正成功的情绪管理机制。升华是可怕的无意识冲动转化为社会接受行为的渠道。例如,如果你把攻击性的冲动直接指向你想攻击的人,那么你将陷入困境。但是,把这些冲动升华为,诸如拳击、足球比赛之类的活动,就可以被接受。在我们的社会里,攻击性的运动员被看成是英雄。拳击比赛之所以这么受欢迎,还在于他不仅仅让比赛的选手的情绪得到了升华,同时让观众的攻击性情绪也得到了排解,看人打,似乎自己也打过了,气也出了。

二、环境心理支持

1. 良好的工作物理环境

工作的物理条件或者环境包括灯光、温度、湿度、噪声、工作场所的大小、颜色的变化、空间位置、空气质量等因素。舒适的工作物理条件对员工的正面情绪有积极的刺激作用,无论是在工作满意度上还是生产率上都会有很积极的反应。

(1)灯光

集中的光使我们感觉自己成为注意力的焦点,使得自我意识膨胀,也会让人感觉不舒服;小的强光源会增加被照物体的亮度和色彩;中等亮度的灯光除了给人一般的舒适感外,不能带来特别的情感效果;闪烁的灯光就像火炉或蜡烛发出的光,通常会吸引人的注意力,并把人们吸引过去。

合适的光量的分布造成平衡和谐的效果,有相当于自然光一样的突出重点和柔和的作用。它使得人的眼睛很快就能适应,并且提供放松的视觉感受;暖色灯光给人欢快的、鼓舞人的感受,冷色的灯光比起暖色灯光来往往更为宁静。

(2)温度和湿度

随着气温的升高,湿度也相应增加,并逐渐接近饱和状态,使汗液从皮肤表面蒸发的比例减少,这就对人体造成不舒适的感觉,在心理上引起烦躁、焦虑的心情;当温度更高时,还会引起视觉障碍,易激动,自持力降低,这就容易使旅游从业人员在心理上产生错误,致使事故发生的可能性增大。温度的升高,给人的生理机能带来影响,结果影响到人的心理状态,从而使思维分析和判断错误随之增多,出现一些不安全行为。冬季的严寒,因空气温度下降,湿度降低,空气干燥,也会使人的皮肤出现干燥、粗糙,发生瘙痒甚至冻伤,给人的生理机能造成紊乱,引起心理上的畏缩,萎靡不振,给操作上造成动作不准确或懒于动作,出现事故的概率也就增大。

(3)噪声

在影响人的心理状态的诸因素中,噪声的作用恐怕是最大的了,它不仅造成听力损伤,还会抑制唾液和胃液的分泌,抑制胃的运动;改变新陈代谢机能,造成血压增加,脉搏增加,抑制呼吸;产生血流量变化,筋络的紧张程度增加;副肾上腺激素增加,从而造成焦躁、心跳、食欲缺乏、消化不良、头痛、头重、耳鸣、睡眠不足、疲倦等症状,进而造成心理上的不正常、注意力不集中、妨碍动作的敏捷性、工作热情减退、产生疲劳等。噪声级越高,对人的生理和心理的影响就越大,加上其环境因素的影响,就会产生误动作或误操作。所以这就要求我们用阻尼、隔音、消音等方法减少噪声源给旅游从业人员以相对安静的环境,以保证旅游从业人员在不超过85分贝的工作环境中操作。

(4)工作场所大小

从心理学角度看,拥挤与密度既有联系,又有区别。拥挤是主观体验,密度则是指一定空间内的客观人数。密度大并非总是不愉快的,而拥挤却总是令人不快的。社会心理学家对拥挤提出各种解释。感觉超负荷理论认为,人们处于过多刺激下会体验到感觉超负荷,人的感觉负荷量有个别差异;密度—强化理论认为,高密度可强化社会行为,不管行为是积极的还是消极的,如观众观看幽默电影,在高密度下比在低密度下鼓掌的人数多;失控理论认为,高密度使人感到对其行为失去控制,从而引起拥挤感。处于同样密度条件下的人,如果使他感到他能对环境加以控制,则他的拥挤感会下降。一般说来,拥挤不一定造成消极结果,这与一系列其他条件有关。

(5)颜色

色彩的直接性心理效应来自色彩的物理光刺激对人的生理发生的直接影响。心理学家曾做过许多实验,他们发现在红色环境中,人的脉搏会加快,血压有所升高,情绪容易兴奋冲动;处在蓝色环境中,脉搏会减缓,情绪也较沉静。有的科学家发现,颜色能影响脑电波,脑电波对红色的反应是警觉;对蓝色的反应是放松,这些经验都向我们明确地肯定了色彩对人心理的影响。

(6)空间位置

研究表明:人总是设法站在视野开阔而本身又不引人注意的地方,并且不至于受到他人的干扰。例如在选择餐馆的座位时,人们愿意坐在靠边的桌子旁而不是中间的桌子。在有些餐馆服务员的负责餐桌也按此规律分排,因为小费的多少与顾客人数有关。人们之间相互作用的方式是与不同的座位安排相适应的。如果用长方桌进行谈话,一般情况人们最愿意选择桌子的任意一角的两侧,当两人竞争时则愿意长边相对而坐,在双方合作时他们的最佳选择是相邻而坐。在他们不需要如何交流时则对角而坐。互相不认识的人总是试图离他人尽可能远,当空间不允许时则采取角度的改变,以避免目光的接触。在正式的场合,领导人的位置往往位于桌子的一端,而实验证明在非正式场合,说话最多的人或用其他方式支配他人的人倾向于坐在桌子的一端。

(7)空气质量

旅游餐饮业是劳动密集型产业,工作苦、脏、累。餐饮业加工原料和供应品种繁多,加工手段多以手工操作为主,使餐饮加工中可能引入空气污染因素的环节相对较多,如原料变质、烧煮不透、储存不当等,直接影响到员工的工作。低劣的空气质量会使人注意力分散,工作效率下降,严重时还会使人产生头痛、恶心、疲劳、皮肤红肿等症状,统称为病态建筑综合征。

2. 良好的工作软环境

工作环境的硬件条件固然重要,但不是重点,所谓"环境留人",重点是营造良好的工作软环境——人文环境和工作氛围。研究表明,员工主要是因看好企业而入职,而员工离职则除了企业及个人职业发展等原因外,往往与和同事关系不佳,尤其是与直接上级相处不睦有关,故有"加入公司、离开经理"之说。工作软环境是企业人力资源管理中非经济性激励的重要因素之一,营造良好的工作软环境可以通过建立健全激励制度、合理的工作调节、实习人性化管理和加强企业文化建设来实现。

(1)建立健全激励制度

建立健全激励制度,让员工得到一种心理公平感,保障员工的心理健康,这是企业需要密切关注的问题。给予员工的薪酬、培训和晋升等发展机会不等,甚至工作任务的分配都会造成人际关系紧张。一旦员工产生不公平感,除了对公司失去信任和个人的消极怠工外,还会把矛头直接指向得到了发展机会的员工,造成其被孤立、被排斥,引起人际关系的隔阂和紧张。企业应该为员工提供公平的发展机会,尽量让每位员工有培训机会,规划他们的职业生涯,健全他们的职业规划,促进他们的职业发展,使每一位员工都感到他们所在的公司能够为他们提供良好的成长环境,从而增进企业的凝聚力和向心力。

(2) 合理的工作调节

合理的工作调节主要包括工作内容的调节、管理制度的调节等方面的内容。在企业内部创造一个良好的工作环境,这样能有效地调动职工的工作积极性,保证企业管理目标的实现。通过轮岗、换岗、培训、参与管理和加强沟通等措施可以使员工工作更加积极有效,更加心情舒畅,有利于预防和减轻员工工作中的疲劳和倦怠。不正常的、不健康的企业内部人际关系往往士气涣散,腐蚀心灵,使企业内部正常的人际关系被扭曲变形、庸俗化,导致企业员工的工作环境恶化,心理健康受损。企业要减少对员工心理产生不良影响的因素,在人事、薪酬、财务、岗位等方面增加透明度和廉洁程度,在企业内部营造一个和谐、温馨、团结、协作、互助、诚信、友爱、宽容的良好氛围。

(3) 实施人性化的管理

实行人性化管理,就是要求企业要以人为本,从企业员工的根本利益出发,尊重员工的人格,保障员工的权利,维护员工的权益,满足员工的需求,促进员工的发展。饭店员工有时会觉得自己所从事的服务业是低人一等的,而且经常受到顾客的"挑衅",这样饭店更应注意尊重员工,让他们感觉自己是被重视的。旅游企业的管理应该不是从上到下的管制,而是自上而下的服务,管理人员的作用就是为员工做好服务,从而使员工为客人做好服务。缓解和克服员工工作过程中的心理焦虑,可以从克服员工的工作厌倦情绪入手。厌倦情绪的产生与从事简单重复、单调乏味的工作内容息息相关,因此,管理者在安排员工的工作岗位时应该充分考虑员工的才干、特长和兴趣,因人而异,量才适用,各尽所能,各得其所,并适时调整工作岗位,尽量减少和克服员工的厌倦情绪。

(4) 加强企业文化建设

企业文化建设对于员工心理有着巨大的影响力,企业文化会给每位员工的意识和行为刻上鲜明的烙印,成为组织中多数成员所共同遵循的基本信念、价值标准和行为规范。企业文化建设的内容主要包括:明确的发展目标、团队协作精神、企业道德、良好的工作作风、强烈的归属感和凝聚力、个人发展机会等。员工一旦融入良好的企业文化氛围中,厌烦情绪会被企业浓郁的文化氛围所化解。

三、治疗方法

对于旅游从业人员而言,掌握几种简单易行的心理治疗方法既能减少旅游服务中积压的不良情绪,又能提高工作效率。

1. 上班恐惧症的治疗

上班恐惧症产生的主要原因在于旅游从业人员自信不足、社会适应经验与能力不足、下阶段目标不清、就业前景压力等内在因素,让人觉得对什么工作都不感兴趣,害怕工作,而工作所带来的种种压力让他觉得心里不舒服。就预防"上班恐惧症"而言,最重要的是保持一颗平常心,专家给出的治疗方法主要有以下几种。

(1) 积极采取行动

当在原来组织发生问题时,可以问自己可以做些什么、自己有什么选择,可以主动和老上级沟通发生了什么问题,应该如何解决等。

(2)尽职但不苛求

任何事只要我们努力就可以了,不要苛求结果,更不要苛求尽善尽美。要善于学会为自己的每一点努力成功而喝彩,知足自信的人才会充满快乐。

(3)及时抒发情绪

若心中有恐惧或焦虑,可以找朋友或者其他途径,把情绪抒发出来,情绪管理就像大禹治水一样,最好能够疏导。

(4)挑选一些散心调剂活动

如果生活上有一些兴趣、嗜好,能够让自己暂时转移注意力,这是避开压力很好的辅助策略。

(5)发现意义

好好地问自己,到底自己想要追求什么?这个工作对自己还有没有意义?如果连一点儿意义都找不到,也许就真的该考虑换工作了。

(6)增强体能

增强体能就是强调要充电、饮食、营养、运动以及适当的医药,保持健康的身体。所有的心理健康其实是要以身体健康为基础,一个人假如能够生活作息正常、适当运动,活力充沛,精神状态就会有很大不同。

2. 工作倦怠症的治疗

轻度职业倦怠的隐蔽性比较强,并且患病时间往往比较长。轻度倦怠症的治疗关键相对容易,目前主要的方式有以下几个。

(1)平静心态,寻根究底

首先,静下心来,暂时不为烦恼所困扰,理性思考自己。其实引起职业倦怠无外乎两个方面,外因是公司和社会大环境,内因则是自己的职业规划及职业心理。如果是外部环境引起的,应主动适应环境,或者重新适应工作岗位;如果是内因问题,那么就要从自己的职业定位、规划以及职业心理方面去找原因了。

(2)一张一弛,放松自我

紧张的工作、无休止的加班往往让人迷失自己,是导致倦怠的罪魁祸首。记得放松,每天花上半个小时散散步,给心理呼吸新鲜空气的时间。

(3)转换环境,唤醒自我

长期在同一个环境下工作,难免枯燥无聊,失去激情。这时候,对周围办公环境进行适当设置、改观,可能使自己的倦怠心情发生改变。假如这些表面工作都不行,那么跳槽换工作、转行也未尝不可。但切记,职业转换要以职业定位和规划为前提,在新环境下必须要有激发自己兴趣和雄心的亮点。

(4)维新变法,打破传统

为什么职业倦怠呢?仔细思考,很可能就会发现,因为工作太重复了,每天干一样的事情。没新鲜感,没新成就。那么创新吧,让自己永远充满激情。创新也许失败,但不要紧,能把自己的积极性先调动起来就可以了,并且在不断地创新探索中,肯定会得到回报的。

在职业生涯发展中,主要有以下3个职业倦怠高发期,治疗必须对症下药。

(1)刚入职场

职场新人从开放、浪漫、求新的学生时代,到工作岗位上,往往发现工作是那么的枯燥无聊,待遇低、经常加班、重复没有新意,最讨厌的是条件艰苦。于是制造许多职场"跳蚤"。建议:抓住机会进行职业资本积累是解决职业倦怠的最佳途径。职场新人应当深刻认识到自己的分量,忌自大、浮躁。

(2)工作4~5年

经历了几年的锻炼和积累之后,当初的职场新人现在要么仍然一事无成,无聊地得过且过,要么有一定成就。前者更加感觉到工作的枯燥和无奈。后者则发现自己在公司又到了一个职业发展瓶颈,只能原地踏步,原来的那些目标都已经实现,失去了拼劲,没有新鲜感,又感觉到疲倦。建议:失败者先反省自我,寻找职业突破点,而成功者也很有必要调整心态,如何适应新的职业平稳期。在关键的时刻,两者都需要进行职业规划,重新定位。

(3)工作10年

工作10年左右的人,已经到了35岁上下的光景。职业发展失败的,自以为没什么盼头了,只能认命,工作成了养家糊口不得不做的事情,相当疲倦。而职业成功的人,经过十来年的拼搏,虽有一定成就,但面临更多的家庭、房子、教育下一代等棘手的问题,职业方面的兴趣、精力往往不足。建议:在这个时候,应该用生涯规划来代替职业规划。由于不仅仅单纯是职业上的问题,牵连到家庭、个人等多方面因素,必须站在生涯发展的高度重新平衡、协调发展,以帮助走出职业倦怠期。

3. 焦虑症的治疗

焦虑症的治疗方法主要有行为疗法、认知疗法、松弛疗法、暗示疗法。本书主要介绍松弛疗法和暗示疗法两种简单易行的治疗方法。

(1)松弛疗法

人类通过松弛疗法治疗某些疾病已有很长的历史了。我国的气功疗法,印度的瑜伽术,日本的坐禅,以及近代德国斯库尔兹的自我训练法和美国雅克布松的渐进性放松训练等,都是以放松为主要目的的自我控制训练。大量实践表明,这些松弛训练,可以使机体产生生理、生化和心理方面的变化,不但对于一般的精神紧张、神经症有显著的疗效,而且对某些与应激有关的心身疾患也有一定的疗效。

松弛疗法也叫放松训练,是指通过一定的程式训练学会精神上及躯体上(骨骼肌)放松的一种行为治疗方法。其核心的理论认为放松所导致的心理改变的维持对应激所引起的心理改变是一种对抗力量。放松可阻断焦虑,副交感支配可阻断交感支配。近年来松弛疗法发展了五大类型:①渐进性肌肉放松;②自然训练;③自我催眠;④静默或冥想;⑤生物反馈辅助下的放松。虽然放松训练的原理及程序不一样,但有着共同的目的,就是降低交感神经系统的活动水平、减低骨骼肌的紧张及减轻焦虑与紧张的主观状态。

在进入松弛状态时,表现为全身骨骼肌张力下降,呼吸频率和心率减慢,血压下降,并有四肢温暖、头脑清醒、心情轻松愉快、全身舒适的感觉。研究证明,松弛状态可使大脑皮层的唤醒水平下降,从而促使动系统功能降低,向营养性系统功能增高。前者的功能是提高交感神经活动,增强骨骼肌张力,增加激素诸如肾上腺素、去甲肾上腺素、甲状腺素、皮质醇等的分泌,提高分解代谢,并使个体处于积极的准备状态(觉醒、警戒、情绪反应和活动增加);而后者的功能是保持能量,提高副交感神经活动包括心率减慢、血压下降、皮肤温度升高、增强胃肠运动和分泌功能等,促进合成代谢及有关激素诸如胰岛素和性激素的分泌。目前多数人认为松弛状态是一种促营养性系统的反应,也就是说,松弛状态时,通过神经、内分泌系统功能的调节,可影响机体各方面的功能,从而达到增进心身健康和防病治病的目的。

松弛状态不同于催眠状态,是处于一种清醒状态下的低代谢状态。在进行放松训练时,有时还会产生一些特殊的感觉,比如抽动、颤动、麻木感、瘙痒感、烧灼感、不平衡感、上浮感、眩晕感以及知觉变化等。松弛训练可以调整大脑皮层和内脏器官的功能,特别是调整自主神经系统的功能。然而,这种调整的效果仅是根据被训练者主观经历的内部感受,不能用客观标准去衡量,因此就难以确认机体功能失调的情况以及松弛调整的程度,尤其是对于那些自我控制能力较差的病人,很难达到完全的松弛状态。采用放松训练法与生物反馈相结合的训练法,可以改善传统松弛疗法的局限和不足,且可大大加快训练的进程。采用音乐疗法对常表现为莫名紧张、慌乱等的焦虑症状的心理疾病治疗,可以采用聆听法和再造法。所谓聆听法,是指先用催眠音乐让患者安静下来,再用和其症状、情绪相似的焦虑型音乐引导唤起同感,使患者在音乐意境中找到克服不了的问题所在。而使用再造法时,可引导患者进行一些打击乐的练习,让其感受节奏的紧张刺激之后,舒缓、稳定焦虑的情绪。

导入案例

一种简单而易学的松弛疗法

(1)安静舒适的姿势。

(2)闭目养神。

(3)尽量放松全身肌肉,从脚开始逐渐进行到面部,完全放松。

(4)用鼻呼吸,使能意识到自己的呼吸。当呼气时默诵"一"……吸气时默诵"二"……

(5)持续五分钟,可以睁开眼睛核对时间,但不能用报警器。结束时首先闭眼而后睁开眼睛,安静地坐几分钟。

(6)不要担心是否能成功地达到深度的松弛,维持被动姿势。让松弛按自己的步调出现。当分心的思想出现时不要理睬它,并继续背诵"一"……随后松弛反应将不费力地来到。进行这种技术每天1~2次,不要在饭后2小时内进行,因消化过程可能干扰预期引起的变化。

(资料来源:http://www.docin.com/p-456967993.html)

(2)暗示疗法

暗示疗法尚无统一的定义,它可以理解为医生通过给患者的积极暗示来消除或减轻疾病症状的一种治疗方法。

暗示对个体产生影响的事实,很早就被人们所注意。但是,给予其科学的解释,尚有待于深入地研究。目前,有人认为暗示是个体无意中接受了人(包括自己)或环境,以非常自然的方式向其发出信息后,做出相应反应的一种特殊心理现象。从这个概念出发,暗示的实现总是存在着实施暗示与接受暗示这两个方面。之所以说它是特殊的心理现象,因为从暗示的实施一方来说,不是说理论证,而是动机的直接"移植";从接受暗示的一方来讲,对施暗示者的观念也不是通过分析、判断、综合思考而接受,而是无意识地按所接受的信息,不加批判地遵照行动。

暗示对人体生理活动、心理及行为状态都会发生深刻的影响。当个体接受暗示后,通过言语的联想过程转化为情绪状态,并产生心理冲动,直接作用于机体的各种机能和行为活动而发挥其作用。由于这个原因,消极的暗示能够使人患病,积极的暗示能够使个体的心理、行为及生理机能得到改善,增强对疾病痊愈和康复的信心,达到治疗的目的,从而成为一种治疗方法。根据患者接受暗示时所处的状态,暗示疗法可分为觉醒状态下的暗示疗法和非觉醒状态下的暗示疗法两类。觉醒状态下的暗示疗法又有直接暗示疗法和间接暗示疗法之分。前者是指医生对静坐的患者,用事先编好的暗示性语言进行治疗;后者则是借助于某种刺激或仪器的配合,并用语言暗示的强化来实施的治疗。非觉醒状态下的暗示疗法是医生使患者进入催眠状态后施行的暗示治疗方法。由于各种信息都能起到暗示作用,因此语言、文字、表情、手势等均可作为暗示手段,这样就使暗示的方式多种多样,临床上常用的有语言暗示、药物暗示、手术暗示、情境暗示、榜样暗示等。不论采用何种暗示疗法,其治疗效果与个体对暗示的易感性有密切关系,同时,医生的权威性也有重要的影响作用。

暗示的方法很多。最简单的方法是向对方说一些含蓄或影射的话,使对方不假思索地信以为真。比如,对病人说,根据检查结果你的病我们最常见,治疗效果都很好。这是安慰性言词,但具有暗示作用。临床工作中常常借助其他事物,如针灸,低频电流或药品,同时讲一些暗示语,如"针刺能止痛","电刺激使神经兴奋,增强肌肉活动","这个药是专治你这种病的"。乐观的态度、坚定的言语是最有效的暗示。除言语暗示外,医务人员也可利用仪器、操作和药物等进行非言语暗示。催眠暗示是暗示治疗的特殊形式。

4. 抑郁症的治疗

一般来说,抑郁症的治疗手段有心理疏导、行为疗法、家庭疗法、饮食疗法、音乐疗法、药物治疗。抑郁程度较低的可以通过音乐疗法、行为疗法、家庭疗法、饮食疗法和心理疏导疗法得到改善,抑郁严重的需要通过药物治疗同时结合其他疗法进行治疗。本书主要介绍音乐疗法和疏泄疗法两种简单易行的治疗方法。

(1)音乐疗法

音乐疗法的主要原理是通过聆听治疗音乐,促使抑郁症患者的负面情感得以宣泄,情感得以抒发,促进血液循环,加强新陈代谢活动及提高免疫抗病能力,从而消除抑郁情绪,稳定心境。由于抑郁症患者情绪沉闷,主动参与音乐活动的意识不强,所以比较适合采取聆听式方法进行治疗。对抑郁症这种心理疾病治疗开始时,可选用和患者情绪对应的抑郁型音乐,让患者在音乐中感受到另外有种和自己遭遇相近的情绪的存在。然后选用叙述性冥想音乐,在治疗师的暗示下,让音乐帮助患者体会到真实的抑郁情绪的背景所在。后期再用明朗、开阔、积极的音乐,让患者和音乐情绪一起走向积极、乐观的境地。

音乐心理疗法每疗程为:每日1次,每次20分钟,7~14次为一个疗程,间隔7天再进行下一个疗程。一般每例抑郁症病人均给予两个疗程以上的治疗。

(2)疏泄疗法

疏泄疗法是最常用的心理治疗方法之一。基本原则是让求诊者将心中积郁的苦闷或思想矛盾倾诉出来。以减轻或消除其心理压力,避免引起精神崩溃,并能较好地适应社会环境。精神疏泄疗法不但对神经症、心因性精神障碍、情绪反应等精神疾病有较好的疗效,而且对心身性疾病与正常人的心理问题也有相当大的帮助。当个体受到精神创伤、挫折、打击之后,应该采取积极的措施,排除负面情绪的干扰。生活中凡是能够得到及时的科学的精神疏泄,达到心态平衡平静的人,能自然而然地医治、防止、截断、减少心身疾病的发生与发展,对心身健康有很好的保健作用。疏泄的场所、环境一定要认真选择。一般而言,要选择安静的地方予以交谈。

根据疏泄作用手段,疏泄疗法可以分为语言疏泄法、书写疏泄法和行为疏泄法三种。根据医疗对象的类型可以分为自动疏泄和引导疏泄。自动疏泄的人,个性多呈外向型,是个体心理调节的积极措施。引导疏泄,是指个体在不愿意讲述心中郁闷的情况下,医者、家人或同事、朋友等及时地给予同情、关怀,并以十分耐心的态度、技巧的语言,引导其无所顾虑、畅所欲言。需要引导疏泄的人,个性多呈内向型、抑郁型。指导疏泄的人,一定要有耐心,即使是病人讲得啰唆、重复,也要坚持听下去,并为其保密。只要抱有同情心,顺其自然加以引导,疏泄的目的一定能够达到。

本章小结

健康包含身体健康、心理健康、具有社会适应能力和道德健康四个基本要素。旅游从业人员的心理健康标准是:正确认识自我、正确感知环境并表现出较强的应变能力、职业认同感、和谐人际关系。影响心理健康因素有生物上的、心理上的,也有社会上的。旅游从业人员的心理问题主要表现为上岗恐惧症、工作倦怠症、焦虑症和抑郁症。旅游从业人员心理调适可以通过个人情绪管理、环境心理支持和松弛疗法等治疗手段维护在健康状态。

自我检测题

一、判断题

1. 健康乃是一种身体的、心理的和社会适应的健全状态。（   ）
2. "麻烦还不算是麻烦,如何解决麻烦才是真正的麻烦",说明遇到麻烦后,心理应付技能很重要。（   ）
3. 一个心理健康的人意味着完全没有不健康的心理和行为。（   ）
4. 一个结婚多年的,膝下无子的老师,将其全部心力用于关怀他的学生。这种行为属于情绪管理中的压抑。（   ）

二、单项选择题

1. "心理健康是指对道德生活和心理积极应对的能力。"这个定义是从（   ）角度对心理健康下的定义。
   A. 道德   B. 生物医学
   C. 心理学   D. 社会学
2. 心理活动即心理状态。个体的心理状态一旦形成,就会影响以后的心理发展和变化。以下不属于心理活动因素的是（   ）
   A. 认知因素   B. 情绪因素
   C. 个性因素   D. 社会因素
3. "人必先自爱,然后人爱之。""人必先自助,然后人助之。""人必先自信,然后人信之。"这属于旅游从业人员自我调适的哪种方法（   ）
   A. 正确认识自己   B. 塑造积极的职业心态
   C. 主动参与社会活动   D. 松弛有度,合理宣泄
4. 小张的父亲突然因病去世,小张依然认定他还活着或即将回来,甚至还为父亲做些事情。这种行为属于（   ）
   A. 拒绝   B. 压抑
   C. 替代   D. 升华

三、简答题

1. 心理治疗的方法有哪些?
2. 基于旅游行业的特殊性,分析旅游企业员工在心理健康方面存在哪些突出问题?
3. 面对心理问题,旅游企业的员工应该怎样进行心理调适?

在某大酒店里,西餐厅水吧负责酒店的酒水和水果。在一次上班时,一个服务生没有仔细挑选水果,把腐烂的水果送给了客人。在客人投诉后,水吧主管不问什么原因,就责骂了服务员,并签了严重的过失单。服务人员心理不平衡,争吵起来,结果自己气不过,愤然离去。

试分析:如果你是这个服务生,你应该如何调节自己的心理状态。

 实 训 题

有一次,有一个客人喝醉了酒,在桑拿客厅里叫服务员来服务,服务员当时很忙,又看到客人喝醉了酒,就没有理会。客人感觉自己没有被重视,没有受到尊重,加上醉意,直接来到吧台对着一个服务员吼叫、辱骂。在这种情况下,服务人员还是很冷静地回答了客人,给了客人合理的解释并道歉。但是客人并不听他的解释,就动起手来。而这个服务人员看到客人对自己动手,觉得自己人格受到侮辱,在客人动手的情况下,也有了一点身体接触。

试分析:假如你是这个服务员,你如何控制自己的情绪,如何去化解客人的情绪?假如你是这个醉酒的客人,第二天酒醒后你又会有什么样的行为呢?

第十二章

旅游从业人员心理素质培养和良好人际关系的建立

教学目标

知识目标
1. 了解旅游从业人员心理素质的内涵。
2. 掌握建立良好人际关系的途径。

能力目标
1. 学会如何培养良好的心理素质,掌握根据实际情境快速与人沟通、交流谈话技巧。
2. 在社交场合能以坦然、开朗的态度与人交谈,并能把握该说的和不该说的,学会如何能建立良好的人际关系。

导入案例

Do you share this room with me?

亨利是位谈吐幽默、性格开朗的美国商人,总是与他熟悉的人开玩笑。一次因临时改变商务行程,来不及向酒店订房,便来到酒店前台。这已经是亨利第四次光顾此店,与值班的王丽早已熟悉,他们彼此问候、寒暄后,亨利提出要一人间房。因为房间尚未打扫出来,看看亨利疲惫的样子,王丽为他安排了一个双床间,就在他从王丽手上接过钥匙的时候,不自觉地幽默了一句"Do you share this room with me?"(你是要和我合住吗?)弄得王丽不知所措,心情不快地转过身去故意和别人搭腔,以示冷落亨利。这时候轮到亨利感到不知所措,他最后摇摇头,跟着行李员默默地向电梯走去。

现代旅游服务是一种美好的经历和体验,旅游者从中获得精神上的享受,达到消除紧张的目的,但是由于旅游消费者在性别、年龄、国籍、职业、宗教信仰、文化程度等方面各不相同,而且旅游服务过程有时会面临突发事件,这决定了心理素质在旅游服务中起到非常重要的作用,旅行社服务人员、旅游景区服务人员、旅游饭店服务人员等作为旅游服务工作的主体,是整个旅游活动中最积极的因素和最具影响力的因素。旅游从业人员心理素质的高低直接影响到服务的质量、服务的效率,因而关系着旅游业的成败兴衰。

第一节　旅游从业人员心理素质要求

在心理学中,心理素质是指个体在心理过程、个性心理等方面所具有的基本特征和品质。它是人类在长期社会生活中形成的心理活动在个体身上的积淀,是一个人在思想和行为上表现出来的比较稳定的心理倾向、特征和能动性,是一个智力和非智力因素有机结合的复杂整体。

智力因素本身并没有积极性,它是靠非智力因素去调动、去激活的。比如观察力,只要有两个眼睛,谁都具有观察能力。但是,去不去观察,会不会观察,全凭兴趣、爱好这些非智力因素去调动。一个人只有当他对某件事非常感兴趣的时候,他才会主动地、认真地去观察,从而得到他想要的满意的结果。非智力因素在人的心理素质中起着关键作用。

一、智力因素要求

人的智力因素也叫智商、智慧,就是我们平常说的聪明程度,包括观察力、注意力、思维力、想象力、记忆力等。除了特殊情况外,人的智力因素基本上是相同的,没有太大的差别。研究结果表明,智力超常,特别聪明,也就是人们所说的"神童",只占1%到3%,大部分孩子智力水平基本上是一样的。

1. 观察力

案例分享

运用感知有目的地去认识外界事物的时候,如判断一个人的性格、爱好,选择适合天气的着装……这种有目的的感知我们称之为观察。而观察能力水平的高低则就是我们所说的观察力,即观察力是在有目的有计划的感知活动中逐渐形成起来的一种比较稳定的认识特点。观察力的敏锐程度决定了从一个人身上得到的信息的多寡。

有敏锐的观察力将有助于旅游从业人员发现旅游者的偏好,发现旅游设施、设备的不足,发现旅游消费者的潜在需求,有利于旅游从业人员选择对客服务的适当时机,通过正确判断和及时服务确保提供出色的接待服务,更好地满足顾客的需要。

2. 注意力

注意力是指人的心理活动指向和集中在一定事务上的现象。由于注意,人们才能集中精力去清晰地感知一定的事物,深入地思考一定的问题,而不被其他事物所干扰;没有注意,人们的各种智力因素,观察、记忆、想象和思维等将得不到一定的支持而失去控制。

服务人员在服务工作中注意力必须相对集中,不能过分集中或过分分散,能适时灵活转移,有较强的抗干扰能力。试想旅游从业人员在为多位旅游消费者服务的时候只是关注其中几位,势必那些未受关注的旅游消费者容易产生被遗弃、慢待的感受,而如果每位旅游消费者都去关注,在人数众多的情况下,服务效率会比较低下,旅游消费者可能因为等待时间过长而产生烦躁心理。所以一个优秀的旅游从业人员必须在注意力上相对集中,能够随时对有需要的旅游消费者给予关怀和帮助。

延伸阅读

吴道子是中国人公认的"画圣",他画人、画鬼、画神,画啥是啥。唐张彦远在《历代名画记》卷二中赞之曰:"古今独步,前不见顾、陆,后无来者……吴宜为画圣。神假无造,英灵不穷。"

吴道子的画技令人钦佩,他敏锐的知觉,更令人折服。唐中宗神龙年间(公元705—707年),许州刺史韦嗣立请其做了幕僚。

一日,韦命手下捉了黄、花、黑三只蜈蚣,装在一个盒子里。然后,令吴道子上前观瞧。盒子打开后,三只蜈蚣一见亮光便扭作一团,韦让立即把盒盖儿盖上。

吴道子莫明其妙。

韦说:"这三条蜈蚣你都见了,它们各有什么特征?"吴恍然大悟了韦的用意。

吴道子略加思索,缓缓道来:"黄蜈蚣身长十三节,中间有两条棕线,头部有一对触须,呈节状,头两侧各有四只单眼;花蜈蚣长二十三节,每节有一对黑色和白色斑点,前边有毒颚,后边有毒爪;黑蜈蚣长三十三节,每节有一对步足,末一对步足向后延伸,呈尾状。"

吴道子边说边用笔勾勒着,说完,三条蜈蚣的形态已跃然纸上。

韦嗣立拿起画稿,打开盒子,一一对照,竟然分毫不差。

吴道子观察蜈蚣的故事,不管是一个民间传说,还是载入正史的文献,均不重要,重要的是这个故事给我们的启示:首先,韦让吴观察蜈蚣是突然袭击,且事先吴不知韦的用心何在;其次,韦只给吴很短的观察时间,便匆匆提出问题让吴当即回答;第三,吴在瞬间的观看后便准确地描述出三只蜈蚣的形态,说明了什么?

一间屋子里坐着五个人,有人把门打开,只让你看一眼,便把门关上,然后问你那五个人都是谁?倘若那五个人是你的父、母、妻、子、女,那么,你会不假思索地答出;倘若那五个人是你十年前的同窗,你略加思索便可答出;倘若那五个人是你二十年之前有过一面之交的人,那你很可能答不出或答不全。

吴道子之所以能准确地描述,首先在于他有极敏锐的知觉,其次在于他对事物的熟悉程度,而熟悉的得来,有赖于日积月累的观察。

试学习吴道子在生活中注意培养自己的观察能力,观察、分析周围人的服饰、性格与心理并讨论。

3. 思维力

思维是心灵的中枢,是认识的高级阶段,是人脑对客观事物的本质属性和发展规律的反映。思维的基本过程是分析、综合、比较、抽象、概括。思维的形式主要包括概念、判断和推理。思维的品质是指人们在思维过程中所表现出来的各自不同的特点。如敏捷性、灵活性、深刻性、独创性和批判性。当人们在学会观察事物之后,他逐渐会把各种不同的物品、事件、经验分类归纳,不同的类型他都能通过思维进行概括。

旅游从业人员面对着瞬息万变的旅游信息、个性千差万别的旅游消费者、千变万化的工作环境,这些都需要旅游从业人员开动脑筋,迅速做出判断和决策。特别是当旅游从业人员遇到的是从未遇到过的局面时,思维的作用就更加明显。例如导游带团时遇到地震、泥石流或海啸,这种情况可能一生也就遇到那么一次,没有经验可以借鉴,需要导游在极短的时间做出判断,冷静、灵活地处理突发事件。

4. 想象力

想象力是人在已有形象的基础上,在头脑中创造出新形象的能力。想象力必须具备以下几个条件:首先,要积累丰富的知识和生存经验;其次,要保持和发展自己的好奇心;再次,应善于捕捉创造性想象和创造性思维的产物,进行思维加工,使之变成有价值的成果。旅游服务是一门艺术,艺术是非常需要想象力的。例如,导游的讲解只有具有艺术的想象力和联想能力才会使讲解活起来。

5. 记忆力

记忆力是识记、保持、再认识和重现客观事物所反映的内容和经验的能力。良好的记忆力能够有助于服务人员按照程序完成工作或针对具体客人提供个性化服务,在旅游服务工作中,由于服务工作本身和服务对象的复杂性,这些内容是否能够依照旅游者的需求和工作的要求及时显现,事关服务质量的优劣,而这些都离不开旅游从业人员的良好记忆力。良好的记忆力能帮助服务员及时回想在服务环境下所需的一切知识和技能。训练有素的服务员不但能准确掌握各种顾客在风俗习惯上的不同,还能熟记与顾客日常所需的其他业务知识,这是服务员搞好优质服务的智力基础。如记住常住客的姓名是非常重要的,记住其姓名并与其打招呼时使用姓氏,根据其需求提供针对性服务,就会使客人倍感亲切,加深对酒店的良好印象。

加强记忆力必须做到:①明确记忆目标;②精力集中,力求理解记忆;③反复运用;④讲究科学的记忆方法。

二、非智力因素

人的非智力因素包括兴趣、情感、意志、个性等。在非智力因素上,人与人是不完全相同的,有的爱好体育,有的对文艺有兴趣,有的多愁善感,有的意志坚韧……这些都反映了非智力因素的区别。

1. 兴趣

兴趣是指人们力求认识某种事物和从事某项活动的意识倾向。它表现为人们对某件事物、某项活动的选择性态度和积极的情绪反应。兴趣在人的实践活动中具有重要的意义。兴趣可以使人集中注意,产生愉快紧张的心理状态。这对人的认识和活动会产生积极的影响,有利于提高工作的质量和效果。

2. 情感

旅游服务的情绪情感含量极高,以至被称为"情绪行业"。在旅游活动中,旅游者随时会接触到各种各样的刺激,而人的需要又具有复杂多变的特点,因此,旅游服务员要细心观察旅游者的情绪变化,主动引导他们的情绪向积极方向发展,并利用情绪对旅游者行为的影响作用,协调旅游者与各方面的人际关系,创造良好的心理气氛,达到旅游服务的最佳境界。

案例分享

旅游从业人员应该具备下列情感心理素质。

(1)正向的情感

正向情感是人对正向价值的增加或负向价值的减少所产生的情感,如愉快、信任、感激、庆幸等;旅游从业人员应关心体贴游客,不计较游客不当的语言、不好的态度,不计较个别游客无理的要求,一切为游客着想,真正从思想上认识到"客人总是对的"。

(2)持久的情感

旅游从业人员在工作中的热情不是偶发性的,对游客的热情也不是一时的冲动,他的热情应是永恒的,很自然地流露出来。如果旅游服务员不具有深厚的情感,服务的热情就不能稳定在高质量的水平上。

(3)可控的情感

旅游从业人员的情感必须具有良好的可控性,旅游从业人员面临比较大的心理压力,社会地位低,工作压力大,需要积极调适自己的心理,控制不良的心理状态。

2007年4月吉林导游徐敏超压力失控刀砍游客,2010年7月香港导游李巧珍压力失控漫骂内地旅游者7分钟,2010年11月丽江导游砖拍游客等一系列事件都折射出情绪控制的重要性。

3. 意志

意志是自觉地确定目的,并根据目的支配调节自己的行动,克服各种困难以实现预定目的的心理过程。它是人类独有的心理活动形式,使人类具有高度的主动性和创造性,从而在根本上区别于其他低等动物。意志的品质特性就是意志在对人的行为驱动过程中所表现出的动力特性,意志素质的高低取决于人对于实践关系的主观反映与实际情况相吻合的程度,它包括以下几个方面。

(1)果断性

坚定的意志和处事果断的工作作风,是旅游从业人员成功地带领旅游者完成旅游活动的重要因素。例如对于导游,无论担任领队、全程陪同还是地方陪同,导游都必须在旅游者面前表现出充分的自信心和抗干扰能力。导游员应该坚定不移地维护旅游者和旅行社的正当权益,坚持要求有关方面不折不扣地执行事先达成的旅游合同或其他合作协议。在遇到比较棘手的问题时,导游员应能保持冷静,头脑清醒,善于透过纷乱复杂的表面现象,迅速找到问题的实质,果断地采取适当措施,尽快将问题解决好。

(2)自觉性

自觉性就是要加强主动服务。主动服务是一名旅游从业人员专业水平高低及个人能力、素质的综合表现。何谓主动服务呢?主动服务是服务人员要掌握服务工作的一般规律,善于观察分析客人的心理特点,懂得从客人的神情和举止,了解客人需求,服务于客人开口之前。主动服务关键是要有高涨的工作热情与强烈的服务意识。

(3)自制性

自制力是一种对个人感情、行为的约束控制力。自制力较强的旅游从业人员善于控制自己的情绪,约束自己的感情,克制自己的举动。无论发生什么问题,都能做到镇定自若,善于掌握自己的言语、分寸,不失礼于人。

(4)坚韧性

对于旅游从业人员而言,新员工在熟悉工作和环境后,紧张的神经开始松懈下来,特别是与老员工的接触中,学到了老员工的长处,知道了工作方法,包括一些取巧的方法,也使自己由新员工变成了老员工。在这阶段,员工往往容易放松要求,特别是天天做同样的工作,没有新意,循规蹈矩,感到枯燥无味,产生厌倦情绪。此时,员工要有坚韧性,不断从工作中寻求和发现乐趣,只有这样才能使自己的工作做得更出色。

4. 气质

气质是一个人生来就具有的心理活动的动力特征,是个体所独有的心理特点,是个人与神经过程特性相联系的行为特征。旅游从业人员应当具备的气质有以下几个方面。

(1)适当的感受性

旅游从业人员的工作环境基本固定,面对的是文化、兴趣、年龄、性别、国籍不断变化的旅游者,如果感受性很高,那么心理很容易受到刺激,产生过激的反应,如果感受性过低,则表现出对旅游者需求乃至周围一切都麻木不仁、毫无反应,严重时将极大程度上影响服务的工作效率和工作效果。

(2)较强的忍耐性

在日常服务过程中,由于旅游从业人员的心理受到各种主客观因素的影响,不愉快的事情是经常发生的。在这种情况下,是稍有不快就把心中的怨气发泄到客人身上还是发挥意志的作用,有意识控制调节以至转化自己的情绪,就取决于旅游从业人员自制力的强弱。有了良好的自制力,就能做到"有理让三分",加深旅游者对旅游从业人员的谅解。

(3)较强的适应性

和有形产品不一样,旅游作为无形产品它的服务没有固定的模式,讲究因人而异,因地制宜。服务时要考虑旅游者的饮食习惯、民族禁忌、国家习惯等,没有良好的适应性,千篇一律,就会只注重标准化而忽视了个性化服务,而这并不是旅游优质服务。

5. 性格

人的态度和行为方面比较稳定的心理特征叫作性格。在外界环境下,通过个人的认知和实践活动,对现实产生了各种态度,决定了个体的行为,最终形成个体所特有的行为方式。

现实生活中,有的人性格刚毅、大胆,有的人性格软弱、谨慎,有的人性格张扬、鲁莽,呈现出各不相同的性格特征,合格的旅游从业人员应当具有谅解、支持、友谊、团结、诚实、谦虚、热情的良好性格品质,具有这些品质的旅游从业人员能够建立起比较融洽的人际关系,容易拉近旅游者的心理距离。不同的旅游岗位对于旅游从业人员的性格要求也是不一样的,例如导游需要外向、热情、想象、机变的性格,客房服务人员需要完美、较真、缄默、忍耐的性格。

第二节 旅游从业人员心理素质的培养与提高

根据前面分析的心理素质的主要影响因素,旅游从业人员的心理素质的培养与提高可以从以下几个方面着手。

一、观察力的养成

1. 注重观察对象的全面性

有的人观察事物,只注意它的正面,不注意它的反面;只观察表面,不观察内部;只注意现在,不注意过去;只去注意事物的一个方面而忽视其他方面,盲人摸象式的片面观察往往得到的是一些假象,因而得出错误的结论。

2. 注重观察对象的细节

直觉虽然敏感却容易受人蒙蔽,懂得如何推理和判断才是察言观色所追求的顶级技艺。言辞能透露一个人的品格,表情眼神能让我们窥测他人内心,衣着、坐姿、手势也会在毫无知觉之中出卖它们的主人。比如,游客双眉倒竖、两目圆睁的表情,表示其可能正在愤怒,导游员就不应火上浇油;而游客微蹙眉头、轻咬嘴唇的表情,则表示其可能正在思考,导游员这时就不要去打扰;戒指戴在中指上的游客,表示已经有结婚的对象;戴在无名指上,表示已经结婚;戴在小指上,表示独身。这样,导游员看到游客手上携带的戒指,就知道是用 Ms.(小姐)还是 Mrs.(夫人)来称呼该位女士了。

3. 运用多种观察方法

观察的成功要依赖一定的知识、经验和技能,还要掌握科学的观察方法。
(1)回忆法
这是文艺复兴时期著名艺术家达·芬奇常用的一种方法。先注意某个物体,然后闭目回想它的所有细节,之后重新看这个物体,检查一下头脑中的表象有多少和原物符合,有多少不符合。做这种练习,可以自我检索,简便易行。如果有几个人一起互相问答,切磋琢磨,效果更好。

(2) 程序法

程序法指的是按一定顺序观察。有人做过一个试验,让小学四年级学生,分两组观察一只小乌龟。甲组不做任何提示,然后让他们描述,结果只能说出 4 条腿、一个硬壳、脖子能伸缩等最粗略的特征,很不细致,也不准确。乙组让他们按头、躯干、四脚、正反面的顺序进行观察,结果大不相同,单是头部就能按顺序说出:头呈三角形、眼睛黑亮像一粒米大小、鼻孔细小像两个小针眼、嘴紧闭着像一条线一样……这种顺序,可按空间部位的不同,排出观察者或被观察物体的观察顺序,也可以按时间来说,排出时间先后或情况变化的顺序。

(3) 做记录法

记录有利于收集和整理,也能促进观察的细致和准确,同时表达能力也受到训练。具体方法很多可以灵活掌握,如做卡片、写摘要、记日记、整理分析材料等。

4. 要有意识的自我训练

要锻炼观察力,应从身边的事物、所处的环境、人的特点着手。比如:今天路上的车辆比以往少了一点(从此你可以去推断为什么少,发生了什么)、餐厅见到的某个陌生人是个左撇子……观察是一种用心的行为,而非随随便便地"看"。观察一个楼梯,你可以算它的级数、高低,光是看的话,你可能只是记得:它是一个楼梯。再有,通过对比也是训练观察力的好方法,如今天和昨天的窗户上的灰尘有什么变化、股市的变化并推测其未来趋势。观察,不仅要观察其内在本质,也要着重于发现事物的变化。总之,持有一颗观察的心并付诸实践,长此以往,便可以训练出潜意识的观察能力。

二、良好注意力的养成

1. 提高注意的稳定性

注意的稳定性是指注意长时间地保持在某一事物或某种活动上。提高注意的稳定性,首先,要让主体明白活动的目的和任务。旅游活动意义越重大,旅游从业人员越能感到责任和义务,注意的自觉性也越能提高,例如为普通客人服务和为国家元首 VIP 客人服务由于完成任务的意义不一样,对后者的注意显然要稳定得多。其次,要培养主体对活动的兴趣。兴趣能激发神经细胞的强度,通过影响神经的兴奋性,引发对事物的持久关注度。再次,要学会排除影响注意力集中的干扰因素。这可以通过有意识地进行一些集中注意力的训练和抗干扰的自我训练来达到。如毛泽东小时候常常用"闹中取静"的方法在城门口读书。李政道经常去茶馆读书——茶客们在谈天说地,他却能静下心来读书。

2. 扩大注意的范围

注意的范围是指在一定时间内能注意到对象的数量。注意范围的大小和个人的知识经验有很密切的联系。注意范围的大小也受任务要求的影响。

从客体上来说,对象在空间上或时间上的接近可扩大注意的范围,但在同一时间内刺激物数量越多,呈现速度越快,判断的错误越多,越趋向于低估。从主体上看,注意范围随着活动的任务和个人的知识经验、兴趣不同而有所改变。扩大注意范围的好办法是,养成一种把所感知的若干个小单位组织成为一个较大的单位的能力,即一种感知总体的能力。

延伸阅读

人数还是站数

有一位经验丰富的心理学家听说某著名的心算家能准确快速地算出任何复杂刁钻的算题后,为了难倒他,这位心理学家兴致勃勃地前往心算家的住处,出了下面的一道算题,将他难倒了:"有一辆满载旅客的列车,出站时车上共有312名乘客,后来列车到达一处车站,下去18人,上来54人,列车又到一站,下去81人,上来44人,列车又到一站,下去23人,上来50人,列车又到一站,下去67人,上来35人,火车继续往前开,到了下一站,下去12人,上来9人,接着列车又到一站,下去54人,上来66人,列车又到一站,下去17人,上来24人,列车又到一站,下去78人,上来85人,列车再到达一站,下去94人,上来56人,接着列车到达了终点站。"当这位资深的心理学家快速、准确、清晰地讲完上题后,心算家便马上准确无误地把列车到达终点时在车上的人数告诉了大家。心理学专家却说道:"我不是问你达到终点的乘客是多少,我想问你列车在这期间一共停靠了几站?"这位全国著名的心算家瞠目结舌,回答不上来了。

(资料来源:林格:《林格教你:21天提高孩子记忆力和想象力》,朝华出版社,2010年版)

3. 合理进行注意分配

注意的分配是指在同一时间内,把注意指向两种或两种以上的对象或活动上。合理的注意分配需要符合两个条件:在同时进行的活动中至少有一种已经达到相当熟练的程度;这些活动不能相互排斥。

三、思维力的养成

1. 思维直觉性的培养

直觉不是靠"机遇",它的获得虽然具有偶然性,但绝不是无缘无故的凭空臆想,而是以扎实的知识为基础。考虑到思维的过程就是对信息加工的过程,可以说信息是思维的原料,原料越丰富,思维加工越易有效地进行。为了发展自己的思维能力,就应当有意识地注意信息的积累。

卖书

罗马一出版商为售出滞销的书,想尽办法托人给总统看,但总统工作很忙,无暇顾及。再三请求提意见,总统随便说了句"此书甚好"。该出版商马上推出广告词:"现有总统评价很高的书出售。"结果积压的书一售而空。另一出版商见状,也用此法,总统被利用了一回,这次说了句:"此书很糟。"相应出台的广告词为:"兹有总统批评甚烈的书出售。"结果书也很火爆。又一出版商马上也送了一套书给总统,总统这次决心不加理睬,于是,第三个广告词表述为:"现有连总统也难以下结论的书出售。"他的书销路居然也很好。

(资料来源:邓相超:《创造性思维——艺术人才培养的关键》,山东美术出版社,2005年版)

2. 思维发散性的培养

发散思维的培养是创造性思维训练的一个重要环节,发散思维的培养应围绕四种技能进行。

(1)流畅性

流畅性是指在短时间内表达出不同观点和设想的数量。培养旅游服务人员思维速度。

(2)灵活性

灵活性是指多方向、多角度思考问题的灵活程度。培养旅游服务人员从不同的角度灵活考虑问题的良好品质。

(3)独创性

独创性是指产生与众不同的新奇思想的能力。培养旅游服务人员大胆突破常规,敢于创新的创造精神。

(4)精致性

精致性是指对旅游服务人员事物描述的细致、准确程度的培养。

3. 思维深刻性的培养

实现思维深刻性的具体方法有很多,常见的有抽象与概括、分析与综合、比较与类比、归纳与演绎、定性与定量等。抽象与概括、分析与综合也就是要求我们在旅游活动中注意把活动的整体按照各自的特点细分为部分,把分散活动中有内在联系的东西整合在一起。比较与类比这种思维方式就是在根本没有联系的事物之间找到相似之处,这就要求我们旅游从业人员善于在各种场合比较事物的异同来认识事物。

第十二章　旅游从业人员心理素质培养和良好人际关系的建立

思维测试

　　一个顾客来到表店,拿出一张100元钱买了一块70元钱的手表,表店主人找不开零钱就去对门的食品店去换。换回钱后把30元零钱给这位顾客并送走他。过了一会儿,食品店主人找来说这是一张假币,表店主人一看,果然是假的,只好自认倒霉,另换一张真的100元给食品店主人。事后,表店主人怎么也算不清自己的损失。请你帮助他一下,到底是下列那个选项?

　　A. 100元　　　　B. 200元　　　　C. 170元　　　　D. 130元

（资料来源:http://blog.sina.com.cn/s/blog_4df576ad010009n1.html）

四、良好记忆力的养成

1. 强化记忆的目的

　　有强烈的、十分明确的目的,记忆效果非常好。要明确"我为什么要记","记住这个问题或材料对我有什么好处"——报酬性目的。例如,和旅游其他服务人员相比,导游的记忆力一般要更强,这是因为导游人员记忆的东西越多,掌握的知识也越多,讲解也会越精彩,游客对其导游活动评价也会越高,在接下来的其他旅游活动中包括购物环节都会更好地配合,导游从中获得的回报也会越高。同样要让餐饮服务人员自身明白为什么要去记住菜名、客人名字,因为这更能体现专业素养,有了这些报酬性目的,记忆才能通过强化意识达到良好的效果。

2. 合理安排时间

　　合理安排时间是提高记忆力的重要手段,依据生物钟的不同节律安排不同的记忆内容——让时间佳度与记忆内容对等,即:在最佳记忆时间里记忆最难记忆的;在中等佳度的时间里记忆中等难度的;在不佳时间里记忆简单的知识与经验。由于每个人的最佳记忆时间常有类型上的差异,所以在相同时间里记忆难度不相同的知识与经验才是每个人的最佳选择。合理安排时间,还要学会积极地休息,使不同职责的脑神经细胞交替工作,比如文理交替。学习内容相近,大脑皮层工作的部位也比较相近,长时间使用同一部位,造成局部脑细胞内物质的消耗和废物的积累,因而提前产生疲劳。而且把相近的科目和同类的材料放在一起学习,大脑中的神经联系也比较接近,重叠、交错,容易产生混淆。

3. 正确的记忆方法

　　计划用1小时来背诵一篇文章,对这1小时的安排可以有两种方法。

一是集中法,就是在1小时之内,不断地反复地背,直到记住为止。

二是采用分散法,就是把背诵的时间分在几次进行,如每天背20分钟,在3天背完,总的背书时间还是1个小时。

相比之下,高强度、长时间的集中记忆效果相对较差。这是因为一个学习过程前面的学习活动会影响后面的学习活动,即前摄抑制。前面的活动虽然表面上结束了,但这个神经活动并没有停止,还要持续一段时间,使后面的学习活动受到干扰。前面活动引起的兴奋感越强烈,对后面学习活动的干扰越大。同样,后面的学习活动也会影响到前面的活动,即后摄抑制。

良好记忆力培养还要求掌握好间隔时间。间隔的时间太长容易遗忘,间隔的时间过短,又容易受到干扰。根据遗忘先快后慢的特点,开始每次间隔的时间可以短一些,以后则可以逐步拉长。如果材料太难,则可以有较多的间隔次数;如果学习材料比较容易,内容又比较少,则间隔次数可以减少。

4. 强化综合分析

综合分析的手段其实是非常多的,既可以使用图表法、提纲法,也可以使用系统法、联想法。对于有规律可循的记忆内容,可采取按规律分块而后集成(综合)的记忆法去记忆它——记忆数量是随着每块内容的增多而增长的。有时候初看上去似乎没有规律可循,但是稍加分析就会发现它们的内在联系。例如,导游在介绍"清军于1644年入关,占领北京……"年代可能容易忘记,但是一想起4乘4等于16,就联想起清军入关占领北京的时间了。要想单纯记住149162536496481这个长达15位的数字可能要费一番周折,但是如果告诉你只要记住它是1到9这个9个数字的平方的组合相信没有人会不记得。壮、满、回、苗是我国人口数量排列前四位的少数民族,要想按顺序记住有个简单的办法:现代社会女孩子都想身材好,如果被人说成是健壮丰满,那她一定想变回苗条去,这样基本就不会错位了。

五、情操的养成

情操是一种复杂的具有一定社会意义的高级情感,包括道德感、美感和理智感。

1. 培养高尚的道德感

道德感主要反映出人们对国家、民族、社会、职业、人际关系和个人行为等的态度体验。如何培养旅游从业人员高尚的道德感?主要可以通过以下几个方面。

(1)通过道德理论教育,强化人们的理性道德感

要培养旅游从业人员义务感、责任感、集体感和友谊感等道德感,就要对旅游从业人员进行社会公德、职业道德、社会主义道德、集体主义、爱国主义等知识和理论的教育。这些知识与理论由于具有抽象性、一般性,因而具有较大的普适性。对于社会成员识别道德是非界线,明辨道德行为正误,坚持符合社会规范的道德准则等都有重要的指导意义。

(2) 通过具体的道德事实或情景教育,培养旅游从业人员的感性道德感

道德感是由感性道德认识引起的自觉性较低且具有迅速定向作用的道德体验。形成这种体验的主要条件是社会成员要耳闻目睹道德事实或情景。例如按照道德要求行事便取得成功,获得表扬,否则就受到舆论谴责的事实或情景,会使人们形成按道德准则行事正大光明,心情舒坦,而不按道德准则行事就会有愧疚不安的感受。

2. 培养良好的理智感

理智感是指认知活动中产生的情感体验,它与人的认识活动的成就获得、需要兴趣的满足、对真理的探索追求及思维任务的解决相联系。理智感是在认知过程中产生和发展起来的,它并不是单纯的意指理性的判断,更多的是一种综合的能力,表现在求知欲、好奇心、进取心、求新欲、责任感、自信感、确定感等以及为对认知过程肯定或否定的感觉。旅游从业人员应该时刻注重知识的学习,不断求知、不断进取,必须抵制一些不良的情绪,比如骄傲、固执、偏执等,要留给自己更多的空间、兴趣、时间和信心。

3. 培养健康的美感

美感基于审美观,审美观受到一定社会历史条件和道德标准的影响。那么如何培养健康的美感?

首先,要树立正确的审美观,善于分清美和丑,自觉抵制低级、丑恶的事物。当我们在看到一个价值比较高的物品时,不能以功利心去观赏,而应该用最单纯的内心感受去评价,才可以产生美。我们要把感官享受和精神享受统一起来,也就是说最好不要单纯地感觉到美感的存在,更重要的是来源于内心的感受。

其次,对于旅游从业人员应该从培养自我审美意识,经常以审美的眼光和视角去听、去看、去想;将审美意识不断重复化,通过耳濡目染来达到潜移默化,在自己的审美经验中留下深深的痕迹,不断提高评价美的能力,接着就会向更高层次的审美迈进,产生对内容更丰富、情感更充分的高层次的审美要求。

再次,旅游从业人员应该了解审美的一系列相关知识、理论,丰富自己的审美经验,在此基础上,引导自己接触自然美、社会美和艺术美,培养认知美的能力,例如导游应该学习旅游观赏原理、掌握语言艺术美,酒店服务人员应该学习形体姿态美来培养自己的健康的美感。

六、意志力的养成

对于每一个要克服的障碍,都离不开意志力;面对着所执行的每一个艰难的决定,我们所依赖于内心的力量。事实上,意志力并非是生来就有或者不可能改变的特性,它是一种能够培养和发展的技能。那么旅游从业人员如何培养自己的意志力呢?

1. 严格、详细的计划

培养意志力的过程,大多要配合一个计划实施的过程,使人能够习惯于利用计划管

理自己,因为计划实在是最能够形成效率的一种工具。而提高效率,以及达成目标,才是培养意志力的目的。所制订的计划还必须是十分详细和具体的,也是能经过努力可以达到或者实现的。

2. 相关的奖罚措施

人生来是有惰性的,时常会给自己找借口,缺乏相应的惩罚措施,更容易不遵守自己制订的计划,我们可以对自己违反计划做出比较严厉的处罚措施,可以请家人、朋友、同事对自己监督和落实,这种处罚措施必须是很严厉的。对于自己能够在较长时间遵守计划,那么可以对自己进行适当的奖励。

3. 长久坚持

长时间的坚持某种行为会很容易形成习惯,如果将计划长时间地付诸行动,那么就会在潜意识里形成固定的念头,就像闹钟定时闹铃一样。

4. 自我反省

对于自己的行为经常反省将会发现自己存在的不足以及自己所取得的进步,古人云一日三省,对于旅游从业人员也是一样,对自己的行为通过不断的肯定与否定来保证自己不断前行。

第三节 旅游从业人员良好人际关系的建立

俗话说"一个篱笆三个桩,一个好汉三个帮",任何人都不可能脱离社会、群体而单独存在,如何建立良好的人际关系从而产生积极影响是现代社会每个成员都应该学习和掌握的。

一、人际关系及其处理原则

人际关系是指社会活动中人与人之间的心理关系、心理距离。它的形成受到认知、情感和行为三个方面因素的影响。人际关系主要包含三种基本需求:包容的需要、控制的需要和感情的需要。根据这三种需要,处理好人际关系的关键是要意识到他人的存在,理解他人的感受,既满足自己,又尊重别人。

在人际交往中应当遵循以下几个原则。

1. 人际关系的真诚原则

真诚是打开人心灵的金钥匙,因为真诚的人使人产生安全感,减少自我防卫。《荀子·修身》中说:"体恭敬而心忠信,术礼义而情爱人,横行天下,虽困四夷,人莫不贵。"这说的是:行为外表恭敬而内心忠信,以礼仪为做人的原则,真心善待他人,这样的人走遍天下,就是困在蛮夷之地,也都会得到别人的尊重。荀子这里阐明的也是"尊重与好感的良性循环"原则。只有尊重别人,才能赢得别人对自己的尊重。坚持以自己对对方的尊重去赢得对方对自己的尊重,无论什么情况下,都绝不能"出口伤人"。

2. 人际关系的增减原则

一个人在遭到否定的情况下会产生自我怀疑,内心更渴望受到肯定,一些心理测试表明人们对那些原来否定自己但最终肯定自己的交往对象喜欢度最高,人们总是喜欢那些对自己肯定度不断增加的对象。如果人际交往中善于主动对人友好,主动表达善意,那么能够使人产生受重视的感觉。主动的人往往令人产生好感。

3. 人际关系的交互原则

人们之间的善意和恶意都是相互的。一般情况下,真诚换来真诚,敌意招致敌意。因此,与人交往应以良好的动机出发。在人际交往中,只要一方贬低另一方,"恶性循环"很可能就此开始:你贬低我,这就使我对你产生敌意;为了宣泄这种敌意,我会立刻反唇相讥,毫不客气地去贬低你;而这又会激起你对我的敌意,于是你又会变本加厉地来贬低我。要搞好人与人之间的关系,必须"反其道而行之"——把"贬低"变成"尊重",把"敌意"变成"好感"。把"贬低与敌意的恶性循环"变成"尊重与好感的良性循环"。

4. 人际关系的对等原则

任何好的人际关系都让人体验到自由、无拘无束的感觉。如果一方受到另一方的限制,或者一方需要看另一方的脸色行事,就无法建立起高质量的心理关系。

二、旅游从业人员良好人际关系的培养

旅游从业人员的主要人际关系根据交往对象不同大致可以分为和旅游者的人际关系、和上司的人际关系、和同事的人际关系、和下属的人际关系、和朋友的人际关系以及和对手的人际关系。旅游从业人员的人际关系的培养也就是和上述人员关系的培养。那么如何培养和上述人员的关系呢?

1. 处理人际关系的技巧

(1)要知己知彼

知己就是说要了解自己的优缺点,培养开朗、活泼的个性,尝试着面带微笑主动与人打招呼,得当地称呼他人,让别人觉得礼貌相待、备受重视,给人以平易近人的印象,举止要表现出大方、坦然自若,使别人感到轻松、自在,激发交往动机,让对方觉得和你在一起是愉快的。知彼就是说要牢记别人的姓或名、了解对方的生活愿望、生活观点、思维方式以及性格类型(外向,内向)。对性格外向者可与其侃侃而谈;对内向者,即"沉默寡言"者,则应注意言语委婉,循循善诱。

(2)要换位思考

如果在交谈中,不顾对方的心理变化而一味将自己的想法统统搬出来,那么,你是得

不到他的认同的,一厢情愿地谈话往往会让对方厌恶。不该说话的时候说了,是犯了急躁的毛病;该说话的时候却没有说,从而失掉了说话的时机。不看对方的态度便贸然开口,叫作闭着眼睛瞎说。在交谈过程中,双方的心理活动是呈渐变状态的,这就要求我们在和人交谈过程中,应兼顾对方的心理活动,使谈话内容和听者的心理变化相适应并同步进行,这样才能引起共鸣。

(3)要注意语言艺术的使用

首先,旅游从业人员要多使用夸奖和赞扬的话语,而且必须做到坦诚相待,表现出情真意切,真心实意。言为心声,言辞会反映一个人的心理,轻率的说话态度,离谱的恭维,很容易被对方识破,而产生不快甚至厌恶的感觉。在日常生活中,人们有非常显著成绩的时候并不多见。因此,交往中应从具体的事件入手,善于发现别人哪怕是最微小的长处,并不失时机地予以赞美。赞美用语愈翔实具体,说明越看重对方,让对方感到自己的真挚、亲切和可信,彼此之间的人际距离就会越来越近。

其次,旅游从业人员的赞美要突出个性,人的性格有好坏之分,综合素养有高低之分,年龄有长幼之别,因人而异。譬如,老年人希望别人不要忘记他"想当年"的业绩与雄风,同其交谈时,可多称赞他引以为自豪的过去,对年轻人不妨语气稍微夸张地赞扬他的创造才能和开拓精神,并举出几点实例证明他的确能够前程似锦;对于经商的人,可称赞他头脑灵活,生财有道;对于有地位的干部,可称赞他为国为民,廉洁清正;对于知识分子,可称赞他知识渊博,宁静淡泊……此外,旅游从业人员应该学会背后颂扬别人的优点,因为这是比当面恭维更为有效的人际交往技巧。

2. 旅游从业人员人际交往的具体策略

旅游从业人员在生活与工作中经常打交道的对象大体可归纳为旅游者、公司员工(上司、同事、下属)、日常交往的朋友、工作竞争对手四种,每种交往对象的策略都有所不同,应该各有侧重。

(1)对旅游者——注重情感营销

旅游消费是人们在满足生活必需之后的一种精神消费。因此,旅游者在外出旅游的过程中除了注重有形的物质产品,如饭店的设施设备、餐馆的饭菜外,更注重精神上的消费,希望在一个陌生的地方、在一个不用在乎周围人评价、无拘无束行动的地方获得比别人更多的生活情趣。体验经济时代,旅游者更关注产品与自己关系的密切程度,偏好那些能与自我心理需求引起共鸣的旅游产品。

对待旅游者最关键的就是要言行尊重、富有感情、重视对方的存在。在实际操作中表现为注重服务的每个细节。例如:为了让顾客吃到更丰富的菜品可点半份菜;怕火锅汤溅到身上为顾客提供围裙;为长发顾客递上束发皮筋;为戴眼镜顾客送上擦眼镜布;为手机套上塑料袋;当饮料快喝光时服务员主动来续杯;洗手间也有专人为你按洗手液、递上擦手纸巾;要求多送一份水果或者多送一样菜品,服务员也会爽快答应;服务员不仅熟悉老顾客的名字,甚至记得一些人的生日以及结婚纪念日……针对消费者的情感需要,通过对产品或服务各要素及营销过程注入情感,赋予其感性色彩,唤起和激发消费者的情感需求,诱导消费者心灵上的共鸣。

(2) 对上司——先尊重后磨合

任何一个上司(包括部门主管、项目经理、管理代表)干到这个职位上,肯定有某些过人处。他们丰富的工作经验和待人处世方略,都是值得我们学习借鉴的,我们应该尊重他们精彩的过去和骄人的业绩。但每一个上司都不是完美的。所以在工作中,唯上司命是听并无必要,但也应记住,给上司提意见只是本职工作中的一小部分,尽力完善、改进,迈向新的台阶才是最终目的。要让上司心悦诚服地接纳你的观点,应在尊重的氛围里,有礼有节有分寸地磨合。不过,在提出质疑和意见前,一定要拿出详细的足以说服对方的资料计划。

(3) 对同事——多理解慎支持

在办公室里上班,与同事相处得久了,对彼此之间的兴趣爱好、生活状态,都有了一定的了解。作为同事,我们没有理由苛求人家为自己尽忠效力。在发生误解和争执的时候,一定要换个角度站在对方的立场上为人家想想,理解一下人家的处境,千万别情绪化,把人家的隐私抖搂出来。任何背后议论和指桑骂槐,最终都会在贬低对方的过程中破坏自己的形象,而受到旁人的抵触。同时,对工作我们要拥有挚诚的热情,对同事则必须选择慎重的支持。支持意味着接纳人家的观点和思想,而一味地支持只能导致盲从,也会滋生拉帮结派的嫌疑,影响公司决策层的信任。

(4) 对下属——多帮助细聆听

在工作生活方面,只有职位上的差异,人格上却都是平等的。在员工及下属面前,我们只是一个领头带班而已,没有什么了不得的荣耀和得意之处。帮助下属,其实是帮助自己,因为员工们的积极性发挥得愈好,工作就会完成得愈出色,也让你自己获得了更多的尊重,树立了开明的形象。而聆听更能体味到下属的心境和了解工作中的情况,为准确反馈信息、调整管理方式提供了翔实的依据。美国一家著名公司负责人曾表示:当部门管理者与下属发生争执,而领导不耐心聆听疏导,以至于大部分下属不听指挥时,我首先想到的是换掉部门管理者。

(5) 对朋友——善交际勤联络

俗话说得好:树挪死,人挪活。在现代激烈竞争社会,铁饭碗不复存在,一个人很少可能在同一个单位终其一生。所以多交一些朋友很有必要,所谓朋友多了路好走嘛。因此,空闲的时候给朋友挂个电话、写封信、发个电子邮件,哪怕只是片言只语,朋友也会心存感激,这比邀上大伙撮一顿更有意义。

(6) 向竞争对手——露齿一笑

在我们的工作生活中,处处都有竞争对手。对竞争者四处设防,在背后"插上一刀,踩上一脚"的做法只会拉大彼此间的隔阂,制造紧张气氛,对工作无疑是百害无益。无论对手如何使自己难堪,千万别跟他较劲,先静下心干好手中的工作。

总而言之,培养人际关系无非就两点,如何处理好自己和自己的关系,以及自己对周围的关系,这两种关系时刻伴随着我们。在生活中无非就是如何处理好这两种关系。我们每个人都应该在自己的位置上做好自己。

1)认清自己的需要　知道自己最需要什么,明白自己目前最需要什么。

2)不要太在意别人的眼光和评论　因为我们每个人都有自己的思考方法,不要期望每个人都和你的一样,但是有个前提是你所坚持的你认为正确的东西必须要符合规律和道德观念,与此同时,我们还应该尊重别人的观点。

3) 择友相交　不要把什么人都作为朋友,交友要慎重,做人要真诚,不要浮于外表,注重自己内在的修养。

4) 柔和地接受事物　做到坚定而不固执,冷静而不冷漠,稳重而又不失去激情。

5) 调整自己顺应潮流　时时地调整自己以顺应潮流,要接受新观念和新理念。

6) 不刻意迎合别人,不刻意疏远别人　尽自己的努力帮助别人,说话要留余地,做人要圆滑。

7) 不要依赖别人　凡事多靠自己,最明智的活法是做好自己。只有你自己强大了,别人才会瞧得起你,那种阿谀奉承和妒忌比你强的人是最傻的人。我们每个人都有自己的小花园需要自己去整理,不要只是去羡慕和妒忌别人的,你也可以依靠自己修整好自己的花园。

8) 减少自己的愿望　要适当地减少自己不必要的愿望,学会正确地取舍。

9) 尊重每一个人　这样你才会赢得别人的尊重,记住多说别人的好处。

10) 珍惜时间　要珍惜自己和别人的时间。

本章小结

旅游从业人员心理素质的高低直接影响到服务的质量、服务的效率,关系着旅游业的成败兴衰。旅游从业人员的心理素质包括观察力、注意力、思维力、想象力、记忆力的智力要素和情感、气质、性格等非智力要素。旅游从业人员的心理素质的养成是个系统的、循序渐进、持之以恒的过程。旅游从业人员处理好人际关系的关键是要意识到他人的存在,理解他人的感受,既满足自己,又尊重别人。

案例分析

案例一:伤心的小芳

某五星级酒店客房部主管在检查房间时,发现1816房间的浴缸里有一根头发,台面和镜子上有几个水珠。经查后得知是实习生小芳打扫的房。主管把小芳叫到1816房间,让她自己看,小芳没作声,拿来抹布擦了起来。等再检查时主管说:"水珠怎么还没擦干净?浴缸里还有水印。"小芳撅着嘴,拿起抹布再次擦起来。擦完之后,主管又来了,并且后边还跟着台班。主管又检查一遍说:"小芳你怎么搞的?小酒吧里的酒杯有手印,连这点活都干不好!我给你们讲了多少次,你上培训课怎么上的?如果总是这样,趁早回家!"主管的声音越来越严厉。这一次,小芳终于掉下了眼泪。小芳觉得自己已经尽了力,主管还这么严厉地训斥自己,还当着台班的面,一点面子也不给,本该五点下班,结果

六点多了还没下班,并且也赶不上班车了,她越想越气,伤心地哭了。

试分析:

1. 服务人员应该具备什么样的心理素质?
2. 为了做好工作,你认为小芳需要在哪些方面进行改进?

案例二:不同的尊重

喜来登酒店刚刚招聘进来两个文员,两个女孩都非常不错,相貌清秀,学历不低(刚大学毕业),能力都很不错。小赵被分到办公室接待处做文秘,小李被分到酒店前厅做前厅部文秘。小赵见到外面来办事的人员,只要是非领导职务来找酒店副总经理或者总经理的一律冷脸相对或者爱理不理;小李不论是酒店员工还是客人都一视同仁,与同事关系融洽。一天,有一个人到酒店办公室找总经理,那位来访者来到前台,小赵正在那忙于自己的其他事务,来访者说:"秘书小姐,请问总经理在吗?"

小赵抬起头看看,那人大约五十多岁,着装一般,一看就不是VIP,于是她问:"你找我们总经理有什么事,你有预约吗?"

那人答道:"今天来的比较仓促,没有来得及跟他打电话。"

"那不行,酒店有规定,没有预约我不能让你见。"小赵生硬地回答。

"可是,我有重要的事情找你们总经理,麻烦你给通融通融。我有很重要的事情要跟你们总经理谈。"

"我是照章办事,没有预约说什么都不行,请回吧!"

"我有很重要的事情必须见你们总经理,请你通报一声。"

"你没有预约我是不可能让你见我们总经理的,打电话预约后再来吧。"

"你怎么能这样,我从杭州刚过来,我一会儿就得走,希望你能通知一下,行个方便。"来访者恳求道。

"那不行,我不能为你坏了我们酒店规矩,你下次再来吧。"

"我不能见到你们总经理我就不走了!"来访者抱怨地说。双方开始有些争执……

正在此时,总经理从门外进来,一眼就认出了那个来访者,就是酒店重大食品供应商家的老板,于是很快把他领到自己的办公室,后来来访的那位客人向总经理讲述了小赵接待他的情形。不久,小赵被酒店解聘了,而受到酒店员工与客人喜爱的小李调任到办公室做了文秘。

试分析:

1. 遵守规矩的小赵为什么被解聘了?
2. 如果你是小赵,你会怎么做?

自我检测题

一、多项选择题

1. 意志的高低取决于( )。
   - A. 果断性
   - B. 自觉性
   - C. 自制性
   - D. 坚韧性
   - E. 灵活性

2. 发散性思维应该从( )方面进行培养。
   - A. 灵活性
   - B. 辩证性
   - C. 流畅性
   - D. 精致性
   - E. 独创性

3. 人际交往的原则有( )。
   - A. 真诚原则
   - B. 增减原则
   - C. 交互原则
   - D. 对等原则
   - E. 利用原则

4. 影响旅游从业人员的心理素质的智力因素有( )。
   - A. 观察力
   - B. 思维力
   - C. 注意力
   - D. 记忆力
   - E. 想象力

二、判断题

1. 我们所说的职业素质就是指从业人员的心理素质。( )
2. 旅游从业人员心理素质主要取决于智力因素。( )
3. 扩大注意的范围是指注意长时间地保持在某一事物或某种活动上。( )

三、简答题

1. 优秀的旅游从业人员应该具有哪些心理素质?
2. 旅游从业人员应该从几个方面培养自身的心理素质?
3. 旅游从业人员如何培养良好的人际关系?

实训题

实训目标:
(1)培养在众人面前敢于讲话的能力。
(2)克服心理障碍,增强自信和勇气。

实训内容与组织:

按照实训目标要求,结合学生的特点,选择设计训练项目,所选行为要有积极意义,又确实对自己有挑战性。

建议采用的训练项目:
(1)在人流较大的教学楼大厅,组织同学进行公开宣讲,如自我推销。
(2)在校园中一个陌生人很多的场所组织公开宣讲或需要每个人独立表现的公益或文艺活动。

参考文献

[1] 孙喜林,赵艳辉.旅游心理学[M].大连:东北财经大学出版社,2016.
[2] 解培红,万平,[M].郑州:郑州大学出版社,2012.
[3] 来逢波,周光平,旅游心理学[M].北京:北京师范大学出版社,2013.
[4] 李灿佳.旅游心理学[M].北京:高等教育出版社,2005.
[5] 刘纯.旅游心理学[M].北京:高等教育出版社,2011.
[6] 贾静.旅游心理学[M].郑州:郑州大学出版社,2002.
[7] 李长秋.旅游心理学[M].郑州:郑州大学出版社,2006.
[8] 田利军,张惠华,是丽娜.旅游心理学[M].北京:中国人民大学出版社,2006.
[9] 舒伯阳.旅游心理学[M].北京:清华大学出版社,2008.
[10] 高金城,舒晶.旅游心理学[M].重庆:重庆大学出版社,2009.
[11] 郭永玉.人格心理学:人性及其差异的研究[M].北京:中国社会科学出版社,2005.
[12] 高玉祥.个性心理学[M].北京:北京师范大学出版社,2002.
[13] 秦明.人格心理学[M].北京:北京大学出版社,2005.
[14] 黄希庭.人格心理学[M].杭州:浙江教育出版社,2002.
[15] 李慧生.教师心理健康六项修炼[M].重庆:西南师范大学出版社,2010.
[16] 闫红霞.旅游心理学[M].武汉:华中科技大学出版社,2011.
[17] 汪红烨,王立新.旅游心理学[M].上海:上海交通大学出版社,2011.
[18] 甘朝有.旅游心理学[M].天津:南开大学出版社,2001.
[19] 吕勤.旅游心理学[M].北京:中国人民大学出版社,2011.
[20] 孙喜林.旅游心理学[M].大连:东北财经大学出版社,2010.
[21] 李一文.旅游心理学[M].大连:大连理工大学出版社,2009.
[22] 马莹.旅游心理学[M].北京:中国旅游出版社,2007.
[23] 李雪冬.旅游心理学[M].天津:南开大学出版社,2008.
[24] 苏立.旅游心理学[M].北京:电子工业出版社,2008.